行政管理学

主 编◎王 刚

清华大学出版社
北京

内 容 简 介

本书从行政职能、行政权力、行政组织、行政领导、人事行政、行政决策、行政执行、行政效率、公共财政、行政行为、行政监督、行政伦理和行政改革等方面进行了系统的讲解，引导学生了解行政机关的基本运作，掌握政府的行政组织架构和基本的行政权力关系、行政决策的基本程序、行政执行的基本方法、公共财政的支出与收入、行政伦理的价值规范等，培养学生的公共情怀和公共意识，从而具有为国家利益和公共利益服务的精神。

本书分为三大讲述途径：一是管理的途径，包括行政职能、行政组织、行政决策等内容；二是政治的途径，包括行政权力、行政领导等内容；三是法律的途径，包括行政行为、行政监督等内容。从这三个途径更为全面和立体地向学生呈现公共行政的价值和手段。

本书可作为普通高等院校行政管理、公共事业管理、政治学与行政学等专业的教材使用，也可作为政府公务人员的参考学习用书。

本书封面贴有清华大学出版社防伪标签，无标签者不得销售。
版权所有，侵权必究。举报：010-62782989，beiqinquan@tup.tsinghua.edu.cn。

图书在版编目（CIP）数据

行政管理学/王刚主编．—北京：清华大学出版社，2023.1
ISBN 978-7-302-62468-4

Ⅰ．①行…　Ⅱ．①王…　Ⅲ．①行政管理－管理学－高等学校－教材　Ⅳ．①D035

中国国家版本馆 CIP 数据核字（2023）第 005340 号

责任编辑：杜春杰
封面设计：刘　超
版式设计：文森时代
责任校对：马军令
责任印制：宋　林

出版发行：清华大学出版社
　　　　网　　址：http://www.tup.com.cn，http://www.wqbook.com
　　　　地　　址：北京清华大学学研大厦 A 座　　邮　　编：100084
　　　　社 总 机：010-83470000　　邮　　购：010-62786544
　　　　投稿与读者服务：010-62776969，c-service@tup.tsinghua.edu.cn
　　　　质量反馈：010-62772015，zhiliang@tup.tsinghua.edu.cn
印 装 者：三河市科茂嘉荣印务有限公司
经　　销：全国新华书店
开　　本：185mm×260mm　　印　　张：19.25　　字　　数：440 千字
版　　次：2023 年 1 月第 1 版　　印　　次：2023 年 1 月第 1 次印刷
定　　价：69.00 元

产品编号：098023-01

序 言

教材建设越来越受到党和国家的重视。习近平总书记在主持召开哲学社会科学工作座谈会时指出："要抓好教材体系建设，形成适应中国特色社会主义发展要求、立足国际学术前沿、门类齐全的哲学社会科学教材体系。"教育部近年来也陆续出台了一系列文件，加大对教材出版的支持力度，进一步规范教材出版，同时也对学界在教材编撰和出版上提出了更高的要求：以促进学生全面发展、增强综合素质为目标，以全面提高教材质量为重点，创新教材建设理念，增强教材育人功能，不断提升管理水平，打造更多培根铸魂、启智增慧、适应时代要求的精品教材。

公共管理学科作为哲学社会科学的重要组成部分，一直以来都非常重视教材的建设和出版。目前，公共管理学界在教材编撰和出版方面已经奠定了坚实的基础，一批优秀、有分量的教材在各个高校和实务部门得到广泛应用，为我国的人才培养、管理提升做出了重要的贡献。但是整体而言，作为一门"年轻"的哲学社会科学，公共管理在教材建设上还需进一步加强和完善：需要将最新的理论前沿融入教材，将打造具有中国特色的教材体系作为重要的建设方向和目标。有鉴于此，中国海洋大学国际事务与公共管理学院联合东北大学、中国人民大学、复旦大学、浙江大学、上海交通大学、南开大学、山东大学、华南理工大学等国内知名高校的公共管理相关学者，成立"卓越教育公共管理系列教材编辑委员会"（具体名单附后），出版系列公共管理卓越教材，力图实现以下四个结合。

第一，力图将前沿理论与知识体系有机结合。近十多年来，我国的公共管理学科发展迅猛，一系列新理论、新思想层出不穷。优秀的教材既需要吸纳学界的前沿理论，也需要将完备、成熟的知识体系呈现给读者。

第二，力图将中国特色与国际视野有机结合。公共管理的系列教材应坚定中国特色社会主义的道路自信、理论自信、制度自信、文化自信，能够打造中国特色、中国风格、中国气派的公共管理学科体系，同时能够兼具开放、包容的国际视野，将国际上最新的研究成果吸纳进来。

第三，力图将理论分析与实务经验有机结合。公共管理学科具有理论性与实践性相结合的特点，因此公共管理的教材需要在呈现理论思想和逻辑分析的基础上，着重关注现实的实务经验，吸纳实际管理者富有智慧的管理心得与体会。

第四，力图将传统积累与未来发展有机结合。公共管理学科既是一门"年轻"的学科，又是一个极具活力的学科，未来可期，因此公共管理教材需要在积累传统的理论、知识的同时，积极吸纳不断进行的体制改革、制度创新、管理技术，面向未来。

中国海洋大学国际事务与公共管理学院近年来在专业建设方面取得了很好的成绩，学院三个专业中，有两个专业入选国家"一流专业"建设点，一个专业入选山东省"一流专业"建设点，实现学院"一流"专业100%全覆盖。学院确立了"专业、教材、课程"三者联动的建设理念和体系，以教材建设为基础，提升专业和课程的高质量发展。在教材建设上，确立"基础理论+海洋特色+教辅案例"的三层次教材建设体系。其中，"基础理论"部分计划出版《行政管理学》《公共危机管理学》《公共经济学》《政府绩效管理学》等核心课程教材；"海洋特色"部分计划出版《海洋行政管理学》《海洋公共政策学》《海洋政治学》《海洋环境管理学》《海洋资源管理学》等特色课程教材；"教辅案例"部分则计划出版辅助上述课程的教学案例。

《行政管理学》是王刚教授团队多年理论研究与人才培养相结合的成果，是卓越教育公共管理系列教材的第一本教材，也是中国海洋大学国际事务与公共管理学院教材建设"基础理论"部分的首本教材。我们希望以此为契机，实现公共管理教材建设的大提升。

娄成武 于青岛浮山南麓
2022年10月

附：卓越教育公共管理系列教材编辑委员会名单

卓越教育公共管理系列教材编辑委员会

主　任：娄成武
副主任：王　琪　王　刚
委　员：
　　马　亮　弓联兵　王印红　王　刚　王佃利　王　琪　文　宏
　　吴　宾　吴晓林　陈水生　张　雷　娄成武　韩志明

前　言

改革开放以来，我国行政管理学经过了四十余年的发展，已经涌现出了一批具有影响力的行政管理学教材。张国庆主编的《行政管理学概述》《公共行政学》系列，夏书章主编的《行政管理学》系列，彭和平主编的《公共行政管理》系列，等等，都影响深远。此外，王乐夫、倪星、娄成武、丁煌、竺乾威等学界大家编写的行政管理学教材也备受推崇。本人自2005年入职中国海洋大学，执教"行政管理学"课程以来，一直采用上述学者的行政管理学教材，收益颇多。在多年的执教生涯中，结合自己的教学经验，逐渐萌发了编撰一本集合众家所长，融入自己授课内容的行政管理学教材的想法。

鉴于上述情况，本人以张国庆的《公共行政学》系列教材为基础，整合夏书章、彭和平、娄成武、张康之等国内知名行政管理学者的教材内容并结合自己15年的教学总结、科学研究，编撰了这本《行政管理学》。本教材具有以下四个特点：第一，是以张国庆先生的教材为基础，但是结合了本人的教学改进、理论研究，从而尽可能地将科研与教学结合起来。第二，内容体系更为精练和紧凑，适合高校教师以此为基础，建立更为系统的讲授体系。第三，对部分章节进行了知识重构，夯实了知识基础，从而使得学生可以对行政管理建立一个更为系统的知识体系。第四，增加了章后的思考题和练习题，从而有利于学生的课后练习和学习。

从2019年6月，我开始着手对自己的授课讲义进行调整和完善并组织人员进行细化和进一步的充实、编撰，直到2022年5月，《行政管理学》初稿在参与撰写人员的共同努力下终于得以呈现。具体分工如下。

第一章　王刚
第二章　白浩然
第三章　俞瑞雪
第四章　张霞飞
第五章　刘亚文
第六章　唐曼
第七章　毛杨
第八章　王誉晓
第九章　唐曼
第十章　宋锴业
第十一章　胡瑞晶
第十二章　毛杨

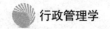

第十三章　刘亚文、俞瑞雪
第十四章　高启栋

全书由我最后统一定稿。高启栋博士协助进行了全书的通稿和修正。本教材在编写过程中难免有不足之处，敬请学界同人不吝赐教、批评指正、予以斧正。

王刚　于中国海洋大学崂山校区
2022 年 10 月

目 录

第一章 绪论 ··· 1
　第一节 行政管理学概述 ··· 1
　　一、行政管理学的渊源 ·· 1
　　二、行政管理学的形成 ·· 2
　　三、行政管理学的含义 ·· 2
　　四、行政管理学的学科特点 ··· 3
　第二节 行政管理学的演进 ··· 4
　　一、传统行政管理时期（1887—20世纪30年代） ··················· 5
　　二、转轨行政管理时期（20世纪30—50年代） ······················ 7
　　三、拓展行政管理时期（20世纪60—80年代） ······················ 8
　　四、深化行政管理时期（20世纪80—90年代） ····················· 10
　　五、当代行政管理时期（2000年—） ································ 13
　第三节 行政现象与行政价值 ·· 15
　　一、现代行政管理现象 ··· 15
　　二、行政管理的价值 ··· 17

第二章 行政职能 ·· 20
　第一节 行政职能概述 ··· 20
　　一、现代政府行政职能问题 ··· 20
　　二、行政职能的含义 ··· 22
　　三、行政职能的分类 ··· 23
　第二节 行政职能的争议 ·· 25
　　一、关于政府与社会间关系的争议 ·································· 25
　　二、关于政府与市场间关系的争议 ·································· 27
　　三、关于公平与效率间关系的争议 ·································· 29
　第三节 行政职能的转变 ·· 30
　　一、行政职能重心的转移 ·· 30
　　二、行政职能方式的转变 ·· 31
　　三、行政职能关系的转变 ·· 33

第三章 行政权力 ·· 37
　第一节 行政权力概述 ··· 37
　　一、行政权力的含义 ··· 37

二、行政权力的分类……39
　　三、行政权力的特征……42
　　四、行政权力的分配……44
第二节　行政权力理论……46
　　一、早期分权学说……46
　　二、三权分立学说……46
　　三、政治与行政二分学说……47
　　四、五权宪法学说……48
　　五、议行合一学说……48
　　六、组织权力学说……49
第三节　行政授权……49
　　一、行政授权的含义……50
　　二、行政授权的要素与条件……51
　　三、行政授权的方式与程序……52
　　四、不宜行政授权的内容……54
　　五、行政授权障碍的克服……55

第四章　行政组织

第一节　行政组织概述……58
　　一、行政组织的含义和要素……58
　　二、行政组织的特征……60
　　三、行政组织的种类……63
第二节　行政组织体制……64
　　一、首长制与委员制……65
　　二、分级制与分职制……66
　　三、集权制与分权制……67
第三节　我国的行政组织结构……68
　　一、横向行政组织的结构……69
　　二、纵向行政组织的结构……72

第五章　行政领导

第一节　行政领导概述……78
　　一、行政领导的含义及特点……78
　　二、行政领导权力的含义及其构成……80
　　三、行政领导的科学与艺术……82
　　四、行政领导体制……86
第二节　行政领导理论……89
　　一、领导特性理论……89

二、领导行为理论……91
　　三、领导情境理论……95
第三节　行政领导者的素养……97
　　一、政治思想素养……97
　　二、知识素养……98
　　三、能力素养……100
　　四、心理素养……101

第六章　人事行政……105

第一节　人事行政概述……105
　　一、人事行政的含义……105
　　二、人事行政的管理机构……106
　　三、人事行政的历史脉络……107
　　四、现代人事行政的发展趋势……108
第二节　现代人事行政中的职位分类……109
　　一、职位分类的含义……109
　　二、职位分类的步骤……111
　　三、职位分类与品位分类的区别……112
第三节　西方国家的公务员制度……113
　　一、西方国家公务员的概念……113
　　二、西方国家公务员制度的基本特征……113
第四节　我国的国家公务员制度……115
　　一、我国公务员制度的确立和发展……115
　　二、我国公务员制度的特点……120
　　三、我国公务员制度的基本内容……121

第七章　行政决策……128

第一节　行政决策概述……128
　　一、行政决策的含义……128
　　二、行政决策的特征……128
　　三、行政决策的类型……129
第二节　行政决策的理论模型……136
　　一、理性决策模型……136
　　二、有限理性决策模型……137
　　三、渐进决策模型……138
　　四、混合扫描决策模型……141
　　五、精英决策模型……142
　　六、团体决策模型……143

VII

第三节　行政决策的方法……………………………………………………143
　　　　一、定性决策方法……………………………………………………143
　　　　二、定量决策方法……………………………………………………146

第八章　行政执行……………………………………………………………152
　　第一节　行政执行概述………………………………………………………152
　　　　一、行政执行的含义…………………………………………………152
　　　　二、行政执行的特点…………………………………………………153
　　　　三、行政执行与行政决策的关系……………………………………154
　　第二节　行政执行的研究途径、模型、理论与框架………………………155
　　　　一、行政执行的研究途径……………………………………………155
　　　　二、行政执行的模型、理论与框架…………………………………158
　　第三节　行政执行的方式……………………………………………………165
　　　　一、行政执行的管理方式……………………………………………165
　　　　二、行政执行的政治方式……………………………………………166
　　　　三、行政执行的市场方式……………………………………………167
　　　　四、行政执行的法律方式……………………………………………168
　　　　五、行政执行的伦理方式……………………………………………169

第九章　行政效率……………………………………………………………172
　　第一节　行政效率概述………………………………………………………172
　　　　一、行政效率的含义…………………………………………………172
　　　　二、行政效率的基本要素……………………………………………173
　　　　三、行政效率的类型…………………………………………………174
　　　　四、行政效率在行政管理中的地位和作用…………………………175
　　第二节　行政效率测定与绩效评估…………………………………………175
　　　　一、公共部门的特点和绩效评估的困难……………………………176
　　　　二、行政绩效及其测评………………………………………………177
　　　　三、行政绩效的测评体系……………………………………………180
　　　　四、行政绩效测评的指标设立标准…………………………………181
　　　　五、平衡计分卡………………………………………………………182

第十章　公共财政……………………………………………………………187
　　第一节　公共财政概述………………………………………………………187
　　　　一、公共财政的含义…………………………………………………187
　　　　二、公共财政的职能…………………………………………………187
　　　　三、国家预算与决算…………………………………………………189
　　第二节　公共财政支出………………………………………………………190
　　　　一、公共财政支出的含义……………………………………………190

二、公共财政支出的分类·····190
三、公共财政支出的原则·····191
四、公共财政支出的规模·····192

第三节 公共财政收入·····193
一、公共财政收入的含义·····193
二、国家税收·····193
三、政府收费·····200

第四节 公共财政政策·····201
一、公共财政政策的含义·····201
二、公共财政政策的类型·····202
三、财政平衡与财政赤字·····203
四、货币政策·····204
五、财政政策与货币政策的混合使用·····206

第十一章 行政行为·····208

第一节 行政行为概述·····208
一、行政行为的含义·····208
二、行政行为的构成要素·····209
三、行政行为的种类·····210

第二节 行政行为的基本方式·····213
一、行政执法行为·····214
二、行政司法行为·····219

第三节 行政违法与行政不当·····222
一、行政违法·····222
二、行政不当·····224

第十二章 行政监督·····227

第一节 行政监督概述·····227
一、行政监督的含义·····227
二、行政监督的类型·····229
三、我国行政监督制度的演变·····230

第二节 内部行政监督·····232
一、内部行政监督的种类·····232
二、内部行政监督的方式·····233

第三节 国家行政监督·····235
一、立法监督·····235
二、执政党及监察委监督·····236
三、司法监督·····237

第四节　社会行政监督 ... 238
一、社会团体监督 ... 238
二、新闻舆论监督 ... 238
三、公民监督 ... 239

第十三章　行政伦理 ... 241

第一节　行政伦理概述 ... 241
一、行政伦理的含义 ... 241
二、行政伦理的特征 ... 244

第二节　行政伦理的结构 ... 245
一、公务员的个人品德 ... 245
二、行政职业道德 ... 247
三、体制伦理 ... 249
四、政策伦理 ... 252

第三节　行政伦理的失范与矫正 ... 255
一、行政伦理失范 ... 255
二、行政伦理的矫正 ... 258

第十四章　行政改革 ... 264

第一节　行政改革概述 ... 264
一、行政改革的含义 ... 264
二、行政改革的范畴 ... 266
三、行政改革的类型 ... 267

第二节　我国的行政改革历程 ... 269
一、新中国成立初期（1949—1977年） ... 269
二、改革开放初期（1978—1991年） ... 270
三、市场经济体制确立建设时期（1992—2002年） ... 273
四、市场经济体制完善初期（2003—2012年） ... 277
五、党的十八大以来（2013年至今） ... 279

第三节　我国行政改革的展望 ... 283
一、我国行政改革的特征 ... 283
二、我国行政改革的趋势 ... 285

参考文献 ... 289

第一章 绪 论

本章学习目标

行政管理学是一门研究行政管理活动规律的学科,其渊源在中、西方都可以追溯至 2000 多年前。对行政管理学进行渊源追溯、概念界定以及历史演变梳理,可以更好地把握行政管理的理论内涵,为后续学习行政职能、行政权力、行政组织等奠定基础,深入认知和剖析现代行政现象和行政价值,更为辩证地看待行政管理活动中发生的一些现象。

第一节 行政管理学概述

一、行政管理学的渊源

行政管理学是一门研究行政管理活动规律的学科。在当今社会,无论是发达国家,还是发展中国家,政府的行政管理对于经济稳定和发展、社会和谐与进步都具有越来越重要的促进作用,对于处于转型期的我国而言,尤其如此。虽然行政管理活动自国家产生以来就已经存在,但是行政管理学作为一门独立的学科不过近百年,是一门非常"年轻"的学科。

"行政"一词具有很深的渊源。早在 2000 多年前,我国就已经有了关于"行政"的表述。《左传》中有"行其政事""行其政令"的表述。汉代的《史记·周本纪》有这样的表述:"周公恐诸侯畔周,公乃摄行政当国。"清代的《纲鉴易知录》有"周公、召公行政"的记录。由此可见,"行政"一词在我国有着非常久远的历史,是我国古代社会中一个普遍使用的概念。在我国古代,"行政"的含义可以理解为"管理国家事务",这与当今使用的"行政管理"概念的含义非常接近。

在西方社会,"行政"一词的对应词根可追溯至 2000 多年前的古希腊,学者亚里士多德首先使用"administrare"一词表述"行政"。如果进一步追溯的话,"administrare"最早来源于"minor"一词,后演变成"ministrare",从而为亚里士多德采用,出现了"administrare"一词。据考证,现在英语中的"administration"(行政)一词的提出者是德国学者史坦因。他撰写了《行政管理学》一书并将"*Administration*"作为书名。当然,史坦因主要是从行政法的角度去阐述他构建的 administration,和人们今天所认识的"行政"存在一定的差异。

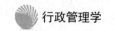

二、行政管理学的形成

人们公认现代意义上的"行政管理学"起源于美国学者托马斯·伍德罗·威尔逊（Thomas Woodrow Wilson）发表于《政治学季刊》的《行政学之研究》（The Study of Administration）一文。威尔逊（1856－1924）是美国的第 28 任总统，曾经担任过普林斯顿大学的校长，是一位拥有哲学博士头衔的美国总统。他在考察德国等欧洲国家注重效率情况的基础上提出美国也需要注重效率，需要注重国家的管理规律，从而提出了建立行政学的构想。鉴于自身在行政管理领域卓越的学术贡献，威尔逊被称为"行政学之父"。

第二位对行政管理学的发展具有举足轻重的影响的学者是弗兰克·约翰逊·古德诺（Frank Johnson Goodnow），由他创作并于 1900 年出版的《政治与行政：一个对政府的研究》一书是首部有关行政管理学的著作。全书共分为九章，分别从国家的主要功能，政治的功能，中央与地方政治、行政的功能等方面对政治与行政的关系、二者的含义进行了全面、系统的梳理。对于书中提出的两种基本的政府职能，即国家意志的表达职能和国家意志的执行功能，古德诺将前者称为"政治"，将后者称为"行政"，这一论述成为传统行政管理中"政治与行政二分法"的经典表述，也成为"政治与行政二分法"的理论基础。此外，古德诺也做出了很多具有创建性的论述，如"政党在统合政治与行政二分过程中具有举足轻重的作用"被许多西方国家践行于政治、行政运作。

第三位对行政管理学的发展具有重要促进作用的学者是伦纳德·怀特（Leonard White）。由他创作并于 1926 年出版的《公共行政学导论》一书使得行政管理学成为一门学科，从而可以在大学里讲授，可以用于系统、批量地培养行政管理人才。该书对行政管理学发展的重要影响主要体现在两个方面：一是将行政管理学的构成归纳为四大部分，即组织原理、人事行政、财务行政、行政法规，这至今仍影响着行政管理学的教学内容；二是将"公共"（public）与"行政"（administration）连用，构建了"公共行政"的语词表达，为后续行政管理学的深入研究和发展奠定了基础。

在怀特之后，行政管理学迎来了一个蓬勃发展的时期。1928 年威洛比的《行政学原理》与 1946 年费富纳的《行政学》的出版丰富了行政管理学学科的教学内容。怀特、威洛比、费富纳被称为行政管理学的"三杰"，三人的著作成为 20 世纪上半叶行政管理学的三大教材。这一时期，古利克（Gulick）、西蒙（Simon）等学者也为行政管理学的形成和发展做出了重要的贡献。

三、行政管理学的含义

要认知行政管理学，首先要对行政管理的含义进行认识和界定。行政管理学作为一门"年轻"的学科，自其诞生之日起，不同的学者就对行政管理进行了不同角度的界定。威尔逊在《行政学之研究》中对行政管理做了如下定义："行政是政府在个别而且带技术性事项方面的国家活动，是合法、明细且系统的执行活动。"威尔逊更强调行政管理的技性和执行性。如前文所述，古德诺在《政治与行政》一书中将"国家意志的表达职能"称为"政治"，将"国家意志的执行职能"称为"行政"，强调行政管理的执行性。怀特在《公共行政学导论》一书中这样界定行政管理："完成或者实现一个权力机关所宣布的政策而采取的一切运作，即对其部属所采取的指挥、协调和控制的活动。"怀特对行政管理的界定显然受到了法约尔一般管理理论的影响，也是将行政管理纳入管理学的一个重要论述。古利克则从行政职能的界定对行政管理进行了界定，构建了"POSDCORB"这一新的表述："行政就是 POSDCORB，即计划（planning）、组织（organizing）、人事（staffing）、指挥（directing）、协调（coordinating）、报告（reporting）、预算（budgeting）七种职能。"我国行政管理学家夏书章先生在其早期所编著的行政管理学教材中这样界定行政管理："行政是行使国家权力的管理，凡不属于国家机关的管理活动，便不属于行政"，这与威洛比在《行政学原理》中的界定"行政是政府组织中行政机关所管辖的事务"具有异曲同工之处。

了解不同学者从不同角度对行政管理的界定，对我们深入理解行政管理的含义具有重要的意义。综合学界学者对行政管理的界定，我们认为，**行政管理是国家行政机关依法管理国家政务、社会公共事务和自身内部事务的执行性活动**。行政管理的主体是国家行政机关，是区别于国家立法机关、司法机关以及党的机关的行政组织，在我国，表现为国务院以及各级人民政府及其组成部门。行政管理的客体是国家政务、社会公共事务和国家行政机关自身内部事务，它涉及国家主权、社会公共利益以及行政机关的内部管理。行政管理的性质是执行性活动，而不是立法性活动、司法性活动、市场性活动。行政管理需要依法进行，其依据的法律既包括立法机关出台的法律，也包括行政机关自身出台的行政法规、行政规章。

行政管理学就是一门对国家行政机关依法管理国家政务、社会公共事务和自身内部事务的执行性活动展开系统性研究的社会科学。行政管理学的研究需要采纳各个学科的研究特长。戴维·H. 罗森布鲁姆在《公共行政学：管理、政治和法律的途径》一书中将行政管理学的研究途径分为管理、政治和法律三个方面，这说明了行政管理学对经济学、管理学、政治学、法学等学科的理论和知识采取兼收并蓄的态度和策略，这对于夯实行政管理学的学科基础、充实其研究内容具有重要的意义。

四、行政管理学的学科特点

（一）综合性（comprehensive）

综合性体现了行政管理学的交叉性、丰富性、广泛性，这一特点是由行政管理的复杂性、广泛性所决定的。从学科基础上讲，行政管理学理论融合了经济学、管理学、政治学、法学、社会学等多学科的理论，其理论知识具有综合性。从社会实践上讲，行政管理涉及的对象和事务几乎无所不包，尤其是现代社会，各个国家都开始建立"从摇篮到坟墓"的系统社会福利和政府管理体系，几乎将每个人都纳入管理范畴。此外，行政管理也广泛涉猎其他

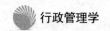

社会领域，几乎涵盖了国家、社会的所有领域和行为，如行政立法、行政司法等的出现。综合性是行政管理学最大的学科特点，也是行政管理学最大的学科优势之一。

（二）实践性（practical）

实践性体现了行政管理学的实际性、应用性和具体性。行政管理是对政治的执行和推动，行政管理学就是要使这一过程合法、合理、合情且行之有效。为此，必须从这一过程中寻找、察觉和发现问题，而后进行客观地分析和周密地论证，进而提出解决问题的对策。行政管理学的实践性也决定了行政管理学理论的一个终极检验标准是能否推进社会进步、能否有效解决社会问题。如果行政管理学提炼的理论无法对实际的行政管理活动有所帮助，无法为实际的行政管理者提供解决问题的理论工具，就失去了存在的意义和价值。

（三）系统性（systematic）

系统性体现了行政管理学的整体性、有序性和关联性。行政管理的主体政府是一个依法建立的、有着一定结构和序列的组织系统，其管理职能和行政活动是按照一定规则相互联系开展活动的。行政管理的客体也形成了相互关联的复杂系统，需要用一种系统性思路去看待和对待。因此，这就要求行政管理学具有系统性，只有用系统性观点和方法看待、研究各种行政现象及其相关关系，才能得出解决各种复杂行政管理问题的正确方法。

（四）技术性（technological）

技术性体现了行政管理学的方法性、工具性和手段性。要解决和研究行政管理的现实问题，不仅要有正确的概念、范畴和理论基础，还要有科学、可靠的方法和技术。行政管理学的技术性体现在各个方面：在行政决策中，需要各种决策的方法和技术；在行政执行中，需要各种执行手段和技术；在公共预算中，需要各种预算手段和技术、方法。因此，行政管理学既要发展自身的技术和方法，也要借鉴其他学科，尤其是一些自然科学的技术和方法。

（五）发展性（developmental）

发展性体现了行政管理学的动态性、进步性和创新性。随着时代的进步和发展，行政管理在不断发展，与此相对应，研究行政现象和实践的行政管理学也必须不断更新、创造和发展、变化。新的时代呼唤新的理论、新的方法，行政管理学的理论和方法只有适用于政府在新的社会条件下的行政管理需要，行政管理学才能历久不衰。

第二节 行政管理学的演进

行政管理学的演进是指行政管理学的发展史及其在不同发展阶段的不同理论基础、观点和流派。不同的研究者基于不同的标准、阶段将其分为不同的演进时期。本节以张国庆在《公共行政学（第四版）》一书中的划分为基础，整合了学界在此方面的相关观点，将行政管理学的演进划分为五个阶段：传统行政管理时期、转轨行政管理时期、拓展行政管理时期、深化行政管理时期和当代行政管理时期。

一、传统行政管理时期（1887—20世纪30年代）

一般认为，行政管理学发端于19世纪末，以威尔逊于1887年发表的《行政学之研究》为标志。传统行政管理时期是指从1887年威尔逊发表《行政学之研究》一文到20世纪30年代行为科学兴起这一段时期。这一时期体现了管理学理论的酝酿以及科学管理理论的诞生，以泰勒为代表的科学管理理论、以法约尔为代表的一般管理理论、以马克斯·韦伯为代表的官僚制理论等备受推崇，成为众多学科的理论基础。

这一时期的行政管理有两个重要的基础理论：一个是政治与行政二分法（politicsadministration dichotomy）。威尔逊在《行政学之研究》一文中首先批判了当时美国政治体制所表现出来的迟缓、彼此牵制和行为无力等不良现象，主张重新认识权力。他认为，传统的关注点主要集中在政治过程方面，而对于如何实施法律则注意力不足。实际上，执行一部宪法可能比制定一部宪法更为艰难。因此，威尔逊认为，应该重整政府的组织机构，加强执行，提高行政效率。为了追求效率，可以适当地牺牲民主。他主张权力应该主要掌握在决定政治的议会和执行政治的行政部门手中，这就从结构上否定了三权分立的学说，从而提出了政治与行政二分法。尽管威尔逊的《行政学之研究》没有涉及行政学的基本框架，也没有规定行政学的基本范畴，但是它对政治与行政二分法的经典论述使其成为行政管理领域的必读文章。

遵循威尔逊的思路，古德诺对政治与行政二分法进行了更为全面、系统的论述。他认为传统的三权分立学说不符合民主国家的实际，因为民主国家的主要职能只有政治与行政两种，司法只占行政的一小部分而已。所谓政治，是国家意志的表现，也是民意的表现和政策的决定。它是由议会掌握的制定法律或政策以表达国家意志的权力。所谓行政，是国家意志的执行，也是民意的执行或政策的执行。它是由行政部门掌握的执行政治或政策的权力。此外，古德诺还提出，为了提高效率，最好将政府文职官员分为政务官和常务官并规定常务官在政治上保持中立。

威尔逊和古德诺等人对政治与行政二分法的经典论述成为行政管理学脱胎于政治并独立成为一门学科的重要基础理论。政治与行政二分法完成了行政管理独立的理论论证并成为影响后续研究和认识行政管理学的一个最为重要的理论视角。一般认为，政治与行政二分法对于行政管理学的重要意义主要在于从以下四个方面提出了关于行政管理学科的论证基础：①政府由政治与行政两个部分构成，行政是其中一种单独的过程；②行政管理研究应该建立在管理的基础上，而不是建立在法律的基础上；③关于行政的科学研究可以寻得类似于物理学的普遍原则，行政管理研究可以由艺术转化为一门科学；④行政管理将成为现代政府的中心问题,运用行政管理科学可以提高政府管理效率。

传统行政管理时期的另一个重要的基础理论是马克斯·韦伯的官僚制理论。马克斯·韦伯是德国著名的行政学家、社会学家、经济学家、哲学家,也是最具生命力和影响力的思想家之一。他曾求学于海德堡大学并在维也纳大学、慕尼黑大学等大学担任过教授。马克斯·韦伯对于当时德国政界的影响极大,曾前往凡尔赛会议代表德国进行谈判并且参与了魏玛共和国宪法的起草设计。他与泰勒、法约尔一同为西方古典管理理论的确立做出了杰出贡献,是公认的古典社会学理论和行政管理学最重要的创始人之一。马克斯·韦伯最大的贡献之一就是提出和建立了现代社会的官僚制理论模型(bureaucracy model),因此被后世称为"组织理论之父"。他的理想组织类型以"权力"的观点为基础,他认为合法的并被认可的权力有三种:第一种是传统权力(traditional authority),也就是世袭权力,来自对传统文化的信仰和对个人明确而特殊的尊重,如英国、日本的皇室所获得的权力;第二种是超人权力(charismatic authority),也称为卡里斯玛型权力,由个人奋斗而来,来自领导者的意志和强制性权威;第三种是法定权力(legal authority),也称为合理、合法型权力,由选举而来,来自法律和社会契约。其中,法定权力构成了官僚组织的基础,因为合法权力将重视个人能力与制度建构有机地结合在了一起。

建立在合法权力基础上的官僚制组织模型(也翻译成科层制组织模型)是马克斯·韦伯在论著中提出的"理想的行政组织体系",他没有为官僚制组织做出严格的定义,但是详细地描述了这种组织结构的特征:①有明确的分工和规定,即对每个职位上的组织成员的权力和责任都有明确规定并作为正式职责使之合法化;②等级严密,即所有的职位都按照权力等级进行安排,形成一个自上而下的、等级严密的指挥体系;③规范录用,即所有的组织成员都是依据经过培训、教育或正式考试取得的技术资格选拔的;④正式的规则和制度;⑤非人格性,即规则和制度的实施具有一致性,避免掺杂个性和员工的个人偏好;⑥职业定向,即行政管理人员是"职业"管理人员。在今天,几乎所有的现代化国家以及大型企业、组织都在按照马克斯·韦伯的官僚制组织模型进行构建。尽管这一组织模型存在一些问题,但是它保证了程序的规范和政府人员变动的无缝衔接,从而适应现代社会对政府的要求。

在以政治与行政二分法和官僚制理论为基础的传统行政管理时期,行政管理学界涌现了一批学者,怀特、古利克、威洛比等都是这一时期的代表者。尽管他们的观点和关注的角度存在差异,但是总体上形成了以下几个方面的核心观点,从而构成了传统行政管理时期的核心思想。

(1)注重行政效率。自泰勒将效率引入管理学后,行政管理学也将其作为自身学科的核心要素,这也体现了行政管理学将自己纳入管理学科,而非政治学科。古利克的一句名言近乎完美地诠释了这一思想:"政府最大的'善'就是效率",由此将效率提升到评价政府善恶的标准的高度。注重行政效率使得行政管理学越来越像管理学,而非政治学、法学。

(2)注重政治与行政的区分,凸显行政的独特性。政治与行政二分法使得学者注重研究行政管理的独特性，努力使行政管理区别于政治、独立于政治，从学科角度而言也形成了不同于政治学的关注话题和研究思路、方法。

（3）注重程序和制度建设。鉴于官僚制组织对程序和规范制度的重视，这一时期的行政管理深受其影响。

二、转轨行政管理时期（20世纪30—50年代）

这一时期的开始以 1933 年艾顿·梅奥（Elton Mayo）的《工业文明的人类问题》的出版为标志，截止到 20 世纪 60 年代系统管理学派崛起。这一时期的行政管理理论开始从单独地聚焦于政治、行政等视角和领域向管理视角转轨并深受管理学理论的影响。这一时期是行为科学以及人际关系管理理论盛行的时期，因此有的教材将这一时期称为"行为科学行政管理时期"。

这一时期的行政管理有两个重要的基础理论：一是人际关系理论。一般认为，行为科学发端于"霍桑实验"（Hawthorne test study）。1927—1932 年，梅奥、罗特利斯伯格、怀特赫德这三位美国哈佛大学的教授在美国西方电器公司的霍桑工厂连续进行了 5 年的实验，即著名的"霍桑实验"。霍桑实验共分为四个不同的实验，它们分别是：工厂照明实验，研究工作条件与生产效率之间的关系；继电器装配实验，研究新环境的影响，如改变工作作息时间、缩短工作日等；大规模访谈实验，两年共访谈了 2 万人次，对职工态度进行调研；观察实验，即接线板接线实验，以集体计件制刺激，形成"快手""慢手"的压力以提高生产率。实验发现，许多行为准则会影响工人的行动。

梅奥等人通过霍桑实验提出了著名的人际关系理论，这一理论也成为转轨行政管理时期的基础理论。其核心思想包括三个方面的内容：第一，职工是复杂的社会系统中的"社会人"，而不仅是"经济人"。职工工作不仅是为了金钱，也为了友情、安全感和受人尊敬等，还有社会、心理方面的需求。第二，组织中普遍存在"非正式组织"。"非正式组织"与正式组织相互依存，对组织效率有着直接的影响。第三，职工受到社会环境、社会心理因素的影响，因此满足职工的社会欲望、提高职工群体的士气是提高生产效率的关键。

梅奥等人的研究和观点影响了很多学者，其中对赫伯特·亚历山大·西蒙（Herbert A. Simon，1916—2001）的影响十分深远，从而形成了转轨行政管理时期的另一基础理论：有限理性理论。有限理性理论是西蒙的代表性理论。他曾先后在加利福尼亚大学、伊利诺伊理工学院和卡内基-梅隆大学任计算机科学、心理学教授，也曾从事过计量学的研究，还担任过企业界和官方的多种顾问。他倡导的决策理论是以社会系统理论为基础，吸收古典管理理论、行为科学和计算机科学等的内容而发展起来的一门学科。凭借在决策理论研究方面的突出贡献，西蒙于 1978 年被授予诺贝尔经济学奖。

西蒙认为，现实生活中作为管理者或决策者的人是介于完全理性与非理性之间的"有限理性"的管理人。在"有限理性"下，人们的价值取向和目标往往是多元的，不仅受到多方面因素的制约，而且处于变动甚至彼此矛盾的状态之中；人们的知识、信息、经验和能力都是有限的，不可能也不企望找到绝对的最优解，而只以找到满意解为满足。在实际决策中，"有限理性"表现为：决策者无法寻找到全部备选方案，也无法完全预测全部备选方案的后果，还不具有一套明确的、完全一致的偏好体系以保证在多种多样的决策环境中选择最优的决策方案。西蒙的有限理性理论影响深远，尤其是在公共政策领域形成了一个独立的行政决策模型。

在深受人际关系理论与有限理性理论影响的转轨行政管理时期，涌现出了一批管理学家、社会心理学家。马斯洛、赫茨伯格、麦格雷戈、斯金纳、坦南鲍姆等人都进行了卓有成效的研究，他们分别提出的需求层次理论、双因素理论、X-Y 理论、强化理论、领导行为连续流理论等既是管理学的经典理论，也深远地影响着行政管理学的发展。这一时期的核心思想可以概括为以下两个方面的内容。

（1）行政管理需要关注人的社会需求。由于人不仅是经济人，更是社会人，在追求金钱的同时，也注重社会、心理方面的需求，这就要求在行政管理的过程中不能把人当成机器去看待。这一核心思想对后续行政管理的研究影响深远，它动摇了效率至上这一"金科玉律"的地位，强调要关注效率之外的一些更为重要的价值，如正义、回应性等，从而为拓展行政管理时期的理论奠定了基础。

（2）完全满意的行政决策是不可能实现的。有限理性理论让人们意识到，追求完全理性是不可能的，也是不可取的。因此，人们能做的就是实现满意决策，即在当前的条件约束下，尽可能地满足各方面的需求。

三、拓展行政管理时期（20 世纪 60—80 年代）

与转轨行政管理时期不同，拓展行政管理时期的行政管理学研究尽管也受到管理学科的影响，但是开始逐渐独立于管理学科，形成自己独有的研究主题和领域并构建了行政管理独有的理论和知识体系。这一时期形成了三个知名的行政管理学理论或研究领域，它们分别是政策科学、行政生态学和新公共行政学。

1. 政策科学

尽管公共政策作为一门学问，最早可以追溯到 20 世纪 30 年代德国弗莱堡学派的奠基者欧根，但是多数人认为，最初把政策与科学直接联系起来并赋予现代意义的是美国政治学家哈罗德·拉斯韦尔（Harold Lasswell）。1951 年，拉斯韦尔召开了一次多学科的公共政策研讨会，会后他主编了《政策科学：近来在范畴与方法上的发展》一书并获出版，政策科学由此诞生。进入 20 世纪 70 年代，政策科学被普遍接受且得到迅速发展，期间也涌现出了大量有关政策科学的专业性研究咨询组织和学术刊物，"政策科学"也成为西方国家各个大学的进修课程，拉斯韦尔因此被称为"政策科学之父"。

政策科学在这一时期蓬勃发展起来之后，涌现出了众多知名的研究公共政策的学者，构建了众多有关公共政策的理论模型。亚伯拉罕·卡普兰、戴维·伊斯顿、托马斯·戴伊、詹姆斯·安德森等都是这一方面的代表人物。戴维·伊斯顿构建的政策系统理论模型、托马斯·戴伊提出的精英决策模型等都是广受关注的知名公共政策理论。

2. 行政生态学

行政生态学也称为生态行政学，是行政管理理论与一般系统理论相结合而形成的一种理论。行政生态学借鉴了生态学对生物与环境相关影响的理论，引入了系统论，从而构建了属于行政管理学的行政生态学。行政生态学的研究基点在于政府赖以生存和运行的生态系统的重要性，强调政府与其环境的互动和动态平衡。一般认为，最早运用生态学观点来研究行政管理问题的是美国哈佛大学的教授约翰·高斯（John Gaus），但是集行政生态学之大成者是用生态理论和模式来解释行政现象的美国学者弗雷德·雷格斯（Fred Riggs）。由雷格斯所著的《农业型与工业型行政模式》一书及其发表的《行政生态学》等都是广受关注的行政生态学论著。他最知名的论断就是迄今为止，人类的行政模式可以分为融合型的农业型行政模式、棱柱型的过渡行政模式、绕射型的工业型行政模式。雷格斯的行政生态模式为在比较中确定各种行政类型的特质提供了一种研究框架。

3. 新公共行政学

新公共行政学是这一时期最为知名的行政管理理论，亦称新公共行政运动。1968年9月，由美国行政学家沃尔多号召和资助，32位年轻的行政学学者会聚于美国纽约州锡拉丘兹大学（Syracuse Universiy，也称为雪城大学）的明诺布鲁克会议中心，试图通过回顾和检讨公共行政学的发展历程，讨论公共行政面临的问题，寻求公共行政未来的发展方向。此次会议被称为"明诺布鲁克会议"（也称为"明诺布鲁克宣言"），会议提出将"新公共行政学"作为区别以往行政管理理论的理论标志并以政府及其官员在公共行政管理过程中的价值观和伦理观作为新公共行政学的核心概念和关键性问题。弗雷德里克森是新公共行政学的主要代表人物，其观点主要集中在1980年出版的《新公共行政学》一书中。会后，会议的成果由马林尼编辑成名为《迈向新公共行政：明诺布鲁克观点》的论文集，于1971年出版。1988年，即第一次明诺布鲁克会议结束20年之后，认同新公共行政学观点的学者再次会聚于锡拉丘兹大学，试图总结第一次会议以来公共行政的发展变化，研讨所面临的新问题以及解决问题的途径。这次会议，即第二次明诺布鲁克会议之后，《公共行政评论》于1989年3、4月以"第二次明诺布鲁克会议：公共行政的变迁纪元"为题专号刊登了会议的观点。概括地说，新公共行政学的理论观点主要集中在以下几个方面。

（1）主张社会正义和社会公平。新公共行政学认为，传统的行政管理理论注重效率并没有错，但是它们对于效率的过度关注经常以"牺牲"社会公平为代价则是不可取的；实现社会正义和社会公平才应该是行政管理的根本目的，也是新公共行政学的理论基点及其与传统行政管理学最重要的差别。据此，新公共行政学主张放弃与逻辑实证论相联系的表面上的"价值中立"，转而按照后逻辑实证论更关注人道、公正的价值观和伦理观。行政管理不能仅仅对事实做出客观的描述，还需要提出和确定是非判断标准并据之做出是非判断。

（2）主张改革的、入世的、与实际过程相关的公共行政学。新公共行政学主张把研究的重点转到与社会环境相关、与公众相关、与政策相关的实际问题上,而不应该仅仅关注与学术相关、与理论相关的问题;主张变革妨碍实现社会公平的政策和制度结构,通过积极的科学方法改进影响所有人的各项政策,提出"关心国防部,更关心国防"的名言,对传统行政管理学的理论框架、价值规范、研究范畴等进行一次重大调整。

（3）主张构建新型政府组织形态。新公共行政学认为,官僚制组织结构赋予政府一种超稳定的能力,使得政府已经失去了必要的敏感性和同情心。尽管官僚制组织是中性的,但它"天然是官僚主义的温床",容易滋生官僚主义。因此,需要对官僚制组织进行改革,通过重新定义分配过程、整合过程、边际交换和社会情感过程等构建新型政府组织形态,从而实现社会公平。林登提出的无缝隙政府和彼得斯提出的四种治理模式（市场模式、参与模式、弹性化政府模式和解制式模式）可以看作对这一主张的践行。

（4）主张突出政府行政管理的"公共"性质。新公共行政学认为,传统行政管理对"公共"的重视不足,使得"公共"仅仅成为"行政"的修饰和点缀。实际上,"公共"与"行政"应该是并列关系,而不是偏正关系。"公共"使得政府管理与企业管理有了本质的区别,它体现了行政管理的本质在于代表公共利益、诉诸公共福祉、承担公共责任。

（5）主张"民主行政"并以此作为新公共行政的"学术识别系统"。新公共行政学认为,"民主行政"的核心价值观在于尊重公众的主权和意愿,实现社会公平和社会正义,反对滥用权力和行政无能。为此,行政管理应该以公众意愿、公共利益为导向,给予公众充分的参与途径和参与权力,在政策输出方面凸显公众的诉求,提高政府的回应性。

四、深化行政管理时期（20世纪80—90年代）

深化行政管理时期,西方国家经受了严重的财政危机,而以新公共行政为代表的拓展行政管理时期的理论无法为现实提供帮助,因而发生了理论深化和整合,形成了不同于拓展行政管理时期的新范式、新理论。这一时期的理论发轫于一些国家的管理实践创新,如新西兰出售邮政服务、英国展开了声势浩大的撒切尔夫人改革,其基本思路就是引入企业管理和市场经济思路,鼓励竞争,将政府服务外包、公共服务市场化,从而缓解财政压力、提高公共服务水平。这一时期最典型的基础理论就是新公共管理理论（new public management, NPM）,因此这一时期也可以称为新公共管理时期。

这一时期,行政管理的理论基础从管理学聚焦到经济学,采纳了经济学的相关理论和思想,其理论基础包括以下几个。

（1）公共选择理论。公共选择理论亦称官僚经济学,是用市场的方法和思维分析政府行为。詹姆斯·布坎南（James M. Buchanan）是这一理论的代表人物,他把政治因素纳入经济分析,于1962年与塔洛克共同发表了《同意的计算》,为现代公共选择理论奠定了强有力的基础。1969年,二人合作创建了《公共选择》杂志,促进了公共选择理论的迅猛发展。1986年,布坎南获得了诺贝尔经济学奖。

（2）政府失灵理论。政府失灵（goverment failure）又称为政府失败或政府缺陷,一般认为是由萨缪尔森提出的。政府失灵是政府在克服市场失灵或市场缺陷的过程中产生的，是指国家或政府的活动并不总像应该的那样有效或并不总像理论上所说的能够做到的那样有效，抑或是由于个人对公共物品的需求在现代代议制民主政治中得不到很好的满足，公共部门在提供公共物品时趋向于浪费和滥用资源。政府失灵具体可以分为以下三种情况：一是政策失灵，即政策无法达到预期要达到的目标或者效果；二是政府机构的低效率，即政府存在浪费、效率低下现象，从而无法实现政府的正常职能；三是政府的内部性与扩张，即政府行动的目的不是诉诸公共利益，而是追求机构自身的利益以及诉求政府的不断膨胀。

（3）委托代理理论。委托代理理论（principal-agent theory）亦称代理理论，是制度经济学契约理论的主要内容之一，是关于委托人与代理人之间的关系及其行为规则的理论，于20世纪70年代初由美国经济学家罗斯（Stephen A.Ross）首先提出，后经英国的米尔利斯（James A.Mirrlees）、美国的维克里（William Vickrey）和斯蒂格利茨（Joseph Engene Stiglitz）等人的进一步发展。其主要内容为一个或多个行为主体根据一种明示或隐含的契约，指定、雇用另一些行为主体为其服务，同时授予后者一定的决策权利并根据后者提供的服务数量和质量为其支付相应的报酬。新公共管理理论将该理论作为自身的理论基础，将政府看成代理人，民众则是委托人，从而借鉴委托代理理论中有关代理人与委托人信息不对称等造成的问题。

（4）交易费用理论。"交易费用"的思想由罗纳德·哈里·科斯（Ronald H. Coase）在《企业的性质》一文中首次提出。1969年，阿罗第一个使用"交易费用"这个术语，威廉姆森则系统地研究了交易费用理论。该理论认为，企业和市场是两种可以相互替代的资源配置机制，由于存在有限理性、机会主义、不确定性与小数目条件，市场交易费用高昂，为节约交易费用，企业作为代替市场的新型交易形式应运而生。交易费用理论强调产权确定的重要性并指出政府与企业之间存在信息不对称，从而会增加交易费用。新公共管理理论引入了交易费用理论，强调了市场化和民营化的重要性和必要性。

在借鉴上述经济学理论作为自身的理论基础之后，新公共管理理论形成了一套系统的理论观点、实践策略。新公共管理亦称管理主义、市场化行政管理理论、企业化政府管理理论等，其代表理论是戴维·奥斯本（David Osborne）的企业家精神、E. S. 萨瓦斯（E. S. Savas）的民营化。美国学者戴维·奥斯本与特德·盖布勒（Ted Gaebler）在1992年出版的《改革政府：企业精神如何改革着公营部门》一书中系统地论述了企业家精神。奥斯本提出了重塑政府的十条主张：①起催化作用的政府——掌舵而非划桨；②小区拥有的政府——授权而非服务；③竞争性政府——将竞争注入提供服务；④卓有使命感的政府——改变照章办事的组织；⑤讲究效果的政府——按效果而不是按投入拨款；⑥受顾客驱动的政府——满足顾客的需要而不是官僚的需要；⑦有事业心的政府——有收益而不浪费；⑧有预见的政府——预防而不是治疗；⑨分权的政府——从等级制到参与和协作；⑩以市场为导向的政府——通过市场力量进行变革。萨瓦斯的民营化思想集中体现在《民营化与公私部门的伙伴关系》一书中。民营化在不同的国家有不同的表述，在萨瓦斯看来,从20世纪70年代开始,世界各国都展开了轰轰烈烈的民营化运动和改革。

奥斯本的企业家精神和萨瓦斯的民营化思想可以反映出新公共管理理论的一些核心思想。具体而言,新公共管理理论的政策主张可以概括为以下几个方面的内容。

(1)重新认识和改造公共部门。新公共管理理论与传统行政管理理论对公共部门有着不同的认知。在传统行政管理理论体系中,公共部门主要指政府及其组成部门,而新公共管理理论则对公共部门的范围进行了扩大,不仅涵盖政府,还包括承担社会职能的社会组织(非营利组织、非政府组织)。政府需要通过职能转移,缩小政府及其组成部门的规模,将一些职能转移至社会组织、企业,从而增强政府公共服务对公众需求的反应能力。

(2)引入企业管理模式。新公共管理理论认为,无论是公共部门的管理,还是私人部门的管理,其本质是相似的。新公共管理学者胡德认为,公共管理和私人管理在所有不重要的地方都是相似的。因此,政府首先有必要引入企业家精神,改造政府文化和流程并借鉴企业的管理理论、管理模式、管理技术,以达到提高行政绩效、改进公共服务的目标。

(3)建立顾客驱动。新公共管理理论推崇市场原则,因此有必要比照"顾客至上"的市场通则,视公众为公共机构的顾客,尊重顾客的选择权利,令公众满意应该是政府施政的重要目标和衡量标准。因此,创建顾客导向制度是开创民主行政和服务型政府的基础。

(4)引入竞争机制。新公共管理理论认为,政府存在效率低下的痼疾,要提高政府的行政效率、降低行政成本、提高行政产出,引入市场竞争机制是唯一可靠的选择。因此,政府部门需要按照市场竞争中的优胜劣汰、等价交换等规则获得行政投入并与其他组织进行竞争。新公共管理将各个政府部门都视为竞争者,因此新公共管理注重战略制定。各个部门需要将其他部门视为自己的竞争对手,以竞争对手为基点制定本部门的发展战略。

(5)重视行政结果。传统的行政管理理论遵循官僚制理论的规范,注重程序,关注过程控制,通过设计一系列正式的规则和一整套固定的程序来实现行政管理的正常运作。新公共管理理论认为,这一运作模式效率低下,而且行政产出会产生异化,可能造成无效的行政产出,也可能造成公共责任的推诿。因此,有必要从传统的重视工作过程和投入的行政价值取向转向注重结果和产出的行政价值取向,由此实现由规则驱动型组织到任务驱动型组织的转变。

(6)推行社会合作。新公共管理理论认为,政府独自承担一些公共服务可能会力不从心,也可能面临不专业的状况,因此政府与其他社会组织、企业的合作同样重要。政府需要与各类组织进行合作,将自己不擅长的工作以外包的方式转交给擅长此类工作的社会组织、企业去做。为此,政府应当采取积极的态度与社会组织、企业进行广泛而灵活的合作。社会合作不仅可以降低行政成本、提高行政效率、优化公共服务,而且可以释放社会的创造力,激发社会的活力。

新公共管理理论一经提出,广受关注和赞誉,在实践中也受到世界各国的积极采纳。我国在20世纪末至21世纪初的改革过程也受到了新公共管理理论的影响,从而提高了政府的公共服务能力和水平。但是,与新公共管理理论相伴随的还有对它的质疑和争论。概括而言,对新公共管理理论的批判和反思主要集中在以下几个方面:①意识形态狂热,太注重管理主义思想。②背离政府的社会价值，混淆了政府与企业等私人部门之间的本质区别。③理论基础存在偏差，只是将经济学理论作为自身的理论基础，具有市场"原教旨主义"倾向。④顾客满意值得怀疑，忽视了顾客还有另一层含义，即有多少货币就享受多少服务，而这与公民平等享受政府的公共服务是背道而驰的。⑤放弃了政府职责，逃避政府责任。

五、当代行政管理时期（2000年—）

这一时期开始于21世纪初。目前，我们正处在这一时期当中。鉴于新公共管理理论存在一些质疑之声，部分学者在吸纳新公共管理理论精华的基础上，舍弃其不足，提出了新的行政管理理论，如登哈特的新公共服务理论、协同政府理论等，其中最为知名且广受关注的行政管理理论是治理理论。从这个意义上讲，这一时期可以称为治理理论时期。

"治理"（governance）源自古典拉丁文或古希腊语"引领导航"（steering）一词，原义是控制、引导和操纵。现代意义的治理理论（governance theory）发端于1989年世界银行发表的报告《南撒哈拉非洲：从危机走向可持续增长》，该报告首次使用了"治理危机"（crisis in governance）这一表述。1992年，世界银行又以《治理与发展》为年度报告的主题，治理理论由此进入人们的视野。可以说，治理理论是20世纪末兴起于西方社会的行政管理视域下颇具影响的理论之一，作为对国家（政府）、市场失灵的反思以及全球合作共治、新地区主义等现实的回应，治理理论自其诞生之日便强烈地冲击着传统管理理论，被视为认识和解决现实问题的重要分析框架和理论工具并迅速确立起自身的主要思想（如主体多元协商、责任模糊互渗），得到了相关研究者的基本认同。随着主流学界赋予"governance"更丰富和宏观的理论意图，治理理论开始涉及地方（local）、社会（society）、次国家（sub-national）、国家（national）、全球（global）等诸多论域。

在治理的各种定义中，全球治理委员会的表述具有很强的代表性和权威性。该委员会于1995年对治理做出如下界定：治理是或公或私的个人和机构经营管理相同事务的诸多方式的总和。它是使相互冲突或不同的利益得以调和并且采取联合行动的持续的过程，包括有权迫使人们服从的正式机构和规章制度以及种种非正式安排。而凡此种种均由人民和机构或者同意，或者认为符合他们的利益而授予其权力。治理理论催生了众多颇具影响力的学者，埃莉诺·奥斯特罗姆（Elinor Ostrom）、罗西瑙（Rosenau）、罗兹（Rhodes）等都是代表人物。尤其是埃莉诺·奥斯特罗姆，凭借在治理理论方面的卓越贡献，她获得了2009年度的诺贝尔经济学奖。

我国也积极采纳和创建治理的话语，提出了国家治理体系、国家治理能力等话语，从而丰富和深化了治理理论。治理理论存在视角的差异，可以概括为三个方面：一是社会中心论——作为"自治"的治理；二是政府主导论——作为"管治"的治理；三是网络参与论——作为"合作"的治理。概括而言，治理理论主要具有以下几个方面的核心观点。

（1）重视社会管理力量的多元化。治理理论强调处于市场与政府之间的第三领域的重要性。政府作为公共权力中心固然重要，但是除政府外，社会上还有属于第三部门的社会组织、属于私人部门的企业等。它们分别致力于各种社会和经济问题的解决，在政治、经济、社会等方面发挥着重要作用。治理理论放弃了政府单一论，强调治理主体的多元化。大到全球治理，中到国家治理，小到地方治理，都需要多方参与。注重管理力量的多元化是该理论的显著特性。

（2）重新定位政府角色，改变政府的核心角色。治理理论认为，在新的社会结构中，政府充当了元治理（meta governance）的角色，承担着指导责任和确立行为准则的责任。但是政府不再是治理主体中的核心角色，在多元的社会管理主体中，政府只是其中的一极，甚至不是最为重要的一极。因此，政府的角色不再是权力的核心和行动的中心，它的任务主要在于确立行动的制度构建并在制度上提供促使各方行动和协调的保障，鼓励新的制度安排和新的活动，从而推动现实治理的有序推进。

（3）倡导网络管理体系。治理理论打破了以往政府单一纵向的关系，强调多元社会主体之间纵横交错的网络管理体系。在网络管理体系中，共识、共治、共享是显著的特征。治理管理体系的权力向度是多元的、上下互动的、相互依存的，而不是单一的、自上而下的。通过网络管理体系，治理主体可以及时、最大程度地交换信息，从而降低交易成本，改变信息不对称的状况。

治理理论的上述观点体现了治理理论不同于传统行政管理理论的理论取向。概括而言，治理理论的理论取向具有以下特性和变化。

（1）从纵向层级到水平层级。不同于传统行政管理理论，治理理论不注重纵向层次，恰恰相反，它强调水平层次，注重横向之间的关联、各个参与主体的水平沟通和地位平等。

（2）从单一中心到多中心。传统行政管理理论强调政府是行政管理的唯一核心，政府需要掌控公共权力、统筹一切。而治理理论则强调多中心，打破了政府的单一中心地位，多元主体都成为治理的中心，从而构建了多元、包容的理论取向。

（3）从统治到协作和协调。传统行政管理理论强调统治，即服从、掌控和权力行使。而治理理论则更强调协作和协调，各个参与主体是地位平等的，从而需要大家在共同认可的价值规范的基础上，包容各方的价值差异和利益诉求。治理理论的这一理论导向在全球治理方面表现得尤为突出。在当今全球治理的过程中，全球气候变暖、海洋污染治理等方面的问题的解决需要各个国家的协作和协调，以达到最大公约数。

目前，治理理论形成了两大类模式，分别是网络化治理（network governance）和整体性治理（holistic governance）。网络化治理强调治理包含不同行动者的网络的运行过程，对社会三大治理（政府与企业的市场治理、政府与非政府部门的公民社会治理、企业与非政府部门的私人治理）进行整合和网络化。整体性治理是基于对现实中治理的碎片化而提出的，是对政府空心化（hollow out）的回应。在管理碎片化背景下，政府将许多属于政府的职能剥离出去，从而不利于政府治理能力的提高。整体性治理是对传统公共行政以及新公共管理的反思，强调整合。这种整合包括三个方面的内容，即不同治理层级的整合、不同治理功能的整合、公私部门的整合。

治理理论目前还在发展中,很难被称为一种成熟的理论,因此它也受到了一些研究者的质疑。鲍勃·杰索普(Bob Jessop)总结了治理理论的四大内在困境:一是合作与竞争的矛盾;二是开放与封闭的矛盾;三是原则性与灵活性的矛盾;四是责任与效率的矛盾。在被质疑和完善中,治理理论还在不断地发展和深化。

第三节 行政现象与行政价值

行政现象,即行政管理现象,是行政管理在实际运作过程中所体现出来的具体形态、运作规律以及衍生出的问题。现代行政管理现象是指近半个世纪以来,主要发达国家所出现和形成的某些行政管理现象。

一、现代行政管理现象

(一)行政国家形成

行政职能扩展是自 20 世纪下半叶以来的一个普遍现象,不仅存在于发达国家,我国等发展中国家也面临这种发展趋势。美国著名的行政学家、政治学家德怀特·沃尔多(Dwight Waldo)对这种现象进行了较为经典的概述和提炼,他撰写的《行政国家:美国行政学的政治理论研究》(*The Administrative State*)一书成为公共行政学领域的经典之作。在《行政国家:美国行政学的政治理论研究》中,沃尔多提出了"行政国家"的概念。行政国家既是一种国家行政职能现象,也是一种国家权力现象,同时还是一种国家公共事务管理现象。在近半个世纪的演变中,在资本主义国家立法、司法、行政三权分立的国家权利主体的关系中,行政权力和活动扩展,具有制定同议会立法效力相当的行政命令权和制定同法院判决效力相近的行政裁判权,大量直接管理和介入国家事务和社会事务,从而起着最活跃和最强有力国家的作用的一种国家现象。具体而言,行政国家表现在以下几个方面。

(1)行政职能扩展。行政职能扩展反映了一种对国家职能的再认识。在经历了亚当·斯密的经济自由主义之后,西方国家经历了市场失灵。尤其是在 1929—1932 年的经济大萧条之后,以凯恩斯主义为代表的国家干预成为经济学的主流理论,西方国家也开始从国家不干预经济转变为对经济的强势介入。目前,几乎所有的国家都不再实行单一的市场经济,而是将计划经济与市场经济相结合,实行混合经济。除国家实行经济干预、拓展经济职能之外,福利国家的推行也使得行政职能在社会管理方面得到了扩展。现代国家建立了"从摇篮到坟墓"的一整套管理体系,这就使得行政职能扩展到了社会的各个方面。

(2)行政权力及其自由裁量权扩大。与行政职能扩展相伴随的是行政权力的不断扩大。在传统西方国家的理念中,有限政府是其政府的重要形态。有限政府主要是指行政权力的行使有着很强的边界性，行政权力受到很大的牵制。但是随着现代社会对行政事务的需求越来越明显，行政权力也不断扩大，尤其表现在自由裁量权的扩大上。政府的行政行为可以分为羁束行政行为和自由裁量行政行为，其中后者就体现了自由裁量权的扩大。自由裁量权是指国家行政机关及其公务人员在法律、法规规定的原则和范围内有选择余地的处置权力，它赋予行政执法人员很大的临时裁决权、最终决定权。自由裁量权的扩大使得行政机关拥有了很大的权力，从而处于强势地位。

（3）介入立法，形成行政立法。传统的西方国家形成了立法、司法与行政相并列的权力制衡架构，但是随着社会的发展，行政机关不但扩展了行政权力，也介入了立法活动，侵占了立法权力。以我国的法律构成为例，广义的法律包括宪法、法律、行政法规、地方法规和行政规章。其中，行政法规是指由国务院制定的条例、规定，行政规章则是指国务院所谓部委以及地方人民政府（地市级以上）所制定的规则、规定，它们都是广义的法律构成。目前，行政法规、行政规章在数量上占据了法律的一大部分，行政立法在实验性立法、执行性立法等方面占据绝对的优势。行政立法的形成可以分担立法机关的工作压力，但是也使得行政机关侵占了本属于立法的权限，从而处于强势地位。

（4）介入司法，形成行政司法。行政机关除介入立法权限外，也介入司法权限，从而形成了行政司法。以我国的司法现实为例，众多的司法行为被分配给行政机关，甚至首先要经过行政机关。目前，行政司法主要表现在行政复议、行政调解、行政仲裁等方面。以行政复议为例，《中华人民共和国行政复议法》规定的行政复议的范围要广于行政诉讼，一些事项甚至要首先经过行政复议才能进入行政诉讼。行政司法的形成可以分担司法机关的工作压力，提高司法效率，但是也使得行政机关侵占了本属于司法的权限，从而处于强势地位。

（二）不良行政现象增加

（1）行政组织变得越来越肿胀和庞大。目前，世界各国的行政组织都越来越庞大，形成了许许多多结构复杂、分工细致、门类繁多的专业部门和各种行政委员会。与此同时，行政人员也大量增加，从而挤占了大量财政资源。以法国和瑞典为例，其为政府工作的人员甚至占到了全国就业人口的四分之一到三分之一。越来越肿胀和庞大的行政组织可以为社会提供更多的公共服务，但是也使得民众的税务负担加大、私人空间被压缩、政府财政压力增大。

（2）行政决策迟缓。行政决策迟缓使得政府行政管理的效率和有效性受到影响。造成这种情形的原因主要在于参与行政决策的各方在价值观念、技术标准、议程设置、集团利益等方面存在差异。行政决策迟缓将导致政府丧失各种可能的发展机遇，也挑战着民众的心理忍耐度。

（3）技术官僚盛行，逃避民众监管。目前，各个国家行政机关的专业化人员比重越来越高，这种现象从根本上是由现代社会再分工和学科再分化以及行政管理现象的多样化、复杂化所决定的。因此，招揽专业人才成为现代政府的一项经常性业务，如美国的职位分类制就特别强调专才而非通才。专业人才的不断扩展使得技术官僚盛行,由于技术官僚掌握了核心技术,民众无法对其工作进行深入了解,也无法对其进行有效监督,因此民众的监督力度、参与度都大打折扣。

(4)程序化现象严重,逃避责任。官僚制组织强调程序控制,可以规范行政人员的执法,约束其行使权力。但是官僚制的注重程序也使得行政人员的行为发生了异化,其行政行为不是为了增加民众福祉和解决社会问题,而是为了履行程序。换言之,行政人员为了履行程序而履行程序。至于履行完程序后是否产生了行政效果,是否解决了社会问题,则不再是行政人员关心的问题。由此,行政人员履行程序也成为其逃避责任的一种手段,可使得其免受处罚和责任追究。

(三)行政管理现代化

尽管存在一些不良行政现象,但它只是现代行政管理现象的一个方面,另一个方面则体现在行政管理的现代化,积极吸纳民众参与和新技术、新理论。

(1)与社会需求相呼应,提高政府回应性和民众参与度。现代行政管理注重凸显民众的利益诉求,无论是在西方国家,还是在我国,民众的利益获得和满意感成为政府施政的重要标准和目标。为此,政府提高了回应性。所谓政府回应性,是指政府积极吸纳民众的意见并对民众的诉求做出反应,努力实现民众的诉求。同时,政府也积极促进民众参与,使得民众在政策出台、标准制定、评价政府服务等方面都发挥着越来越重要的作用。

(2)注重行政管理理论的现代化。无论是经济学、管理学、政治学、法学、社会学等各个学科的新理论,还是行政管理学界的新理论,现代行政管理都积极吸纳并付诸实施。从这个意义上讲,现代行政管理实现了理论研究与管理实践的有机结合,理论在实践中得到检验,实践在理论的指导中得以提升。

(3)注重行政管理技术的现代化。除吸纳新的理论,现代行政管理还大量地吸纳了一些新的技术手段,如通信技术、决策技术、执行技术等。例如,在城市交通指挥中,根据大数据提供的交通拥堵分析状况,交通管理部门可以更为准确地调整信号灯的等待与通信时间。行政管理广泛采纳各个领域的新技术,使得行政管理的专业度不断提升,也对管理和人员素质提出了更高的要求。

二、行政管理的价值

行政管理价值是指行政管理对人类社会的积极意义或效用,是行政管理所追求的一种应然状态,反映了人们关于行政管理的理想、信仰和依托。它是一种应然状态,为行政管理的前进指引了方向,也是衡量行政管理活动的重要标准。

(一)提高行政效率

效率(efficiency)最早是一个物理学的概念,是指有用功率与驱动功率的比值。后来，泰勒将其引入管理学并成为管理学的一个核心概念和理念。管理学中的效率是指在给定投入和技术等条件的前提下，最有效地使用资源以满足设定的愿望和需要的评价方式。自行政管理诞生以来，效率就成为其独立于政治学并彰显其学科特性的重要价值诉求。

可以将行政管理学所界定的效率称为"行政效率"，它意味着用最小的行政成本达到既定的行政目标或行政效果或者在行政成本既定的情况下，实现行政产出最大化。行政效率是行政管理的重要价值诉求，也是其学科成立的根基。效率价值之所以对于行政管理如此重要，从经济学角度而言是因为存在着资源的稀缺与人类需求的无限之间的矛盾和内在张力。行政管理的任务就是发挥自己的优势，整合全社会的力量，运用和挖掘可以支配的资源，满足人们日益增长的多重需要。行政效率直接影响着社会的发展水平和人们多重需要的满足状况，它也是政府合法性的重要维度和来源。在某种程度上，人们可以容忍政府的权力滥用，但是绝对不能容忍政府的低效率和不作为。在注重社会效率的今天，人们对行政效率的需求越发明显，也越发不能容忍政府的无效率、低效率。

（二）追求社会公平

公平是人类发展史上一个亘古不变的话题，也是人们的重要社会诉求。在人类社会的进步和社会革命中，公平发挥着重要的作用。将公平作为行政管理的一个价值诉求，既是工具性的，也是目的性的。从工具性而言，公平作为行政管理的一个价值诉求，可以最大程度地调动社会的积极性、主动性和创造性，从而实现社会进步，实现行政管理的目标。从目的性而言，公平是行政管理活动的终极目的。行政管理之所以存在，就是为了让人们幸福，获得归宿感。如果没有社会公平，人们不可能有幸福感和归宿感。

与效率不同的是，不同的群体对公平具有不同的认知和界定。在经济学上，一般将公平分为机会公平和结果公平。机会公平的本质是一种形式公平，结果公平则是指实质公平。在某种情况下，机会公平和结果公平存在矛盾。对于行政管理而言，需要在机会公平和结果公平之间寻找平衡点，实现它们之间的内在和谐。

公平的价值诉求在行政管理中的地位越来越得到凸显。尤其是新公共行政学对社会公平、社会正义的深入剖析，更是将公平提高到前所未有的高度。当然，新公共行政学也指出了效率与公平之间存在一定的矛盾。行政管理学需要在效率和公平之间实现平衡。

（三）维持社会秩序

维持社会秩序是行政管理的另一个基本价值诉求。秩序最初的含义是人或者事物所处的位置，表示一种比较稳定的、有条理的存在状态和结构模式。在行政管理的范畴内，秩序主要是指社会秩序，是能够给人们的需求带来合理预期的具有一致性、连续性和确定性的社会存在和运行模式。著名经济学家哈耶克对社会秩序问题有过卓有成效的探讨。他把社会秩序分为两类：生成的社会秩序和人造的社会秩序。前者是指在自由主体之间的互动过程中自发地、必然生长的秩序；后者则是指人为构建的秩序，是理性和逻辑的产物。生成的社会秩序体现了人们具有内在追求秩序的本质，社会会自发构建秩序。而人造的社会秩序体现了社会秩序具有地域性、文化性和阶段性，它体现了秩序的形成具有主观能动性。

维持社会秩序是行政管理的重要价值诉求，也是行政管理在实际运作过程中的重要职能体现。一个没有合适秩序的社会是无法想象的，不追求社会秩序、不优化社会秩序的行政管理也是无法想象的。行政管理的效率和公平的达成需要以维持社会秩序为前提。

 本章小结

行政管理是国家行政机关依法管理国家政务、社会公共事务和自身内部事务的执行性活动。行政管理学具有综合性、实践性、系统性、技术性、发展性等特点。行政管理学的演进可以分为传统行政管理时期、转轨行政管理时期、拓展行政管理时期、深化行政管理时期和当代行政管理时期。现代行政管理现象体现在行政国家形成、不良行政现象增加和行政管理现代化。行政管理的价值包括提高行政效率、追求社会公平和维持社会秩序。

 课后练习题

一、名词解释与术语

行政管理　公共行政　政治与行政二分法　威尔逊　古德诺　怀特　古利克　西蒙　官僚制　公共政策学　行政生态学　新公共行政学　新公共管理　治理　行政国家　行政价值

二、思考题

1. 简述行政管理学与经济学、管理学、政治学、法学的关系。
2. 政治与行政二分法对行政管理学具有哪些重要影响？
3. 有限理性理论对行政管理学具有哪些重要影响？
4. 简述行政管理学演进的内在规律。
5. 简述现代行政管理现象的本质属性。
6. 简述行政管理价值诉求的内在关系。

 自测题

第二章 行政职能

本章学习目标

深入了解和分析现代政府行政职能问题是学习行政职能的基础。行政职能是行政管理活动的起点,行政职能确定行政权力,同时又规定行政组织架构。通过学习行政职能的含义、分类,可以更好地理解行政职能的内涵和外延。行政职能的争论涉及政府与社会、政府与市场、公平与效率,深入思辨有利于更为清晰地把握行政职能定位的重要性和复杂性。行政职能的转变是现代国家在发展过程中必然面临的选择。

第一节 行政职能概述

一、现代政府行政职能问题

在行政管理研究视域里,现代行政职能是关涉政府治理能力建设的重要维度。回溯国家发展的历时性过程,自有国家以来,行政职能问题便成为政府研究的基本问题之一。通常认为,现代政府的行政职能问题起始于 20 世纪 30 年代西方资本主义世界的经济大危机。其后,关于行政职能的争论总体上沿着发达国家和后发展国家两条轨迹发展变化。在西方,行政职能争论发展于 20 世纪 60 年代的社会正义运动和 70 年代的经济"滞胀",丰富于 80 年代的反传统思潮、改革政府运动和 90 年代的再造政府运动。在东亚,行政职能争论起始于 20 世纪 60 年代的经济起飞,发展于 70 年代的经济高速增长,丰富于 80 年代的"东亚经济奇迹",修正于 90 年代的"东亚金融危机"。这些不同时期的争论内容均指向了行政职能履行的核心问题:政府作为行政职能的主要履行主体,其行政职能体系有哪些组成内容?如何划分行政职能运行的权责边界?何以界定?如何通过行政职能运行的内在规定调整政府与市场之间的关系?要对上述问题进行系统性求解,首先需要对现代行政职能问题的由来进行回溯讨论。

(一)现代政府行政职能问题的由来

1929—1933 年,席卷资本主义世界的经济危机将整个资本主义世界推到了崩溃的边沿。以美国为例,出现了以下纷繁复杂的社会问题:①经济持续衰退;②金融体系接近崩溃;③失业人口剧增;④生产相对过剩危机;⑤社会危机。20 世纪 30 年代发生的这一经济危机标志着古典经济学的"守夜政府"论调式微,"到处是胡佛村,密西西比河充满牛奶"的现实图景促使知识界反思古典经济学说的局限性,传统的"守夜人"政府理论面对这场大危机束手无策、一筹莫展。强调国家积极干预经济的凯恩斯主义由此登上历史舞台,为"罗斯福新政"奠定了理论基础。凯恩斯在其理论代表作《就业、利息和货币通论》一书中论及:"市场经济本身存在缺陷,失业产生的根源在于有效需求不足。"为此,国家必须干预经济生活,发挥政府的宏观调控作用,通过政府计划调控手段刺激国民消费,弥补市场经济有效需求的不足,实现充分就业、收入分配公平的目标。相应地,政府应履行优化经济运行秩序、促进收入增长和宏观经济稳定等行政职能。随着以凯恩斯主义经济理论为基础的、以国家干预为核心特征的"罗斯福新政"的推行,危机得到了控制,美国经济逐步走出了困境。此外,罗斯福政府还通过两个"百日新政"行动在美国的法律中写进了美国历史上最不寻常的一系列改革法案:紧急银行法案、节约法案、啤酒法案、农业法案、失业救济法案、工业复兴法案、以工代赈法案、社会保障法案、税制改革法案、银行法案等。为了保证行动的有效性,罗斯福"使现代总统职位恢复了生气",着力强化了政府职能:首先,为确保政府制定的政策、法令能够应对尤为紧迫的现实状况,有力地扩充了总统的立法职权;其次,为确保政府部门的政策、法律能够稳步推进,有效地扩充了总统的行政职能;最后,为确保政府可对经济领域进行有效干预,着力于扩充总统的经济职能。毋庸置疑的是,"罗斯福新政"开创了国家强力干预社会经济的先例,由此结束了高度放任自由的时代,使"19世纪的个人自由主义让位于强调社会保障和集体行动",罗斯福本人也因此成为那一时期美国人的共同领袖。1933—1938年的"罗斯福新政"不仅标志着美国制度的巨变,也成为现代政府行政职能问题的渊源所在。凯恩斯主义注重经济干预的经济主张构成了现代行政职能问题的理论基础,它与经济自由主义一起成为权衡和调整行政职能的理论本源。国家应该如何干预经济、如何介入社会是经济学界、社会学界、政治学界等争论不休的一个话题,也构成了行政管理学中行政职能定位的问题根源。

(二)现代政府行政职能问题的发展

从大危机开始,人们一直在讨论这样一个问题:以亚当·斯密为代表的关于"看不见的手"的自由市场经济理论是否存在缺陷?如果存在缺陷,该如何克服?"罗斯福新政"有效地克服了经济大危机,而大危机之后,人们同样开始思考:"罗斯福新政"所启用的国家干预模式是否存在内在缺陷?自"罗斯福新政"以后,西方国家围绕国家干预主义或自由经营主义进行了长期的争论,先后出现了现代货币学派、理性预期学派、供给学派、公共选择学派等倡导自由经营的理论和实践,也出现了新福利经济学、新凯恩斯主义等主张国家干预的理论以及克林顿的国家干预政策实践,但从整体上看,争论的焦点已不是理念意义上的"政府是否需要干预经济",而是在实践上而言,政府应当干预什么(what)、何时干预(when)、通过什么方式干预(how)以及干预到何种程度等问题。围绕上述争论,人们至少已经认识到,在诸如公共产品资源配置、促进社会收入分配公平以及调控宏观经济运行体系等问题上,政府借由行政职能实施干预措施是必不可少的。

在政府与市场、国家与社会的相互关系方面，20世纪60年代以来，西方国家先后出现了"混合经济""福利国家""行政国家"现象。其中，"混合经济"着重描述的是现代西方国家政府与经济的关系；"福利国家"概括的是现代西方国家与社会的关系；"行政国家"强调的则是现代西方国家各个国家公共权力主体之间，以及政府与经济、政府与社会之间的综合关系。"混合经济""福利国家""行政国家"分别属于不同的范畴，但反映了一种共同的现象，即政府在国家经济和社会生活中已不再是"守夜人"角色，而是成为一个积极的、不可或缺的重要组成部分，在某些情况下甚至是最主要的组成部分。例如，通过政府和政府首脑特有的影响力促进本国企业与他国企业之间的贸易或合作；发挥专属于政府的权威，制定对外经济贸易政策，以推动或保护本国企业的发展。总之，政府干预经济社会在事实上已经成为西方国家普遍施行的既定国策，而政府干预的合理性或实践效用则取决于政府的职能定位以及政府履行职能的能力。

二、行政职能的含义

从实践层面而言，无论是在联邦—地方分权的西方国家政府组织体系，还是在多层级架构的中国政府组织体系，政府通过切实履行行政职能以实现其在经济、社会等领域的治理目标是政府组织运作的一个基本逻辑，这也充分表明行政职能的内容规定及履行状况对政府治理的实践效能具有极为重要的实质性影响。从理论研究层面而言，行政职能问题是行政管理研究的核心议题（或称基础性议题），这是因为：首先，行政职能是政府主体将其在国家经济社会等领域实行有效治理的合法性权力转换为具体化的实践影响的基本方式，行政职能履行状况不仅内在地反映着政府部门治理体系与治理能力的完备程度，也在不断地塑造着政府与市场、政府与社会之间的互动关系样态；其次，对行政职能内容体系及其履行状况的学理研究可为人们理解国家政府体系权责配置、政府间关系以及政府行为提供观察视窗，进而更好地理解政府体系的实践运作机制。

"职能"一词的含义具体体现为某一主体所掌握的职责与功能。在对行政职能进行概念界定上，当前国内知识界多将"行政职能"视为"政府职能"的同义词，以表示行政机关在特定时期内依法对国家治理事务、经济社会等领域进行行政管理所具有的职责与功能。夏书章将行政职能定义为"反映行政管理活动内容、实质和方向，表明政府在国家、社会生活中扮演的角色和发挥的作用"，他将行政职能划分为基本职能和运行职能。整合当前知识界对"行政职能"概念的不同理解，本书将行政职能的含义表述为：**行政职能是行政管理主体行使国家行政权力，依法对国家事务、社会公共事务和机关内部事务进行管理所发挥的基本职责、功能和作用，主要涉及政府管什么、怎么管、发挥什么作用的问题**。具体而言，这一含义的界定着重强调：①行政职能的运行主体是行政管理部门，由它运用行政职能对公共治理事务、机关内部事务进行系统管理。②行政职能内容的法定性与履行方式的合法性。行政职能作为行政管理主体依法行使国家行政权力的基本方式，其内容构成需要得到国家法律权威认定，确保职能内容法定。在具体履行过程中，行政职能履行需要具备合法性要件的支撑，以此确保行政管理主体做出的具体行为合乎法律要求。③行政职能履行过程刚性与自由裁量特征并存。所谓刚性履行，即行政管理主体合法行使行政权力对某些重要领域进行切实管理，政府主体在这些领域必须有效作为；自由裁量履行表明行政管理主体可在法律允许范围内对行政权限的履行内容、程度加以权变调整，以此适应社会公共事务管理的实际需求。

尽管上述概念内涵着重强调的是"政府管什么、怎么管、发挥什么作用"的基本问题，但这一内涵也促使我们思考行政职能履行过程中政府与市场、政府与社会之间关系的问题。行政管理主体要就国家事务、社会公共事务和机关内部事务发挥基本职责、功能和作用，需要以行政权力干预嵌入的面貌加以表现，而这一过程也会对政府、市场以及社会的权责功能产生实质性影响。举例而言，行政管理主体借由行政职能对市场经营活动进行秩序管理必然会在一定程度上压缩无证商贩的商业经营空间，以此促使市场秩序朝着政府希望实现的目标状态发展；行政管理主体借由行政职能对非法社会组织开展专项清理也会在某种程度上影响民众对社会组织工作效能的主观评价。由此，静态的行政职能概念虽然强调行政管理主体对管理事务的基本权责与功能、作用，但也在动态过程中调试着其与市场、社会之间的互动关系。

需要注意的是，在现代国家中，政府的行政功能较之传统行政得到了很大程度的扩展。由于享有立法创议权且获得了广泛的委托权，国家行政机关事实上已经涉足了相当多的立法功能、司法功能和检察功能，即行政立法和行政司法。

三、行政职能的分类

从国家治理的权限配置角度而言，行政职能是区别于司法机关职能与立法机关职能的一种职能类型，它的行使主体是掌握国家行政权力的行政管理主体。当然，如果是从行政职能本身的基本特征与作用领域等维度认知这一职能的内在属性，行政职能可以依据不同的划分标准细分为不同的类型。行政职能可以依据行政职能的作用领域划分为政治职能、经济职能、文化职能、社会职能、生态职能，也可以依据行政职能的功能属性划分为统治职能、保卫职能、管理职能、服务职能，还可以依据行政职能的功能性质划分为行政立法职能、行政司法职能和行政执法职能。我国行政学家张金鉴教授将行政职能划分为维护职能、保卫职能、扶助职能、管制职能、服务职能、发展职能六个维度。本书借鉴上述行政职能的分类，将行政职能分为两大类：一类是统治职能；另一类是服务职能。

（一）统治职能

统治职能亦称政治职能，是政府用于维持国家领土完整、政治秩序稳定的行政职能，其目的在于加强民主和法制建设、巩固国家政权的合法性基础，强调职能所具有的政治性、统治性与强制性特征，经济上占统治地位的阶级对被统治阶级施加的管理活动就是统治职能履行的一种体现。统治职能包括维护职能、保卫职能和管制职能。

1．维护（maintenance）职能

维护职能是维护国家法典和制度的职能，主要是指通过制定得到社会公众普遍认同的国家典章、法令，建立并巩固国家的政治意识形态，维护国家的基本社会制度与国家价值规范。维护职能具有极强的政治性特征，维护国家宪法法律和国家政治制度是政府维护职能的核心问题，倡导和培植公民的主导价值观也属于政府维护职能的范畴。

2．保卫（protection）职能

保卫职能是保卫国家和民族独立，保卫公民生命、财产安全和公民权利，维护社会秩序的职能。保卫职能兼具对外与对内两重属性。对外而言，保卫职能在国家间关系问题上主要表现为通过国防、外交、对外政策等措施保卫国家主权，最大程度地实现国家利益。对内而言，保卫职能主要表现为保护公民的宪法权利（如公民的财产权和生命权）、维护社会秩序稳定。

3．管制（regulation）职能

管制职能也称规制职能，是管制或约束社会行为主体与国家公共权力主体的社会行为的行政职能。其主旨主要集中在两个方面：首先，依法控制、限定和约束社会行为主体与国家公共权力主体的行为，使其不会、不能因自身的利益而非法或不当地侵扰国家、社会、他人、其他行为主体的权利。其次，为实现国家利益、社会利益或多数人的利益，依法控制或约束社会行为主体与国家公共权力主体的行为。诸如外汇管制、尾气排放标准管制等都是政府履行管制职能的表现形式。需要说明的是，随着现代国家的发展，管制职能越来越倾向于服务经济发展，因而越来越具有服务职能的特性。

（二）服务职能

服务职能亦称社会职能，是政府为了促进国家的经济发展、社会进步，彰显政府的服务性、公共性特征的职能，指行政管理主体向特定行政辖区的市场企业、社会组织以及公民提供公共产品或不同类型的公共服务，即通过兴办各类公共事业，旨在造福于公民的职能。服务职能的典型表现为向市场企业、社会组织、公民等社会行为主体提供公共产品或公共服务，满足不同社会行为主体的异质化服务需求。当前地方政府着力推行的城乡公共服务均等化改革便是履行服务职能的典型体现。服务职能主要分为扶助职能和发展职能。

1．扶助（assistance）职能

扶助职能是政府扶助各界公民、公民团体、工商组织均衡发展，扶助弱者生存的职能。扶助各界公民、公民团体、工商组织均衡发展主要是指政府确定价值取向和价值标准，进而通过广泛的公共政策体系帮助各界顺利发展。政府对于扶助职能的理解及其履行扶助职能的意愿、能力和实际状况直接影响着社会的公平和稳定。

2．发展（development）职能

发展职能是政府运用各种可能的方式启发、诱导创新的意愿和积极性，促进、推进发展和进步的行为的职能。这一职能要求政府结合时代发展趋势,因势利导、引导多元社会行为主体实现创新发展。一国政府部门对国家关键产业的产业政策扶持、对高科技信息技术产业的规划引导均属这一职能的范畴。发展职能通常被视为评估政府治理绩效的关键指标之一。

第二节 行政职能的争议

进入 20 世纪中叶以后,国家行政职能的内容体系与作用领域较之既往有了非常明显的扩张趋势。美国行政学家德怀特·沃尔多便将行政职能在经济社会领域的扩张生动地概括为"行政国家"(administration state),认为这是现代社会发展的一个显著趋势。政府行政职能的调试与发展也在促使理论界与实践界共同探讨一个基本问题:政府应当如何行使行政职能?行政职能的边界止于哪里?政府应在哪些领域行使行政职能?对上述问题的讨论进而延伸出三对争议:关于政府与社会间关系的争议、关于政府与市场间关系的争议、关于公平与效率间关系的争议。这三对争议并非争执于"孰要、孰不要"的二分判断问题,而是争执于"孰先孰后、孰轻孰重"的价值判断,进而折射出不同政治主体与公众在看待行政职能问题上的价值偏好。

一、关于政府与社会间关系的争议

政府行政职能在内容体系与作用领域上的扩张现象在本质上体现为政府公共权力的加强,表明政府公共权力对社会领域的干预范围不断扩大,干预强度不断提高,政府影响力增强。20 世纪中叶以来,西方国家政府在行政立法、行政司法以及行政执法过程中"自由裁量"行为的膨胀现象促使理论界反思行政职能履行背后的政府与社会间关系的问题。本书认为,行政职能履行所牵扯出的政府与社会间关系的问题在本质上体现为权威与民主间的关系,这种关系主要涉及政府的政治职能。自资产阶级成功取得政权以来,政府的公共权威不断加强,以至于成为名副其实的"大政府",其对社会政治生活的影响突出表现在以下两个方面。

(一)精英政治盛行

精英政治(elite politics)是西方政治学研究提出的一个基本概念,其含义的积极意义通常指:由于人类社会发展的局限性,社会中的极少数卓越分子及其组合的集团承担领导社会前进的责任并因此实际享有和运用广泛的国家权力;其含义的消极意义则通常指精英统治(meritocracy),即社会中的极少数人及其组合的集团在信息不对称、权力制衡机制缺失等条件的支撑下实际掌握乃至垄断国家权力,公众的实际政治权力因此受到限制或被侵害。精英政治盛行在很大程度上肇始于国家政治体系民主政治制度"代议制民主"的实践逻辑，即民主国家的权力主体乃国家公众，国家公众遵循国家法律规定的民主制度安排，将政治权力委托给代表公众利益诉求的精英群体履行，精英群体组阁形成政党并在议会中占据多数席位后获得政治合法性，对国家经济、社会等领域进行管控、干预。当精英政治利用精英与公众之间的信息不对称、权力监督缺位等制度漏洞，以国家公权力谋求私利或滥用行政职能时，寻租（rent-senking）、政治腐败等现象随之而来，由此引发公众对精英政治治理的担忧与负面评价。

（二）公共支出增长

行政职能的扩张与公共支出的增长可谓共时性背景下的不同现象，因为行政职能内容体系与作用领域的扩张意味着职能行使主体投入的各项资源支出呈现增长趋势。德国经济学家阿道夫·瓦格纳曾提出经典的"瓦格纳定律"：随着工业化社会的到来，公共部门在经济活动中的数量和所占比例具有一种内在的扩大趋势，公共支出因此将不断膨胀。这种现象不仅在许多西方国家的政府治理实践中一再得到证实，在我国也同样存在，2010—2020 年，我国一般公共预算支出总体呈现上升趋势，如图 2-1 所示。

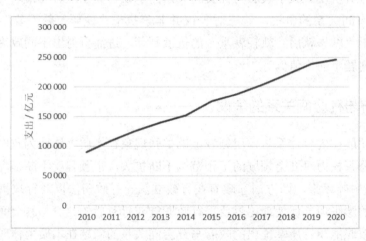

图 2-1　2010—2020 年我国一般公共预算支出

公共支出的增长意味着行政职能作用领域扩张与公共支出增加之间应当呈现出一种稳定的正向相关关系，表明政府治理事项的日渐增多与干预活动的日渐频繁。而国家公众对公共支出增长的心理感知是与行政职能履行带来的绩效反映互嵌的。换言之，国家公众普遍持有这样一种心理态度：政府在公共支出上的增长理应取得更加显著的治理绩效，若治理绩效未能符合"成本-收益"的理性经济分析或未达到公众的理想预期效果，公共支出的增长反而会引发公众的反对或不满。应当指出，公共支出规模与政府治理绩效之间存在复杂关系且公共支出规模的扩张本身也反映着行政管理机构的膨胀态势。在行政组织研究中，英国历史学家诺斯古德·帕金森曾在 1958 年出版的《帕金森定律》一书中论及"金字塔上升"现象：在行政管理活动中，行政机构会像金字塔一样不断增高，行政人员数量会不断膨胀，每个人都很忙，但组织效率越来越低下。由此，公共支出规模的扩张现象也促使国家公众反思政府履行行政职能过程中的治理效率、治理绩效评价等关键性议题。

行政职能在内容体系与作用领域上的扩张趋势致使政府与社会之间呈现出一种张力：一方面，以行政职能为代表的政府权威对社会领域的干预必然引起"牵一发而动全身"的整体效果，压缩社会民主的生长空间乃至产生"权威替代民主"现象；另一方面，政府权威在某一社会领域的"全身而退"虽然表征着行政职能在这一领域的作用收缩、社会民主得到充分的自主性，但这在某种程度上又会因为政府权威的缺失而使社会民主陷入没有秩序的瘫痪状态。在政府与社会间关系这一争议问题上，当前主流的一种观点认为，政府行政职能的履行有其积极、必要的一面，政府对某些社会领域的及时干预是非常必要的，关键是解决好政府干预"度"的问题；同时，社会民主的自主性也需要得到彰显且政府应当引导、鼓励社会自治组织参与某些治理议程，以此提升公共事务的治理效果。由此，在行政管理过程中，既要确保行政职能对某些社会领域进行必要干预，又要充分激发社会民主的自主性并保障其生长空间，以此激发政府与社会的正面功能，抑制政府干预过多或社会治理失序现象的发生。

二、关于政府与市场间关系的争议

关于政府与市场间关系的争议主要涉及政府的经济职能。现代政治经济学理论研究区分了三种主要的政府干预经济的类型：收入再分配、宏观经济稳定与市场规制（market regulation）。知识界围绕政府与市场间关系展开的争论是十分丰富的，不同时期形成的代表性理论代表了这一争论在某一历史时期的主流价值判断。

（一）古典经济学的政府经济职能理论

古典经济自由主义创立者亚当·斯密认为，市场作为一只"看不见的手"，可自发通过价格、竞争机制对经济活动进行有效调节。古典经济学主张的政府经济职能基于"理性人"假设而建构，认为作为原子化形式存在的市场行动个体对经济利益效用的自发追逐可促进个人利益最大化，进而实现社会利益最大化。在这个意义上而言，社会利益在个体有意识地追求自身利益的过程中得以实现。古典经济学派认为，经济规律的自发调节会自觉地塑造生产要素的配置状况与市场行动者的行为偏好，政府的经济职能范围极其有限，主张"管得最少的政府是最好的政府，政府对市场的过多干预必然是有害的"。亚当·斯密在 1776 年出版的《国富论》一书中阐述了"小政府"的理念，认为政府活动必须限制在一定的范围内，诸如公共秩序、国防与司法行政维护领域。古典经济学的理论主张与曾经兴盛一时的功利主义思想相互契合，深刻地影响了西方社会对民主政府的功能认知。把公民个体权利视为圭臬的功利主义思想代表者密尔曾言："政府职能边界止于个人权利与自由。"在工业社会早期，政府治理实践远没有如今复杂，蓬勃发展的工业生产与交易市场为个体财富创造提供了市场机会。受自由主义、功利主义思想的影响，西方国家政府大多担任"资本主义守夜人"角色，对自由市场的干预非常有限。

（二）凯恩斯主义国家经济职能理论

20世纪30年代的经济大危机标志着古典经济学的"政府经济职能有限"论调式微，西方经济萧条萎靡，这促使知识界开始重新认识和深刻反思以亚当·斯密为代表的放任自流的古典经济学说，强调国家积极干预经济的凯恩斯主义登上了历史舞台，为"罗斯福新政"奠定了理论基础。如前文所述，凯恩斯在其理论代表作，即1936年出版的《就业、利息和货币通论》一书中论及："市场经济本身存在缺陷，失业产生的根源在于有效需求不足。"他指出，之所以出现严重的经济危机，主要是由于社会对生产资料和消费品的有效需求不足，而有效需求不足则是由三条基本规律造成的：边际消费倾向递减、资本边际效率递减、流动性偏好。因此，国家必须干预经济生活，发挥政府的宏观调控作用，通过政府计划调控手段刺激国民消费，弥补市场经济有效需求的不足，实现充分就业、收入分配公平的目标。相应地，政府应履行完善法律框架、优化经济运行、促进收入增长和宏观经济稳定等职能。综合而言，凯恩斯主义助推了西方国家政府干预经济生活的浪潮，成为20世纪30—70年代西方国家政府公共经济政策选择的理论基础。

（三）新自由主义视角下的政府经济职能理论

20世纪70年代以后，西方国家出现的"滞胀"现象（通货膨胀与经济停滞现象并存）标志着凯恩斯主义失灵，一批西方经济学家从不同角度提出了新的经济理论主张。首先，以弗里德曼为代表的货币主义学派对凯恩斯主义进行了批判，认为经济自由是社会生活的目的，在现代社会中提供经济自由的只能是具有竞争性特征的市场经济；其次，新自由主义经济学说对"政府失灵"的肇因进行了深刻剖析，认为"政府失灵"现象难以避免，"政府失灵"后果同市场失灵后果一样非常严重。新自由主义经济学说的认知取向契合了以布坎南为代表的"公共选择"学派的理论主张。自20世纪80年代以来，西方国家政府掀起了以新公共管理（new public management movement）为代表的政府流程改造运动，引入市场化机制、分权、强调责任共担成为新自由主义思想影响下政府经济职能转变的主要方向。

发端于西方国家的上述代表性理论话语呈现了政府主导与市场自由主义之间的钟摆抉择张力，尽管理论诉求主张不一，牵涉理论争论核心的关键问题在于如何在政府宏观干预经济与市场自由配置资源之间找到平衡点，这是政府经济职能履行的目的要旨与应然归宿。理论探讨上的学理思路折射到政府治理实践，无论是知识界还是实践界，均应明确这样一种共识：政府与市场都是经济发展过程中不可缺少的必要手段；准确行使政府经济职能作为国家干预经济的主要范式，对调节市场失灵，引导、调试经济发展趋向具有极其显著的正向作用，而这恰是许多国家在实行市场经济的同时发挥政府经济职能作用，对国民经济进行相机调控的原因。

三、关于公平与效率间关系的争议

关于公平与效率间关系的争议主要涉及政府的社会职能。关于公平与效率的解释是多种多样的。一般而论，公平通常是指社会成员机会或收入的均等化以及社会权力的平等化。效率则是指实现资源的合理、有效配置，在同一时间内投入的最小化与产出的最大化是衡量效率的恒定标准。按照经济学家曼昆的解释，效率是社会能从其稀缺的资源中得到最多东西的特性，平等则是经济成果在社会成员中分配的特性。换句话说，效率是指经济蛋糕的大小，而平等是指如何分割这块蛋糕。在制定政府政策时，这两个目标往往是不一致的。公平与效率的问题不仅与国家发展战略的选择相联系，也是人类社会政治和道德问题的轴心，因此二者直接与广泛和深层次的人类价值判断问题相联系，进而与政府的职能和宏观公共政策选择相联系。公平与效率作为两种价值取向，存在一种此消彼长的替代关系，在同一时间和空间可以有主次之分，却很难做到并行不悖。因此，作为一种宏观公共政策选择，事实上，政府必须选择是将维护社会公平还是将提高效率作为政府基本的价值取向和政策标准。

关于公平与效率的争论是广泛和持久的。"效率优先论""公平优先论"和"效率与公平平衡论"是关于公平与效率的争论中的三种典型观点。"效率优先论"认为，效率是竞争的产物，它与市场相联系，市场则与"天赋人权"的自由权力相联系。由此，"效率优先论"建立了如下逻辑诠释链条：民主政治制度赋予个体均等化的个人权利，个人权利保障个体追求自由，自由再度促使市场充分竞争，市场充分竞争过程之中产生效率。换言之，效率导向不仅孕育出充分竞争的市场氛围，而且是个体通过勤奋、努力获得最大化收益的活动结果，政府不应通过干预实现"结果均等"，这会损坏社会发展的自然机制，最终导致"公平的虚无化"。

较之"效率优先论"，"公平优先论"强调政府在实现个体机会公平、收入分配和社会权力分配均等方面的权限、作用。"公平优先论"认为，尽管效率导向促使的市场竞争能够调动一部分社会群体的积极性，但市场竞争结果导致的收入差距悬殊等问题是对个人权利的直接侵害，而市场竞争所造成的一系列不公平现象会不断固化乃至加剧，由此打破"机会均等"原则，形成事实上的个体间权利不平等。如果这种局面得不到政府主体的及时干预，可能会在多重因素作用下演化为更加激烈的社会冲突，以致破坏国家政治秩序与社会环境稳定。"公平优先论"强调政府应主动行使行政职能进行积极干预，通过政府干预实现社会收入分配与社会权力分配的均等化。

较之上述两种观点，"效率与公平平衡论"体现出一种折中主义的调和取向，主张在公平与效率之间建立一种平衡关系，兼顾个人利益和公共利益。例如，我国政府在收入分配问题上经历了"效率优先导向"向"效率与公平平衡导向"的价值转向：党的十四届三中全会提出"效率优先，兼顾公平"原则，而后党的十八大报告指出："初次分配和再分配都要兼顾效率与公平，再分配更加注重公平。"平衡效率与公平意味着政府主体既要为

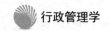

社会个体的"效率导向"行为创造充分、自由的竞争环境,也要通过相机调控等措施加强政府对社会收入分配的宏观调控力度,由此达到维护社会公平的治理目标。

第三节 行政职能的转变

将视域转向我国政府治理场景,伴随行政体制改革迈向纵深,政府行政职能体系随之转变,呈现出三个显著性特征:行政职能重心的转移、行政职能方式的转变和行政职能关系的转变。

一、行政职能重心的转移

行政职能重心反映的是政府行政职能体系建设的关键内容与聚焦领域,它内在化地规定了政府行政职能履行的运作方向与干预强度,也是政府治理注意力的分配重点。从纵向、历时性维度回顾,我国行政职能重心的转移着重体现在以下两个方面。

(一)行政职能由以阶级斗争为纲转移到以经济建设为重心

1949年新中国成立以后,作为执政党的中国共产党将工作重心由革命斗争调整至国家政权建设,历经新民主主义革命向社会主义初级阶段过渡之后,社会主义政治制度在我国正式确立,实行国家集中配置各类关键性生产要素、高度集中的社会主义计划经济体制。在与高度集权的计划经济相配合的行政管理领域,国家实行集权管控权的行政管理体制,进而塑造出总体性社会的基本样态:在城市层面,以单位制为代表的行政管理体系揽个体工作、生活的各个维度;在农村层面,国家严格控制农民在空间尺度上的地域流动,促使国家集中各方资源着重发展工业。总体性社会格局在"文化大革命"时期体现得最为明显,这一阶段的行政职能重心着重发挥的是阶级斗争的政治工具,政治属性突显。1978年12月,十一届三中全会做出"停止'以阶级斗争为纲',将党和国家的工作重点由以阶级斗争为纲转移到经济建设上来"的历史性决定,标志着我国行政职能重心由以阶级斗争为纲转移到经济建设上,行政职能重心的经济属性突显。行政职能重心转移到经济建设上之后,我国先后通过财政税收制度调整、"五年规划(计划)"治理与中央—地方政府权限调整等形式调动地方政府抓包经济建设的积极性,地方政府则着重通过营造较好的投资环境、实行税收政策优惠与培育本土乡镇企业等形式"放水养鱼",吸引大量外资企业与工商企业入驻投资,进而呈现出地方政府围绕经济发展展开横向竞争的治理样态。行政职能重心向经济建设转移既塑造了改革开放后几十年的中国经济增长奇迹,又在很大程度上塑造了地方政府间的关系与政府治理行为,如国内知识界普遍接受的"政治锦标赛"理论便是对地方政府官员围绕经济发展指标展开政治晋升锦标的知识提炼。近年来,随着生态环境保护议题得到国际社会与社会公众的普遍关注,行政职能重心已然不再单一地关注经济增长状况,而是愈加注重通过综合手段改善、提升生态环境质量。

(二)政府由注重统治职能转移到注重服务职能

统治职能更多地强调行政职能履行中"维护、巩固国家政治秩序稳定、社会环境稳定"这一方面,强调抑制不利于国家政治秩序稳定的负面效应。与之相对应的行政职能具有管控、监控属性,具体体现在:①行政管理体制强调政府主体对经济社会领域的全盘式管控,行政职能重心在于维护国家政治秩序稳定、以行政命令或行政计划取代社会行为主体的专业规划(以消除后者可能存在的负面效应);②行政职能运行强调刚性维稳,市场企业、社会组织等多元社会主体的行为自主性受到抑制且某些专业功能在长期内因为行政职能的刚性维稳需要而得不到充分发挥。伴随国家在经济、政治领域的改革步伐不断深入,以简政放权、放管结合、优化服务为标志的"放管服"改革在全国各地普遍推行,建设"服务型政府"成为行政职能优化的主要方向。具体而言,"服务型政府"建设表明我国政府在实现国家治理体系与治理能力现代化的宏观背景下,积极调整政府服务范式,主动建构良善的"国家—市场—社会"多元主体治理秩序,对于我国政府行政职能转变、深化政府—企业合作程度具有重要的实践意义。从更加广阔的视域观察,政府行政职能向服务维度倚重的调整典型体现强调公民权的重要性、引入市场机制以优化政府服务流程、进行优势互补的公私合作。在我国政府治理场景,近年来浙江省等地方政府推行的"最多跑一次"行政审批制度改革、城乡基本公共服务均等化改革均充分表明行政职能的服务属性愈加突显,行政职能重心调整的诸多变化意味着政府主体愈加注重在经济发展、社会公平与民生服务中找到平衡点,以行政职能在社会民生服务领域的积极作为提升政府治理绩效的合法性与有效性。

二、行政职能方式的转变

行政职能方式涉及管理主体通过什么方式、怎样履行不同的管理职能的问题。我国行政职能方式的转变着重体现在以下三个维度:一是行政职能方式的运用由单一化转向多元化;二是行政职能方式由微观、直接管理转向宏观、间接管理;三是行政职能方式由重视计划、排斥市场转向计划与市场有机结合。

(一)行政职能方式的运用由单一化转向多元化

行政职能方式运用的转变体现为:由以行政手段为主转变为经济手段、法律手段和必要的行政手段相结合。在计划经济时期,我国行政职能方式的运用倚重单一化行政手段,这种情形符合政府体系通过总体性行政指令、计划调控经济、社会领域的刚性需要,以维稳、抑负为根本特征的行政手段成为行政职能干预经济、社会的主要方式。伴随国家政治体系在经济、政治、社会领域的改革不断深入,倚重单一化行政手段的职能运用方式逐渐呈现出局限性:①单一化行政手段在思想意识和实践管理上已然塑造出一种不平等的政企关系或政社关系，政府主体运用行政手段带有极强的单方意志性与垄断性特征，对经济、社会领域的随意干预或频繁干预在很大程度上使市场企业或社会组织的运作过程带有很强的行政指令性特征，导致市场企业或社会组织的专业特长与行为自主性得不到充分发挥；②倚重单一化行政手段的职能运用方式愈加难以适应复杂化的公共管理实践，伴随着城市社会形态由"单位制"过渡至"后单位制"，国家户籍制度日渐放松，城乡居民空间流动频率显著加快，加上信息技术领域内互联网经济的日益蓬勃，传统的行政手段监管迎来了新的挑战，诸多治理实践的系统变化对行政职能方式的精度、效度提出了新的要求，促使政府转变单一化行政管控思维，通过综合运用经济手段、法律手段与必要的行政手段等方式开展行政管理活动。

（二）行政职能方式由微观、直接管理转向宏观、间接管理

行政职能方式的这一变化显著地体现在政府经济职能维度。以我国计划经济体制向社会主义市场经济体制过渡的实践历程为例，计划经济时期的政府干预经济方式具有微观、直接管理的特征，尽管在这期间（如20世纪50年代末）中央政府将大部分企业、事业和文教单位的管理权下放至地方政府，但企业经济权限的下放依旧是以政治上的高度集权为前提的且政府体系通过统一性行政命令或行政规划直接嵌入企业生产经营过程，政企高度融合为一。进入20世纪80年代之后，国内主张政企分开、政社分开的观点日渐兴起，高度集中的计划经济向中国特色社会主义市场经济体制的稳健转轨倒逼政府行政职能方式由微观、直接管理转向宏观、间接管理，政府干预经济的形式着重转向宏观调控，同时发挥市场在资源配置中的决定性作用。在行政管理形式的具体运用上，政府不仅以行政法规、行政许可等制度性规定划定管理活动的基本原则，而且注重调动管理对象的专业知识以实行更为精细化的行业管理与自我管理，政府的干预方式也由"过程管控与事后解决"组织机制转向间接化的"事前干预—事中引导—事后共治"的全流程管理方式，表示着行政职能方式得到优化完善。

（三）行政职能方式由重视计划、排斥市场转向计划与市场有机结合

从行政职能方式的性质变化角度切入进行分析，政府行政职能方式历经了从重视计划、排斥市场到计划与市场有机结合的根本性转变。在计划与市场的关系处理上，邓小平同志曾深刻提出："计划多一点还是市场多一点，不是社会主义与资本主义的本质区别。计划经济不等于社会主义，资本主义也有计划；市场经济不等于资本主义，社会主义也有市场。"1991年，他在视察上海时明确指出："不要以为，一说计划经济就是社会主义，一说市场经济就是资本主义，不是那么回事，两者都是手段，市场也可以为社会主义服务。"1992年，他在"南方谈话"中再一次强调："计划和市场都是经济手段。"相对应地，通过分析行政职能行使实践由重视计划、排斥市场向计划与市场有机结合演进的路径，我们可以发现：强调市场作为行政职能方式的重要性、建立健全社会主义市场经济体制是一个给予市场合法性地位的资格确认过程。1992年召开的党的十四大明确提出社

主义市场经济体制改革目标;由 2013 年 11 月召开的党的十八届三中全会通过的《中共中央关于全面深化改革若干重大问题的决定》则进一步指出"市场要在资源配置中起决定性作用并更好地发挥政府作用"。在这个意义上而言,行政职能方式的这种转变是完善我国社会主义市场经济体制的内在要求。

当然,尽管当前的行政职能方式已经转向计划与市场有机结合,但仍有一些局部性问题需要通过顶层制度完善、配套机制出台等形式加以解决。例如,由于市场主体在不同区域间的自由竞争程度受到地方保护主义、行业垄断因素的阻碍,导致各类生产要素在不同区域间的自由流动及生产配置存在一定的困难;与社会主义市场经济体制运行要求相适应的市场竞争规则、社会信用体系尚不健全,计划与市场相结合的行政职能方式难以从根本上消除市场经济本身存在的自发性与盲目性,需要政府主体加强对宏观经济秩序的相机调控与风险预防;政府主导提供的社会管理与公共服务体系不完备,服务形式有待优化升级。例如,某些市场失灵问题的根源在于市场信息要素流通不充分、政府公共服务缺位、政企合作互动匮乏等。鉴于政府行政职能转变是完善社会主义市场经济体制的内在要求,政府主体不仅要充分运用计划与市场等经济手段,还要为市场主体提供较好的地区投资环境与精细化的政府公共服务。

三、行政职能关系的转变

行政职能关系涉及不同的管理职能该由谁来行使、管理主体之间的权责权限划分等问题。以政府科层体系作为分析的组织载体,纵向维度的行政职能关系涉及上级政府(或政府部门)与下级政府(或政府部门)的管理权责配置问题;从横向维度剖析,行政职能关系涉及垂直管理体制的条条部门与地方政府领导的块块部门之间的权限配置问题。可以说,合理配置行政职能、厘清职能关系是提升行政管理效率的必要前提。我国行政职能关系的转变主要体现在以下五个维度。

(一)厘清中央政府与地方政府、上级政府与下级政府间的职能关系

中央政府和地方政府要厘清行政职能上的财权、事权配置问题。我国的政府治理组织架构体现为多层次政府治理架构,厘清中央政府与地方政府的职能关系可以最大程度地调动中央与地方两方面的积极性。中央政府与地方政府之间的职能配置呈现"权责同构"的特征,行政职能配置讲求对口管理。尽管中央政府与地方政府以"权力清单""责任清单"等形式在财权与事权划分上形成了较为清晰的配置细则,但尚缺乏关于中央政府与地方政府财权、事权配置的根本性国家法律规范文本且行政职能配置的财权、事权倒挂现象在中、西部基层政府治理实践中较为突出。在上级政府与下级政府之间的职能关系问题上,复杂公共事务的跨区域性、流动性特征要求上级政府与下级政府建立联动协同处理机制,上级政府应当通过制度化的组织细则加强对下级政府的业务指导与工作考评,注重在行政职能履行过程中引入公民监督机制与问责机制,借此抑制政府层级之间存在的信息鸿

沟、治理避责、信息传递信号衰减等的消极效应。

（二）厘清政府与企业的关系

纵观我国行政职能关系转变的历时性历程，处理好政府与市场的关系需要以厘清政府与企业的关系为依托。厘清政府与企业的关系着重强调：①企业所有权与经营权分开，通过承包制、股份制调整所有制形式，把生产经营权还给企业，调动企业的积极性；②厘清产权关系，政府的国有资产所有者职能和行政管理职能分开；③实行国有资产分级管理，建立起以经济、法律、行政等综合手段管理市场，市场引导企业的宏观调控体系。在厘清政府与企业关系的实践逻辑下，企业获得了充分参与市场竞争的自主管理能力，可最大程度地解除行政力量施加的"包袱"并发挥参与市场竞争的积极性。

（三）厘清政府与市场的关系

厘清政府与市场关系的核心在于认识到政府科层体系与市场组织具有不同的运作逻辑与激励形式：政府科层体系的激励主要来自于组织内部创立、设置的纵向晋升制度与事本主义激励体制，而市场组织的激励则主要来源于市场主体在自由竞争的市场环境中的绩效表现（如市场盈利状况）。相应地，我国政府治理场景下的政府与市场关系处理应当解决"政府如何干预""政府干预什么""政府何时干预"等核心问题。在某种程度上而言，市场与政府的关系并非"非此即彼"的二元对立形态，厘清政府与市场的关系需要同时发挥好"隐形之手"与"有形之手"的功能、作用。通常认为，界定市场主体产权并将之明确化是厘清政府与市场关系的关键步骤。产权作为经济所有制关系中的法律表现形式，可理解为市场主体各种合法性权利的一种总称。新制度主义经济学派尤其强调制度、产权对于经济发展的重要性，如产权理论提出者科斯认为："没有产权的社会是一个效率绝对低下、资源配置绝对无效的社会。"界定并明确市场主体产权的重要意义在于，对政府组织的行政行为逻辑与市场主体的自由竞争逻辑进行"适度分离"，以产权制度引导地方政府"看得见的手"发挥"扶持之手"作用，在明确产权制度这一逻辑思路的引导下，政府主动寻租、政企共同牟利的不良行为表现均会被视为违背产权制度预期效果的典型体现。为此，政府要明确界定市场主体产权关系，通过保护产权这一举措为市场经济稳健运行奠定基础。

（四）厘清政府与社会的关系

厘清政府与社会关系的关键在于实现政社分离，政府主体通过公共政策规划、提供宏观指导等形式引导、培育不同类型的社会自治组织参与社会治理，社会组织则通过承接政府购买公共服务、设置不同性质的服务项目等形式开展专业化社会服务。当然，厘清政府与社会关系问题的关键之处还在于通过制度化的法律规范解决社区自治单元的财权、事权倒挂问题，通过政府提供的财政资金支持与政策支持等多维形式激发城乡社区的自治合力，形成共建、共治、共享的社会治理格局。具体来说，厘清政府与社会关系问题应注意：①在管理范围上，应当改变原来由政府包办一切社会事务的做法，将提供公共物品的一部分职能权限以政府购买公共服务或公私合营等机制授权给专业的社会组织；②在管理模式上，政府应当通过简政放权形式去除不必要的行政审批手续，注重培育社会自治能力，形成"小政府、大社会"的关系格局；③在管理方法上，政府管理方式应由直接嵌入管理转向间接的、以法律为主的管理方法。

（五）厘清政府内部各职能部门间关系

厘清政府内部各职能部门间关系的要件在于通过制度确权形式明确各职能部门的工作权责，同时建立制度化的横向沟通联动协作机制。政府内部各职能部门实行"对口管理、专业分工、分段管理"的工作权责运作机制，这种具有专业分工取向的职能配置形式强调各部门各司其职，但在实践运作过程中容易产生如下问题：①囿于政府内部各职能部门分块管理、分段管理的权责设置安排，在海洋治理、城市卫生治理等需要多职能部门联动应对的治理领域，容易出现各职能部门推诿扯皮、消极避责的管理倾向，致使某些紧迫性社会问题得不到根治；②讲求分工的职能权限配置强化了职能部门行政管理的专业化取向，这意味着关于某一领域的治理信息与专业技术高度集中于某一职能部门，若职能部门间缺乏制度化的横向沟通联动协作机制，极容易因为部门利益主义、部门领导行事风格等因素的制约而加剧"信息孤岛"效应，由此形成政府治理的信息鸿沟；③政府内部各职能部门在履行行政职能过程中尚未健全权责统一的工作机制与用权风险防范机制，职能部门组织管理存在"超编""空编"等问题，进而限制了职能部门行政绩效的提升。基于上述问题，厘清政府内部各职能部门间关系不仅需要以制度化的职能确权形式明晰各部门的工作权责，而且应形成制度化的横向联动工作机制，实现不同职能部门专业优势互补，着重增强政府主体在复杂事务治理领域的应对合力。当然，在厘清各职能部门间权责关系的过程中，也要强化对各职能部门的正向激励。

本章小结

行政职能是行政管理主体行使国家行政权力，依法对国家事务、社会公共事务和机关内部事务进行管理所发挥的基本职责、功能和作用，主要涉及政府管什么、怎么管、发挥什么作用的问题。行政职能按照不同的划分标准有不同的分类。本书将行政职能分为两大类：一类是统治职能；另一类是服务职能。行政职能的争论议题广泛，涉及关于政府与社会间关系的争议、关于政府与市场间关系的争议、关于公平与效率间关系的争议。行政职能的转变是我国现代国家建设过程中必不可少的组成部分，涉及行政职能重心的转移、行政职能方式的转变和行政职能关系的转变。

课后练习题

一、名词解释与术语

行政职能　统治职能　服务职能　维护职能　保卫职能　管制职能　扶助职能　发展职能　精英政治　行政职能重心　行政职能关系

二、思考题

1. 简述行政职能扩张的现象及原因。
2. 简述行政职能的构成。
3. 简述政府与社会的关系。
4. 简述政府与市场的关系。
5. 简述公平与效率的关系。

 ## 自测题

第三章 行政权力

本章学习目标

行政活动需要通过行政权力的运行来实现,行政权力是一切行政现象的基础。通过学习行政权力的含义、分类、特征及分配,有助于建立对行政权力的基本理解。在此基础上,通过辨析行政权力的主要理论来形成对行政权力更为系统的认识。最后,作为行政权力分配的主要形式,对行政授权的含义、要素、条件、方式及程序等多方面内容的把握,是明晰行政权力运行实现过程的必然要求。

第一节 行政权力概述

行政活动必须通过行政权力的运行来实现,诺顿曾说过:"行政管理的生命线就是权力,权力的获得、保持、增长、削弱和丧失是实践者和研究者不能忽视的问题。一旦丧失权力,其后果几乎总是导致失败。"作为一切行政现象的基础的行政权力,既有一般权力的共同特征,又有不同于其他权力的特殊内容、结构功能和发展规律。

一、行政权力的含义

行政权力是权力的一种,明确行政权力的含义要先理解权力。权力与权威是两个容易混淆的概念,人们通常对权力和权威进行区分以明确权力的含义。权力以强制力作为后盾,具有某种强制性;权威则主要以合法性、正当性、合理性作为依靠,具有一定的影响性。权力主要指一种力量,依靠这种力量可以造成某种特定的局面,使客体的行为符合主体的目的;而权威则主要是一种社会心理过程,它依靠某种威势或威望来取得信任与赞同。权力与权威有相关性,二者在多数情况下是一致的,但在特殊情况下可能发生分离,导致有权力而无权威现象的出现。所以,有权威一定有权力,有权力则不一定有权威。就性质而言,权力可以划分为政治权力、经济权力、社会权力等。行政权力是政治权力的一种。政治权力就是某一政治主体依靠一定的政治强制力,为达到某种目标而在实际政治过程中体现出来的对于政治客体的制约能力。凭借这种制约能力,政治主体拥有对于社会价值的支配手段。在这里,政治主体指的是政府、政党和其他社会政治集团、社会政治人物等。社会价值是指具有某种社会效用的东西。它既包括财富、人力资源、自然资源等经济方面的东西,也包括地位、机会、知识、荣誉等非经济方面的东西,还包括政治权力本身。

人们对于行政权力的认识各有不同而又殊途同归。有的人认为，行政权力作为政治权力的一种，是国家行政机关依靠特定的强制手段，为有效执行国家意志而依据宪法原则对全社会进行管理的一种能力；也有的人认为，行政权力是国家行政机关赖以管理国家与社会公共事务、执行国家意志、履行国家职能的一种强制力量；还有的人认为，行政权力是国家行政机关或被授予行政管理权限的其他社会组织，为有效执行国家意志，依法对社会公共事务进行组织和管理的一种能力，是确保行政管理活动有效开展的一种极为重要的资源。行政权力作为国家管理的能力、强制力量和重要资源，本书将其界定为：**各级行政机关执行法律、依法制定和发布行政法规及规范性文件，管理国家公共事务、社会公共事务，解决一系列公共问题的能力。**

具体来说，行政权力包括以下内容。

（1）行政权力的主体是行政机关及其工作人员。从狭义上讲，行政权力的主体就是狭义的政府，即国家行政机关。更进一步说，除国家行政机关外，立法和司法机关或者其中的某些机构都可作为行政权力的主体，因为立法和司法机关中都存在执行性行政事务，从这个层面上看，行政主体应当是广义的政府。因此，广义的行政主体等于公共管理主体，除了政府，还包括非政府组织、政党和各种社会团体。本书将这类主体称为"准行政主体"，"准"表示程度上虽然不够，但也可以归为某类事物。尽管"准行政主体"所拥有的管理权力和行政权力有诸多相似之处，但它不具备行政权力的全部功能和特征，所以只能称之为"准行政权力"或"行政性权力"。在现代治理理论中，行政主体和准行政主体同属于公共管理主体。

（2）行政权力的根本目标是执行法律、政策，实现国家意志。国家意志集中体现国家利益，国家利益归根结底代表的是公共利益，而公共利益既不是某种集团或党派利益，也不是各种不同社会利益的简单相加，而是体现为在国家意志形成过程中各种政治势力意志的合理状态。在实际的政治力量对比中，强势集团往往占据优势地位，所以从本质上讲，国家意志主要代表社会强势集团或阶级的利益。尽管如此，由于行政权力的"公共性"是其在全社会获得合法性的基础，国家利益也不得不以公共利益的面貌出现。所以，执行国家意志并实现社会的公共利益属于行政权力的内在要求。

（3）行政权力行使的方式主要是推行政令。行政权力要想有效地执行国家意志，它所推行的政策、法律、法令等都应当是行政客体所能顺利接受的，并且是必须接受的。因此，行政权力在合法性的基础上，必须以强制性来保障其顺利执行。恩格斯在《论权威》中提到："一方面是一定的权威，不管它是怎样造成的，另一方面是一定的服从，这两者，不管社会组织怎样，在产品的生产和流通赖以进行的物质条件下，都是我们所必需的。"从行政法意义上说，行政主体所拥有的权力在起作用过程中转化为具体的行政职权。行政职权的内容主要包括行政立法权、行政命令权、行政决定权、行政监察监督权、行政制裁权、行政强制执行权、行政裁判权等带有强制性色彩的职权。

（4）行政权力的客体包括社会所有组织与个人，即所有的居民及其所组成的各种社会组织和集团，囊括领土范围内的整个社会。国家权力的普遍性决定了行政权力客体的普遍性，行政权力的限度只是在于它在规范和调控社会公共事务的同时，一般不涉足具体社会组织的内部事务和社会成员的私人事务。

（5）行政权力是少数人行使的管理权力。在人类历史上，行政权力向来由少数人行使，这是由社会分工决定的，即权力所有者和行使权力的管理者之间的分工。权力所有者相对于权力执行者是一个多数人的集合。在政治社会中，权力所有者由社会中的强势集团组成，而权力执行者则是社会中占少数的管理者。权力的来源有人格、财产和组织，而当今社会，由于组织的兴起，财产与人格对于权力的影响越来越小。在政府中，源于组织的权力已大范围地超过源于财产和人格的权力。因为组织技术的需要使得组织管理必须由拥有特定管理知识的职业管理者来承担，这就决定了行政权力主体具有更加明显的少数特征。多数人的参与只能让少数管理者行使权力的方式有所改变，但是改变不了少数人管理的本质。

二、行政权力的分类

行政权力运行的过程就是行政主体分配和行使权力的过程。行政权力的行使过程即行政权力主体对客体施加影响并使客体按照主体的意愿采取行动的过程。按照不同的标准，行政权力可划分为不同的类型。

（一）规范性权力与引导性权力

从整个管理过程看，行政主体行使权力对客体施加影响的手段复杂多样，根据强制性的强弱，行政权力可分为规范性权力与引导性权力两类。

1. 规范性权力

行政权力运用强制力对行政权力客体进行约束。行政权力的规范性手段以强制性为基础，通过遵从行政权力的意义让客体服从，同时使不服从行政权力的客体受到处罚。行政权力的规范性权力包括以下几种。

（1）行政规划，是指行政主体通过对行政客体进行具有约束力的部署和安排实现特定的行政目标。行政规划通常是关于某一地区或某一行业的事务，在未来一定期限可以实现，如经济规划、产业规划、土地规划、教育规划等。

（2）行政命令，是指行政机关关于人作为或不作为的意思表示。行政命令对于行政机关及时、有效地处理不断增加的行政管理事务、适应瞬息万变的社会发展具有重要意义，是行政管理的常用手段之一。

（3）行政征收，是指行政机关根据国家和社会公共利益的需要，依法向社会强制性地、无偿地征集一定数额的金钱或实物。行政征收必须以公民、法人或者其他组织负有行政法律、法规上的缴纳义务为前提，其实质是国家以强制方式无偿获得一定财产的所有权。

（4）行政处罚，是指具有行政处罚权的行政主体为维护公共利益和社会秩序，依法保护公民、法人或其他组织的合法权益，依法对行政相对人违反行政法律、法规而尚未构成犯罪的行政行为所实施的法律制裁。行政处罚包括人身罚、行为罚、财产罚和申诫罚等。

（5）行政强制，是指行政机关为实现行政目标，对当事人的财产、身体及自由等予以强制而采取的措施。行政强制是实现国家行政管理目标、保障国家所确立的行政义务得以履行的重要手段。

2. 引导性权力

行政管理之所以不同于政治统治，在于其目的是执行国家意志以满足社会成员的公共需要。与带有强制性的规范性权力相比，引导性权力更容易被行政客体所认同和接受。行政权力的引导性权力包括以下几种。

（1）行政指导，是指行政机关基于国家法律、政策的规定而做出的，旨在引导行政相对人自愿采取一定的作为或者不作为，以实现行政管理目标的一种管理手段。行政指导是现代行政管理合作、协商的民主精神发展的结果。

（2）行政合同，是指行政机关以事实行政管理为目标，与行政相对方就有关事项经协商一致而达成的协议。行政合同的广泛使用将减少行政机关对个人进行单方命令的自行安排，以协商的方式提出要求和义务，便于公民理解和接受，减少因双方利益和目的的差异带来的矛盾。

（3）行政奖励，是指行政机关依照程度和条件，对符合一定条件的公民、法人或其他组织给予的物质奖励、精神鼓励或者其他权益，其性质是行政主体依法律、法规的规定，赋予受奖励者以奖励性权益的一种具体行政行为。行政奖励的形式包括发放奖金或奖品、通报表扬或通令嘉奖、记功、授予荣誉称号等。

（二）制度权力与人格权力

行政权力的行使过程包括计划、组织、用人、指挥、执行、控制、监督和反馈等一系列具体行为。从行政主体获得行政权力的基础这一角度，行政权力可以分为制度权力和人格权力。

1. 制度权力

制度权力是行政主体依据自己所具有的职位、资源以及强制力等获得的权力，具体包括以下几种。

（1）制度性权力。狭义的制度性权力是指因为制度结构而产生的某种影响力和支配力，它的基础是行政组织结构赖以运行的制度规则和制度安排，也包括一些程序性规范和行为准则。但是，结构和制度是两个不同的概念。行政主体通过集体行动的规章制度，可以迫使客体按照主体的意愿去行动。法律和伦理是制度性权力的两种基本形态，二者的有机结合构成合法、合理的权力。合法、合理的权力是现代行政管理的基础，是正当性权力，这使得行政客体对制度性权力自愿服从。

（2）报酬性权力。报酬性权力是指主体通过对客体所希望得到的相应资源的控制而使客体服从的一种权力。这一权力的根源是交换的不平衡性。行政主体一旦控制了资源本身或控制了取得资源的途径，就获得了相应的权力，客体服从是因为他们希望得到相应的资源。如果主体与客体双方实力相当，对彼此的依赖或影响相当，就说明主体对客体缺乏权力基础。大多数情况下，行政管理总是面临资源匮乏的情况，这就导致了相互依赖关系的产生，导致权力与服从的关系。行政主体一旦拥有资源或者拥有取得资源的途径，就拥有了相应的权力，就拥有了使行政客体服从的条件。

（3）强制性权力。强制性权力是指主体对客体施加负面制裁并通过负面处罚或剥夺客体的权利来影响客体的能力。在不同的时段、不同的地点和不同的情境下采用强制性权力会有不同的作用。强制性权力和报酬性权力是一组相对的概念，如果主体剥夺并侵害客体的实际利益，那么主体就是在使用强制性权力；如果主体能够给客体带来积极的利益并免受消极因素的影响，那么主体就使用了报酬性权力。需要注意的是，虽然强制性权力在很多时候因威慑力而有效，但它绝对不等于领导力。美国前总统艾森豪威尔曾经说过："你不能用击打他人脑袋的方式来领导，那是攻击，不是领导。"

2．人格权力

人格权力是行政主体依靠自身的人格魅力、知识、理念、社会地位等获得的权力，具体包括以下几种。

（1）人格性权力。狭义的人格性权力是指以具有充任行政主体资格的个人的才能、品德、智慧为基础的一种使得客体服从的权力。人格性行政权力集中体现为个人魅力，即所谓的"其身正，不令而行"，关键取决于具有充任行政主体资格的个人。"魅力"一词原本是神学用语，意思是具有与生俱来的优雅风度。但是人格性权力不仅局限于个人魅力，同时是与个人特质相契合的情势。人们对于人格性权力的服从来自于特定情势下对作为行政主体的人的尊敬与爱戴，榜样的力量可以看作这种权力。

（2）知识性权力。知识性权力产生于专业、技术和信息等知识性资源，集中体现为专家所拥有的知识、技能和信息处理能力，因此也有人称之为专家权力或信息权力。专家所掌握的关于人、事件或其他有助于预测未来行为方向的信息资源以及作为专家对这些信息处理结果的知识是行政权力的重要基础。知识性权力不仅包括有关工作程序本身的技术知识，也包括对组织社会系统理解的知识。现代行政管理的一项重要特征是"知识就是力量，信息就是权力"。人们对知识性权力的服从来自于对专家知识水平的认可和对其信息资源的信任与依赖。

（3）关系性权力。关系性权力的基础是与行政主体相关的人际关系、社会网络、非正式组织等，这种资源是行政权力运行的重要社会资本。关系性权力由一个人在交流与社会网络中的地位所决定，由于关系可以创造机会，扩大施展权力的余地，有的学者干脆把权力当作复杂的、不断变化的关系域，每个人都是其中的一个元素。在这个关系域中，人际关系处理技巧和行政客体的情感支持是关系性权力的基础。行政客体对于关系性权力的服从是基于一种非正式约束。

三、行政权力的特征

行政权力既具有一般国家权力的特征，即合法性、强制性和普遍性等，也具有与一般国家权力所不同的特征，具体如下。

（一）自主性（independent）

其一，行政权力的自主性相对于社会权力的自主性。这是因为行政权力具有公共性，马克思说过："正是由于私人利益和公共利益之间的这种矛盾，公共利益才以国家的姿态而采取一种和实际利益（无论是单个的，还是共同的）脱离的独立形式，也就是说，采取一种虚幻的共同体的形式。"也就是说，行政权力代表的利益独立于社会上各种单个的或集体形式存在的特殊利益之外，公共政策应该免受个别势力的直接干预。其二，行政权力的自主性相对于统治权力的自主性。行政权力在执行管理国家事务和社会公共事务的功能时，必须保持社会公平，而不能偏向某个强势集团。总而言之，行政权力与社会权力、统治权力相比，不受利益集团左右。作为执行国家法律的权力，它必须坚持非人格化的原则。否则，社会分利集团将会导致大量排他性政策的出现，违背政府提供公共物品的原则。而且，如果分利集团的增多加剧了利益分配斗争，增加了法律的繁文缛节，强化了政治统治，激化了讨价还价，造成了协议的复杂性，这将大大降低社会活动的效率和经济生产率。行政权力自主性还有一种更为具体的表现形式，即行政权力在行使过程中所表现出的自由裁量权。对于那些需要行政主体自己决定是否采取行动和如何采取行动的职权，法律只做原则性规定，行政主体可自行在法律允许范围内运用合法手段加以行使。当然，由于行政权力具有独立于社会权力和统治权力的特性，加之其本身手段性所带来的操作性、技术性和事务性，它也存在用自身利益置换公共利益的可能性；自由裁量权的不当使用也可能会损害公民权利和其他公共利益，这些都属于非常态的行政权力自主性。但是，行政权力作为执行国家意志的手段，并不是且不能是完全脱离政治权力的东西，所以行政权力的自主性也只能具有相对意义。

（二）单向性（unidirectional）

行政权力行使表现为自上而下的线性运作，即运作的单向性。它运作的是已经集中的国家意志。这种单向性体现在三个方面：①在一个国家内部，拥有和行使行政权力的系统只能是一个；②在一个国家的行政系统内部，只能存在一个权力中心，否则政出多门，必然带来行政客体的无所适从；③行使权力主体与客体之间的不可逆性，即行政权力运行的单向性。行政权力作为国家权力的输出端，其运行是从比较高势能点出发的自上而下的线性运动过程，其原因在于行政权力要执行的是已经集中了的国家权力。

(三)膨胀性(inflation)

行政权力的膨胀是不可避免的趋势,这种自我膨胀性表现为两种情况:一种是正常膨胀,即正常状态下的行政权力自然增长;另一种是恶性膨胀,即异常状态下的行政权力恶性膨胀。行政权力的自我膨胀源于行政权力的自身结构、性质以及行政权力客体的状况。行政权力的运动呈自上而下的放射结构且每经过一层中介,其放射都要扩大一定的范围;而由于自主性的逻辑,各级权力的行使者又常常产生扩大权力的本能冲动,这就使行政权力具有一种无限延伸的能力;随着社会的发展,行政权力作用的对象也必然日益增多,行政权力也就随之扩大,这样又自然会带来行政权力结构的变化,形成连锁反应。如此三种因素相互作用,行政权力的膨胀就成为不可避免的事情,而行政权力制约和以精简为主要内容的行政改革也成为政治学和行政学永恒的主题之一。

(四)公共性(public)

行政权力作为一种国家权力,自然属于公共权力,它的运作集中体现为在公共管理和公共服务等活动中,其目的在于提供公共物品、维护公共利益。行政权力的公共性是相对于私人权利而言的,具体表现为:①行政权力的主体是公共机构,而不是个人或者私人组织;②行政权力活动的领域是公共事务领域,而不是私人事务领域;③行政权力的目的是为社会公共利益服务,而不是为私人利益服务。

(五)手段性(methods)

行政权力的手段性是相较于政治权力而言的,行政权力本身不是目的,而是为达到目的而采取的手段,是执行政治意志的手段。行政权力从法理上来说属于派生性权力,它必须执行赋予它权力的公民或国家立法机关的意志。从整个国家权力的运行过程来看,行政权力在立法权力的输出功能之后起作用,是组织与实施国家意志的过程,因此行政权力的手段性又称为执行性。依法行政成为现代行政管理的重要原则就是由于行政权力的执行性,即手段性特征。

(六)时效性(time-limited)

行政权力与立法和司法相比,注重效率。如果说立法权力重在表达公共利益、司法权力重在明了界定公共利益的话,那么行政权力则主要是有效地执行国家意志,以迅速地实现公共利益,所以时间就成为行政权力结构中重要的特征之一。当然,从时间角度看,时效还有短期、中期和长期之分。注重时效并不一定意味着单纯追求时间距离的长短。否则,行政权力的运作就会出现短期行为,不利于行政管理长远目的的达成。也就是说,效率和效能是两个互相关联的概念,效能更加偏重于行政权力运行的结果和长期效应。时效的概念应该包括效能。时效性还涉及民主和效率的关系问题。需要注意的是,民主和效率这两个概念并不是简单对立的关系,民主的发展和效率的追求并不相悖。这里所要说明的实际是人类政治社会长期存在的公平与效率之间的二律背反问题。这种二律背反在当代社会通过权力分工得到了一定程度的统一。立法权力和司法权力是达成社会民主和公正的必要途径，行政权力是实现效率的必备手段。可见，民主与立法权力密切相关，公平和司法权力密不可分，效率与行政权力紧密相连。一个国家的制度结构在保证行政权力时效性的同时，对于民主和公平的制度安排也不可偏废。在行政权力与立法权力、司法权力之间的权力分工基础上的有机关系，正是现代社会实现民主与效率相结合、公平与效率相结合的必由之路。

四、行政权力的分配

（一）行政权力的分配方式

行政权力的分配方式包括结构性分配和功能性分配两种，这两种分配方式使行政权力主体在每一个层次、每一个部分都拥有相应的权力。

1. 结构性分配

这是根据行政权力的层次性而对其所做的纵向垂直性分割。此种分配所形成的结果是行政组织的结构性权力。结构性权力使行政主体呈现出层级性差别。结构性权力的大小应当与行政主体所在权力层次的高低成正比，层次越高，权力就越大。在结构性分配过程中，影响行政权力层级性的最直接、最主要因素是行政主体权力幅度的大小。因此，处理好管理层次和管理幅度之间的关系是行政机构设置的基本问题。

2. 功能性分配

这是根据行政权力所承担的任务及其客体的状况而对它进行横向水平性分割。此种分配所形成的结果是行政组织的功能性权力。功能性权力使行政主体呈现出职能上的差别。功能性权力的大小通常和功能本身的重要程度成正比，功能越重要，权力就越大。行政权力的功能性分配在具体行政组织中表现为行政机构设置中部门与部门之间的关系安排。

（二）行政权力的分配途径

行政权力结构的层次性和行政权力目标的可分性决定了行政权力不能进行单一活动，行政权力必须进行分配来实现行政权力目标，其分配主要通过以下途径进行。

1. 逐级授权

行政权力的逐级授权是权力分配的主要途径，通过行政权力的层级性逐级实现。行政系统内部上级行政机关依据法定程序将某些行政权力授予下级行政机关及其人员行使。下级行政机关及其人员获得授权后，就可以在授权范围内自主地处理有关行政事务。上级行政主体依据法律或法规将行政权力按照层级逐级授予下级行政机关，然后由下级行政机关负责完成相应的任务，授权者对被授权者负有指挥和监督的责任。

2. 权力下放

权力下放是国家面对行政权力集中现象，为实现行政管理的因地制宜或因时制宜而采取的行政权力分配途径。权力下放后，上级行政主体只对下级进行一般原则上的指导，区别于逐级授权的经常性和普遍性。行政权力下放只存在于一定条件下行政权力的结构性分配中。

3. 地方自治

地方自治是民族国家中解决多民族共存的主要途径，是处理中央和地方之间行政权力分配的一种特殊途径。地方自治在不同国家结构中呈现出不同的特征：在单一制国家中，地方自治权力由中央政府规定，其权力大小会随国家政策的不同而增减，如我国的香港特别行政区和澳门特别行政区。在复合制国家中，地方自治主体的行政权力是地方行政主体所固有的，中央政府不能侵犯。中央和地方的行政权力就公共事务的性质进行划分，地方的事务由地方自主管理，中央只对其持有监督权。美国、瑞士等联邦国家就是复合制国家行政权力自治的典型代表。

4. 权力外放

权力外放不同于以上的权力分配途径，它主要解决行政权力主体和社会之间的关系问题，实际上也就是行政权力与社会权力之间的关系问题，即政府与社会的关系问题。

但是，需要注意的是，行政权力的分配不是一劳永逸的事情。不断变化的社会使行政权力客体的认识不断深化和提高，行政权力自身也逐渐发展，因此行政权力分配还涉及再分配问题。行政权力再分配分为两种情况：一种是外源型行政权力再分配，即伴随着整个社会利益调整和政治权力再分配而进行的行政权力的再分配。社会政治、经济状况和社会利益结构发生重组，从而引起经济体制或政治体制的变革，因此行政权力会因受到行政体系外部的重压而需要进行变革性调整。这是行政管理体制全面改革的情况。另一种是内源型行政权力再分配，是指在既定的政治、经济体制之内，由于行政体系内部的权力主体或对象发生了局部变化，行政权力需要做小幅度的调整，在计划、组织、人事和服务的产出等方面发生相应的变化。这种情况称作行政改组，主要表现为机构的改变、撤销、合并甚至扩大等且属于行政组织内部经常发生的保持平衡的行为。行政改组的主要原因包括以下几个：①机构所在地区扩大，人口增加或者接受服务的人数增加；②由于面临新问题，机构的职责有了改变；③某项政府计划的宗旨有了改变；④新技术、新设备、先进知识的影响；⑤人员资格有了改变（通常指提高）；⑥由于上级有所行动，常使下属单位发生改变。

由此可知，行政权力再分配并不总是带来体制的根本变革。与行政权力再分配的两种情况相适应，作为其外在表现形式的行政改革表现为两种情况：一是作为外源型行政权力再分配表现形式的突破性改革，即新、旧行政体制的交替；二是作为内源型行政权力再分配表现形式的经常性改革，即行政体系通常所进行的小幅度个别调整。这两种形式的行政改革都推动了行政权力的不断发展。

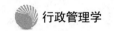

第二节　行政权力理论

行政权力理论是古今中外各个学科领域对行政权力以及政治权力认知的一整套理论体系，不同的理论体现了对行政权力不同的认知以及定位，深入辨析这些理论有利于人们对行政权力形成更为系统的认识。本节主要是从权力而非单纯行政权力的角度论述行政权力理论，尤其是对于早期的行政权力理论，更多的是从政治权力、国家权力的角度去论述。笔者认为，这种划分和切入视角对于人们更为深入地了解行政权力理论是非常有帮助的。

一、早期分权学说

人们对于行政权力的认识发端于分权学说。一般认为，亚里士多德（Aristotle）开分权思想之先河，他在《政治学》一书中将国家权力分为议事、行政和审判三种机能并认为一切政体都由这三种要素组成。亚里士多德认为，议事是三种机能里面的首要机能并赋予其最高权力，一个政体的三种机能若各自具有良好的组织，这个政体也将是一个健全的机构。机能组织的不同会导致政体不同。同时，亚里士多德还提到，行政机构的权力随着政体的不同有所差异，一些政体的行政机构拥有强大的权力，一些政体则弱化行政机构的权力。

古罗马的波利比乌斯（Polybius）又提出了分权与制衡的思想，即元老院、执政官和平民会议之间相互制约，他的主要观点可概括为：①权力可以分为元老院权力、执政官权力和人民大会权力；②执政官掌握军政大权，可以召集人民大会，向元老院提名驻外使节，提出法案并执行法案，指挥军队；③权力相互制约，执政官提出法案，人民大会通过，元老院审查、批准，执政官本身也由元老院任命。

此外，西塞罗（Cicero）在波利比乌斯思想的基础上设计出了国家各权力机构相互制约的关系模式。

需要注意的是，早期分权思想中的执行权力与现代意义中的行政权力不同，三种权力的分权与制衡也与现代的三权分立不同，但是早期的分权与制衡思想给现代政体设计造成了很大的影响。

二、三权分立学说

近代意义上的分权学说始于洛克，而孟德斯鸠是三权分立学说的集大成者。

洛克在总结早期分权思想和英国资产阶级革命经验的基础上，系统地提出了分权制衡学说，其主要观点包括：①国家权力可以分为立法权、执行权和对外权。立法权是指导如何运用国家的力量保障整个社会及其成员的权力；执行权是负责执行被制定的法律的权力；对外权是负责同外国处理一切事务的权力。其中，立法权是最高权力。②立法权由民选议会掌握，执行权和对外权总是融为一体，由国王行使。③对执行权的限制是政府必须严格按照立法机关所制定的法律行使权力，不得滥用权力，不得强力侵犯或剥夺法律所规定的公民的权利。

现代意义上的三权分立学说起源于孟德斯鸠，其主要观点包括：①权力需要制约。他指出，一切有权力的人都容易滥用权力，因此要防止滥用权力，必须以权力约束权力。②国家权力可以分为立法权、行政权和司法权，立法权代表国家的一般意志，行政权执行国家意志，司法权保护社会公众利益。③三种权力应分别由三种不同职能的国家机关行使并且互相制约和平衡，如果不对立法权、行政权和司法权加以区分，一个国家的公民自由便无从谈起。④权力之间相互制衡。行政权监督立法机关，立法权不能对等地约束行政权，但立法权可以审查行政机关制定的法律的实施情况，这种审查并不涉及具体的行政行为。

三、政治与行政二分学说

政治与行政二分学说将行政权力视为一个独立领域，促进了行政管理学的诞生。

德国学者 J.K.布隆赤里较早地提出了将政治与行政分开的思想。他认为，政治作为一种国家活动，负责的事项具有重大和普遍性的特点，而行政管理负责处理的国家事项则具有细微和个别性的特点。由此可见，政治是政治家的特殊活动范围，而行政管理则属于技术人员的工作，政治包括行政管理，而行政管理不是政治。

行政学创始人威尔逊对布隆赤里的学说做了进一步的继承和发展，他认为需要对政治和行政进行区分，对行政问题展开独立研究，建立起一门独立于政治学之外的行政学，因而提出以下观点：①行政是"行动中的政府"，即政府的执行；②行政不等同于政治，行政管理领域是一种事务性领域；③行政管理问题并不属于政治问题，行政管理置身于政治所特有的范围之外。

美国学者古德诺全面地阐述了政治与行政二分法的原理，明确提出政治与行政是政府的两种不同功能：①所有体制的政府都存在两种主要或基本的功能，即国家意志的表达与执行功能。②为使表达国家意志和执行国家意志相一致，政府建立相应的机关来实现这两种功能。③政治与行政存在于一个统一的过程中，政治负责国家意志的表达，而行政则负责国家意志的执行，两者相互依存、相互联系。④政治与行政是统一的，政府活动过程是政策制定与政策执行的统一，而政策制定与政治有关，政策执行则与行政密不可分。另外，政治与行政的统一还表现为政治对行政的必要控制。

当然，政治与行政二分学说也受到了不少学者的批判。例如，阿普尔比认为行政与政治无法分离，以此对政治与行政二分学说进行了批判——政治与行政二分学说对权力的划分过于简单，对复杂的权力运行过程缺乏深入的解释。新公共行政学和新公共管理学相关学者也都反对对政治与行政进行简单划分。在新公共行政领域，威尔逊和古德诺的二分原则产生于美国极度腐败的公务员制度的背景之下，坚持行政的社会公平目标，是为改革美国吏治所做的舆论准备。然而，在真实的行政过程中，应将行政价值放在优先考虑的地位。新公共管理学学者在对政治与行政二分学说进行批判的基础上，提出了对文官进行政治控制的要求，即对部分高级公务员实行政治任命，让他们参与政策制定过程并承担相应的责任，提高高级文官对政治的参与性与回应性。

四、五权宪法学说

五权宪法学说由孙中山创立，主张"五权分离"，将政府权力划分为立法、行政、司法、考试、监察五个方面，分别对应五个独立部门：立法院行使立法权；行政院行使行政权；司法院行使司法权；考试院和监察院分别行使考试权、监察权。

孙中山指出，如果考试权不独立，就不能真正发挥考试选拔人才的作用，所以在立法、行政、司法、监察四权之外，增设考试权，由考试院负责行使。这样既消除了西方国家选拔官吏的弊端，又能选拔出真正的公仆作为官员。

孙中山认为，应当将监察权从立法机关中独立出来，设立专门的、独立的监察机关。这一方面是基于其对立法权与监察权二者关系的认识，另一方面则因为其认为地方三权分立的弊端在于没有独立的监察权。独立的监察机关不仅要监督议会，还要专门监督行政机关，以纠正其所犯的错误。

孙中山将五院设计为分工不同但又相互配合的五个部门，增设考试权、监察权并将它们独立出来，同时立法权、行政权和司法权并列可以克服三权分立体制的弊端，有效地保证合格的管理者得以任用、不合格的管理者被弹劾，从而保障公民的权益。由于旨在"万能政府"，其五权分离思想不主张五权之间的相互制衡，而强调五院之间应该通力合作、各司其职。

五、议行合一学说

巴黎公社运动开创了"议行合一"的先例，马克思对此给予肯定并在此基础上把"议行合一"发展为新型无产阶级国家政权的组织原则。公社是不同于议会的新型工作机关，兼具行政和立法功能，其特征为：①公社委员会由人民直接选举产生，是最高权力机关，行使立法权、制定法令并决定公社重大问题。②公社委员会领导行政管理部门执行公社决议。③公社委员会下设有等同于政府各部的十个委员会，分管执行、财政、军事、司法等，选举产生的公社委员分别兼任各委员会的执行委员。

与三权分立的制衡思想不同，在"议行合一"的权力结构中，民主集中制是权力运行的基本原则。但"议行合一"在当代并非议行不分，而是在现代社会权力所有者与执行者分离的条件下解决二者的关系问题，保证权力执行者切实执行权力所有者意志的重要理论。马克思认为，权力机关与行政机关不应该存在相互制约关系，即代表人民权力的议会可以监督行政机关，行政机关不能制约议会。代议机关既负责制定法律，同时负责亲自执行法律，代议机关的成员同时是执行部门的领导者，以保证决策和执行的高度一致，进而实现人民主权。

从理论上讲,"议行合一"不仅能够克服行政权力失控的现象,而且更能够体现民主原则,它把政治上的民主与行政上的权力集中统一特性有机地结合在一起。无产阶级政权不仅需要掌握立法机关,还需要掌握行政机关,其实行的议行合一制只能是临时的国家机关,用于运行暂时的革命秩序,为国家最后的消亡做准备。"议行合一"实行的前提是实现了普遍的直接民主,人民群众对于自己的代表能够进行直接的选举、监督和罢免。

六、组织权力学说

组织权力学说是组织理论产生之后出现的一种权力学说,它从组织的角度来研究行政管理权力的各个层面。从一般组织的共同意义出发,这种学说把行政权力视为组织中的权力。组织权力学说所研究的是行政权力作为一般组织权力的功能和特点,其主要代表人物包括阿道夫·贝利、赫伯特·西蒙、约翰·加尔布雷思、米歇尔·克罗齐埃、诺顿·朗、詹姆斯·马奇和杰弗里·普费弗等人。组织权力学说提出者们认为,组织权力普遍存在,其重要功能在于建立和维持特定的秩序。根据普费弗等人的总结,组织权力学说倾向于把权力看作一种结构现象。在组织权力学说中,一个明显的特点就是对决策问题的重视。行为主义研究方式在美国社会科学界兴起之后,以赫伯特·西蒙为代表的行政学家看到了政治与行政二分法的缺陷,认为它没有表达出行政权力的本质功能。诺顿·朗则把行政权力放置于整个政治权力之中进行研究。普费弗等人在研究决策权力的基础上,进一步对组织内部的权力与政治问题进行探讨,强调决策过程中权力的地位与作用。

以上六种学说从不同的角度对行政权力做了一定程度的分析并在一定程度上解释了行政权力的本质和运行规律。然而,这些框架所解释的领域并非只局限于行政权力,而是针对公共管理或更广袤的领域的大的解释框架。近年来,随着我国的影响力与日俱增,我国学者根据我国的体制和实际情况也总结、概括出了一些颇有建树的行政权力理论。例如,鄢一龙根据我国的政治制度将国家权力划分为六种:党中央的领导权、全国人大的立法权、国务院的行政权、人民政协的协商权、最高人民法院和最高人民检察院的司法权、中央军委的军事权。我国学者在权力划分方面的理论创建对于我们深入理解行政权力,把握新时代中国特色社会主义制度具有重要的价值和意义。

第三节 行政授权

行政授权是行政权力分配的主要形式,它不仅存在于行政权力的纵向分配中,也存在于行政权力的横向分配中。从某种意义上而言,行政权力的本质就是行政授权。行政权力在运用和实现过程中一定发生行政授权,而行政授权则一定意味着行政权力的行使。

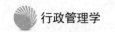

一、行政授权的含义

授权的一般意义是将权力委托给相应的人或机构代为执行,任何一个组织达到一定的规模或实行职能分工后都必然要进行授权。行政授权是授权的一种,是指行政组织内部上级行政机关把某些权力授予下级行政机关或职能机构,以便下级能够在上级的监督下自主地行动和处理行政事务。

(一) 行政授权的内容

就性质来说,行政授权是上级行政主体将部分权力分配给下级行政主体的一种管理行为。

行政授权的过程就是行政权力运作过程。行政授权源于两个主导因素:一是处理复杂公共事务的需要;二是由完成行政任务所引起的建立行政组织的需要。行政机关面临庞大而又复杂的行政事务,仅凭行政机关中某一个机构或某一些人的力量是无法完成复杂、庞大的行政管理任务的,所以行政机关要想及时、有效地处理这些事务,就必须充分调动机关中所有机构和人员的力量。当今社会,行政机关职能的扩张以及管理事务的不断增加使行政机关面临更大的挑战。于是,为了有效地完成管理任务、履行管理职责,行政机关必须进行分权或授权,利用分权或授权将大量的行政工作安排给下级行政机关或公务人员,这样既可以减轻上级领导的负担,使领导有时间处理重大问题,又可以提高下级的工作能力,发挥其专长,还可以对下级产生激励和推动作用,使其成长为合格的国家公务人员。因此,行政授权的存在非常重要,而且必要。

(二) 行政授权的特征

从性质上看,行政授权是上级行政主体将其部分权力分配给下级行政主体的一种管理行为。行政授权具有以下三个特征。

(1) 行政授权在本质上是行政组织内部权力分配的特定方式。它通过上级行政主体与下级行政主体间在不同层次上的授权与被授权,进而形成一种新的动态权力配置体系,以不断适应公共事务和行政工作经常性的发展变化。

(2) 行政授权实际上是行政领导活动过程的一部分。任何授权活动都必定是发生在上级与下级之间的事情,一般是上级行政领导对于其下级的一种管理行为,其核心内容是上级领导给下级分派任务。从一定意义上说,行政授权也可以看作领导方法或者领导艺术问题。

(3) 行政授权是一种权责高度统一的管理行为。在行政授权中,上级指派任务,将一定的职权赋予下级的同时,也将相应的责任赋予下级,这样就导致一个权责体系的产生。

行政权力的这三个特征将其与行政法律关系上的代理、助理、分工和委托区分开来:第一,行政授权和行政代理不同。行政代理是指代理人依法代替某一行政人员执行其任务并自负全部责任；行政授权则是指被授权者负责行使其法定职责，并非代替他人。第二，行政授权与行政助理不同。行政助理是指有人来帮助负责者处理行政事务，接受别人帮助的行政人员仍负有其全部责任，而承担助理工作的人没有多少责任；在行政授权中，被授权者负有相当大的责任。第三，行政授权与行政分工不同。行政分工是指不同的行政机关或行政工作人员各负其责，彼此之间未必有上下级隶属关系；而行政授权则表现为上下级之间必须具有监控与报告关系。第四，行政授权与行政委托不同。行政委托指的是行政主体将其职权的一部分依法委托给其他组织或个人来行使的法律行为。其中，作为委托对象的组织和个人既可以是行政权力的主体，也可以是其他社会组织或法定个人且委托事务比较具体。而行政授权的对象一般在行政权力体系内部，授予的任务也不像委托的事务那么具体。行政授权的一个典型特征就是行政权力的授予并不意味着责任的完全授予。当下级未能根据授予的权力完成工作任务时，除下级要承担责任外，权力的授予者同样要承担责任。

二、行政授权的要素与条件

（一）行政授权的要素

从形式上看，行政授权以行政任务为基础，通过工作任务指派的方式表现出来。但是，上级在向下级交派任务的同时，必须给予下级相应的权力，否则下级行政机关的工作是无法展开的，而下级一旦得到了权力，就需要负有一定的责任才不至于滥用权力。因此，行政授权由三个要素构成：指派工作任务、授予行政权力、承担工作责任。三个要素缺一不可，共同形成行政授权的运作过程。

（1）指派工作任务。工作任务是授权的基础，也是最为重要的衡量标准。

（2）授予行政权力。授予的权力大小要根据所指派工作任务的性质和数量而定。一般而言，越复杂的任务，需要授予越大的权力；反之，越简单的任务，授予的权力越小。

（3）承担工作责任。有力地承担工作责任是行政授权的重要保障。授权要保持权责一致，权大责小或者权小责大都会妨碍任务的顺利执行。

从内容上看，行政授权包括两个层面：一是决策权力的授予，即上级行政机关把一部分问题的决策权授予下级行政机关或职能机构；二是执行权力的授予，即上级行政机关允许下级行政机关或职能机构在一定范围内自主决定完成工作的步骤和方法。而行政授权具体应该在哪个层面上进行是根据行政任务而定的。

（二）行政授权的条件

行政授权的意义非常重大，事关行政管理的成败。一方面，行政授权既可以减轻上级权力主体的负担，又可以锻炼下属的能力，一举两得。另一方面，行政授权意义重大并不意味着在任何情况下都可以进行授权。授权需要在一定条件下进行，在条件不充分的情况下授权极易出现问题。

首先，行政授权需要良好的组织和人事基础。具体体现在：第一，行政管理的目标已经确立,方向正确、任务明确。行政工作的预期成果标准已经普遍制定并且这些标准都是公平、合理、切实可行的。第二,行政组织机构已经建立,组织结构系统完善、要素完善、功能健全。第三,行政首长认为组织的人事安排大致已经确定,不再担心部署的过大变动,而且被授权的下属具有相应的权力能力和工作技能。第四,上级授权给下属的同时必须给予下属足够的信任,这要求行政组织各个层次的人员,尤其是主管与下属之间应该做到彼此信任。第五,授权需要相应的组织文化支持,要求行政组织文化与工作环境良好,工作人员心情舒畅、忠于职守。

其次,行政授权还必须把握适当的时机。具体体现在:第一,当行政首长工作负担过重且下属在工作中随时都要请示领导、让领导做决策时,必须进行行政授权。第二,当行政组织的指挥系统中有人因为工作或其他任务暂时离开或者遇到高层职位缺位,组织又感到没有适当人员接替时,必须进行适当的行政授权。第三,当行政机关力求开创新局面,重视解决新问题,行政首长必须集中精力专注于开拓创新和重大的组织工作目标时,应当进行适当的行政授权。第四,当有关工作人员并不在一处工作时,因为空间上的差别,容易造成不同的想法、不同的意见和不同的解决问题方式,因此需要进行适当的行政授权。

三、行政授权的方式与程序

(一)行政授权的方式

根据不同的标准,可以将行政授权划分为不同的类型。

(1)根据综合情况划分。根据行政工作内容的重要程度、上级行政主体的管理水平和下级行政主体的管理能力等综合情况,可以将行政授权划分为一般授权、特定授权、制约授权和弹性授权。

①一般授权。一般授权是指上级行政主体在下达任务时允许下级行政主体自己制定行动方案,给予下级行政主体充分的自主性和灵活性,使其能够进行创造性工作。一般授权又可以分为三种情况:第一,柔性授权,即上级领导者对工作不做具体安排,仅指示出一个大纲或轮廓,下属可以随机应变、因地制宜地处理工作,有较大的自由度。这种授权形式适合下属精明能干的情况。第二,模糊授权,即授权者对工作的事项和范围不做明确安排,只下达应该完成的任务和目标,被授权者自己去选择完成任务的具体途径。这种授权形式一般适用于任务艰巨、需要调动下属积极性的情况。第三,惰性授权,即上级领导者把自己不愿意处理的纷乱繁杂的事务交给下属处理,其中也可能包括领导者本身也无法明确处理的事务。这种授权形式需要授权者对下属有充分的了解且要求下属有较强的独立工作能力。一般授权由于给予了下级行政主体一定的灵活性和自主性,既能锻炼下属的能力,又能使上级行政主体从琐事中解脱出来,从而有时间考虑更长远的重要问题。以这种方式进行的授权通常是上级向下级发布一般工作指示,而不是要求下级完成特定的任务,绝大多数的行政授权都属于这一类。

②特定授权。特定授权又称为刚性授权,是指上级行政主体对于下级行政主体的工作

范围、工作内容以及应达成的绩效目标和完成工作的具体途径都有具体而详细的规定，下级行政主体必须严格执行这些规定。这种授权形式通常适用于一些重大的事项或任务。由于事关重大，上级领导不能不负起主要责任，授予下级有限的开展工作的权力。在特定授权中，作为被授权者的下级的职务、责任及权力等都是需要考虑的问题，也都有明确的要求。

③制约授权。制约授权又叫作复合授权，是指将某项任务的职权分解授予两个或多个子系统，使子系统之间产生互相制约的作用，以免出现疏漏。制约授权显而易见的优点就是能够形成制约，子系统之间互相监督、互相促进，从而更好地完成任务。当工作难度较大、技术性较强且容易疏漏，不宜进行一般授权或因领导者本人的专业知识不足而无法实施特定授权时，可采用制约授权。这种方式的授权通常需要授权者利用助理的帮助和协商。

④弹性授权。弹性授权又称为动态授权，是指在完成同一项任务的不同阶段采用不同的授权方式，可根据任务的完成情况及时调整授权方式，更具灵活性。这种授权方式适用于对复杂的任务或对下级的能力、水平无充分把握的情况以及环境、条件多变的情况。

以上四种授权方式中，前两种是基本的授权方式，后两种是前两种方式的综合，运用的场合比较少且难度较大，因此授权者应当谨慎使用后两种授权方式。

（2）根据授权的媒介和方式划分。根据授权的媒介和方式，行政授权可以分为书面授权和口头授权。

①书面授权。书面授权是指上级行政主体以文字形式对下级工作的职责范围、目标任务、等级规范、分层负责办法、处理规程等进行明确的规定。无论使用的介质如何，这里所谓的文字形式包括工作说明书、组织手册、职级规范、办法条例、事务规章、工作分配表、上级对下级的工作训令与指令等。书面授权将要求落实到纸面上，这样不易遗漏且具有法律效力。

②口头授权。口头授权是指上级行政主体对下级用口头语言所做的工作交代或者是上级与下级之间根据会议产生的工作分配。随着多媒体介质的增多，直接面对面的口头授权开始变得越来越少。需要注意的是，对于责任重大的事情，不宜采用此种方式，否则很容易导致权责不清，互相扯皮、推诿的情况。

（3）根据授权的合法程度和规范化、程序化程度划分。根据授权的合法程度和规范化、程序化的程度，行政授权可以分为正式授权和非正式授权。

①正式授权。正式授权是指行政主体依据法律规定并按照法定程序所进行的授权活动，即下属行政人员根据其合法地位获得相应职权的过程。这是通常情况下普遍采用的授权方式，其规范性和程序性都比较高，但相对古板。

②非正式授权。非正式授权是指无法律特别规定或组织体系之外的非程序性授权。非正式授权采用的情况一般为：在工作过程中，下属工作人员厌恶正式程序或不愿意遵守规定的程序，甚至抵制正式的程序。非正式授权主要适用于非正式组织大量存在的行政权力体系中，其规范性和程序性较低，但相对灵活。虽然这种授权方式不适用于普遍存在的情况，但确实是行政授权中不可或缺的方式之一。

（二）行政授权的程序

行政授权的程序分为以下五步。

（1）明确授权的工作内容。根据行政管理的目标和任务，行政领导必须先确定自身的工作内容与范围，而后对这些工作进行比较分析，确定哪些事务是自己应该做的，哪些事务是可以交给下属去处理的。

（2）选择授权的对象。明确行政授权的工作内容之后，上级要根据所需授权工作的性质、数量以及事务的复杂性与重要程度选择合适的授权对象。

（3）规定授权工作应该达到的目标、成果以及完成工作的权限和应负的责任。授权工作的数量、质量、时限、权力范围和奖惩的规定等都必须做到明白无误，因而在授权工作中采用目标管理是行之有效的方法。

（4）正式授予权力。这是授权者与被授权者之间的契约或承诺的达成。授权者可以采取开会任命方式，也可以采取下发文件、任命书或聘任书等方式进行授权。被授权者可以口头表示接受，也可以通过立军令状或签订合同等形式表示接受。

（5）检查、评估授权成效。行政授权需要规定检查授权成效的方法，最好避免对过程的不断干预而采取绩效控制的方法。例如，规定下属定期填报表格、提交书面报告，规定主要负责人定期做述职报告，保证上下级之间沟通畅通无阻。

四、不宜行政授权的内容

从操作意义上来说，行政授权还应当考虑工作需要，必须具有一定的限度，这是行政授权的限制条件。一般来说，重复性、例行性、烦琐性工作以及专业性过高的工作或者上级行政主体不擅长的工作，都可以作为行政授权的工作内容。但是，行政授权不能将属于上级行政授权主体责任范围内的事务作为具体内容授权给下属，应当根据上级行政主体手中的职权直接的控制幅度而定。通常，不宜授权的内容主要包括以下几种。

（1）授权本身的安排和处理。授权本身的安排意味着对组织制度和人事任免的掌控，如果将授权本身授予下属，意味着权力的丧失。

（2）成果和绩效的评估。成果和绩效的评估意味着权力掌控者了解和洞悉下属的努力和成就，如果授予下属，则意味着权力的掌控者漠视或无视下属的努力和成就，会导致下属的消极怠工。

（3）纪律处分和态度劝告。尤其是对下属的处分，轻易不要授权。古代所谓的"先斩后奏"尽管可以保障效率，但是副作用极大。

（4）制定政策和总计划。制定政策和总计划的实质就是最高领导者掌控组织的战略规划。对于权力的掌控者而言，制定战略是其最重要的工作之一。

（5）危机问题的处理方案。危机问题的处理往往都是例外性的，它需要集中组织所有的资源尽快处理，这往往只有最高领导者才能实现。

除此之外，还包括机密任务、上级行政主体自己所接受的特派任务以及敏感、复杂的特殊任务。对于什么任务应该授权、什么任务不应该授权,著名管理学家泰勒所提出的"例外原则"可以看作界定授权工作界限的原则。"例外原则"是指上级管理者把一般的日常例行性事务交给下属处理,而自己保留对诸如重大政策决定和重要人事任免等例外事项的决定权,这样就能够保证上级管理者既有时间和精力考虑大政方针,又有时间研究重要的人事和财政问题等。

五、行政授权障碍的克服

为达到有效授权的目的,在具体的行政授权过程中,行政授权主体必须发挥能动作用,主动克服各方面的干扰,消除行政授权所面临的障碍。这些障碍既包括行政授权主体方面的主观障碍,又包括客观方面的障碍。克服授权障碍、实现有效授权需要行政授权主体、客体和组织的三方合作。

(一)克服行政授权主体心理方面的障碍

作为行政授权主体,上级领导在授权时要克服自负心理、恐惧心理、猜疑心理和上级对权力的独占欲,具体表现分别为:①自负心理,即主管有高度的优越感,过于自信,认为自己比下属高明,不愿意授权。②恐惧心理,即主管不信任下属,怕下属没有能力或不负责任,不敢放手让下属去做事情,唯恐闹出乱子,贻误工作。③猜疑心理,即对于有潜力的下属,上级主管害怕其做出成绩后威胁自己的地位。帕金森定律中的"妒贤嫉能症"对这种现象有深刻的解释。④上级对权力的独占欲,即主管有强烈的控制欲望,喜欢独揽大权,从而获得心理上的满足,故不愿意分散手中的权力,以免削减自己的权势。

(二)克服行政授权客体方面的障碍

行政授权的关键在于授权客体能够接受权力。但是,就客体而言,障碍也是很多的,主要表现为因眼高手低或能力有限等无法接受权力。如果上级授权者事先不考虑这种情况而授予下属权力,就有可能导致逆向授权现象的发生。逆向授权是指下属将本应自己解决的问题上交,使上级授权主体反成为授权的客体。这属于行政授权的负面效应,是行政授权必须加以克服的。

(三)克服行政授权组织方面的障碍

良好的组织基础是行政授权的基本条件之一。行政组织的机构不健全、组织的规章制度不完善、权责划分不清晰、沟通路线不畅通等都将影响行政授权过程中上级行政主体与下属的关系,因此必须引起授权主体足够的重视。

(四)克服行政授权外部环境方面的障碍

环境的变化经常影响行政管理活动,行政授权活动自然也被其所影响。行政授权中的授受关系在原有的环境下可能畅通无阻，但换了另一种环境就有可能寸步难行。一旦权力授出，当因为环境变化而导致信息、资源、时空等因素发生了重大改变，而这些改变又都是授权主体乃至授权客体在授受关系发生之前所没有预料到的，被授权者很可能因为这种情况难以圆满完成任务。

本章小结

行政权力是各级行政机关执行法律、依法制定和发布行政法规及规范性文件，管理国家公共事务、社会公共事务，解决一系列公共问题的能力。按照不同的标准，行政权力可以划分为规范性权力与引导性权力、制度性权力与人格性权力两种类别。行政权力具有自主性、单向性、膨胀性、公共性、手段性、时效性等特征，主要的分配方式包括结构性分配和功能性分配，主要的分配途径包括逐级授权、权力下放、地方自治和权力外放。行政权力的理论主要包括早期分权学说、三权分立学说、政治与行政二分学说、五权宪法学说、议行合一学说和组织权力学说等。

在行政权力运用和实现的过程中会发生行政授权，其由指派工作任务、授予行政权力和承担工作责任三个要素构成且需要具备一定的条件。行政授权根据不同的标准可划分为不同的类型，其过程要遵循相应的程序、接受必要的限制条件以及克服多方面的障碍。

课后练习题

一、名词解释与术语

行政权力　行政主体　行政客体　三权分立　五权宪法　议行合一　非人格化　行政授权　制约授权　弹性授权　书面授权　口头授权　正式授权　逆向授权　报酬性权力　强制性权力　制度性权力　人格性权力　知识性权力　关系性权力　结构性权力

二、思考题

1. 行政权力的理论有哪些？
2. 什么是行政授权？其特征有哪些？
3. 简述权力与权威的关系。
4. 简述行政授权的障碍及其克服。
5. 行政授权的方式有哪几种？

三、案例分析题

据《山东商报》等媒体报道，12月以来宜春市政府、宜春学院等官方网站上出现了根据宜春市委宣传部、宜春市文明办的要求下发的为"感动中国"三位宜春籍候选人——王茂华、谭良才和曾凯刷票的通知。此后,新浪网"感动中国"投票出现异常,王茂华、谭良才和曾凯三位候选人的票数短期内攀升且"选民"多集中在江西地区。此消息一经报道,舆论哗然。

对此,宜春学院党委宣传部回应:网上发布的"投票通知"是宜春市委宣传部以文件形式传到学校,学校将"通知"挂在网上号召师生员工投票。"通知"规定必须投票给江西的两组候选人也是根据文件精神来办的。学院对待这件事情的态度很明确,所以目前为止没有将"通知"撤下,学校提的"通知"只是倡议广大师生对三名宜春当地的人物进行投票,并没有强迫投票的意思。

宜春市委宣传部、宜春市文明办下发"通知"中的"感动中国"三位宜春籍候选人中的王茂华是宜春市袁州区慈化镇伯塘中学教师。谭良才是宜春市袁州区慈化镇冷水村村民,是王茂华的岳父。2010年3月21日14时50分许,宜春市袁州区慈化镇伯塘村一栋普通民房发生火灾。王茂华和谭良才奋不顾身地数次冲进火海,成功救出6名孩子,而王茂华、谭良才却被严重烧伤。王茂华因伤势过重,经抢救无效,于5月2日凌晨去世。

案例来源:江西宜春再发"投票通知"号召为中国好人"刷票" [EB/OL].(2010-12-11)[2022-10-25]. https://news.ifeng.com/c/7fZAQZCiokf.

讨论:宜春市政府这一行为合法吗?结合行政权力的特点,谈谈你如何看待宜春市政府的这一行为。

第四章 行政组织

本章学习目标

行政组织是行政管理活动的基础，是行政管理学最基本的问题之一。本章一方面从理论层面系统、全面地阐释行政组织的含义、要素、特征和种类并依据不同的标准对行政组织体制进行分类介绍；另一方面从实践层面具体、写实地展现我国横向和纵向两个方面的行政组织结构。通过本章的学习，借助理论与实践的有效结合，将有助于实现对行政组织知识体系的完整搭建。

第一节 行政组织概述

一、行政组织的含义和要素

（一）行政组织的含义

行政组织是指在宪法和法律范围内拥有和行使行政权、具体管理社会公共事务的正式组织实体或组织系统。行政组织的主旨仅是指行政机关的组织，至于行政机关以外机关的组织，如权力机关、监察机关、司法机关则不称为行政组织。因此，公共管理学所说的行政组织特指国家权力的执行机关，即狭义的政府组织。我国的行政组织主要包括中央人民政府和地方各级人民政府。

许多研究者根据自己对行政组织的研究和理解形成了各自的具体定义，总的来说，按照狭义和广义可分为两种：广义的行政组织是指各种为达到共同目的而负有管理职能的组织系统，也包括国家机关的立法、司法系统中负有执行性职能的各类单位和国家的整个组织系统；狭义的行政组织是依据一定的宪法和法律程序建立的、行使国家行政权力的、管理社会公共事务的政府组织机构实体。

在行政管理学中，行政机关、行政机构和行政组织这三个相似的概念经常出现，但是根据定义，它们又有许多不同之处。首先，就行政机关和行政组织来说，行政组织是狭义的政府，政府是一个大的组织系统，行政机关则只是政府大系统的一个次级系统。换言之，行政组织是综合的、整体的、享有完全行政权的法律和行为主体，行政机关则是单一的、部分的、享有有限行政权的法律和行为主体。行政机关在整个行政组织中处于枢纽地位，行政机关的有机配合构成整体的行政组织体系。其次，就行政机关和行政机构来说，行政机构是指行政机关内部的或者派出的、一般对外不能以自身名义发布决定和命令的单位，其行为的对外法律后果归属于其所属的行政机关。我国有两类行政机构：一类是行政机关的内部机构，它们由于自身所属行政机关的级别不同而有不同的行政级别，在称谓上表现为室、科、处、司等。另一类是行政机关的派出机构，如公安派出所、税务所、工商所等。无论是内部机构还是派出机构，都与行政机关不同，通常不被视为行政主体。最后，就行政机构、行政机关和行政组织来说，行政机构构成了行政机关，而所有的行政机关都称为行政组织。

（二）行政组织的要素

为了更好地理解行政组织的含义，首先需要理解行政组织的要素。行政组织的本质是一种组织，根据《牛津词典》的定义，"组织"于1632年始作"为共同行动而部署事务"之义，而后用作表达"为特定之目的而做系统的布置"，都表达出组织的成立具有某些要素，如组织目的、组织设置、组织设备等。行政组织是组织的子概念，具有组织的要素，但其因有行政组织的特殊性，其要素也具有更为具体的指向。总的来说，行政组织主要具有以下六个要素。

1. 行政组织目标

行政组织是根据一定的目标设立的，其一切活动都是围绕着组织目标进行的。目标是组织赖以产生、发展的基础和原因，是组织的灵魂，是组织前进的方向，从本质上反映了组织的基本功能。行政组织的目标决定着行政组织的行为方式和发展方向，是组织凝聚力的重要保障。在构建行政组织系统的过程中，建立合理、明确、完整的目标体系是极为重要的，组织目标不明确，在外部将会造成消极行为或无所作为的行为倾向，在内部则将引发纠纷和冲突，造成行政组织关系的不和谐。行政组织应根据社会发展需要、自身能力和状况等及时调整、设定科学、合理的目标并在此基础上建立科学的层级、部门体系以及权力体系，建立和健全行政组织。

2. 行政机构设置

行政机构是行政组织的实体，是行使行政权力、履行行政职能、达到组织目标、实现公共利益的载体和工具，也是影响行政效率的重要因素。依据法律设置机构是行政组织构成的基础，没有系列机构的设置就不存在行政组织，行政目标也就无法实现。行政机构设置的内容是设置领导机构、执行机构、监督机构、咨询机构、信息机构、辅助机构、派出机构。设置科学合理、精干高效的行政机构是行政组织建立的核心内容，也是行政机构设置追求的目标。

3. 行政人员构成

行政人员是行政组织的主体，是行政组织活动的灵魂，行政组织目标的实现离不开组织成员的共同努力。行政人员是行政组织诸要素中最活跃、最积极的部分。和其他行政组织要素不同，行政人员具有主观能动性，他们能正确地了解和掌握客观事物产生和发展的规律，能正确地认识和把握管理对象的特点，能在正确认识的指导下，对社会公共事务进行科学管理，以实现组织目标。在行政管理活动中，行政人员的素质和结构是影响行政组织效率的一个重要因素。只有具备高素质的行政人员、合理的人员结构，行政组织才能有效运转。

4. 行政组织权责体系

权责体系是行政组织内部权力分配、权责关系、指挥系统、运行程序、沟通渠道及各种机构、各个岗位在组织中的地位、作用及其内在联系的具体体现，它直接关系着行政机构的设置和运转。行政组织是一个纵横交错的权责体系，每一个层级、部门和职位都具有一定的权力且承担一定的责任。为了实施科学管理，必须明确界定职能范围、正确划分行政权力、合理确定职责并探求行政组织集权和分权的适度点，厘清组织内外、上下、左右的关系，使上级与下级、部门与部门、人员与人员之间形成既分工又合作的关系，从而增强行政组织的整体功能。

5. 行政组织规章制度

行政组织规章制度是指以规范性书面文件等形式对行政组织结构、组织目标、职能、任务、内部分工、权责关系、活动方式、运行程序等进行严格规定。规章制度是行政组织依法行政的根本保障，同时对行政组织成员具有普遍的约束力，行政组织机构的设置、调整、撤销和行政人员的编制、任用、考核、奖惩等都必须用一定的规章制度加以管理。它保证了行政组织的整体性、连续性及其成员的组织性和规律性。因此，建立健全的行政组织法、编制法及组织内部的各项具体法规、制度是行政组织建设中十分重要的内容。

6. 行政组织物质要素

行政组织物质要素包括行政经费、办公场所、办公设备、物资、用品等，它们是行政组织为实现组织目标而开展组织活动所必不可少的物质手段。首先，行政组织要开展活动离不开经费，从机构设置、人员编制、物质设备的购置到日常的组织工作、社会管理活动，都不能没有经费；其次，行政组织开展活动需要技术设备、工具和行政活动所必须耗费的各类材料和能源。没有这些物质要素，行政组织就无法实施行政管理。因此，物质要素是行政组织必不可少的一大要素。

二、行政组织的特征

从社会管理的角度来看，行政组织是社会组织中规模最大、管理范围最广的一种组织类型；从国家统治的角度来看，行政组织是统治阶级利益的代表者，是国家意志的直接体现者和执行者。作为掌握行政权力的公共组织，行政组织有别于其他社会组织，具有自身的特殊性质。

（1）政治性。政治性是一切国家组织的共同属性。行政组织是国家机器的一部分，是统治阶级用以维护统治秩序、实现阶级利益、协调社会政治关系的重要工具。从产生之时，行政组织的首要目标就是利用政权的力量维持社会秩序、强化统治意志、体现统治阶级的意志以及协调统治阶级内部各方面的关系。可见，行政组织并不是单纯为管理社会公共事务建立起来的，它的活动具有明显的政治目的，必须从政治的视角才能准确理解和深刻把握行政组织的性质。对国家行政组织而言，政治性主要表现在两个方面：①阶级性。阶级性是国家行政组织的本质特征，这种特征贯穿于国家行政管理的整个过程和全部活动中。社会主义国家政府是党和国家联系人民群众的纽带，人民的生老病死以及生产和生活的各个方面都同各级政府发生直接或间接的关系，行政组织效率的高低直接关系着人民群众的切身利益。我国国家行政组织的阶级性集中表现为以工人阶级为领导的、以工农联盟为基础的、有最广大人民群众参加的人民民主专政。②决策性。阶级性是通过行政组织的决策体现出来的，因此决策性也是行政组织政治性的重要表现。随着国家行政组织在国家政治生活中的地位日益提高、作用日趋突出，已经占据了国家政治生活的主导地位。这主要表现在政府的公共决策力日趋强大，政府的意志事实上近乎左右国家的发展，其职能几乎覆盖了社会生活的每一个领域。

（2）社会性。社会性是由国家的社会职能所决定的，主要是指国家行政组织所承担的管理社会一般公共事务的职能。社会性主要包括两个层次：①服务性。服务性是国家行政组织行政行为的出发点与社会效果的统一。国家为了维护统治阶级的利益，维持凌驾于社会之上的权威地位，必须同时服务于社会、施益于社会公众，因此所谓的服务性首先是指为执行宪法和法律服务，其次是为一定社会公众的利益提供条件或保障。②管理性。行政组织的服务性主要是通过它对广泛社会生活的有效领导和管理来实现的。这种领导和管理主要表现为从高于社会的权威地位提出国家发展的战略规划、制定政策、维持秩序、提供机会、监督协调、组织公共事业的实施。政府的公共决策力日趋强大，政府的意志事实上近乎左右国家的发展，其职能不仅覆盖了社会生活的每一个领域，而且延伸到立法、司法等其他国家权力领域。

（3）权威性。行政组织是依照国家宪法和法律享有和行使行政权力的，其行政行为体现国家的意志，具有广泛的约束力和强制执行力，能直接或间接地引起法律效果。行政组织通过行使法定权力，可以在其职权范围内颁布各种行政法规和行政规章，干预和管理各种社会公共事务，对社会的价值和利益进行权威性分配和调整，其管辖范围内的任何组织和个人都必须遵守和服从而不能抗拒，否则会引起强制执行的法律后果。行政组织的权威性有两个最突出的特点：①约束性。行政组织依据法律规定进行行政裁量，对各种社会组织和公民以及广泛的社会生活实施领导、干预并施加各种影响，依法通过行政行为对各种社会行为主体实行普遍的约束，适用者必须遵从。②强制性。权威性的强制特点以人类社会发展过程中的强力和契约关系为基础并以宪法、法律和国家武装力量为后盾。当行政组织依法推行政令、依法实行的约束遭到抵抗、触犯、抵制、违背等时，它就将以国家的名义并以国家强制力为后盾实行行政制裁，如采取行政处罚、勒令停止、经济罚款、行政强制等手段。当遭到大规模武力反对时，政府还可以宣布紧急状态、戒严，通过依法使用

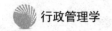

武装力量来恢复秩序。

（4）法治性。行政组织是依据宪法和法律建立和运行的国家组织系统，依法代表国家行使行政权力，它要依照法律、规定和程序设立，依法行使职权和依法承担责任。法制既是行政组织活动的依据，又是行政组织活动的手段之一。法治性是行政组织权威性的基础，离开了法制，违背了宪法和法律的规定，行政组织就不能真正维护其权威性。

法治性的基本含义是"依法行政"，具体可分为两个相互联系的方面：①行政组织本身的法治性。这种法治性是法制的静态表现，主要表现在行政组织的宗旨目标、职能范围、机构设置、人员编制、行为规范、运行方式和财政预算等都由宪法和法律规定，一切行政行为必须具有相应的法律依据。行政组织是依据宪法和法律的精神、原则、规范、程序所建立的国家组织系统，其组织设立的宗旨、编制、财政等必须符合宪法和法律的规定，符合法定程序，这些方面的变更也必须经过法定的程序由立法机关或事权机关予以重新审批。例如，我国行政组织机构的组建要依据政府组织法的规定进行，各工作部门的设立要经同级人民代表大会常务委员会备案批准。②国家行政组织对社会公共事务进行管理的法治性：这种法治性是法制的动态表现。公共行政组织必须由人民代表机关制定的法律予以授权和限制，其活动必须以促进与保障人权为宗旨，政府必须对公众负责。行政组织的行政行为或行政管理的内容和方式必须遵从宪法和法律的要求，一切重大的国务方针和政策都必须取得立法机关的同意，包括自由裁量权在内，必须按照法定权限行使权力。法治性的含义还体现在，无论是自身管理，还是社会公共事务管理，行政组织都不得自行其是，而必须接受其他国家权力主体和社会的法治化监督，超越权限的行为将受到追究和制裁。

（5）系统性。系统性是指国家行政组织具有极强的整体性，其权力关系、组织结构和工作流程具有上统下属、上下贯通、左右联系、纵横交错、头尾相接、政令归一的特征。行政组织是依法设置的，由若干要素按照一定的目标结构、层次结构、部门结构、权力结构组成的职责分明、协调有序的有机整体，其组织系统遍布全国各地。行政组织是一个囊括社会各个地区、各个领域的庞大的行政管理系统，使国家行政活动协调有序地进行。

系统性表现为两个重要方面：①结构性。结构性是指行政组织按照社会分工对应组织起来，以部门化和专业化为特征组织权责体系，在这一体系中，各部门各司其职，实行相应的行政管理，同时通过行政首脑在各机关之间予以整体性协调。国家行政组织以社会分工和社会行为主体为依据的部类化的结构方式是其独特的结构方式。②有序性。有序性是指行政组织按照一定序列和等级组织起来的特征。这种序列和等级是以逐级授权为基础的，表现为各级行政首长或机关职责与权力的同属关系。行政组织通常可以划分为中央政府与地方政府、上级机关与下级机关、行政首长与普通公务员等。

（6）发展性。发展性是指行政组织适应社会历史的进步，相应改变组织自身及社会管理行为的特征。在当今科学技术迅速发展的时代，行政组织要保持活力，需要及时解决遇到的新问题和新矛盾，为使行政组织总体目标能在不断变化的环境中实现，行政组织必须具有不断创新的观念,不断开展创新活动。

发展性具体表现为两个方面:①动态性。动态性是指国家行政组织永远处于调整变革之中,国家行政改革,如人员和机构的调整、决策力的增强、行政职能的扩展、新行政技术和手段的采用等,都是在一个持续不断的动态过程中完成的。离开了动态的过程,行政组织将失去活力,变得僵化而低效。②适应性。适应性和动态性相联系,是指行政组织适应生态环境,即本国当时、当地的社会综合因素和总体发展水平相应建立行政组织模式的特征。与此同时,行政组织也将通过行政组织行使国家行政权,积极实施行政管理,推动社会的发展和进步。在正常情况下,行政组织是在与社会交互作用的动态平衡的过程中相互促进、共同发展的。

三、行政组织的种类

行政组织可以按照不同的标准进行划分。根据管辖的地域范围不同,行政组织可以划分为中央和地方两种行政组织;根据权限的性质和范围不同,行政组织可以划分为一般行政组织和部门行政组织;根据管理的客体和内容不同,行政组织可以划分为职能型行政组织和专业型行政组织;根据行政管理活动的性质或分工不同,行政组织可以划分为咨询部门、决策部门、执行部门和监督部门;根据行政管理对象的性质不同,行政组织可以划分为政治管理部门、经济管理部门、社会管理部门和文化管理部门。从我国目前政府行政机构的组成来分析,依据功能和作用的不同,行政组织主要分为首脑机关、职能机关、幕僚机关、咨询机关和派出机关。

(1)首脑机关。首脑机关又称为行政首脑机关,是指中央政府或地方政府统辖全局的领导机关,在其领导范围内具有决策、组织、指挥、协调、控制与监督等权力的机关,处于行政组织机构设置的相对最高层。首脑机关是政府的指挥、决策和督导核心,在多数国家被称为内阁,在形式上一般是指由政府首脑召集主持的内阁会议、部长会议或国务会议。单一制国家的最高首脑机关是中央政府;联邦制国家的最高首脑机关是联邦政府。首脑机关的职能是对辖区内的重大行政问题进行决策并指挥、督导决策的实施。首脑机关是行政组织的中枢或统率,是提高政府行政管理效率的关键。我国的国务院及地方各级人民政府就属于首脑机关。

(2)职能机关。职能机关又称为本部机关,是隶属于首脑机关、执掌一定专业行政事由本身或督率其所属机构实际实施的机关。职能机关根据行政管理的专业分工需要分管某一方面的行政事务,它服从首脑机关的意志,在其管辖范围内负责专业行政事务和社会事务。职能机关的主要职能是对上贯彻执行首脑机关制定的方针、政策和决策,接受行政首长的监督和指挥;对下行使政府管理职能,负责领导或指导业务上相同的下属行政部门的工作。在我国,国务院所属各部、委、办及直属局,地方政府所属各厅、局、处、科均属于职能机关,职能机关对上听命于首脑机关,贯彻首脑机关的决定和指示,接受行政首长的指挥监督,对下行使行政管理职能并负责管理职权内的社会公共事务。

（3）幕僚机关。幕僚机关又称为辅助机关或办公机关，通常指协助行政首长处理日常事务的综合性办事机关。幕僚机关主要包括两种类型：最典型的一种是设置于各级政府内部的办公厅（室），它承担着参与政务、处理事务、做好服务的职能，具有综合性、执行性、服务性等特点，它对各行政职能部门没有直接指挥的权力，但在授权条件下可以代表行政首长；另一种是协助行政首长处理专门或特别事务的办公机构，如国务院侨务办公室等，它可以根据行政首长的授权，就该机构的专门业务范围对外发布通知或下达指示等。此外，幕僚机关还可以分为综合性的（如国务院和地方政府的办公厅或办公室）和专业性的（如各个机关的人事和财务部门）、政务性的（如国务院港澳办公室）和事务性的（如各级政府的机关事务管理局）。

幕僚机关没有特定的专业性，不能离开行政首长而独立存在，其活动直接听从行政首长的指挥和要求；它对各专业行政职能部门没有直接指挥和监督的权力，但在授权条件下可以代表行政首长。由于幕僚机关是紧靠行政首长且完全受命于行政首长的一个组织环节，事实上参与政务、协助决策、沟通关系、协调活动、汇集信息、处理纠纷，因此它的状态直接关系着首脑机关功能的发挥，历来被认为是一种重要的行政机关。我国行政组织最高的幕僚机关是国务院办公厅，但从国家层面而言，最为重要的幕僚机关是中共中央办公厅。

（4）咨询机关。咨询机关又称为智囊机关或参谋机关，是会集专家学者和有实际经验的政府官员的专门为政府出谋划策、提供论证和较佳方案的行政机关，如国务院研究室、国务院发展研究中心。咨询机关既不是执行机关，也不同于秘书班子，其基本职责是研究咨询、参与决策、协调政策、培训人才和宣传科学知识，是现代行政决策体制必不可少的重要组成部分，越来越受到各国政府的重视。

行政组织中的咨询机关大多是官方智库，各级党委和政府组织的政策研究室、发展研究中心、参事机构同属其中，其他半官方咨询机关不属于行政组织，但也发挥咨询的功能作用，如社科院、党校、行政学院和高校研究机构等。

（5）派出机关。派出机关是一级政府根据政务管理需要，按管辖地区授权委派的代表机关，如我国县级人民政府的相关职能部门派驻到乡镇的各所、站等。派出机关不构成一级政府行政机关，一般而言，它没有独立的法律地位，只能以派出它的政府或部门的名义行使行政权力，其权力是委派机关的延伸，以委派机关授权的性质、程度和范围为转移，因而其行为的法律责任也应由派出它的政府或部门承担。派出机关的主要职能是承上启下实行管理，即督促、检查辖区行政机关贯彻执行行政上级的决议和指示，同时向委派机关报告辖区行政机关的情况和意见并完成委派机关交予的其他事项。

第二节　行政组织体制

行政组织体制即行政组织内部的权力分配及运行模式，它以行政权力的分配为核心。

行政权力的分配是指行政组织按照宪法和法律的规定，根据客观需要将自身拥有的行政权力分配给不同层级、部门及个人的过程，其关键在于行政权力的实际归属和运用。行政权力的分配形式影响其归属，而行政权力的归属又影响和决定着行政组织体制，所以不同的行政权力分配形式对应着不同的行政组织体制，不同的行政组织体制反映着不同的行政权力分配形式。

行政组织体制可以按照不同的标准进行分类：根据最高决策权所属人数，行政组织体制可分为首长制与委员制；根据功能和性质，行政组织体制可分为分级制与分职制；根据行政权力的分配，行政组织体制可分为集权制与分权制。

一、首长制与委员制

不同的行政组织根据行政组织中掌握最高决策权的人数多寡，可以分为首长制与委员制两种体制。首长制与委员制是权力归属和运用完全不同的两种体制。

（1）首长制。首长制又称为一长制或首长负责制，是指行政机关权力交由行政首长一人负责且其同时承担全部领导责任的组织体制。其基本特征是行政首长对行政机关各种事务拥有最终决定权，一人决定一切行政措施，其他领导成员均为行政首长的助手或幕僚，协助行政首长行使职权，只有建议权，而无决定权。首长制体制历史悠久，古代君主制便属首长制，现代国家中美国的总统制是典型的首长制，总统享有一切内政、外交、军事等重大事务的决策权，其他行政人员只向总统一人负责。我国行政组织实行"首长负责制"，从国务院总理到省长、市（区）长、县（区）长、乡（镇）长都是相应级别行政组织的"首长"。

首长制的优点包括：①由于行政首长权力集中，所以指挥高度统一、命令上下贯通，对信息的反应速度和决策的速度都比较快，因而行政效率较高；②行政责任比较明确，权责统一，可避免职责不清、互相推诿、无人负责等弊端的产生；③易于保密。因这三个优点，首长制为多数国家政府所采用。

首长制的缺点包括：①首长个人独揽大权，易于形成个人专制；②行政首长限于个人智力和精力的局限性容易产生偏见，对问题的考虑难以周详，进而贻误决策；③首长易滥用权力、独断专行、营造私利而置国民利益于不顾。

在现代国家政府中，普遍实行首长负责制的同时往往还通过法定制度建立和强化权力决策程序和监督制约机制。

（2）委员制。委员制又称为集体制、会议制，是指行政权力交由若干人组成的集体共同负责并由该集体承担责任的组织体制。其基本特征是行政组织的决策由两个以上的地位平等的委员负责，行政组织的最高决策权属于全体委员，一切行政措施均由委员会按照"少数服从多数"的原则集体讨论决定。瑞士是实行委员制的典型国家。瑞士联邦委员会是瑞士最高行政机构，由联邦议会两院（国民院和联邦院）联席会议选出 7 名委员组成，从中再选出正、副主席各 1 人。主席任期 1 年，期满由副主席升任，同时另选出新的副主席,主席、副主席均不得在次年连选连任。主席和各委员地位平等,对内负责主持会议,对外代表委员会行使国家元首的各种礼仪性职责,职权极其有限,无任何特权。委员任期4年,分别担任各部行政首长,主管各部的行政事务,但一切政务均须集体议决,以委员会名义执行。

委员制的优点包括:①委员制体现民主精神,有利于反映各方面的意见和集思广益,考虑问题较全面,可避免个人专断决策的偏执或失误;②集体承担责任,有利于协调一致地推行计划;③委员之间互相监督,有助于防止和克服舞弊现象。

委员制的缺点包括:①责任分散且不明确,对决策后果易出现争功诿过;②委员之间地位平等、权责相同,难于彼此协调,致使发生决策迟缓、行动不力等现象并可能由于法不责众而妨碍行政责任的落实和行政纪律的执行;③人多嘴杂,难以保守国家秘密。

首长制与委员制各有利弊,我国在实践中综合运用了这两种体制,扬长避短,在实行首长制的同时,也吸收了委员制的优点。在国务院,实行国务委员会议制度和常务委员会议制度,地方各级政府则实行政府会议制度。一般情况下,重大问题都要经过会议集体讨论,最后才由首长决定。行政首长要对人大及其常务委员会负责,受其监督。

二、分级制与分职制

行政组织根据横向和纵向划分方向的不同可分为分级制与分职制,二者在行政组织中是纵横相交、相辅相成的两种体制。专业分工是分职制的要义,指挥统一是分级制的精神。在现代政府中,分级制与分职制是相辅相成、互相依赖的。因此,现代国家行政组织一般都实行所谓的"职级综合制"。

(1)分级制。分级制又称为层级制,是指行政组织纵向结构的各个层级的工作性质相同,但管辖范围随层级下降而缩小的一种组织体制。该体制的基本特征是领导者与其下属之间有统一的直线关系,指挥和命令从领导系统的最高层到最底层,按照垂直方向自上而下地贯彻执行,从而形成一系列不同的层级,呈现出一种从上到下的"金字塔"形的阶梯等级。在实行分级制的组织体制中,组织的每一个层级在性质上都是普遍的和完全的,在范围上或领域上都是部分的和不完全的,如部队中的军、师、团、营、连等建制,铁道系统的铁道部、铁路局、铁路分局等。

分级制的优点包括:①层级节制,一级管一级,权力关系清楚,有利于领导和指挥,有利于提高效率;②责任明确,有利于监督;③行政目标统一,有利于对公务员的绩效考评;④有利于推行决策。

分级制的缺点包括:①如果层级过多,容易出现信息传递缓慢或失真,造成决策失误;②节制严格,不利于调动下属的积极性;③容易出现家长制和依附性上下级关系并使行政首长忙于处理日常事务,无暇顾及调查研究和组织的变革与发展。

(2)分职制。分职制又称为职能制,是指行政组织横向上划分部门的组织体制。分职制的特征是将组织一定层级上的职能按照一定的标准分配给平行的、不相统属的机关去完成。与分级制相反，分职制所形成的每一个部门，在性质上都是部分的和不完全的，在范围上和领域上却是普通的和完全的。

分职制的优点包括：①能适应现代化工业企业生产技术比较复杂、管理工作比较精细的特点；②行政组织按职能或业务性质分工管理，选聘专业人才，能充分发挥职能机构的专业管理作用；③可减轻直线领导人员的工作负担，利于业务专精和提高管理水平；④同类业务划归同一部门，职有专司，责任确定，利于建立有效的工作秩序，防止顾此失彼和互相推诿。

分职制的缺点包括：①不便于行政组织间各部门的整体协作，容易形成部门间各自为政的现象，使行政领导难以协调；②通常分职制要与分级制相结合，它妨碍了必要的集中领导和统一指挥，形成了多头领导；③不利于建立和健全各级行政负责人和职能科室的责任制，在中间管理层往往会出现"有功大家抢、有过大家推"的现象；④在上级行政领导和职能机构的指导和命令发生矛盾时，下级就无所适从，影响工作的正常进行，容易造成纪律松弛、生产管理秩序混乱。

为扬长避短，现代行政组织大都将分级制和分职制有机结合起来，以分级制作为基础，在每一层级上进行职能分工。例如，我国在层级方面，从中央到地方，分为国务院、省（自治区、直辖市）、市（州）、县（区）、乡（镇）；在职能方面，国务院分设为若干部、办、委、局，省（自治区、直辖市）政府分设为若干厅、局、委，市（州）、县（区）政府分设为若干局，乡（镇）政府分设为若干所（站）。同时，国务院各部、办、委、局与各级地方政府相对应的厅、局、所（站）之间也存在着纵向的领导或指导关系。

三、集权制与分权制

根据中央和地方的权力关系，行政组织体制可以分为集权制与分权制，它们是行政权力的集中程度存在较大差别的两种体制。集权与分权历来是一大政治问题，也是一大组织管理问题，是行政研究的一个长期课题。一般来说，统中有分、分中有合、统分结合、整体联动是比较理想的行政组织体制，但在什么条件下偏重于集权或分权，需要从组织的总体战略目标、组织的进步和发展、服务社会和市场等多方面进行考量。

（1）集权制。集权制又称为独立制、完整制，是指行政权力集中在上级，下级处于被动服从和严格受控地位，其行政行为基本上取决于上级指令的一种组织体制，如古代的中央集权制和近代的党魁集权制。此种体制的基本特征是中央政府高度集权，严格控制全国各地行政事务，地方政府没有或极少有自主权。法国是较为典型的实行集权制的国家，虽然 1982 年法国进行了一系列的向地方分权的改革，大大增强了地方政府的职权，但中央政府仍在地方政府中派驻自己的代表，控制、监督地方政府的行为，在总体上仍属于中央集权制国家。

集权制的优点包括：①有利于政令统一、统筹全局，指挥坚强有力，可防止政出多门；②层级节制，指挥灵便，有利于严明行政纪律，做到令行禁止；③集中全国的人力、

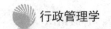

物力、财力用于重点建设，避免人财物分散、盲目建设及资源浪费。

集权制的缺点包括：①事事听从中央政府安排，权力过分集中会使下级意志消沉，必然压抑地方政府的积极性，不利于地方政府因地制宜地处理本地事务；②中央严密控制地方易导致中央机关专制和个人独裁；③层级繁多，事事、层层汇报，易费时误事，不能及时、果断地处理行政事务；④无法有效地满足地方对公共物品和服务的差异性需求，妨碍了地方政府行政方式的创新。

（2）分权制。分权制又称为多元制、分离制，是指将行政权力较多地授予下级的一种组织体制。其特征表现为行政下级在其管辖范围内从名义和实际上都享有主动采取行政措施的自主权，上级除负责监督责任外，不横加干涉，而是由下级根据具体情况自行其是。该体制的基本特征是地方政府受中央政府的控制较小，地方政府在行政业务上具有较强的独立性，可完全根据地方需要管理地方事务。美国实行的是联邦制的国家结构形式，属于典型的分权制，其州政府的自主权很大。

分权制的优点包括：①地方政府能够因地制宜、灵活机动地处理本地事务；②分权分工，可防止上级专断与个人独裁；③分级治事，符合民主原则，可发挥下级人员的主动性，有利于培养其民主精神、主体意识，激发其工作热情；④有利于因地制宜，可以有效地满足地方对公共物品和服务的差异性需求。

分权制的缺点包括：①地方分权过度，易形成地方本位主义，甚至导致国家分裂；②分权过度必然导致全国各地经济的畸形发展，加剧地区间的不平衡；③地方权限过大会造成上有政策、下有对策，使中央统一的政策、法律难以有效贯彻。

第三节 我国的行政组织结构

行政组织结构是指行政组织各构成要素的配合和排列组合方式，包括行政组织各部门和层级之间的横向和纵向分工协作以及联系、沟通方式。依据这种组合方式，人们可以确定组织的职权范围、权力关系、决策程序、活动方式以及控制方法等。它包括三个方面的含义：①行政组织结构是公共行政组织系统内各要素有机结合的手段；②行政组织结构是公共行政组织系统各要素多种结合方式的体系；③行政组织结构是静态组织实体结构和动态组织行为结构的有机统一。

行政组织结构包括四个层次的内容：①行政组织的基本元素，如工作职位和工作人员等，经过一定的排列组合构成一个工作单位；②各工作单位经过一定的排列组合构成一个工作部门；③各工作部门经过一定的排列组合构成一级国家政府；④各级政府经过一定的排列组合构成国家的政府系统。因此，组织结构就是相关组织成员、各部门及各层级政府之间的一种排列组合模式。本节着重介绍我国的横向行政组织结构和纵向行政组织结构。

一、横向行政组织的结构

行政组织的横向结构又称为部门结构,是指行政组织中处于同一等级的各组成部门之间的平等、合作与协调关系的一种组合方式。横向分部是现代社会分工不断发展的必然结果,它遵循以下原则:①职责、权限明确、对等。同类事权划归一个单位办理并具体分配各单位的责任与权力,做到各单位的职责基本对等。②阶层结构单位设置一致。尽量使各单位、各阶层之间的结构标准化。③从属关系确切。所有的公共行政机关,由上而下,都要明确向谁负责、负什么责。④单一指挥、分层负责。每个单位的工作人员只向一个领导者负责,不能人人插手、多头领导。⑤主管部门与业务部门紧密配合。业务部门是主管部门的基础,主管部门是业务部门的辅佐,两者必须密切配合、相辅相成,以发挥最大的整体效益。

(一)横向行政组织的划分方法

目前,我国行政组织横向划分的方法主要有以下四种。

(1)按职能划分。根据行政组织中不同的管理职能划分部门,我国的行政管理职能大致可分为业务职能和辅助职能两大类,相应的行政组织可划分为业务部门和辅助部门,如国务院下设的商务部、司法部、财政部、民政部、公安部;每个部内设与其业务密切相关的机构。根据职能划分部门是最普遍的分部化方式,它的主要优点包括:①职能一致,权力集中,指挥灵便;②事权划一,职责明确,易于考核;③同类事务的上下交涉易于处理。它的缺点包括:①易导致集权,难以适应变迁需要;②易产生本位主义,以致各自为政,导致协调困难;③容易出现沟通缓慢、决策迟缓。

(2)按地域划分。这是指根据地区或处所划分部门,如原铁道部下设的各铁路局分部处理管辖区域的有关事务,城市工商管理、财政税务、邮电业务等活动均需按地域划分部门。按地域划分部门的优点包括:①便于地区各项工作的监督、协调;②便于因地制宜地制定政策;③便于就地解决问题,减少中间环节,提高时效。按地域划分部门的缺点包括:①易导致地方保护主义与各自为政;②易使各种公共行政预算和经济计划失控,造成全面性的比例失调;③易造成地区之间的相互封锁和割据,影响区域之间的合作。

(3)按功能作用划分。公共行政活动包括决策、咨询、执行、信息反馈和监督等环节,相应地,行政组织可划分为决策部门、咨询部门、执行部门、信息反馈部门和监督部门等,这样可以使公共行政活动的各个环节相互联系、相互衔接,形成一个相对完整的过程,因而是比较科学的。

(4)按服务对象划分。根据服务对象划分部门(如原军队转业干部安置办、教育部内设的高等教育司及基础教育司等)以实用为目的,讲究对口、方便服务。但以这种方式划分的部门常与职能部门发生业务上的交叉冲突,容易导致各自为政,引发专权现象。

以上行政组织的横向划分方式各有利弊,应根据实际需要取长补短、灵活运用,综合选用不同的方式设置公共行政机关的各个部门。但无论采取何种方式,都要以方便服务、

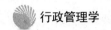

功能齐全、结构合理、完整统一、协调运转、适应发展为前提。

（二）国务院的行政组织结构

中华人民共和国国务院，即中央人民政府，是最高国家权力机关的执行机关，是我国行政组织的最高机关。其行政组织结构是我国横向行政组织构成的代表结构。改革开放以来，我国已进行了8次国务院政府机构改革，力图降低行政成本、提高行政效率，国务院组成部门已由1982年的100个削减为2018年的26个。2013年3月10日，国务院机构改革方案公布，除国务院办公厅外，国务院设置组成部门25个。而在2018年3月17日，第十三届全国人民代表大会一次会议表决通过了关于国务院机构改革方案的决定，批准了这个方案。国务院正部级机构减少8个，副部级机构减少7个，除国务院办公厅外，国务院设置组成部门26个。至2018年3月22日《国务院关于机构设置的通知》规定，现在国务院的部门设置主要有七类：国务院办公厅、26个国务院组成部门、1个国务院直属特设机构、10个国务院直属机构、2个国务院办事机构、9个国务院直属事业单位、17个国务院部委管理的国家局。

（1）国务院办公厅。国务院办公厅在1980年5月由原来的国务院办公室更名而来，是协助国务院领导同志处理国务院日常工作的机构。其主要职责调整为：强化服务职责，加强应急、督查工作，进一步发挥参谋助手和运转枢纽作用；增加指导、监督全国政府信息公开工作的职责。

（2）国务院组成部门。国务院组成部门是指依法分别履行国务院基本的行政管理职能的部门。国务院组成部门包括各部、各委员会、中国人民银行和审计署。2018年，根据国务院总理李克强提请第十三届全国人民代表大会第一次会议审议的国务院机构改革方案的议案，改革后，除国务院办公厅外，国务院设置组成部门26个：外交部、国防部、国家发展和改革委员会、教育部、科学技术部、工业和信息化部、国家民族事务委员会、公安部、国家安全部、民政部、司法部、财政部、人力资源和社会保障部、自然资源部、生态环境部、住房和城乡建设部、交通运输部、水利部、农业农村部、商务部、文化和旅游部、国家卫生健康委员会、退役军人事务部、应急管理部、中国人民银行、审计署。

教育部对外保留国家语言文字工作委员会牌子。科学技术部对外保留国家外国专家局牌子。工业和信息化部对外保留国家航天局、国家原子能机构牌子。自然资源部对外保留国家海洋局牌子。生态环境部对外保留国家核安全局牌子。

（3）国务院直属特设机构。国务院直属特设机构是指政府为了管理某类特殊的事项或履行特殊的职能而单独设立的一类机构。目前，直属特设机构通常是指中央和地方政府设置的国有资产监督管理委员会（简称"国资委"）。党的十六大提出深化国有资产管理体制改革的重大任务并明确要求中央政府和省、市（地）两级地方政府设立国有资产管理机构。为落实十六大提出的任务，2003年国务院机构改革的一项重要内容就是设立国有资产管理机构，将国家经济贸易委员会的指导国有企业改革和管理的职能、中央企业工委的职能以及财政部有关国有资产管理的部分职能等整合起来，设立国务院国有资产监督管理委员会。国务院授权国资委代表国务院履行出资人职责。根据社会公共管理职能和所有职能分开的原则,国资委专门承担监管国有资产的职责。考虑到国资委既不同于对全社会各类企业进行公共管理的政府行政机构,也不同于一般的企事业单位,具有特殊性质,2003年的政府机构改革将国资委确定为国务院直属的正部级特设机构。

(4)国务院直属机构。国务院直属机构有着独立的行政主体资格,主管国务院的某项专门业务。2018年国务院机构改革后,国务院直属机构调整为十个,分别是海关总署、国家税务总局、国家市场监督管理总局、国家广播电视总局、国家体育总局、国家统计局、国家国际发展合作署、国家医疗保障局、国务院参事室、国家机关事务管理局。国家市场监督管理总局对外保留国家认证认可监督管理委员会、国家标准化管理委员会牌子;国家新闻出版署(国家版权局)在中央宣传部加挂牌子,由中央宣传部承担相关职责;国家宗教事务所在中央统战部加挂牌子,由中央统战部承担相关职责。

国家部门中的不同称呼有部、委、署、总局、局、司、厅。其中,部是国务院的组成部门,委也是国务院的组成部门,与部不同的是,委采取合议制。不过也要注意,国务院的办事机构也称为委,如国资委,但它不是国务院的组成部分。署的称谓是沿袭了传统习惯,有的署是国务院的组成部门,如审计总署,有的署则不是国务院的组成部门,如海关总署。局有三种情况:第一种是具有部级职权却不具有部委地位的,称为总局,序列上属于国务院直属机构,如国税总局,局长是正部级;第二种是各部委归口的国家局,如国家测绘局、邮政局等;第三种是国务院的直属机构,如国家机关事务管理总局、国家统计局等,习惯上也称为副部级局。司是国家各部委内部的下级组织,如外交部内有新闻司、礼宾司等。厅是指国家各部在省级单位的下属组织,如建设部在各省有建设厅。

(5)国务院办事机构。国务院办事机构是根据《国务院行政机构设置和编制管理条例》设立的正部级国务院部门,承担相关专门职责。国务院办事机构的主要职责是负责专门事项的研究、发布,其设立、合并及撤销由国务院决定,其行政首长由国务院总理任免,因此国务院办事机构是国务院内部设立的、协助总理办理专门事项的工作机构,不具有行政主体资格,也不具有独立发布公文的权力。国务院办事机构主要包括2个,分别是国务院港澳事务办公室、国务院研究室。

国务院侨务办公室在中央统战部加挂牌子,由中央统战部承担相关职责。国务院台湾事务办公室与中共中央台湾工作办公室、国家互联网信息办公室与中央网络安全和信息化委员会办公室,一个机构、两块牌子,列入中共中央直属机构序列。国务院新闻办公室在中央宣传部加挂牌子。

(6)国务院直属事业单位。国务院直属事业单位是指以增进社会福利,满足社会文化、教育、科学、卫生等方面需要,提供各种社会服务为直接目的,由国务院直接领导的社会组织。它是国家机构的分支。国务院直属事业单位不是国家行政机关,但中华人民共和国国务院授权其中一些单位行使一定的行政职能。《国务院关于国家行政机关和企业事业单位社会团体印章管理的规定》规定:"经国家机构编制管理部门认定具有行政职能的单位的印章中央刊国徽,没有行政职能的单位的印章中央刊五角星。"国务院直属事业单位不以盈利（或积累资本）为直接目的，其工作成果与价值不直接表现或主要不表现为可以估量的物质形态或货币形态。国务院直属事业单位总共有9个，分别是新华通讯社、中国科学院、中国社会科学院、中国工程院、国务院发展研究中心、中央广播电视总台、中国气象局、中国银行保险监督管理委员会、中国证券监督管理委员会，而中央党校与国家行政学院，一个机构、两块牌子，由中共中央领导，不再属国务院领导。

（7）国务院部委管理的国家局。国务院部委管理的国家局是国务院组成部门管理的国家行政机构，现在除国家信访局由国务院办公厅管理外，都是国务院组成部门管理的国家行政机构，它们是由国务院组成部门领导的具有较大独立性的行政机关，主管特定业务，行使行政管理职能。经过2018年国务院机构改革之后，现在国家信访局由国务院办公厅管理；国家粮食和物资储备局由国家发展和改革委员会管理；国家能源局由国家发展和改革委员会管理；国家国防科技工业局由工业和信息化部管理；国家烟草专卖局由工业和信息化部管理；国家移民管理局由公安部管理；国家林业和草原局由自然资源部管理；国家铁路局由交通运输部管理；中国民用航空局由交通运输部管理；国家邮政局由交通运输部管理；国家文物局由文化和旅游部管理；国家中医药管理局由国家卫生健康委员会管理；国家疾病预防控制局由国家卫生健康委员会管理；国家矿山安全监察局（原国家煤矿安全监察局）由应急管理部管理；国家外汇管理局由中国人民银行管理；国家药品监督管理局由国家市场监督管理总局管理；国家知识产权局由国家市场监督管理总局管理。国家移民管理局加挂中华人民共和国出入境管理局牌子；国家林业和草原局加挂国家公园管理局牌子；国家公务员局在中央组织部加挂牌子，由中央组织部承担相关职责；国家档案局与中央档案馆、国家保密局与中央保密委员会办公室、国家密码管理局与中央密码工作领导小组办公室，一个机构、两块牌子，列入中共中央直属机关的下属机构序列。

值得注意的是，国务院还有议事协调和临时机构。国务院议事协调机构承担跨国务院行政机构的重要业务工作的组织协调任务。国务院议事协调机构议定的事项，经国务院同意，由有关的行政机构按照各自的职责负责办理。在特殊或者紧急的情况下，经国务院同意，国务院议事协调机构可以规定临时性行政管理措施。国务院议事协调机构的设立、撤销或者合并，由国务院机构编制管理机关方案，报国务院决定。国务院议事协调机构根据工作的需要，分为长期性议事协调机构和暂时性议事协调机构。其中，暂时性议事协调机构在工作任务完成后就会适时撤销。议事协调机构的配置规格都是比较高的，一般由国务院分管领导担任议事协调机构负责人，有关国务院部办委局或者中央军委所属机关单位负责人担任领导成员，主要设置在各个部委、直属机构中。例如，国务院学位委员会的具体工作由教育部承担，国家防汛抗旱总指挥部的具体工作由水利部承担。

二、纵向行政组织的结构

行政组织的纵向结构又称为直线式结构，是纵向分工形成的行政组织的层级制阶梯系统。划分层级的标准是各层级所管辖的地域幅度，各层级之间所管理的业务性质相同，只是管辖范围不同。其职权和职责也从最高层到最低层呈"金字塔"形分布，层级越高，管辖地域范围越宽，职权和职责也越大；层级越低，管辖地域范围越窄，职权和职责也越小。各层级之间形成一种上级与下级之间的领导与被领导的关系。

（一）纵向行政组织的层级

行政组织的纵向结构，自上而下分为若干层级，分为两种：一种是整个行政组织体系的纵向分化，即各级政府的上下层级结构，如中央到地方可分为国务院、省政府、市政府、县政府、乡政府。另一种是每一级行政组织内部的纵向分化，即行政组织内部的工作层级划分，如国务院分为部（委、办）、司（局）、处三级，省级政府分为厅（委、局、办）、处、科三级。根据行政机构管理的权限和特点，从纵向构成来看，我国的政府层级分为五级，从高到低，分别为中央政府（国务院）—省、自治区、直辖市政府—省辖市政府（社区市政府）地区行署（省的派出机构）—自治县、县、县级市—乡（镇）政府，分别对应的行政级别为国家级、省（部）级、地（厅）级、县（处）级、科级。同时，也可把纵向行政组织结构分为高、中、低和基层四个层级。高层主要负责制定总目标及方针、政策；中层主要负责执行上级政策、协调下级公共行政活动；低层主要负责贯彻上级决定，组织协调本单位的工作；基层主要负责落实上级各项决定和政策，因地制宜地开展公共行政活动。

理解行政组织的纵向结构应很好地把握管理层次与管理幅度的关系。管理层次是指纵向结构的等级层次，即行政机关中设置多少等级的工作部门，这个问题应由行政机关的工作量来决定。管理层次过多，公文履行、手续复杂，易滋生官僚主义，不仅不利于行政机关本身的管理和职能的发挥，还将造成浪费；管理层次过少，事务集中于几个领导或单位，也可能使行政工作人员疲于应对。因此，行政机关的管理层次数量必须适当。管理幅度是指一级行政机关或一名上级领导者直接领导和指挥的下级单位或工作人员的数量。我国现行的行政组织在管理幅度方面尚存在过大或过小的问题。例如，省一级管理幅度偏大，管辖 70～100 个县（市），但许多单位内部又存在着管理幅度太小的问题，行政领导过多，"官"多"兵"少的情况并不鲜见。

管理幅度与管理层次密切相关。一般来说，在条件不变的情况下，管理幅度与管理层次成反向变动关系。加大管理幅度，管理层次就相应减少，但前提是领导有较强的领导能力；相反，缩小管理幅度，则管理层次相应增多。因此，管理幅度与管理层次是影响行政机构形态的决定性因素，两者必须同时兼顾，寻求最佳平衡点。

我国行政组织存在"直线—职能式"结构，这是在综合纵向结构和横向结构基础上形成的一种组织结构形式，各级部门间既有垂直领导关系，又有水平领导关系，即所谓的"条块分割"式结构。我国现在基本上是采用直线—职能式组织结构。从纵向看，我国的行政组织划分为中央人民政府—省、自治区、直辖市人民政府—自治州、辖区（县）的市人民政府—县、自治县、县级市人民政府—乡、民族乡、镇人民政府五个层次。从横向看，每级政府内部又按照业务性质平行划分为若干职能部门，它主要对同级政府和上级部

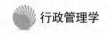

门负责。

(二)纵向行政组织层级之间的权力关系

在我国行政组织间的相互关系中,依据其彼此之间有无隶属关系而体现为隶属间的权力关系和不相隶属间的权力关系。

1. 隶属间的权力关系

在行政组织系统中,基于隶属性所形成的上下级行政机关之间的关系主要表现为领导与被领导关系、指导与被指导关系、监督与被监督关系。

(1)领导与被领导关系,即上下级行政机关之间的命令与服从关系。在领导关系中,上级行政机关享有命令、指挥和监督等项权力,有权对下级行政机关违法或不当的决定等行为予以改变或撤销。下级行政机关负有服从、执行上级行政机关决定、命令的义务,不得违背或拒绝,否则就要承担一定的法律后果。国务院与各省、自治区、直辖市人民政府是领导与被领导关系,国务院与所属各部、委也是领导与被领导关系。例如,《中华人民共和国人民检察院组织法》第十条规定:最高人民检察院领导地方各级人民检察院和专门人民检察院的工作,上级人民检察院领导下级人民检察院的工作。

上下级行政机关之间的领导关系具体又有垂直领导关系和双重领导关系两种类型。垂直领导关系中的行政机关一般只直接接受某个上级行政机关的领导,如地方海关只接受海关总署领导。双重领导关系中的行政机关则要同时接受两个上级行政机关的直接领导,如地方各级公安机关既要接受上级公安机关的领导,又要接受本级人民政府的领导。另外,还有一部分行业公安机关从业务上是公安部领导,从工作上是铁道部、交通部、林业部、民航部、海关公安机关领导,都是双重领导关系。

新中国成立后,有的中央或上级政府部门、单位在地方设置了若干派出机构或分支机构,如 1950 年、1956 年先后成立的水利部长江水利委员会、水利部黄河水利委员会等。改革开放之后,我国从经济领域开始,将中央政府或上级政府的一些权力下放地方,同时,为处理中央政府或上级政府部门、单位在地方的事务,有些中央政府或上级政府部门、单位在地方设置了若干派出机构或分支机构,如根据《中华人民共和国进出口商品检验法》,国家质量监督检验检疫总局下设出入境检验检疫直属局和出入境检验检疫分支局,实行垂直管理。由于中央政府或上级政府部门、单位与其派出机构或分支机构是垂直领导关系,而地方政府对设立在本行政区域内的这些机构、单位没有管理关系,因此这类中央政府或上级政府部门、单位的派出机构或分支机构叫作"垂直管理机构",也称为"条管机构"。垂直管理机构的设置、人员编制、财务、物资供应等均由上级政府部门直接管理;有的垂直管理机构的党组织关系在地方,由地方党委领导。垂直管理机构主要有中央政府部门垂直管理和省(自治区、直辖市)政府部门垂直管理两种。中央政府部门垂直管理的机构由中央政府部门直接领导,尽管该机构设在地方并从事带有一定地方性的工作;省(自治区、直辖市)政府部门垂直管理的机构由省政府工作部门直接领导。与中央政府或上级政府部门与地方政府及其部门之间的关系一样，中央政府或上级政府部门及其垂直管理机构与地方政府之间的关系也被形象地称为"条块关系"，它历来是中央政府或上级政府与地方政府关系中的重要内容之一。

根据《中华人民共和国地方各级人民代表大会和地方各级人民政府组织法》和国务院各机构、单位的《主要职责、内设机构和人员编制规定》（"三定规定"），我国上下级政府及其部门、机构之间的"条块关系"主要有四种情形：第一，作为地方政府的工作部门，受本级政府统一领导并且受国务院或上级政府主管部门业务指导，如教育、民政等部门。第二，作为地方政府的工作部门，受本级政府统一领导并且受国务院或上级政府主管部门业务领导，如审计、行政监察、公安、国安、统计、烟草专卖等部门。这类工作部门通常称为"双重领导部门"。其中有些以地方政府领导为主，有些以上级主管部门业务领导为主。第三，作为中央主管部门的派出机构或分支机构，受中央主管部门的垂直领导，如海关、金融、国税、外汇、证券、保险、民航、流域管理、出入境检验检疫等机构或单位。第四，实行半垂直领导体制，即中央政府主管部门对省级政府工作部门有领导或指导关系，省级政府对工作部门也有领导关系，但省以下实行垂直管理，省以下地方政府对这些机构、单位没有领导关系，如工商、地税、质监等机构。

（2）指导与被指导关系，即上下级行政机关之间的一种行业或业务上的指导与被指导关系，也就是说，处于同一专业系统的主管业务部门之间存在指导与被指导关系。指导是对被指导者组织大致方向和要求的一种劝导、建议或示范，指导必须对被指导者没有强制性和约束力。如果具备了强制性和约束力，那么就是领导而不是指导了。例如，上级法院可以指导下级法院的业务，但是下级法院并非一定要遵守。如果下级法院应当遵照执行，这就不是指导，而是领导。因此，在指导与被指导关系中，上级主管部门享有业务上的指导权和监督权，但没有对下级行政机关的直接命令、指挥权。例如，构成业务指导与被指导关系的有国家财政部与各省、自治区、直辖市财政厅（局）；人民政府对下属职能部门同样具有指导权，如市政府对于各个市部门（人事、劳动、卫生、环卫局等）都有指导意见的权力。

（3）监督与被监督关系。按照行政管理机构的直接上下级关系，上级通常对下级以检察、督促等方式督导工作，因此这是一种最基本、最主要的行政关系。监督与被监督关系的形成来源于日常监督、主管监督和职能监督这三种主要形式。所谓日常监督，是指国家行政机关在日常工作中根据需要随时进行的各种双向监督，包括自上而下和自下而上两种形式。其中，自上而下是指上级行政机关或行政领导在推行行政命令过程中对下级机关及其行政人员所实施的监督，以避免在日常工作中出现偏离行政目标的不当行为，保证行政任务的完成；自下而上是指下级行政机关的行政人员对上级行政机关及其行政人员的违法违纪行为所进行的检举、控告等。所谓主管监督，是指上级主管部门对下级相应的工作部门的监督，如国务院各部委和直属机关对地方各级人民政府相应的工作部门的监督、上级地方人民政府工作部门对下级地方人民政府相应的工作部门的监督等。这种监督有些属领导关系，有些属业务指导关系，其权限范围因中央和地方上下级部门之间实行领导或业务指导关系的不同而有所区别。所谓职能监督，是指政府各职能部门就其主管的工作在其职能范围内对其他部门实行的工作监督，它包括平行关系和上下级关系的政府职能部门的监督。职能监督是以业务内容为核心的专项监督，如国家财政部就其主管的国家财政收支工作，对各部委、各地区的预算、计划、收支等工作实施的监督等，又如国家人事部就其主管的人事业务，对各部委、各地区行政编制、人事录用、人事法规执行情况等进行的监督。

2. 不相隶属间的权力关系

行政机关在行政系统中的非隶属机关又分为不相隶属的同级机关和不相隶属的非同级机关两种。前者处于同一组织系统或专业系统的同级机关之间的平行关系，如国务院的各部委之间及各省、市、县人民政府之间。后者指非同一组织系统、专业系统的机关之间，无论级别高低，均为不相隶属关系，如军事机关与各级地方人民政府之间、甲部与乙部所属机关之间、甲省人民政府与乙省人民政府所属的县人民政府之间。

不相隶属的行政机关关系有三种情况：第一种是权限划分关系，如人民政府各部门之间的权限划分，这类权限划分的结果是各种行政管辖权。第二种是公务协助关系，又称为职务上的协助，是指对于某一事务无管辖权的行政机关，基于有管辖权行政机关的请求，依法运用职权予以协助。这种公务协助关系在我国的组织法中并不少见。第三种是监督制约关系，专职的国家行政监督机构有监察系统（部、厅、局）、审计系统、检察机关，此外各地政府的法制机构也承担一定的监督职能。关于具体的监督职能和权限，本书第十二章"行政监督"将做详细论述。

 本章小结

行政组织是指在宪法和法律范围内拥有和行使行政权、具体管理社会公共事务的正式组织实体或组织系统，其构成要素包括行政组织目标、行政机构设置、行政人员构成、行政组织权责体系、行政组织规章制度和行政组织物质因素等，具有政治性、社会性、权威性、法治性、系统性和发展性的特征，主要分为首脑机关、职能机关、幕僚机关、咨询机关和派出机关。行政组织体制是行政组织内部的权力分配及运行模式，以行政权力的分配为核心，按照不同的标准主要分为首长制和委员制、分级制和分职制、集权制和分权制三种类别。行政组织结构是指行政组织各构成要素的配合和排列组合方式，包括行政组织各部门和层级之间的横向和纵向分工协作以及联系、沟通方式，本章第三节主要介绍了我国的横向行政组织结构和纵向行政组织结构。

课后练习题

一、名词解释与术语

行政组织　首长制　委员制　分级制　分职制　分权制　集权制　行政组织结构

二、思考题

1. 行政组织的特征有哪些？
2. 行政组织的种类有哪些？
3. 简述首长制和委员制的优、缺点和关系。
4. 简述分级制和分职制的优、缺点和关系。
5. 简述集权制和分权制的优、缺点和关系。
6. 简述国务院的组织构成。

 自测题

第五章 行政领导

本章学习目标

行政领导活动贯穿于行政管理的各个层次、各个方面以及全过程的始终，在整个国家管理活动中处于极为重要的地位，是整个国家机器正常运转的核心部分，直接影响国家各项事业的发展，关系着国家的前途和命运。本章通过学习行政领导的含义、特点，行政领导权力的含义、构成以及行政领导体制的含义、类型，实现对行政领导基本知识的系统全面的认识和了解。在此基础上，辩证地学习和思考行政领导的主要理论，掌握认识行政领导现象的不同视角和有效的工具。最后，对领导者素养的探究是研究领导者过程中必不可少的重要内容，因为其直接影响着行政领导水平的高低。

第一节　行政领导概述

一、行政领导的含义及特点

（一）行政领导的含义

领导活动涉及社会活动的各个领域，而作为国家权力的执行者——行政机关不可避免地也要涉及相关的领导活动。诚如西蒙所说："管理就是决策"，对主要进行决策活动的领导者来说，行政领导活动贯穿于行政管理的各个层次、各个方面以及全过程的始终。行政领导在整个国家管理活动中处于极为重要的地位，是整个国家机器正常运转的核心部分，行政机关的决策及其实施都会直接影响国家各项事业的发展，关系着国家的前途和命运。

对行政领导的含义，我国行政界存在几种不同的视角。第一种是从心理学的角度对行政领导进行解释，其代表人物是我国著名行政学学者张金鉴。他认为，行政领导就是机关的各级主管适应下属的心理和需要，运用思想沟通、人格感召、智能表现及管理措施使之踊跃、热烈地共赴事功，以相互协助、一致努力，有效地完成机关的使命与任务。第二种是从政治与行政二分的角度解读行政领导，其代表人物是我国著名行政学学者张永桃。他认为，领导可以按照不同的领域进行分类，如政治领导、行政领导等。行政领导就是国家各级行政机关的行政领导者依法行使国家行政权力，组织和管理行政事务，进行决策、指挥、组织、控制、检查、监督等行政活动。第三种是从"事实—逻辑—价值"的分析框架来解读行政领导，其代表人物是我国著名行政学学者毛寿龙。他认为，行政领导是指国家行政机关及其领导者依法行使国家权力，通过决策、指挥、协调、监督、控制等方式引导和影响所属组织成员，使其同心协力完成行政目标的活动。

以上对行政领导含义的诸多解读的共同点在于都体现了行政领导的动态性和过程性，但是都忽略了行政领导者行使行政权时的外部环境因素。因此，我们认为，**行政领导是指在既定的环境条件下，国家行政组织中的领导者依法行使国家行政权力，通过示范、命令、说服等方式，带领和引导行政组织及其成员，实现所期望的目标的活动过程。**

行政领导概念的要点如下。

（1）行政领导是一个由领导者、被领导者以及领导环境三项基本要素组成的有机系统。在这一有机系统中，领导者（包括个人和集体）在社会组织中具有统领、指引和决策的职能，处于主导地位；被领导者（包括个人和组织）是实现组织目标的基本力量，在领导活动中居于主体地位；领导环境包括自然环境和社会环境两个基本方面，是领导者和被领导者共同作用的客观对象，领导者和被领导者既在一定的环境中活动，同时二者只有正确掌握和利用客观环境，才能实现组织的目标。这三项要素缺一不可，它们相互结合、相互作用，共同构成了有效的领导活动系统。

（2）行政领导是一个动态的行为过程。行政领导的三要素构成了两对基本矛盾：领导者和被领导者的矛盾；领导活动主体与领导活动客体的矛盾。领导者的"投入"（指挥和引导的影响力）要通过被领导者的行为"产出"才能发挥作用。客观环境规定着领导者与被领导者活动的范围，影响着两者活动的目标与方向。可以说，行政领导就是领导者、被领导者以及领导环境的一个函数，用计算公式表示就是

$$行政领导 = f(领导者、被领导者、领导环境)$$

（3）行政领导是高层次的社会管理活动。行政领导是领导者通过影响、指挥、协调和控制等行为，率领被领导者实现组织目标的过程。这说明领导具有管理的性质，但比较而言，领导更侧重于决策活动和对人与事的统御，而管理则侧重于执行政策、组织力量来实现组织目标。

（二）行政领导的特点

1. 政治性

行政领导是国家出现以后为适应行政管理活动的需要而产生的一种领导行为，反映和维护统治阶级的意志和利益，具有鲜明的政治性，这一点与普通的管理有着本质的区别。一切剥削阶级的国家的行政领导都是为了所属的剥削阶级服务的，而在社会主义社会，行政领导经由法定程序授权，反映和维护作为国家主人的人民群众的根本利益，这是社会主义国家行政领导与剥削阶级国家行政领导的根本区别。

2. 权威性

权威性集中体现为对于行政领导发出的指令，被领导者必须执行。行政领导的权威性来自三个方面：①行政领导是国家组织活动中的重要组成部分，它体现的是国家的意志，

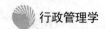

维护的是国家的利益;②行政领导的权力是由国家权力机关或上级行政机关依法定程序授予的且任何行政领导活动和行政领导行为都是行政组织系统的指挥核心发出的,它具有统领和管辖的权威;③在依法行政的今天,任何具体的行政领导活动都以一定的法律、法规等规范性文件为依据,都是依法展开的,因而具有强制性,非执行不可。

3. 综合性

一方面,公共行政管理涉及国家政治、经济、文化、科技、教育以及社会生活的各个领域,是一种全方位的管理活动,而行政领导贯穿行政管理的全过程,当然具有对象范围上的综合性;另一方面,随着社会分工的高度专业化和社会主体利益的多元化趋势的发展,行政领导的内容和方式越来越呈现其综合性特点,即行政领导要对不同的社会分工和不同的主体利益进行综合协调,形成并实现社会公共利益,更好地维护人民群众的根本利益。

4. 服务性

从本质上说,行政领导行为是一种以公共利益为价值取向的公共活动,这种特性决定了行政领导行为必须为公共利益服务。在传统社会里,行政领导是行政权力的象征,而现代社会,尤其是社会主义社会,国家的一切权力属于人民,行政领导及其活动就是为了实现国家的意志和人民的利益。马克思的"社会公仆"学说、毛泽东的"当好人民勤务员"思想、邓小平的"领导就是服务"论断等都是对行政领导服务性的概括。社会主义行政领导权力只是管理社会公共事务的工具和手段,为了服务于人民群众。

5. 变革性

组织目标和行政环境的变迁决定了行政领导的理念、方式和内容总是处于不断的适应性变革之中。在人类进入知识经济和网络技术的大背景下,我国行政领导方式正在发生着以下几个方面的变化:由官僚型领导向服务型领导转变;由管制型领导向参与型领导转变;由人治型领导向法治型领导转变;由经验型领导向专业型领导转变。这种转变的趋势是决策工作专门化、领导主体集团化、领导方式民主化、领导方法科学化。

二、行政领导权力的含义及其构成

(一)行政领导权力的含义

行政领导权力作为权力的一种,同权力一样都是组织存在与运行的必要因素,而行政领导权力在特定的领域内具有更加丰富和鲜明的含义。

行政领导权力是领导者对被领导者的一种强制性影响力,它对于行政管理活动的顺利开展、行政组织内部规章制度的建立与运行、行政管理目标的有效实现有着任何力量都不能相比的重要意义。行政领导权力是一个颇为复杂的概念,对于行政领导权力的界定,在行政管理学界存在着不同的观点。总的来说,主要有以下几种具有代表性的观点。

(1)行政领导权力就是决策权。这种观点认为,领导权力的实现就是一个决策过程,决策过程中领导者制定并推行体现自身意志的政策并对不服从或违背政策的行为进行规范和制裁。这一观点的主要代表人物拉斯韦尔在其著作《权力与社会》中指出,领导权力就是参与决策并通过制裁违背政策的行为达到让被领导者自觉服从的过程,最终实现领导者的意志。正是从这个意义上讲,没有决策权,就没有所谓的领导权。

(2) 行政领导权力是一种行政能力。韦伯指出,权力意味着在某种社会关系中贯彻自己的意志并排除所有反抗的机会,无论它是基于什么原因。"能力说"认为,领导权力是一种领导者实现自身意志的能力。权力具有天然的排他性,行政领导权力在本质上也是一种领导者排除对他们的反对甚至反抗,从而实现自身意志的强制性能力。

(3) 行政领导权力是一种关系。这种观点将权力定义为领导过程中的关系,认为这种关系是领导权力的轴心。法国社会思想家福柯认为,权力是众多的力的一种关系。《简明不列颠百科全书》指出,权力是"一个人或许多人的行为使另一个人或其他许多人的行为发生改变的一种关系"。行政领导权力即行政领导者使下属行为发生改变而产生的一种关系。

(4) 行政领导权力是一种支配力量。这种观点认为,行政领导权力是领导者对被领导者的一种支配力量。《社会学词典》认为,权力是一种强制性社会力量,支配权力的主体利用这一力量驾驭客体并迫使客体服从自己。马里顿在《民主与权威》一书中把权力看作一种支配力量并强迫被支配的客体服从,而领导权力就是支配主体影响支配客体的支配力量。

上述观点从不同的角度对行政领导权力的含义进行了解释,可谓仁者见仁、智者见智。综上所述,我们认为,行政领导权力是指行政领导者依靠其合法职位或地位而获得的,在行政管理活动中通过激励与制约等方式使被领导者自觉服从领导,从而引导被领导者同心协力共同实现行政组织目标的影响力与制约力。它包括三个主要要素,即行政领导权力主体,行政领导权力客体,行政领导权力实现的方法、手段、结构等中介因素。

(二) 行政领导权力的构成

从领导学的原理来看,领导者的权力可分为两种类型:一是职位权力;二是人格权力。所谓职位权力,是指领导者依靠法定的职位而获得的权力,又称为正式权力。人格权力则建立在个人魅力、知识、才能、资历等要素之上,它使被领导者自愿服从、主动追随领导者,又称为非正式权力或个人权力。

行政领导权力由正式权力与非正式权力两部分构成。

正式权力包括法定权、强制权和奖赏权。

(1) 法定权。法定权是指一个人因为占据了行政组织中所谓的正式职位而拥有的权力。法定权是合法的职位派生的,这种权力包括行政组织成员对职位权威的接受和认可,因此法定权不仅来源于职位及其权力容量,也来源于人们的认可。

(2) 强制权。强制权是通过威胁或惩罚迫使人们服从的权力,因此强制权是建立在惧怕的基础上的。一个人如果不服从就可能产生消极的后果,出于对这种后果的惧怕,这

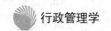

个人就对强制性权力做出了反应。行政领导权力背后的支持力量是国家机器。

（3）奖赏权。奖赏权是与强制权相反的一种权力。奖赏权就是领导者决定提供还是取消奖赏的权力。当人们服从于一个人的愿望或指示是因为这种服从能给他们带来益处时，那些能给人们带来他们所期望的益处的人就拥有了权力。

非正式权力包括专家权和归属权。

（1）专家权。专家权源于专长、技能和知识。由于世界的发展日益取决于技术的发展，专门的知识、技能也将成为权力的主要来源之一。可以说，谁掌握了知识和专长，谁就拥有了影响他人的权力。

（2）归属权，又称为关系的权力，是指行政组织中从属者与领导者之间，下属由于对领导者的认同或敬慕而服从行政领导，这种服从基于领导者具有的人格、才能及领导者对待下属的态度而定，包括基于领导者的人格、才能、品德、态度，使下属产生认同感。

三、行政领导的科学与艺术

行政领导既是一门科学，也是一门艺术。所谓科学性，是指行政领导有一套分析问题、解决问题的科学的方法论，有科学的经营决策；所谓艺术性，是指行政领导者在管理的实践中要依据环境的变化改变自己的领导决策，发挥自己的创造性与灵活性。

（一）行政领导的科学

科学的本质是对规律的正确认识、把握和运用。自觉地从规律层面把握和解决领导问题是领导科学化的本质体现和必然要求。领导活动是社会生活的特殊领域，它有特殊的矛盾、特殊的本质和特殊的规律性。领导科学就是专门研究现代领导活动的矛盾、特点及其规律的学问。

领导活动科学性的重要使得领导科学理论研究也变得非常重要，以至于实际上成为领导科学的核心内容。作为领导科学中最重要的领域，领导活动要科学地反映领导行为及其结果的内在缘由，从行为科学的角度揭示领导规律；要回答领导活动的科学特征是什么、怎么样等描述性问题，还要回答由哪些方面构成，有什么样的具体科学要求内容，这些内容是如何在领导活动过程中发挥作用的，有什么样的科学规律可循，在成败之间是如何发挥关键作用的，等等。这些都是完全基于领导实践又为领导实践服务的非常实际的理论。

加强领导决策活动中的具体规律运用，有助于领导科学的实质性、突破性发展，也有助于领导科学性的进一步提高。不研究此内容并从中实现突破，就永远不能深入领导科学和领导艺术的殿堂而取得硕果，也难以对领导实践起到真正重大的作用。科学的领导是领导者迈向成功的阶梯。作为 21 世纪的领导者，想要成就一番事业，给人们留下美好的形象，取得成功，就要不断地提升能力和领导决策的科学性。

行政领导科学是人们经过长时间的沉淀积累和不断地探索、总结、归纳、检验，从实践中抽象概括出来的，反映领导过程客观规律的理论和方法，因而领导具有科学性。

行政领导科学性的关键在于科学决策。科学决策就是行政领导者运用科学的思维方法，对有关组织群体未来行动的目标、方法、对策的若干方案所做的选择和决定，同时要在实施过程中加以修正、完善，以期达到最优效果。决策能力是行政领导者的基本能力，领导者必须具备"眼观六路，耳听八方"的能力并养成勤于思考、善于抉择的好习惯，这样才能立于不败之地。

著名经济学家赫伯特·西蒙在揭示领导的本质时指出："决策是领导的心脏，领导是由一系列决策组成的；领导就是决策，决策是领导者的天职。"领导是一种科学方法，在我国古代历史上，许多杰出的领导者，尤其是许多著名的军事家、政治家表现出了高超的决策艺术。朱元璋采纳"高筑墙，广积粮，缓称王"的决策，巩固后方，立足长远，最终建立了明王朝；刘备熟练运用了领导骨干和广大群众相结合出"安民告示"的方法，在诸葛亮的指导下，制定出正确的政治路线、方针、政策，并且合乎当时的时代要求，调动骨干关羽、张飞、赵云、马超、黄盖、费祎、董允等人的积极性，带领广大士卒实现既定的宏伟目标。

（二）行政领导的艺术

领导是一门科学，更是一门艺术。领导艺术是以一定的知识、经验和辩证思维为基础，富有创造性地运用领导原则、方式、方法所表现出来的高超的才能和技艺。行政领导艺术是领导艺术在行政领导活动中的表现。

1. 行政领导艺术的含义与特点

行政领导艺术是指行政领导者在行政管理活动过程中，自觉地运用行政管理理论，熟练而有效地完成行政任务的技巧、方法和手段的总和。行政领导艺术是以行政领导者的素质为基础的，是行政领导者品德、治理、能力、性格以及经验等因素的综合反映。行政领导者在履行领导职能的过程中，运用自己的智慧和经验创造性地解决某些问题，可使许多难解决的问题迎刃而解。行政领导艺术来自领导者个人知识、阅历和经验的积累，彰显领导者个人的魅力。

行政领导艺术贯穿于行政领导活动的全过程，体现在行政领导活动的各个阶段和各个方面。由于行政领导活动层次不同、部门不同，行政领导艺术也各有特点，从总体来看，行政领导艺术的共同特点包括以下几个。

（1）随机性。行政领导艺术是非规范性、非模式化的，它在实际的领导过程和领导活动中是因人、因事、因时、因地而异的，具有灵活性。这就要求行政领导者在处理问题时，必须根据具体情况迅速地做出判断，随机应变，以提高行政领导的效能。

（2）创造性。行政领导艺术能体现领导者生机勃勃的创造力，尤其是在一些特殊的事件中，行政领导者应敢于打破常规，以前人没有过的思维方式、技巧方法，成功地使问题得到圆满的解决，从而体现行政领导者独特的风格、新颖的构思和惊人的创造力。

（3）实践性。没有行政领导的实践，就谈不上创造性地运用领导科学的原则、方式、方法。行政领导艺术只有在行政领导实践中，随着时间的推移，经过不断地总结、积累、检验和发展，才能充满生命的活力。

（4）多样性。行政领导艺术是行政领导者品德、智力、能力、性格以及经验等因素的综合反映，这决定了行政领导者在运用领导艺术时必须呈现出多样性，具体表现为：不同的行政领导者在处理相同的事件时可以采取截然不同的领导艺术；同一领导艺术由不同的行政领导者运用会产生不同的行政效果；同一领导者运用不同的领导艺术，其行政效果也不同。

（5）顿悟性。行政领导艺术体现了行政领导者运用创造性思维和高超的才能、技艺，通过正确的领导方法迅速地领悟行政领导活动的要领，从而指导正确的实践而获得成就。顿悟更主要的是通过灵感来完成，就时间来说，可能是瞬间。所谓顿悟，就是行政领导者突然觉察到解决问题的办法，领会到自己的行为为什么和怎样进行，领会到自己的行为和情境，特别是和目标之间的关系。行政领导艺术的顿悟性是行政领导者在清楚地认识到整个问题情境中各种成分之间的关系时产生的，顿悟的过程也是一个知觉的重新组织过程，从模糊的、无组织状态到有意义、有结构、有组织的状态，这就是知觉的重组，也是顿悟产生的基础。

2. 行政领导艺术的主要内容

行政领导艺术的内容是非常丰富的，同时，行政领导艺术又是非规范化、非量化的巧妙技巧，因此要全面地、概括性地论述行政领导艺术是困难的，下面仅列举一些较为常见的行政领导艺术。

（1）用权艺术。行政领导者是行政职权的运行者，只要处于行政组织结构特定的职位上，任何人都会具有相应的权力。但权力不是抽象的，而是具体的。权力的运行既是程序化的，也是非程序化的。权力在运行的过程中受到各种因素的影响和制约，如权力主体（即行政领导者）的才能品质，权力客体（即被领导者）的基本素质，权力实施的手段、方法、途径以及权力运用所处的环境等，这些因素直接或间接地影响着权力的运用效果。用权艺术是指行政领导者从行政管理的客观环境出发，充分发挥主观能动性，合法、有效地行使法定的、程序化的职权，使之产生最大的正效应。行政领导用权艺术的核心是授权艺术。授权就是上级授予下级一定的权力和责任，使其在自身管辖的领域或事项范围内有处理问题的自主权。借助于授权艺术，行政领导者可以做到"分身有术"，调动一切可调动的因素。科学授权应该做到授权留责、适度授权、视能授权、逐级授权、授权后追踪等。

（2）用人艺术。"知人善任"是行政领导者的职责之一，行政领导者要履行好这一职责，就必须掌握和善于运用用人艺术。首先，领导者不应求全责备，要严于律己、宽以待人，尤其是对下属要以诚相待，不因下属的职位较低而予以轻视。常言道："金无足赤，人无完人""尺有所短，寸有所长"，每个人都有自己的长处和短处，行政领导者的任务在于"知人之长、用人所长""容人之短、避人之短"，即"有大略者不问其短""不以其小恶，忘其大美"，更不能"指瑕掩善"、埋没人才。只有这样，行政领导者才能充分发现人才，正确地使用人才，把各种人才都吸引到自己的周围，用之不竭。其次，用人是行政领导工作的一项重要内容。行政领导者用人会因为领导工作所处阶段、领导者生命阶段的不同而有所区别，但一个根本的原则是任人唯贤、任人唯能、一心为公，要抛弃那种"创业用人才、守业用庸才、罢业用蠢才"的实用主义用人方式。最后，要用人不疑。行政领导者必须具备充分放手让下属工作的胆识和气魄，要保证下属"在其位、谋其政、负其责"，对所用之人要充分信任，不可因他人的闲言碎语而动摇对所用之人的信任，造成对工作的影响。行政领导者只有坚持用人不疑，才能使下属在其职权范围内充分发挥积极性和创造性并在此基础上使下属更好、更快地成长。

（3）"弹钢琴"艺术。关于"弹钢琴"艺术，毛泽东曾经做过通俗的解释："弹钢琴要十个指头都动作，不能有的动，有的不动。但是，十个指头同时都按下去，那也不成调子。要产生好的音乐，十个指头的动作要有节奏，要互相配合。"首先，"弹钢琴"艺术要求行政领导者善于处理中心工作和其他工作的关系，既要抓住主要矛盾，全力解决主要矛盾，又要兼顾其他方面的工作，防止工作中的片面性和绝对化。其次，"弹钢琴"艺术要求行政领导者注意行政组织内部各要素之间的有机联系，善于做好协调平衡工作，使各要素之间形成相互联系、相互配合的良好关系。行政领导者运用好"弹钢琴"艺术，就能正确地处理好全局与局部、主要矛盾和次要矛盾的关系，做到突出重点、兼顾一般，从而使工作井然有序、忙而不乱地顺利进行。

（4）运用时间的艺术。时间是一种特殊的资源，其特点是消逝性。"时间就是金钱，效率就是生命"已经成为人们的共识。行政领导者要提高工作绩效，必须学会掌握和利用时间。首先，要科学地安排时间。在时间的安排上，要根据工作任务和近期目标，按照事情的轻重缓急科学地制定出年、季、月、周、日的时间计划，合理地安排时间。其次，要善于节约时间。在时间的控制上，要尽可能地防止时间的浪费。一个小时能完成的工作，绝不拖到一个半小时完成。最后，要提高时间的利用率。在规定的时间里尽可能地提高时间的利用率是现代行政领导者必须掌握的一门艺术。那些无法在规定的时间里完成工作任务，而只能靠加班加点才能使工作完成的行政领导者的精神是可嘉的，但做法是不可取的。

（5）使用语言的艺术。语言是人类交流的一种重要媒介，谈话是行政领导工作的一种重要形式，是行政领导者的一项艺术性、技巧性很强的工作。在领导活动中，行政领导者要把领导意图与要求传递给被领导者并获得所期望的结果，就应把握语言传递过程中的基本要求：准备充分——根据交流对象的具体情况选择适当的时机、场所；主题明确——推心置腹、开诚布公、观点鲜明；条理清晰——循循善诱、言语准确；语言生动——言语情感丰富、寓情于理、引起共鸣；善于运用各种非语言符号——动作、目光、表情、语调等，强化语言效果。

领导艺术是经验性的领导科学，领导科学是理论性的领导艺术。领导既是一门科学，也是一门艺术。领导者只有更好地发挥自己在组织中的作用，更好地领导，才能更好地为组织做出决策与规划。只有掌握行政领导的科学与艺术，才能成就一名出色的领导者。

四、行政领导体制

（一）行政领导体制的含义

行政领导体制是指行政领导的职责权限划分制度。它是一定时期内国家行政组织中的各级领导要素间相互关系的综合，是由国家权力机关或上级行政机关以法定程序制定的行政领导职责权限和组织结构制度的总和。行政领导体制是一个国家政治体制的具体体现，具有鲜明的政治性；行政领导体制又与一个国家特定的行政管理环境相适应，它是随历史发展的，具有动态变革性；行政领导体制是领导行为的规范，是实施行政领导活动的主要依据，是决定行政领导效率的根本性机制，它以国家强制力为后盾，因而又具有强制性，对领导活动中的个人或组织行为都具有规范和调节作用。行政领导体制是比行政领导者素质、行政领导班子结构更为重要的问题，它直接决定和影响领导工作的正确性和效果，关系整个社会的安定和发展。

（二）行政领导体制的类型

领导体制的类型纷繁复杂，按照不同的划分标准可以将其分为以下四种基本类型：①按照领导机关中最高决策者的人数划分为首长负责制和委员会制；②按照组织系统内部各机构的职权性质和范围划分为层次制和职能制；③按照下级所对应上级的数目划分为完整制和分离制；④按照权力的集中程度划分为集权制和分权制。

1. 首长负责制和委员会制

（1）首长负责制，也称为一长制或个人负责制，即把组织法定的最高决策权力集中在一位负责人身上，优点是决策效率高、权责分明、行动迅速，缺点是：容易导致权力滥用，甚至产生个人专断现象；由于领导个人知识结构、经验、才能的局限性，容易导致决策失误。

（2）委员会制，也称为合议制，即把组织法定的最高决策权力交给两位以上的负责人行使。首长负责制和委员会制这两种领导体制的区别在于法定的最高决策权力的分配不同。与首长负责制相比，委员会制有利于集思广益、提高决策质量和领导效果，同时可避免权力滥用及个人专断的发生。但由于权力分散、责任不明确，在决策过程中容易出现推诿、扯皮现象，造成效率低下、决策迟缓、贻误时机等现象。

2. 层次制和职能制

层次制和职能制是在领导组织系统中，按照纵横两个方面划分领导权限而形成的领导体制。

（1）层次制。层次制又称为直线制、分级制，是指将组织纵向划分为若干层次，每个层级领导范围相同并对其上级负责。层次制的特点表现为：权力集中、层级分明、指挥统一；各级领导者的业务性质大体相同，可缩短升迁或调动的胜任时间，有利于培养具有统筹安排、综合平衡能力的"通才"；容易导致领导者事无巨细、事必躬亲；层级太多，难以指挥。

（2）职能制。职能制又称为分职制，是指将组织系统在横向上划分为具有不同权限的职能部门，每一职能部门以本机关的整体为管辖范围，但其管辖内容分工又有所不同的领导体制。职能制的优点包括：分工精细，领导者各司其职，熟悉业务，工作效率高，有利于培养精通各门业务的专家，可提高领导者的专业化水平。职能制的缺点是：专业性强，易造成机构臃肿、人浮于事；政出多门，易造成本位主义和职能割据，易违反经济原则和时效原则。

3．完整制和分离制

（1）完整制。完整制是指同一层级的各机关或同一机关的各组成单位，权力结构上统一由一个领导机关或一个领导者来领导和控制。完整制又称为一体制、集约制、议员统属制，即一元化领导。完整制的优点是：权力集中、易于统筹、责任分明，减少相互推诿、扯皮，避免工作重复和减少"内耗"，有利于提高工作效率。完整制的缺点是：权力高度集中，易滋生首长的独断专横，压抑下属各单位在贯彻执行政策上的主动性、积极性和创造性，使下属养成对上级的依赖，导致其行动迟缓、效率低下。

（2）分离制。分离制是指同一层级的各类监管或统一机关的各组成单位，根据不同职能，权力机构上分属两个或两个以上的领导机关或领导者来领导、指挥和控制。分离制又称为独立制，即多元化领导。分离制的优点是：权力分散，可防止专断与滥用权力；有利于发现和培养人才。此外，在分离制的情况下，即使上级领导机关不健全、不称职或决策失误，也不至于对全局造成重大影响。分离制的缺点是：单位各自为政，易导致权力冲突、工作重复，产生严重内耗，造成人力、物力、财力的浪费。

4．集权制与分权制

（1）集权制。集权制是指一切重大问题的决策权均集中在上级组织，下级组织只有执行而无决策权的领导体制。集权制易于指挥、政令统一、便于协作，有利于保证组织系统的整体性、稳定性以及组织内资源的合理分配和使用。其缺点是权力过度集中、灵活性差，不利于下级创造性和积极性的发挥，效率低下，易导致个人专断的发生。

（2）分权制。分权制是指下级机关在自己管辖的权限内，能独立自主地决定问题而上级组织不加干涉的领导体制。分权制在管理方式上具有灵活性和适应性的特点，能够因地制宜，应变能力强，但容易导致各部门自行其是，产生本位主义，影响组织整体目标的实现。

（三）我国的行政领导体制

我国的行政领导体制是行政首长负责制。行政首长负责制是指重大事务在集体讨论的基础上由行政首长定夺、具体的日常行政事务由行政首长决定、行政首长独立承担行政责任的一种行政领导制度。它是我国民主集中制基础上集体领导和个人分工负责制相结合的一种具体形式。

我国的行政领导体制是由我国的具体国情决定的，是在总结我国行政管理经验教训的基础上于1982年通过《中华人民共和国宪法》明确规定的。它既是我国民主集中制的具体体现，也是集体领导和个人分工负责制的有机结合。它的基本特点是责任主体的单一化。

1. 行政首长负责制的确立

在1982年以前，我国行政领导体制一直是委员会制。当时《中华人民共和国中央人民政府组织法》规定，政务院会议须有政务委员会过半数的同意始得开会，须有出席政务委员会过半数的同意才可通过决议。1954年宪法实施后的国务院仍实行委员制，国务院规定，行政措施、发布决议和命令都必须由国务院全体会议和常务会议通过；一般日常事务由常务会议解决，国务院总理只负责主持和召集全体会议和常务会议。当时地方各级政府都称为"人民委员会"。这种体制逐步演变为以某一特殊人员为中心的半合议、半独任制，甚至蜕变为事实上的一人专权，即一个人说了算，但并不承担相应的责任。后经总结经验教训，我国决定实行行政首长负责制。

《中华人民共和国宪法》明确规定："国务院实行总理负责制。各部、各委员会实行部长、主任负责制"；"总理领导国务院的工作。副总理、国务委员协助总理工作"；"国务院各部部长、各委员会主任负责本部门工作；召集和主持部务会议或者委员会会议、委务会议，讨论决定本部门工作的重大问题"。与此同时，"地方各级人民政府实行省长、市长、县长、区长、乡长、镇长负责制"。随着国务院组织法和地方各级人民政府组织法的制定和实施，我国正式确立了从中央到地方的各级人民政府的行政首长负责制。

2. 我国行政首长负责制的基本内容

（1）行政首长的职权。我国县以上各级人民政府及其部门行政首长的职权、职责依据行政层级的高低来决定。换言之，层级越高，职位越高，职权越大，其影响力、覆盖面也越大，所担负的责任越重。各行政首长共同的职权有：领导本级政府的工作，通过办公机构负责处理日常工作；召集并主持本级政府的全体会议和常务会议；认真执行本级人大及其常委会的决定等。

（2）各级行政首长都要向人民负责。一切国家机关的权力均由人民赋予，享有和行使行政权的所有国家行政机关及其首长都应向人民负责、接受广大人民群众的监督。具体体现在：首先，向本级人大及其常委会负责。人大是人民行使国家权力的机关，国家行政机关既然由本级人大产生，就要对其负责、受其监督。其次，向国务院负责，向上级行政机关负责。地方各级人民政府对上一级国家行政机关负责并报告工作；全国地方各级人民政府都是国务院统一领导下的国家行政机关，都服从国务院的领导与监督。最后，政府部门首长向本级政府负责。县级以上的地方各级人民政府领导所属各工作部门，其部门首长向本级人民政府负责。

3．行政首长承担的责任

（1）公务员的责任，即行政首长作为公务员队伍的特殊群体，应当承担公务员的责任。具体包括接受辞退、行政处分、承担行政赔偿及承担刑事法律责任等。

（2）行政责任，即行政首长作为行政主体，违反行政法律规范给社会造成一定危害，尚未构成犯罪的应当承担行政责任，即行政法律责任。承担行政法律责任主要是惩戒性的，包括赔偿损失、行政处分等。

（3）政治责任，即行政首长作为各级国家行政机关的领导者，作为国家政策和法律法规的执行者，无疑应承担政治上的责任和义务。政治责任主要包括：维护党的领导，维护和巩固国家政权，维护国家的完整、统一、安全、荣誉和利益，同一切分裂祖国、企图反对和颠覆政府、破坏安定团结的势力和言行做斗争；遵纪守法，依照宪法、法律和法规执行公务。

（4）领导责任，即行政首长担负着对全国或地区某项行政工作的领导权，对所辖公共行政事务承担领导责任。对于管辖内各方面的工作，承担相应的后果。

第二节 行政领导理论

行政领导理论产生于行政领导过程并反过来指导行政领导活动，行政领导理论为人们认识行政领导现象提供了不同的视角和有效的工具。行政领导是领导的一种特殊形式，它具有领导活动的一般特点，领导理论也适用于行政领导领域。

一、领导特性理论

领导特性理论是西方研究领导者素质的成果，因此又称为领导素质理论。它着重研究领导者的个人特性或个人素质差异对其成就的影响，以发现、培养和使用合格的领导人才。

以人格特质为研究对象的特性理论在 20 世纪 30 年代盛行，其假设是如果特性理论是成立的，领导者就是天生的，不具备领导特性就不要争当领导。这一研究首先考虑的是领导者的个性特征并认为其与领导的有效性密切相关。研究者对马丁·路德·金、"圣女贞德"、泰德·特纳、纳尔逊·罗利赫拉赫拉曼德拉、玛格丽特·希尔达·撒切尔、莫罕达斯·卡拉姆昌德·甘地等人的个性特征进行了研究，希望从他们身上分离出非领导者不具备的特殊品质。因为研究者相信，如果特性理论是成立的，那么一定能找出所有领导者共同具备的特性。

研究者对特性的概括多种多样，但总结起来大体为以下几种类型：①身体特征，包括体力、年龄和身高等。一些人认为，一个人的身体特征影响其对下属施加影响的能力。②背景特征，包括受教育程度、经历、社会地位、社会关系等。③智力特征，包括知识、智商、判断与分析能力等。美国管理学家吉赛利（Edwin E.Ghiselli）也得出类似结论,即在一定幅度内个人的才智是管理成功的准确预测器,高于或低于这个幅度,预测的成功率就会明显降低。④个性特征,包括热情、自信、独立性、外向、机警、果断、自制力等。⑤与工作有关的特征,包括责任感、首创性、毅力、事业心等。⑥社会特征,包括沟通能力、指挥能力、声誉、人际关系能力等。

(一)代表理论——吉赛利的八种个性和五种激励特性理论

在特性理论的研究成果中,吉赛利的研究是最有影响力的,受到学术界的广泛关注。他于1971年出版的《管理才能探索》一书中提出八种个人特性和五种激励特性与领导有效性有关。八种个人特性是才智、首创精神、督察能力、自信心、适应性、决断能力、成熟程度、性别(男或女)。五种激励特征是对工作稳定的需求、对金钱奖励的需求、对指挥别人的权力的需求、对自我实现的需求、对事业成就的需求。

吉赛利的研究还说明,这些特性中的督察能力、对事业成就的需求、才智、对自我实现的需求、自信心、决断能力对领导者来说是非常重要的,对工作稳定的需求、适应性、对金钱奖励的需求、成熟程度对领导者来说中等重要,性别是最不重要的特性。吉赛利的研究由于具有严密的科学性而产生了广泛的影响。

然而,众多分离特性的研究努力以失败告终,人们没能找到一些特性因素对领导者与下属、有效领导者与无效领导者进行区分。但人们相信,所有成功的领导者都具备许多一致而又独特的个性特征,无论他们管理什么类型的组织。尽管分离特性的研究失败,但考察与领导高度相关的特性的研究有了重要的发现。这一研究发现领导者拥有不同于非领导者的六种特性,即进取心、领导和影响他人的欲望、正直和诚实、自信、智慧、与工作有关的高技能。

(二)理论不足之处

领导特性理论存在明显的缺陷,不足以解释领导行为,具体如下。

(1)理论本身没有形成统一的观点,研究者众说纷纭,不同的人所提出的成功领导者的特性甚至是相互矛盾的。除吉赛利外,其他领导特性理论研究者没有具体指出不同性格特征的相对重要性,而且由于领导者的个人特性内容过于丰富且不断变化,因而难以区分这些特性中哪些是领导有效性的决定因素。

(2)在许多情况下,很难确定是某些个人特性造就了领导人,还是领导工作或机会导致这些个人特性的产生。另外,该理论忽视了被领导者的因素,下属对领导者工作的完成具有重大的影响。

(3)研究表明,许多个人特性和领导效果没有关系,领导者并不一定具有比别人高尚的品质或者过人的能力,甚至和被领导者没有显著的差别。

(4)成功的领导者之间存在多种多样的个人特性方面的差异,即使是同一个领导者,在某项领导工作中取得成功,也可能在领导另一项工作时遭遇失败。这说明领导的个人特性并不是领导工作取得成功的必然条件。

二、领导行为理论

以领导行为为研究对象的互动理论是领导理论中流派最为繁多的一类理论,也称领导行为理论。领导行为理论是关于领导行为及其结构、构成要素和实际效果的理论。在研究领导个性的过程中,人们发现领导者的个性特征都会表现在个人的行为方面,而行为研究试图比较领导行为的差异,从中探究领导者的本质。领导行为理论背后的假设是:如果领导行为理论研究成功,就会发现有效的领导者所具备的一些具体行为,通过培养和训练可以把这些行为移植到领导者身上,使之成为有效的领导者,这意味着领导者是可以后天培养的。学者经过研究发现,领导行为分为两种:一是建立规章的行为;二是关心下属的行为。在此基础上,人们研究出多种领导行为理论,其理论流派包括领导方式理论、领导行为连续流理论、工作中心与员工中心理论、不成熟—成熟理论、领导行为四分图理论、管理方格理论等,下面主要介绍其中的代表理论。

(一)代表理论

1. 怀特的三种领导方式理论

美国管理学家罗夫·怀特(Ralph K. White)和罗纳德·李皮特(Ronald Lipper)提出的三种领导方式理论是最有影响力的领导行为理论,具体内容如下。

(1)专断型(authoritarian)领导方式。采用此类方式的领导者被称为独裁式领导。这类组织的特点包括:集权程度非常高;领导者为人教条而且独断,往往借助奖惩的权力实现对下属的领导,对下属既严厉又要求过多;高层领导者几乎决定所有的事务和计划,甚至是具体的方法、技术和步骤且要求下属不折不扣地依从;工作内容、资源的分配及组合也大多由领导者单独决定;领导者和下属的日常接触并不多,相互了解得也不多,如有奖惩,往往是对事不对人的。

(2)民主型(democratic)领导方式。采用该方式的领导者往往将下属视为与自己平等的人,给予他们足够的尊重,会认真倾听下属的意见并主动询问他们的看法,也会在一定的范围内允许下属进行自我管理、自我控制,以提高下属的参与度和积极性。在这种领导者管理的团队中,主要政策由组织成员集体讨论、共同决定,领导者采取鼓励与协助的态度并要求下属积极参与决策;在确定完成工作和任务的计划、方法、技术和途径时,组织成员也有一定的选择机会。通过集体讨论,领导者既可使组织成员对工作和任务有更全面、更深刻的认识,也可就此制定更为切实可行的计划和方案。

民主型领导方式按照下属的参与程度又可分为以下三种不同的类型。

①咨询型领导方式:领导者在做出决策前会征询下属的意见,但对于下属的意见,他们往往只是作为自己做决策的参考,并不一定接受。

②共识型领导方式:领导者鼓励下属对需要做出决策的问题加以充分讨论,然后共同

做出一个令大多数人意见统一的决策。

③充分民主型领导方式：领导者授予下属最终的决策权力，领导者在决策中的角色则更像一个各方面意见的收集者和传递者，主要从事沟通与协调。

（3）放任型（laissez-faine）领导方式。采用此类方式的领导者喜欢松散的管理方式，极少运用手中的权力，他们几乎下放所有的决策权并鼓励下属独立行事，对下属基本采取放任自流的态度，由下属自己确定工作目标及行动，他们则负责提供决策和完成任务所必需的信息、资料、资源和条件以及咨询并充当组织与外部环境的联系人，尽量不参与、不主动干涉下属的决策和工作过程，只是偶尔发表一些意见，任务的完成基本全部依赖下属的自主工作。这种领导方式虽然控制力较弱，但在对专业人员的领导方面可以起到不错的效果。

曾有美国学者通过一项实验来探讨以上三种领导方式哪一个更优越：将一群孩子分成三个小组来堆雪人，事先分别训练各组的组长按专断型领导方式、民主型领导方式和放任型领导方式行事。实验结果：采用放任型领导方式的小组工作效果最差，所堆的雪人在数量和质量上都不如其他小组；采用专断型领导方式的小组堆的雪人最多，说明其工作效率最高，但质量不如采用民主型领导方式的小组；在采用民主型领导方式的小组中，由于孩子们积极、主动地发表意见，显示出很高的工作热情和创造性思维，组长又在旁引导、协助和鼓励，结果堆出的雪人质量最高，但工作效率不及第二组，因为孩子们花了大量时间进行讨论才达成了一致意见。这项实验表明，专断型领导方式和民主型领导方式利弊并存，而放任型领导方式在通常情况下弊多利少。

一般而言，民主型领导方式效果最好，专断型领导方式次之，放任型领导方式效果最差。但是，上述结论不能绝对化，必须根据领导目标、任务、领导环境、条件以及领导者自身因素灵活选择领导方式。最适合的领导方式才是最好的领导方式。

2. 领导行为连续流理论

领导行为连续流理论（见图 5-1）是由美国管理学家坦南鲍姆和施密特于 1958 年提出的，他们认为领导行为是包含了各种领导方式的连续统一体，是多种多样的。在专断型和民主型中间还有多种领导方式，究竟选哪一种正确，无法下定论，需要领导者根据具体情况并考虑各种因素后决定。

该理论认为，领导行为与领导者运用权威的程度和下属在制定决策时享有的自由度有关，可划分为以下七种代表性领导风格。

（1）领导者自行决策并予以宣布。

（2）领导者向下属"推销"其决策。

（3）领导者发表自身意见并征询有无疑问。

（4）领导者提出临时决策并接受修改意见。

（5）领导者提出问题，接受下属意见后再做决策。

（6）领导者提出限制条件，要求集体共同决策。

（7）领导者允许下属在允许的范围内自由行动。

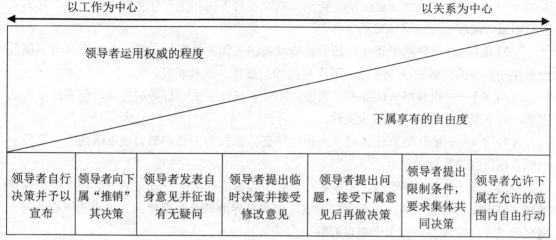

图 5-1　领导行为连续流理论

在考虑上述七种领导风格中哪一种最为合适时，领导者要考虑以下三个因素：①领导者的个性因素，也就是领导者的性格、知识、经验、权力观、价值观、对下属的信任度、面对不确定情况的安全感等因素。②被领导者的个性因素，即下属的独立性、责任心、对组织目标的理解程度、对问题的认识程度、解决问题的经验与知识、决策经历等状况。③管理环境因素，即组织内、外部环境因素。内部环境因素如组织规模、组织制度、组织文化等，外部环境因素如组织所处的自然环境和社会环境等。

3．管理方格理论

管理方格理论是 1964 年布莱克和莫顿在领导行为四分图理论的基础上提出的。他们认为，领导行为归结于两类：一是对人的关心；二是对生产任务（或成果）的关心，如图 5-2 所示。

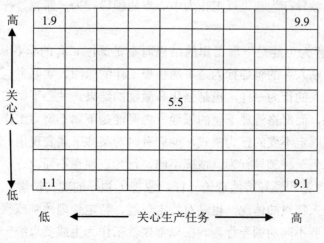

图 5-2　管理方格

管理方格理论将上述两类领导行为分别划分为 9 个等级，从而形成了 81 种不同的领导类型，其中比较极端的五种分别如下。

（1）1.1——贫乏型（放任型）管理，领导者对下属和生产任务都不太关心，其本人也只以最低限度来完成必须做的工作。

（2）1.9——俱乐部型管理，领导者非常关注下属的情况，支持、关心和体谅下属，但对生产任务的完成则很少关心，不重视指挥、监督、规章制度。

（3）9.1——权威型（任务型）管理，领导者只注重生产任务的完成，但不注重人的因素，对下属的士气和发展很少关注。

（4）9.9——团队型管理，对下属和生产任务都极为关心，努力使下属的个人需要和组织目标得到最有效的结合。

（5）5.5——中间型管理，领导者对人的关心程度和对生产任务的关心程度能够保持平衡，追求正常的效率和令人满意的士气，但容易导致缺乏革新精神、员工的创造性得不到充分发挥，在激烈的竞争中难以取胜。

布莱克和莫顿认为，以上五种领导方式中，9.9 即团队型管理方式的绩效最好。应该指出，管理方格理论为领导风格提供了概念框架，但是该理论所描述的都是比较极端的情况，现实中很难出现如此典型的领导方式，而且该理论并未针对领导者的培养提出措施，其所提倡的管理方式也难以在不同情境中获得普遍的认可。

（二）理论不足之处

尽管不同的行为理论的研究使用的名称不同，但讨论的概念是相似的，大都探讨了最好的领导方式，但都只考虑了领导者单方面的因素，没有考虑下属、环境等影响因素，因而引发了许多争议。具体来说，领导行为理论存在以下不足之处。

（1）领导行为理论确定的某一种效果较好的领导行为与调查的结果并不完全一致。有的学者在调查中发现，无论是在生产效率高的组织中，还是在生产效率低的组织中，都有"以人为中心"的领导行为和"以工作为中心"的领导行为，即领导行为和管理效果之间没有必然联系。

（2）某种领导行为可能是下属工作的结果而不是原因。有的学者认为，"以人为中心""关心人""体贴人"的领导行为是下属积极工作的原因。实际上，在许多情况下，领导者的行为和普通人的行为一样，也是强化和激励的结果，关心下属的领导行为可能是下属工作积极的结果，而严格管理下属的领导行为可能是下属不努力工作的结果。研究表明，许多领导者没有固定不变的行为模式，他们有时对某些下属表现出一种领导行为，有时对其他下属表现出另一种领导行为，情况不同，行为表现也不同。

（3）领导行为理论和领导特性理论一样，忽视了领导的现实情境。实际上，领导行为不仅仅是领导者个人特点的体现，也是对特定环境、特定管理体制或领导体制的反映。不同的环境和情境需要不同的领导行为。在以常规性工作为主或要求统一指挥、绝对服从命令时，"以工作为中心"的领导行为效果最好。而在以创造性工作为主或要求互相协作、配合时,"以人为中心"的领导行为效果最好。离开了具体的环境和条件,很难绝对地说哪一种领导行为最好或哪一种领导行为最不好。

三、领导情境理论

领导情境理论也叫作情境理论、因地制宜理论等。领导情境理论着重研究被领导者的特征、环境因素以及领导者与被领导者的关系是如何影响领导行为效率的,是以客观环境为研究对象的理论。

该理论的出发点是:许多人认为,领导者与普通人在性格或品质上没有明显的差别,但他们能够根据环境条件采取适宜的领导行为和管理方法,组织其他人把事情办好。性格虽然是重要的因素,但它只是整个领导结构的一部分,不能忽视其他一些环境因素。

这种理论认为,领导的有效行为应随着被领导者的特点和环境的变化而变化,不能是一成不变的。领导的有效性是领导者、被领导者、环境相互作用的函数,可用公式表示为

$$领导的有效性 = f(领导者、被领导者、环境)$$

该公式表明,领导是否有效要根据领导者本身的条件、被领导者的情况和环境(包括工作任务)条件以及上述三者的相互关系而定。

(一)代表理论——费德勒的权变理论

1951 年,美国心理学家、管理学家费德勒设计出了"最难共事者问卷"(least-preferred coworker questionnaire,LPC),用 LPC 值来测定一个人属于哪种领导类型。费德勒经过长达 15 年的研究,把人格测验与情境分类结合起来,创建了权变式领导模型理论,他提出的影响领导行为效果的情境因素主要有三个,如表 5-1 所示。

表 5-1 费德勒权变模型

情境因素	类型							
	1	2	3	4	5	6	7	8
领导者与被领导者的关系	好	好	好	好	差	差	差	差
工作任务	明确	明确	不明确	不明确	不明确	不明确	不明确	不明确
职位权力	强	弱	强	弱	强	弱	强	弱
有效领导风格	任务取向	任务取向	任务取向	关系取向	关系取向	关系取向	任务取向	任务取向

(1)领导者与被领导者的关系,即领导者得到被领导者的拥护和支持的程度,可反映领导者是否受到被领导者的喜爱、尊敬和信任,是否能吸引并使被领导者愿意追随自己。

(2)工作任务,即工作团体要完成的任务是否明确,有无含混不清之处,其规范化和程序化程度如何。

(3)职位权力,即领导者所处的职位能提供的权力和权威是否明确、充分,在上级

和整个组织中所得到的支持是否有力,对雇用、解雇、纪律、晋升和增加工资的影响程度如何。

费德勒相信影响领导成功的关键因素之一是个体的基本领导风格,为发现这种基本领导风格,他设计了"最难共事者问卷",该问卷由16组对应形容词构成,作答者要先回想曾与自己共事的所有同事并找出一个"最难共事者",运用16组对应形容词按1~8级对他/她进行评估。如果以相对积极的词汇描述"最难共事者"(LPC得分高),则作答者很乐于与同事形成良好的人际关系,即属于关系取向型。相反,如果对"最难共事者"的看法很消极,则说明作答者可能更关注生产,即属于任务取向型。费德勒运用LPC问卷将绝大多数作答者划分为两种领导风格,即关系取向型、任务取向型。当然,也有一小部分作答者处于两者之间,很难勾勒。

费德勒指出,当个体的LPC值与三个情境因素的评估分数相匹配时,则会达到最佳的领导风格。他研究了1200个工作群体,对表5-1中的八种情境类型的每一种均对比了关系取向型和任务取向型两种领导风格,由此得出结论:任务取向型领导者在非常有利的情境和非常不利的情境下工作得更好。也就是说,当面对1、2、3、7、8类型的情境时,任务取向型领导者干得更好;而关系取向型领导者则在中度有利的情境即在4、5、6类型的情境中工作得更好。

费德勒认为,领导风格是与生俱来的——你不可能改变你的风格去适应变化的情境,因此提高领导者的有效性实际上只有以下两条途径。

(1)替换领导者以适应情境。例如,当情境对领导者十分不利,领导者又属于关系取向型时,用一个任务取向型领导者替换关系取向型领导者则绩效更好。

(2)改变情境以适应领导者。费德勒提出了一些改善领导者与被领导者的关系、工作任务和职位权力的建议,如领导者与被领导者的关系可以通过改组领导者所领导的下属成员来加以改善,使下属在经历、文化水平、技术专长等方面更为适合;工作任务则可以向有结构和无结构两个方向加以改进。

(二)理论不足之处

费德勒的权变模型实际上反映了这样一种领导理论:不仅要考虑领导者的个性,还要考虑环境的可变因素,从而成为人们理解领导绩效的非常有价值的工具,但该模型目前也存在一些不足之处,需要增加一些变量进行改进和弥补。尽管如此,费德勒的领导权变模型为解释领导有效性做出了卓越的贡献。总的来说,学者们所认为的情境大多建立在调查问卷的基础上,和现实情境有一定的差距,这是领导情境理论的不足之处。领导情境理论大多数是在问卷调查的基础上产生的,其对领导行为和情境因素的概括有一定的局限性,并不能作为一定之规简单照搬,仅仅是提供了一种分析和认识领导问题的方法。

第三节 行政领导者的素养

行政领导者的素养是指行政领导者在先天禀赋的基础上，通过后天的学习和实践锻炼而获得的品德、知识、才能、心理等。领导者素养是研究领导者的必不可少的重要内容，它对行政领导活动是否能够顺利进行、决策方案是否最优化、领导绩效如何都具有十分重要的影响，直接决定行政领导水平的高低。领导者是组织和事业发展战略和决策的制定者、组织实施者，行政领导者素养既关系组织目标的实现，也决定组织和事业的兴衰成败；行政领导者的素养既是行政决策的决定性因素，也是领导艺术的源泉。对行政领导者素养的要求是经济社会发展的新形势下对领导者提出的时代性要求。

一、政治思想素养

行政领导者是为维护统治阶级的利益、巩固国家的政权服务的。不同性质的国家对行政领导者思想素养的要求不同，我国是社会主义国家，是工人阶级领导的、以工农联盟为基础的人民民主专政的社会主义国家，国体决定了国家的社会主义方向，决定了行政领导者必须具备很高的政治素质。

（一）要有坚定正确的政治方向

在政治上与党中央保持一致，社会主义领导者是社会主义现代化建设的决策者、组织者、指挥者，是社会组织的掌舵者。历史反复证明，没有领导者领错了方向而不贻误和危害领导工作，导致革命和建设事业失败的。在改革开放的新的历史时期，在复杂多变的国际环境下，社会组织能不能经受改革开放的考验、国家间的合作与冲突的考验，能不能沿着正确的航道前进，会不会走到歧路上，这一切都与各级领导者有没有正确的政治方向直接相关。

无产阶级的政治方向就是在人类社会最终实现共产主义制度。我国是社会主义国家，这一国家性质决定了社会主义的领导者要旗帜鲜明地坚持走中国特色社会主义道路，坚持人民民主专政，坚持中国共产党的领导，坚持马克思主义，反对资产阶级自由化，同一切动摇社会主义方向、削弱人民民主专政、削弱党的领导、背离马克思主义轨道的"左"的和"右"的倾向做斗争，努力把自己锻炼成坚定的、清醒的马克思主义者。必须将领导干部的思想统一到高举中国特色社会主义伟大旗帜，以马克思列宁主义、毛泽东思想、邓小平理论、"三个代表"重要思想、科学发展观、习近平新时代中国特色社会主义思想为指导，坚持改革开放，推动科学发展，促进社会和谐，为贯彻落实党的二十大所提出的路线、方针而努力工作。同时，也要求地方各级行政领导者在具体贯彻中央的路线、方针、政策时，应与本地区、本部门、本单位的实际情况结合起来，反对机械执行、照本宣科。

(二)要全心全意为人民服务

在社会主义条件下,领导人员要实施领导,手中必然掌握着一定的权力,而权力是有两重性的,它可以使领导者更为充分地发挥聪明才智,造福于人民,也可以使某些人走上以权谋私的歪路。如何正确对待和利用人民赋予的权力,这对每一个领导者来说,既是严峻的考验,又是能否做好领导工作的关键。领导者的权力是由人民群众赋予的,因此行政领导者必须向人民负责,努力为人民服务。社会主义各级领导者是社会的"公仆",是为人民服务的"勤务员",他们只能代表无产阶级的利益并全心全意为这个阶级的利益服务。1944年12月16日,毛泽东在《解放日报》上发表《一九四五年的任务》,明确指出:"我们的一切工作干部,不论职位高低,都是人民的'勤务员',我们所做的一切,都是为人民服务。"各级领导者应该牢记全心全意为人民服务的宗旨,从严要求,时刻做到掌权不忘责任重、位高不失公仆心、"俯首甘为孺子牛"。坚持全心全意为人民服务的根本宗旨是社会主义国家的行政领导者区别于其他制度国家的行政领导者的重要标志之一。

此外,各级领导干部为完成组织、指挥、协调各个部门的广大群众完成社会主义现代化建设的艰巨任务,还必须树立和发扬社会主义道德,和群众建立一种平等、团结友爱、互助的社会主义新型关系,严于律己、宽以待人,以自己的模范行为影响和带领广大群众一起努力工作,为实现领导目标而共同奋斗。

二、知识素养

合理的知识结构是领导干部必备的基本条件,领导者政治素养和业务能力的高低在很大程度上都与其知识水平的高低有着紧密的联系。要领导现代化事业,领导者必须有较高的科学文化知识水平、专业知识水平和合理的知识结构,这样才能适应社会主义现代化建设的需要。

(一)具有马克思主义的理论素养

作为社会主义国家的领导者,要具有马克思主义的理论素养,熟悉和掌握马克思主义的基本理论和基本思想,包括马克思主义哲学、政治经济学、科学社会主义等。马克思主义揭示了事物发展的普遍本质和规律,指明了事物的基本性质和方向,其基本原理是放之四海而皆准的科学真理,是做好领导工作和其他一切工作的指导思想和理论基础。

有人认为,现在搞建设最需要的是管理知识和专业知识,学习马克思主义没有什么意义了;也有人认为,马克思主义是政治领导者需要学习的,同业务领导者关系不大。对此,1985年9月,邓小平在党的全国代表大会上发表讲话,指出:"我希望党中央能做出切实可行的决定,使全党的各级干部,首先是领导干部,在繁忙的工作中,仍然有一定的时间学习,熟悉马克思主义的基本理论,从而加强我们工作中的原则性、系统性、预见性和创造性。"在今天,学习马克思主义理论是为改革开放的实践活动提供理论指导的,学习马克思主义不仅可以正确解决领导工作的政治方向问题，而且是全面提高领导者的水平、有效提高整体能力的首要条件，各级领导者应当起率先典范作用。

（二）具有广泛的科学文化知识

17世纪英国的唯物主义哲学家培根说："读史使人明智，读诗使人聪慧，演算使人精密，哲理使人深刻，伦理学使人有修养，逻辑修辞使人长于思辨。总之，知识能塑造人的性格。"领导者应当尽可能用全人类的科学文化知识武装自己。

首先，领导者要有一定的文化知识，主要是指语文、历史、地理、逻辑学等知识。这些知识一方面有助于领导者形成正确的世界观和人生观；另一方面，可以促使领导者形成广阔的视野，养成较强的思维能力，为掌握现代科学管理知识打下坚实的基础。其次，领导者还应该掌握一定的自然科学知识，如数学、物理学、化学、生物学以及电子计算机使用等基础理论知识，特别要掌握现代自然科学的新成果——系统论、信息论和控制论的基本原理并尽可能地把它们运用到领导工作中。

行政领导者只有不断拓展自己的知识面，才能敏捷地接收各种新知识，才能适应国家行政管理事务的综合性、广泛性、复杂性、群众性需要。

（三）具有专业知识和管理方面的知识

领导者除需要具有一定的文化知识外，还应努力学习和掌握各自领导范围内的专业知识，成为有关领域的内行。

领导者虽然并不一定要成为某一专业的专家，但是应当对自己所领导、管理的领域的专业知识有较多的了解，而且应当对邻近领域的知识有相应的了解，这样才能改变外行领导内行的状况，扩大自身的影响力和发言权，越是处于基层的领导者越应该这样。虽然对不同行业、不同层次的领导者应有不同的专业知识要求，但是所有领导者都应当学习和懂得经济学、管理学、法学、领导学等方面的基础知识，这是领导者必须具备的专业素养。作为一个成功的行政领导者，必须具有本单位、本系统、本部门工作所需的知识和技能。只有这样，领导者才有可能就本行业业务与专家进行交流和磋商，对方案进行可行性评估并做出科学的行政决策。行政领导者熟练、精通本行业业务是实现内行领导的重要条件，也是提高领导水平的重要因素。

领导者不仅要努力提高科学知识水平，还要建立一个合理的知识结构，即T形知识结构，如图5-3所示，横向即广博的一般性知识，纵向即单科的专业知识。由此，有的学者提出了知识结构的"二八律"，即横向知识应占知识总量的80%，纵向知识则应占知识总量的20%，可供研究知识结构优化者参考。具有单科的专业知识，领导者才能处于内行的地位，发内行的指令；具有广博的一般性知识，领导者思维才能从平面走向立体，从单向度转向多向度，避免因受专业和个人特定环境的限制而造成的片面性和局限性。行政领导者不仅要实现专业化，使自己成为专才，还要涉猎广博的知识，使自己成为通才。

图 5-3 T 形知识结构

领导者应该自觉适应整个知识系统既高度分化又高度综合的发展趋势的客观要求，因人制宜、因时制宜、因事制宜，采取切实可行的措施，努力做到"博"与"专"的统一，把自己塑造成具有 T 形知识结构的现代领导者。

三、能力素养

在领导者的各项素养中，能力素养具有特别重要的意义。在领导活动中，对于主观意图是否能够成功地转化为客观现实，领导者的能力是一个关键性因素。邓小平曾经指出："只靠坚持社会主义道路，没有真才实学，还是不能实现四个现代化。"这句话的意思是，正确的政治方向和政治目标确定以后，能力问题就成为第一位的问题。领导者其他方面的素养，如知识素养、心理素养可以说是成为领导者的前提条件，生活中有许多人知识丰富、心理素养很好，但他们并不都具有领导能力。可见，能力素养是领导者与其他类型人才相区别的关键因素之一。

"领导"一词中的"领"字含有"统领各方"的意思，即能够将各个组织、机构、系统以及各种利益与力量整合为统一体。从这个意义上来说，综合能力是领导者的又一个最基本的能力要素。当然，综合能力不仅仅是指组织能力，还包括许多其他内容，可以从以下几个方面来理解。

（一）信息获取能力

从认识论的角度来看，领导者的决心和决策是在详尽、周到地了解信息，对信息进行去粗取精、去伪存真、由此及彼、由表及里的思索后才形成的。在这里，详尽、周到地了解信息是基本前提。随着社会的现代化和组织行为的复杂化，领导者在决策时所面对的选择变量也日益具有多元化、多维、多层的特点。对于全局性重要决策的制定来说，领导者尤其需要具备广泛获取信息并对其进行综合加工的能力。

信息获取能力是对信息怀有强烈的意向和愿望，能从多种渠道获取所需信息的能力。信息是领导者领导与管理过程的重要资源，是制定决策的基础。作为一个领导者，仅仅获得信息还不够，为了揭示事物的本质和规律，必须提高善于运用各种科学的方法与手段对采集到的信息进行科学分析和加工的能力，使信息的价值发挥出来。

首先，信息获取能力表现为领导干部了解和熟悉各种信息源，掌握信息产生的动态和信息传输的渠道。其次,信息获取能力表现为领导干部掌握并应用多种信息检索工具。再次,信息获取能力包括领导干部熟练运用获取多种信息的技能,掌握一定的信息检索原理和方法,充分发挥逻辑思维分析和判断能力,能够准确、快速地构筑信息查找策略是对领导干部信息获取能力的更高要求。最后,许多信息是隐藏在其他信息之中的,更有许多信息的真正价值是不易被发现和利用的,因此高等的信息获取能力还包括信息挖掘能力。

(二) 知识综合能力

现代科学发展的一个重要趋势是各学科的相互交叉与渗透。领导者要具备较高的知识素养,就要掌握多学科的基础知识,要对各学科之间的相互联系有深刻的认识,还要于具体的实践之中综合运用有关的基础理论知识,这就要求领导者把各学科结合成一个有机整体进行考察、认识,用一定的线索把它们联系起来,从中发现各学科之间的本质关系和发展规律。领导者只有具备知识综合能力,对决策对象的认识才能由小到大、由低到高、由零散到完整、由局部到整体,从而把握全局、立足长远,使决策不偏离方向。只有这样,领导与决策才能朝着科学化的方向发展。

(三) 利益整合能力

无产阶级政党及其领导者没有不同于广大群众利益的自身特殊利益,他们是为实现群众利益而掌握权力并进行领导的。这里存在一个问题,就是广大群众在根本利益一致的前提下,仍然会因为地域、民族、文化、性别、年龄、职业等因素而形成利益差别。随着社会主义市场经济的发展和社会的现代化程度提高,利益的多元化是值得注意的趋势。领导者的重要职责是要把分散的甚至有冲突的利益要求整合为利益共识并据此制定政策。利益共识不是各种利益的简单相加,必须顾及各种利益要求,所以领导者要具有利益整合能力,善于进行利益整合。这是领导学,特别是政治领导研究中应该特别注意的一个问题。

(四) 组织协调能力

现代系统科学有一个十分重要的观点,就是整体大于部分相加之和,该观点的关键在于整体内部的结构合理且结构内各要素相互协调,而这正是领导者的职责所在。也就是说,领导者的重要工作是要保证系统内的各个要素之间处于良好的配合状态,以获得高一层次的整体合力。这就要求领导者在具体工作中既要做到指挥有方、层次分明,还要善于团结各方、清除障碍、化解矛盾。这种组织协调能力,本质上就是将各种积极性综合在一起的能力。

四、心理素养

领导者个体的心理现象包括心理活动与心理品质两个方面,前者是指人脑的各种具体的活动,如感知、思维、情感、反应等,后者则是指在心理活动中大脑的某些能力与特点。心理品质又可分为两个部分,即智力品质与个性品质。智力品质是指人的聪明程度,人们在观察、学习、记忆、想象、表达等方面的差异就与智力品质有关。个性品质则是人的心理面貌的稳定性倾向的总和,主要包括性格、情绪、意志、兴趣、气质等。

这里所讲的领导者的心理素养,主要是指领导者应该具有的个性品质。许多心理学的研究分析表明,具有创新精神、能够打开工作局面的开拓型领导者在气质、意志、性格等方面有一些相近的特点。具体来说,良好的心理素养表现在以下几个方面。

(一)良好的精神状态

现代行政领导者应该具有的精神状态包括:有强烈的未来意识,勇于站在时代潮流的前沿;有积极的开拓精神,敢于打破常规,进行大胆而有益的探索;有实事求是的科学态度,尊重客观规律,按照客观规律办事;有坚强的信念,在困难面前不屈不挠,努力拼搏;有积极主动的进取心,积极上进,不因循守旧,不墨守成规;有敢为天下先、善于争先的品格;有与人为善的态度,主动与各方面的人员搞好关系,乐于创造和谐的人际关系。

(二)外向型性格

性格是指一个人对人、对事的稳定态度以及与之相适应的习惯行为方式。心理学研究对人的性格有内向型和外向型的区分。典型的内向型者往往爱沉思、沉默、自恃、喜欢独处、专注,回避介入外界;典型的外向型者则开朗乐观、坦率随和、善交际、好介入、愿冒风险、喜欢变化。当然,也有介于二者之间的性格类型。

在科学技术高速发展的时代,组织所面对的环境、挑战非常严峻。凡不能迅速适应客观环境和外界变化的组织与领导者,都不可避免地要被淘汰。此外,无论担负哪一种具体职责,领导者必然要与各种人打交道且随时有可能介入各种矛盾,因此领导者不可能是隐士,他们必须是以开放的姿态不懈地竞争。从这个要求来看,领导者一般都应具有外向型性格或偏向于外向型性格。

(三)坚韧不拔的意志

意志是人所独具的一种心理现象,即自觉地确定目的并根据目的支配和调节自己的行为,克服种种困难,进而实现目的的心理过程。人的理性的优势不仅在于能够通过感觉和理性思维来认识世界和自身,而且在于能够在明确的目的的指导下,积极地控制外界事物和自己。前一方面是理性的思维能力,后一方面的能力就是理性的意志力。强大的意志力具有果敢性、忍耐性、自控性、持续性等特性,通常以忍辱就屈、坚韧刚毅为外在的表现形式,而忍辱就屈、坚韧刚毅则与"图谋"相联系,"图谋"远大,则意志力强。例如,孔子说:"士不可以不弘毅,任重而道远。"苏轼评价张良:"人情有所不能忍者,匹夫见辱,拔剑而起,挺身而斗,此不足为勇也。天下有大勇者,卒然临之而不惊,无故加之而不怒。此其所挟持者甚大,而其志甚远也。"这些都是关于意志力的显证。

现代社会的复杂特性使领导者在制定决策和实施决策的过程中所遇到的困难和障碍空前增多，因此领导者的意志素养也变得格外重要。领导者必须具备坚韧不拔、百折不挠的意志力，才有可能将理想和信念付诸行动并到达成功的彼岸。

本章小结

行政领导是指在既定的环境条件下，国家行政组织中的领导者依法行使国家行政权力，通过示范、命令、说服等方式，带领和引导行政组织及其成员实现所期望的目标的活动过程，具有政治性、权威性、综合性、服务性、变革性的特点。本章详细地介绍了行政领导权力、行政领导体制的含义、类型等概念性知识，还拓展延伸地介绍了主要的行政领导理论，包括领导特性理论、领导行为理论、领导情境理论以及行政领导者的素养，包括政治思想素养、知识素养、能力素养、心理素养。

课后练习题

一、名词解释与术语

行政领导　行政领导权力　法定权　强制权　奖赏权　行政首长负责制　领导特质　领导行为连续流理论　费德勒权变理论　行政领导政治思想素养　行政领导知识素养　行政领导能力素养　行政领导心理素养

二、思考题

1．试述行政领导的含义与特点。
2．我国的行政领导体制是怎样的？
3．在行政领导活动中如何讲究行政领导艺术？
4．行政领导理论有哪些？
5．如何培养吉塞利所说的八种个性？
6．如何做到领导的"权变"？
7．对比说明专断型领导方式和民主型领导方式的区别。
8．试述行政领导者的基本素养。

三、案例分析题

赵兰是西南百货的总会计师，在这家公司工作了二十年，待人和蔼，名望较高，要求下属对自己的工作有很好的理解，年初被提拔为商业厅副厅长。张颖毕业于一流大学会计系，曾在某外企担任了七年的总会计师，被西南百货挖来接任赵兰的职位。但是张颖在就职后遇到了很多问题。例如，她向下属要数据时，下属会问她为什么要这些数据，对此她很不理解，她认为自己不需要告诉下属原因，这是她的权力。再如，一位下属提供的数据有误使张颖在经理会上很丢面子，然后她当众批评了这位下属。总之，张颖感觉下属不是很配合自己的工作，而且由于下属的不配合导致她在与其他部门协调时出现了很多问题。

思考：如果你是张颖，你会如何应对当前的困境？

 **自测题**

第六章 人事行政

📎 本章学习目标

人事行政在国家管理中发挥着重要作用,是国家行政组织内部管理的重要组成部分,是提高行政管理的质量和效率的关键因素。现代国家政府中,合理、有效的人事行政制度能够实现政府人事管理的科学化、职业化和高效化。本章主要学习人事行政的含义、管理机构、历史脉络和发展趋势等基本知识,并且进一步认识、理解人事行政中职位分类的含义、步骤等主要内容。在完整学习理论知识的基础上,将进一步认识、了解西方国家的公务员制度与我国的国家公务员制度,实现对人事行政实践层面内容的把握。

第一节 人事行政概述

虽然自我国根据第十一届全国人民代表大会第一次会议批准的国务院机构改革方案组建人力资源和社会保障部,将人事部、劳动和社会保障部的职责整合划入人力资源和社会保障部后,人事行政这一概念在国家机关层面已经消亡了,但是其在现实的国家管理中依旧发挥着重要作用,因此本书依然将人事行政作为本章重要的研究主题进行阐述。人事行政在国家公职人员的管理和行政组织的运行中起到了重要的作用,是国家行政组织内部管理的重要组成部分,是提高行政管理质量和效率的关键因素,甚至能够决定政府管理的成败。因此,现代国家政府需要构建一套合理、有效的人事行政制度,实现政府人事管理的科学化、职业化和高效化。

一、人事行政的含义

所谓人事行政(personnel administration),是指政府通过一定的人事机关及相应的制度、法规、方法和手段等,对其所任用的国家工作人员进行选拔、任用、培训、奖惩、考核、调配、工资福利、退职退休等方面的管理活动。其中,任用、考核和培训是工作的核心。

上述含义包括以下几个要点。

(1)人事行政具有特定的范围和对象。人事行政的范围主要限定在政府系统内部,其主要是针对国家行政人员所进行的管理活动。

(2)人事行政的主要内容是政府的人事管理机构通过相应的人事行政制度和政策,

对于政府人事问题进行规划、决策、组织、指挥、协调、控制等一系列管理活动。人事行政不同于人力资源管理、人事管理等,它具有自己的特殊性。人力资源管理是指对在全社会规定的工作年龄范围内的人员以及不到工作年龄或已到退休年龄的人员的管理;人事管理的范围也要大于人事行政,一般是指除政府系统外其他领域的人事管理活动。除范围上的区别,人事行政在履行人事管理职能方面更偏重于人事政策、人事制度等决策层次更高的问题,而非具体的技术性问题。

(3)人事行政的基本任务是选人、用人,谋求人与事的匹配、人与人的协调。现代政府管理涉及国家政治、经济、社会的方方面面,政府职能在不断扩大,管理的事务日益增多,政府的规模也在相应地膨胀,政府内部的分工越来越细,因此能否选择合适的人才并充分地利用人才关系着政府行政目标的实现。现代人事行政追求的目标就是事得其人、人尽其才、才尽其用,为国家行政管理构筑一支精干、高效的公务员队伍。

(4)人事行政是由取才、用才、育才和留才等环节构成的整体,这些环节各自独立但又环环相套、不可分割,哪个环节出现问题都会影响人事行政整体目标的实现。

二、人事行政的管理机构

人事行政的管理机构是指主管或办理政府人事行政业务的机构。我国古代官吏的铨选和管理主要由吏部负责,吏部下设吏部司、司封司、司勋司、考功司,掌管天下文官的任免、考课、升降、勋封、调动等事务。西方国家近代文官制度最早形成于19世纪中期,它的产生是资本主义经济和政治发展的必然要求,也是资产阶级革新吏制的重要成果。英国是最早建立资产阶级文官制度的国家,1855年,英国建立了最早的人事行政管理机构——文官委员会。英国文官制度建立之后,马上就被其他国家所效仿,如美国、德国、法国、日本等国家都根据自己的国情,在参考英国文官制度的基础上,建立了各具特色的文官制度。例如,1883年,美国的《彭德尔顿法案》开创了美国的文官制度。

随着制度的不断发展和完善,西方国家的人事行政管理制度日臻成熟,形成了功能齐全、形式多样的科学化、专业化的人事管理系统。如今,可以对西方国家的人事行政管理机构按照以下标准进行分类。

(1)按照功能划分。按照功能,当代西方各国的人事行政管理机构可以划分为四种,即决策和综合管理型、协调和咨询型、监督和仲裁型、部门执行型,如表6-1所示。

表6-1 西方各国人事行政管理机构的类型

国　　家	决策和综合管理型	协调和咨询型	监督和仲裁型	部门执行型
美国	人事管理总署	劳工关系局	功绩制保护委员会	(略)
英国	文官事务部*	惠特利委员会	劳动仲裁法庭 文官特别庭	(略)

续表

国　　家	决策和综合管理型	协调和咨询型	监督和仲裁型	部门执行型
日本	人事院** 总务厅人事局			（略）
法国	行政和公职总局	公职最高委员会 行政对等委员会 技术对等委员会	行政法院	（略）
联邦德国	内政部人事司	联邦人事委员会***	行政法院	（略）

注：*1981年，英国文官事务部撤销，原负责的编制定额、薪金年金等业务划归财政部，其余业务由新成立的管理与人事局承担。**日本人事院同时还具有监督、仲裁功能。***联邦人事委员会还具有监督、仲裁功能

（2）按照与政府的关系划分。按照与政府的关系，西方各国的人事行政管理机构可以分为以下三种。

①部内制。部内制是指人事行政的管理机构隶属政府系统内部，是政府机构的重要组成部分之一。实行部内制的主要国家有法国、瑞士和德国等国家。部内制的优点是用人与治事相统一，缺点则是行政首长权力过大，在人事管理上容易出现种种偏颇，不利于公平地实施人事行政规则，也不利于公务员事务的统一管理。

②部外制。部外制又称为独立制，是指人事行政的管理机构设立于政府组织系统之外，不受政党和行政首长的控制和干涉，独立于政府之外并能够掌握整个政府系统的人事行政业务，典型代表如美国和日本。部外制的优点是：可以避免行政长官的干涉，避免受到党派竞争和政府更迭等政局变化的影响；可以独立行使职权，有利于选拔人才和调动人员的积极性；有利于集中地使用人力、物力，全面规划人事行政工作。部外制的缺点是：难以了解各部门的实际运作情况，难以根据各部门业务需求和人事管理的具体情况制定规章制度；对政府行政工作人员的管理凌驾于行政业务部门之上，往往会因失去业务部门及其首长的支持而降低人事行政效率；独立化的管理机构会分割行政首长的人事权，这样就破坏了行政权力的一体化和行政责任的完整性。

③折中制。折中制是介于部内制和部外制中间的一种类型，是指人事行政管理的机构中既有一些是独立于政府系统之外的，也有一些是隶属于政府机关内部的，典型代表如英国。折中制的优点在于统一了官员录用的标准，避免了干扰，便于客观、公正地选拔人才，可做到用人和治事的统一；缺点是人事行政工作欠缺完整性、协调困难。

三、人事行政的历史脉络

人事行政自产生以来，大致经历了三个阶段，分别是恩赐官僚制、政党分肥制、功绩制。其中，恩赐官僚制主要存在于传统社会，而近代以来政党分肥制、功绩制成为主流。

（一）恩赐官僚制（bestow system）

恩赐官僚制主要依靠世袭制，是封建君主制下的一种任官现象，统治者拥有绝对权力，血缘关系是任官的主要标准，如英国在封建社会中一直实行恩赐官僚制。在等级君主制下，王以恩赐的方式分封大小诸侯，各诸侯以恩赐的方式任命自己的下属官吏。在君主专制下，国王集立法权和行政权于一身，政府各级官吏由国王及其枢密大臣亲自任免。资产阶级革命胜利后，国王及其枢密大臣在很长一段时间里仍保有任免政府官吏的实权，即所谓的"恩赐官职权"。18世纪80年代后，虽然规定文官录用要先由各部门负责人或高级官员推荐，再由国王、首相任命，但最终决定权仍然掌握在国王和首相手里。直至19世纪中叶实行文官制度之后，恩赐官僚制才被废除。

（二）政党分肥制（spoils system）

政党分肥制是指在政府竞选中获胜的派别或政党可以独占所有的政府职位，凡是对政府有贡献或者与党派领袖有个人关系者，均可以参加政府官职的"分赃"。该制度是由美国的第3任总统杰斐逊实行的。这种做法的目的是很明确的：首先，它是对本党干部所做贡献的赏赐，否则党务人员将没有动力为政党服务。其次，政党通过让本党主要领导成员占据主要行政职位达到控制行政体系和国家机关的目的。最后，本党干部占据国家机关的重要职位，在政党执政期间，极大地加强了本党的各方面实力，更加巩固了政党的合法统治地位。

（三）功绩制（merit system）

功绩制由1883年颁布的《彭德尔顿法案》开创。1881年，美国第20任总统加菲尔德被谋官未遂者刺杀，这一事件成为政党分肥制向功绩制转变的契机。为了克服联邦政府文官任用中普遍实行的政党分肥制的弊端，美国国会于1883年制定了《彭德尔顿法案》，正式确定在联邦政府职位任命中实行功绩制，政府职位向社会开放，绝大多数官员须经公开竞争考试才能进入政府。在功绩制下，国家行政机关以职位所需的知识、能力、品德为标准，通过公开竞争考试，择优录用公务人员；以工作能力，特别是服务实绩为标准，通过考核给予公务人员以晋升、奖励和报酬。

四、现代人事行政的发展趋势

人事行政的发展在世界各国并不是同步的，有的国家起步早、发展快，目前已经处于较为成熟的发展阶段，而有些国家囿于条件的限制，可能仍处于人事行政发展的初期阶段。但是纵观世界各国的人事行政状况，大多数国家已经步入了现代化人事行政的发展阶段。通过梳理可以得知，在人事行政领域中，主要存在以下四种持续发展的趋势。

（1）结构上分化为政务官与业务官。政务官是指以政党选举成败和政策成败为进退标准的政府官员，主要包括政府首脑和政府各部门的行政首长，主要由国家有关的政治制度（如选举法）来管理。除政务官外的其他常任职业公务人员，即公务员（civil servant，又译为文官），主要由公务员制度来管理。

政务官主要负责决策，对所代表的利益群体负政治责任，通过做出政治决策服务于自己所代表的利益群体。业务官要求中立，不带任何政治取向的偏见，对政务官负责，执行政务官的合法决策。例如，美国的总统内阁成员都属于政务官，他们对自己所代表的利益群体负责并按照规定实行任期制，而各个部门里具体办事的就属于业务官，他们负责执行政务官的决策，对政务官负责，实行聘任制。

（2）理念上由恩赐官僚制、政党分肥制等徇私式向人才主义、功绩制转化。以前的恩赐官僚制和政党分肥制属于徇私式人事行政管理方式，大大降低了政府行政效率且由于党派纷争、轮流执政，政府官员和其他公务人员处于极不稳定的状态，无法保证政策的稳定性和连续性，官员们无从积累经验，行政能力普遍低下。而现在，人事行政管理方式逐渐转为人才主义、功绩制，所有的官职人员必须经过考试和考核才能进入公务员系统，这一点已经在全世界达成共识。

（3）管理方式上从非科学的经验管理向科学管理转变。以往的人事行政管理方式往往采取经验管理办法，但是随着人事行政事务的不断发展，经验管理方法已经无法满足要求，因而开始转向科学的人事行政管理方式，职位分类法、计算机管理等多种科学管理理论和方法都被引入实际的人事行政过程。

（4）人才构成上从只重视通才向专才和通才相结合转变。以往的人事行政管理只重视通才的发展，而随着现代人事行政事务越来越复杂、细致，需要大量的行政专才来参与管理。行政通才多在政府的上层，而行政专才则集中在政府的中、下层。

第二节　现代人事行政中的职位分类

长期以来，我国国家机关干部的人事管理一直实行品位分类制度，即以人的职务和资历为依据进行分类，公务员制度实施之后，开始实行职位分类。当前，我国的公务员分类实际上实行以职位分类为主、融入品位分类因素的综合性分类制度。职位分类是管理科学在人事行政学上的一种应用，在现代人事行政中是一项基础性工作，对于公务员工作的稳定性、工作动机和潜能的发挥具有重要作用。

一、职位分类的含义

职位分类是适应近代经济社会发展而兴起的一种现代人事行政管理体系，最初起源于美国工商业界的时间研究、工作分析和工作评价。19世纪中期以后，随着经济科学技术的发展，西方国家政府的职能发生了很大的转变，开始更多地干预经济和社会事务。因此，政府工作人员增多，旧的人事管理方式已经不能适应当时的状况。为了提高工作效率，美国开始推广工作分析制度和工作评价制度，与此相适应的职位分类制度也1908年首先被美国芝加哥市实行。1923年，美国联邦政府开始实行职位分类制度并颁布了《职位分类法》，自此以后，西方各国纷纷展开了效仿。

我国现代人事行政中的职位分类既借鉴了西方国家职位分类和品位分类的优点，又立足于我国实际情况，从实际出发，建立职位分类管理体系。

要了解职位分类，首先要清楚什么是职位。职位是指每个机关符合一定标准的工作人员所担负的职务和责任，也可以理解为国家行政机关中具有一定职务和责任、需要一定资格的人员来承担的工作岗位。

职位分类是人事行政中的一项基础性管理工作。具体地说，职位分类就是把国家行政机关的全部职位，按照其业务性质和内容划分为若干类别，再依照各个职位的责任大小、难易程度以及所需知识、技能、经验等资格条件划分为若干等级，进行分类整理。通过职位调查、职位分析与评价、职位归级列等、编写职位说明书、制定职级规范和职等标准等，明确规定每个职位的任务、责任以及所需的资格条件等，作为国家公务员考试、任用、升迁、培训、考核、奖惩、工资待遇等人事管理以及编制管理的依据。简单地说，职位分类就是把公务员的职位按照工作性质、业务内容、繁简或难易程度、责任轻重以及所需的资格条件等区分为若干规范化种类，以此作为公务员管理依据。

实行职位分类制度的国家一般都有专门制定的职位分类方法，各个国家的职位分类方法虽然各有特点，但是使用的基本概念是大致类似的。总的来说，职位分类中的基本概念主要有以下几个。

（1）职系。职系是以工作性质为标准对职位所做的最基本层次的划分。同一个职系的工作性质完全相同，尽管其工作的难易程度、责任轻重以及所需的资格条件不尽相同，如教师职系、研究人员职系、工程师职系、记者职系、编辑职系等。

（2）职组。工作性质相近的若干职系组成职组，如办事员职系、速记员职系和打字员职系集合而构成的文书职组。有的国家称职组为职群，属于职位横向分类结构的中间状态。

（3）职类。职类又称作职门，由工作性质大致相似的职组组成。职类是职位分类中最为粗略的单位，如行政执行职类、专门技术职类等。

（4）职级。职级是工作的难易程度、责任轻重以及所需的资格条件相同或充分相似的职系的集合，如初级、中级、副高级、正高级。同一职级内的各个职位可以用同一个称谓表示，同一职级内各个职位所需的资格条件相同，可以采取同样的任职、考核和待遇标准。

（5）职等。在不同的职系中，工作难易程度和责任大小相同的职位归为同一职等。职等是工作性质不同，但工作的难易程度、责任轻重以及所需的资格条件相同或充分相似的职位的集合，所表示的是不同职系中职位之间的横向关系，其目的在于寻求不同职系、同一职等的待遇平衡。

二、职位分类的步骤

职位分类是一项复杂而艰巨的工作，技术性比较强，一般由职位调查、职系划分、职位评价、制定职级规范和职位归类五个步骤组成。

（1）职位调查：调查、收集政府现有职位的资料和数据。职位调查的内容应包括每个职位的工作特点、工作性质、工作数量、工作时间、工作时用到的方法、工作需要承担的责任、工作的难易程度、工作范围、工作流程、所需要的资格条件等以及与职位所在机关相关的法律法规、行政命令和条例等。职位调查所采取的方法一般有填表法、访谈法、观察法等。

（2）职系划分：在职位调查的基础上，把职位群体按照工作性质的异同划分为若干职系。一般来说，一个职系就是一种专门职业。职系划分可分为三个阶段：①将一个单位内的众多职位按照工作种类划分为职类；②将职类内所有工作性质相近的职位划分为同一职组；③将同一职组内工作性质相同的职位划分为同一职系。

（3）职位评价。划分职系后，根据工作繁简或难易程度、责任大小、担任职务的人员所需要的受教育程度和技术水平等资格条件，对各职系的职位进行评价，划分职级、职等。这一过程主要包括两个环节：一是职位定级，即在一个职系里按照工作繁简或难易程度、责任大小、所需受教育程度和技术水平划分职级；二是职位定等，即把各职系间工作繁简或难易程度、责任大小以及所需资格条件大致相当的职级划分为同一职等，在不同职系中，工作难度越高、责任越大、所需资格条件越严格的职级，所划归的职等就越高。

（4）制定职级规范：以书面形式确定每个职位的职责和任职资格条件。职级规范的内容一般包括职位名称、职位编号、工作项目、工作描述、工作所需知识和能力、升迁范围、工作标准等。制定职级规范可以明确各个职位的工作内容和特性以及每个职位的职级、职等，方便对每个职位进行科学化、合理化管理。

（5）职位归类：将每一个现有职位的工作性质、工作内容、所需资格条件等与职级规范上的内容做比较，把它们归入适当的职类、职系、职级、职等。在职位归类的基础上，便可以依据一定的职位分类法规定，对处在相应职位的公务员实行科学管理。

职位分类不仅是出于人事行政管理的客观需要，也是人事行政管理的重要组成部分。只有建立科学的职位分类制度，才能更好、更有效、更具针对性地建立和运用其他各项人事管理制度。在现代人事行政管理中，职位分类具有以下优点：①有利于做到人称其职。通过职位分类，以事择人，可以基本做到人的才能与岗位需要的优化组合；②能够明确各个职位的权责，做到分层负责、各司其职，有利于解决推诿、扯皮等问题；③有利于为组织培养人才，通过职位分类确定所需人才的标准，增强人才培养的目的性和主动性；④有利于提高行政组织的工作效率，优化机关组织的工作程序。总之，实行职位分类有利于实现人事管理的科学化，有利于提高公务员素质。

三、职位分类与品位分类的区别

职位分类和品位分类都是公务员分类制度的重要内容,这两种分类制度都面临如何科学地解决人与事的结合问题,各有不同的角度和侧重点。品位分类的英文是"rank classification",是以身份为主要依据建立的人事分类制度。品位是以职位高低排列而成的等级结构体系,品位分类制度则是以国家公职人员的社会地位、学历和资历状况划分品位而建立起来的。在此分类体系下,每一个公职人员都有代表其地位、级别和待遇的品位。品位分类的特点是将公务员划分为不同的等级,然后进一步划分为不同的职务类别,而其划分公务员等级的主要依据是个人的学历或者文化程度。

品位分类具有公开考试、择优录用、职务常任、功绩晋升、依法管理等各种公务员制度的基本特征。职位分类和品位分类各自具有以下特点和区别。

(1) 职位分类以"事"为中心,品位分类以"人"为中心。职位分类是以公务员所在职位的工作、责任为分类的依据,以工作的多少来确定工资待遇,按事设职、按职择人;品位分类则是以公务员个人的资格条件为分类的主要依据,以品位的高低来确定薪资待遇。两者的这一最根本区别决定了在其他方面的区别。

(2) 职位分类中,公务员的等级就是所在职位的等级,一旦离开了职位,就不再是这一等级。品位分类中,等级与职位分开,一旦获得了一定的等级,即使离开了职位,也是这一等级。

(3) 职位分类中,公务员的工资待遇差别主要由工作难度、责任大小决定,同工同酬;而品位分类中则是以品位定工资,存在同工不同酬、同酬不同工的现象。

(4) 职位分类重视专家作用,重视专才,而品位分类更重视资历,重视通才。职位分类中,如果公务员没有通过考试,一般不得晋升,而且每一次晋升基本都要经过相应的考试,不存在跨级晋升;品位分类则不是以考试是否合格来确定是否晋升,更注重公务员的资历,由下级到上级的晋升一般比较容易,而且晋升幅度也更大。

(5) 职位分类复杂,品位分类简单。职位分类中,任何公务员职位都经过了严格的调查、评价、等级划分,都有规范的职位说明,每一次晋升都要经过严格的程序规定;品位分类中,公务员的管理则比较灵活,主观性较强。

职位分类和品位分类各有利弊。职位分类有利于建立科学的考试录用、考核、培训、晋升等制度,既有利于获得担任职位的最佳人选、预算管理和编制管理,也有利于改进机关单位的整体结构,提高工作效率;但缺点是较为耗时、费力、繁杂,结构缺乏弹性,不利于人才的流动和发展。品位分类有利于培养、选择通才,既有利于人才的流动和全面发展,也有利于保持公务员队伍的稳定,但是分类粗略,不利于科学化管理,会影响机构的工作效率,不利于同工同酬。各个国家往往根据自己的历史条件和实际情况,或选择职位分类,或采用品位分类。目前,从各国公务员制度的发展来看,职位分类和品位分类的融合已经成为一种明显的趋势,当前我国的公务员分类实际上也是一种以职位分类为主、融入品位分类因素的综合性分类制度,也称为"两制合流"。

第三节 西方国家的公务员制度

一、西方国家公务员的概念

西方国家公务员(civil servant)一般是指通过非选举程序(主要是通过竞争性考试)而被任命担任政府公职的国家工作人员。这只是一个一般性概念,实际上,西方国家公务员的具体情况远比这一概念复杂。

通常而言,西方国家的公务员可以分为政务类和业务类。尽管西方各个国家的公务员制度和分类不尽相同,但是通常都将军队、法院、国会等系统的公务人员排除在公务员之外。

西方国家公务员制度得到确立的标志之一是常任的职业公务员制的建立。西方国家公务员制度确立的第二个标志是公开考试、择优录用制的建立。考任制是西方各国公务员制度得到确立的最显著、最关键的标志。

西方国家公务员制度是西方国家在行政管理领域长期探索与实践的成果,它的建立实现了公民进入政府工作和担任官职的权利,它的成功运作开辟了行政管理法治化的新时代并成为人类文明宝库中的共同财富。

现代公务员制度最早起源于英国,至今已有约150年的历史,是西方国家政党制度的直接产物:政党轮流执政的结果造成政府所有工作人员"与政党共进退",使政府工作经常处于一种不稳定的状态,因此有必要建立起一支独立于党派之争之外的稳定的业务类公务员队伍。由于西方各国公务员制度的产生有着相似的经济、政治、文化背景且各国相互吸收和效仿,经过上百年的发展,西方各国形成了既有共性又有差异的公务员制度。

二、西方国家公务员制度的基本特征

尽管西方各国的公务员制度有许多细微的差别,但仍具有以下几种共同的基本特征,体现了现代西方资本主义制度的一些特性。

(1)实行职业常任。职业常任也就是人们通常而言的"政治中立",即把公务员从事的公务工作当作一种职业性工作,公务员不随政党选举的更迭而进退,无过失即可长期任职,不得随意辞退公务员。西方国家既要坚持"政党轮流执政",又要避免"政党分赃"的腐败现象,因而特别强调业务类公务员应保持"政治中立",即必须忠于政府,不得带有党派倾向和其他政治倾向,不得参与党派活动,同时其管理也不受政党干预。英国在公务员的内部纪律中规定,公务员不得参加政党和担任政党机构的官员或为政党从事政治活动、不得发表政治言论或表明自己的政治观点、不得发表批评政府的政策和措施的意见

等。美国在1883年施行的"文官制度法"（即《彭德尔顿法案》）中规定："文官在政治上必须采取中立态度，禁止参加竞选等政治活动，禁止进行金钱授受""文官必须忠实于政府，对现行政体和政治组织，不得产生怀疑"。日本《国家公务员法》规定："公务员不得为政党和政治目的谋取、接受捐款及其他利益，不得以任何方式参与这些行为""公务员不得做政党或政治团体的负责人、政治顾问或有同等作用的成员"。

（2）公共权力依附于公务职位。公务员的权力大小是由公务员所担任的职位决定的，权力不随人走，公务员只能利用所担任职位赋予的权力完成本职工作。

（3）贯彻用人唯贤原则。用人依据才能，而不是依据个人背景和人际关系，开展公开竞争性考试，按考试成绩择优录用，从而保证人们具有均等的任官机会。贯彻公开、平等、竞争原则，这源于近代西方国家民主宪政的思想文化基础，也是在公务员制度中落实宪法规定的公民权的基本要求。该项原则体现在公务员制度的各个环节上。"平等"主要表现在不能有"与生俱来"的差别歧视，如家庭出身、性别、种族、政治信仰等，但对一定职位所需的技能、资历、学识等资格条件，要普遍做出一定的要求，从而保证平等与竞争的有机结合。美国于1979年施行的《文官制度改革法》规定："保证人人机会均等，经过公开的竞争性考试，只根据能力、知识、技能来决定录用和提升。"日本《国家公务员法》规定："一切官职都对考试成绩优秀者敞开大门""国民不分民族、信仰、性别、社会身份、家庭出身、政治见解和政治所属关系，在本法面前一律平等"。

（4）实行功绩考核制。功绩考核制是指严格按照工作任务等较为客观的标准来确定公务员的工作成效并以此作为决定公务员升降和奖惩的参考。功绩考核制强调的是实实在在的工作成绩，而不是年资高低、关系亲疏、党派关系等其他因素，体现了"任人唯能"和"奖优罚劣"的思想，实现了担任政府职位"机会均等"的原则。德国《公务员资历条例》规定："公务员的录用、任用、授职、提职、晋升只能依据公务员的资格、胜任工作的能力和工作成绩来决定""工作成绩就是按照工作要求对公务员的劳动成果所做的评定"。美国《文官制度改革法》规定："工作成绩良好者继续任职，工作成绩不好者必须改进，工作达不到标准者予以解职。"日本《国家公务员法》规定："公务员的任用，依照本法和人事院规则的规定，根据考试成绩、工作成绩或者其他能力的考核结果进行""政府机关首长必须对所属公务员的工作进行定期评定并根据评定结果采取适当措施"。

（5）对公务员进行统一管理。由全国统一的公务员人事管理机构，依据全国统一的公务员法规和政策，对各部门的公务员实行直接或间接的综合管理。

（6）注重专业技术人才，这也是职位分类制所具有的重要特征。例如，美国把是否具有现代公务职位所需要的专门知识和技能作为录用公务员的重要标准。

（7）讲究职业道德。公务员的职业素质和道德水准是影响政府工作效能的重要因素。西方国家非常重视公务员的职业道德建设，以此来提高公务员的职业素质、道德水准和社会责任意识。当代西方国家公务员职业道德建设的内容主要涵盖履行职责、执行公务和社会生活等领域，明确规范了公务员必须遵守的基本行为准则和道德法则，具体包括以下几个方面的内容：第一，忠于宪法和国家。对于宪法和国家的忠诚是西方国家公务员职业道德的第一要求,对公共权力的行使必须以维护国家利益、忠于宪法为原则。第二,恪尽职守。公务员的工作态度和能力关系着政府的权威、信用和效能。公务员只有具备恪尽职守、忠于职责的职业态度,才能够充分激发工作意愿、发挥工作能力。第三,廉洁奉公。廉洁奉公是公务员公正行使权力的根本保障。西方国家对于公务员廉洁奉公的规定集中体现在通过法律制度的设定,防范贪污腐败的发生。第四,坚持终身学习。西方国家对公务员终身学习的要求主要体现在有关公务员培训的法律、法规中,培训内容以强化公务员的职业能力和职业道德意识为主,涉及公务员的工作能力、管理能力、道德判断能力以及应对重大突发事件的分析和处理能力等。

第四节 我国的国家公务员制度

公务员制度是干部人事制度的一个重要组成部分,建立和推行国家公务员制度是我国政治生活中的一件大事,是政治体制改革的一项重要内容。我国国家公务员制度是具有中国特色的、适应建立社会主义市场经济体制需要的、政府机关工作人员的管理制度。它是在继承和发扬我国干部人事管理优良传统和基本经验的基础上,吸收党的十一届三中全会以来干部人事制度改革的成果并借鉴发达国家的有益做法而形成的。当前我国实行的公务员制度不仅适用于行政机关,而且适用于所有的国家机关。

一、我国公务员制度的确立和发展

自 1978 年党的十一届三中全会后邓小平同志明确提出改革传统的干部人事制度到 1993 年《国家公务员暂行条例》的正式颁布,再到 2005 年 4 月 27 日《中华人民共和国公务员法》(以下简称《公务员法》)正式通过并于 2006 年 1 月 1 日起实施,再到 2018 年《中华人民共和国公务员法(修订草案)》正式通过,到目前为止,我国公务员制度的确立和发展大致经历了以下六个阶段。

(一)酝酿和探索阶段(1980—1983 年)

早在 1978 年 12 月,党的十一届三中全会在谈到经济体制改革时就提出,要"加强管理机构和管理人员的权限和责任,减少会议公文,提高工作效率,认真实行考核、奖惩、升降等制度"。1980 年 8 月,邓小平同志在题为《党和国家领导制度的改革》的讲话中提出"坚决解放思想,克服重重障碍,打破老框框,勇于改革不合时宜的组织制度、人事制度"并明确提出"关键是要健全干部的选举、招考、任免、考核、弹劾、轮换制度,对各级各类领导干部(包括选举产生、委任和聘用的)职务的任期以及离休、退休,要按照不同情况,做出适当的、明确的规定"。在邓小平思想的指导下,20 世纪 80 年代初,从中央到地方,从党政机关到企事业单位,均对人事制度改革进行了许多有益的探索。1982—

1983年，中央和地方国家机关先后进行了机构改革，调整了各级领导班子，建立了老干部的离休、退休制度，开始废除实际上长期存在的领导职务终身制。与此同时，一些部门和地方在干部的录用、考核、交流、培训等方面进行了一系列的改革探索。

（二）《国家行政机关工作人员条例》的起草和修改阶段（1984—1985年）

1984年，党中央提出要制定《国家机关工作人员法》，从1984年11月开始，中组部和原劳动人事部组织力量着手进行相关法规的研讨、起草工作。在起草《国家机关工作人员法》的过程中，经研究认为，国家机关工作人员范围太广且制定法律的条件还不成熟，决定改名为《国家行政机关工作人员条例》。经过两年的努力，连易九稿，形成了《国家行政机关工作人员条例（草案）》。

（三）明确提出建立国家公务员制度并进行试点阶段（1986—1992年）

1986年9月，党的十二届六中全会以后，党中央成立了政治体制改革研讨小组，该小组设有多个专题组，其中之一就是人事制度改革专题组。该专题组成立后，经过半年多的研讨，于1987年提出了人事制度改革方案，建议建立公务员制度。同时，人事制度改革专题组根据我国的实际情况，参考国外公务员制度，对《国家行政机关工作人员条例（草案）》进行了重大修改，形成了《国家公务员暂行条例（草案）》，同人事制度改革专题研讨报告一起，向中央政治体制改革研讨小组做了汇报。人事制度改革专题组的建议很快获得了党中央的同意并被写进十三大报告。1987年10月，党的十三大报告在分析了我国人事制度存在的一些重大缺陷后，明确提出："当前干部人事制度改革的重点是建立国家公务员制度，即制定法律和规章，对政府行使国家权力、执行国家公务的人员，依法进行科学管理。国家公务员分为政务和业务两类。政务类公务员必须严格依照宪法和组织法进行管理，实行任期制并接受社会的公开监督。党中央和地方各级党委依照法定程序向人大推荐各级政务类公务员的候选人，监督管理政务类公务员中的共产党员。业务类公务员按照国家公务员法进行管理，实行常任制。凡进入业务类公务员队伍，应当通过法定考试，公开竞争；他们的岗位职责有明确规范，对他们的考核依法定的标准和程序进行，他们的升降奖惩以工作实绩为主要依据；他们的训练、工资、福利和退休的权利由法律保障。"同时，明确提出："当前要抓紧制定国家公务员条例及相应配套措施，组建国家公务员管理机构，筹办国家行政学院""在建立国家公务员制度的同时，还要按照党政分开、政企分开和管人与管事既紧密结合又合理制约的原则，对各类人员实行分类管理。主要有：党组织的领导人员和机关工作人员，由各级党委管理；国家权力机关、审判机关和检察机关的领导人员和工作人员，建立类似国家公务员的制度进行管理；群众团体的领导人员和工作人员、企事业单位的管理人员，原则上由所在组织或单位依照各自的章程或条例进行管理"。十三大报告为后来公务员制度的正式建立确定了基本原则和基本框架。1988年4月，七届全国人大一次会议审议通过《国务院机构改革方案》，决定组建人事部。国务委员宋平在《关于国务院机构改革方案的说明》中明确指出："为了适应党政职能分开和干部人事制度改革的要求，推行国家公务员制度，强化政府的人事管理职能，组建人事部。"人事部的成立标志着我国公务员制度开始向实施阶段过渡。人事部成立后，即着手进行公务员制度的准备工作，研究、制定了推行公务员制度的目标、步骤和实施方案并组织力量对《国家公务员暂行条例（草案）》做进一步修改，形成第十六稿并下发中央有关部门和各省、自治区、直辖市征求意见；同时着手组织起草有关公务员考试录用、考核、奖惩、职务升降、回避、纪律等的一系列配套规定。从 1989 年年初开始，人事部开始组织公务员制度的试点工作，首先在国务院六个部门，即审计署、海关总署、国家统计局、国家环保局、国家税务局、国家建材局进行试点，1990 年又在哈尔滨市和深圳市进行试点。在此期间，《国家公务员暂行条例（草案）》中的一些单项制度，如考试录用、人事考核、人员培训等也在全国范围内试行并取得了明显成效。

（四）正式确立阶段（1992—2004 年）

在认真总结试点经验的基础上，1993 年 8 月 14 日，国务院总理李鹏正式签署颁布了《国家公务员暂行条例》，自 1993 年 10 月 1 日起施行。《国家公务员暂行条例》的颁布与施行标志着我国公务员制度的正式确立，是我国人事制度改革和发展的里程碑，标志着具有中国特色的新的国家行政机关人事管理制度的基本确立。该制度的建立和推行有利于对干部实现分类管理，也有利于加强廉政建设，更有利于促进政府机关人事管理的科学化、法治化。之后，国务院召开会议，对公务员制度的推行工作进行部署，提出"争取用三年或更多一些时间在全国基本建立起公务员制度，然后再逐步加以完善"。同年 11 月，国务院又制定了《国家公务员制度实施方案》（国发〔1993〕78 号），对实施范围、实施步骤、实施方法、组织领导等方面做出了明确安排。

《国家公务员暂行条例》的颁布从行政法规上确立了公务员制度的地位。与传统的干部人事制度相比，《国家公务员暂行条例》所构建的公务员制度吸收了现代公务员制度的某些核心理念并表现出以下特征：①建立竞争激励机制，坚持公开、平等、竞争、择优的录用原则。对各级政府机关新进人员，要做到面向社会、公开考试、严格考核、择优录取。所需人员的资格条件和录用的方法、程序都通过新闻媒介向社会发出公告。凡国家公民，只要符合规定的资格条件，均有平等的权利和同等的机会参加竞争，不会因为家庭出身、性别、职业及财产状况等非本人德才素质因素享受特权或受到歧视。②实施科学管理，通过对职位分类、录用、考核、奖励、纪律、职务升降、职务任免、培训、交流回避等环节的规范管理对公务员进行分类管理并依据职位规范、纪律、考核结果进行奖惩、职务晋升、增资晋职，做到功过分明，激励公务员勤奋工作。③确立了"新陈代谢机制"，为公务员"能进能出、能上能下"创造条件。一方面，通过公开考试录用和交流吸收高素质的人才；另一方面，在健全退休制度的同时，采取多种措施畅通"出口"。公务员可以按照法定的要求和程序辞职，政府机关在考核的基础上，可以按照规定的条件，对不宜继续在机关工作的人员予以辞退。部分职务实行聘任制，聘任期满的公务员可以离开公务员队伍。此外，还完善了领导干部任期制以及领导干部最高年龄限制制度，以确保公务员队伍的活力。④完善监督约束机制，促使公务员廉洁奉公。廉政的理念贯穿于公务员的权利、义务、录用、考核、晋升等各项管理之中，同时，要对违反纪律的公务员依法惩处。⑤实行回避制度，对有一定亲属关系的公务员，在任职和工作上做出一定的限制，避免发生以权谋私的现象。此外，对某些特殊岗位的公务员实行定期转换，以降低人际关系的影响，保证公务员依法秉公办事。⑥建立公务员权益保障机制。《国家公务员暂行条例》规定，公务员依法执行职务，受法律保护，同时明确规定了公务员的权利并通过工资保险福利制度确保公务员维持稳定的生活水平，通过申诉控告制度确保公务员权益有所保障。

此外，国家公务员制度确立以来，随着社会经济条件的不断变化，为了实现国家战略、高效地贯彻、执行国家的各项政策，在公务员管理的各个环节都相应地出台了众多的行政规章和政策，使得公务员制度不断发展和完善。在职位分类制度方面，《国家公务员职位分类工作实施办法》（1994）、《公安刑事、技术侦察队专业技术职位设置试行办法》（2001）和《公安刑事、技术侦察队专业技术任职资格标准条件及考试评审试行办法》（2001）都进一步完善了公务员职位分类制度；在"新陈代谢制度"方面，《国家公务员录用暂行规定》（1994）、《国家公务员辞职辞退暂行规定》（1995）、《关于国家公务员录用考试笔试命题管理工作的通知》（1997）、《关于建立国家公务员录用笔试公共科目与通用专业试题库的通知》（1998）的相继出台，2000 年将中央、国家机关公务员录用考试公共科目统一为《公共基础知识》《行政职业能力倾向测验》《申论》三科，2001 年确定了公务员面试的规则和办法等，上述举措进一步规范和完善了公务员"新陈代谢制度"；在激励约束制度方面，《国家公务员考核暂行规定》（1994）、《关于实施国家公务员考核制度有关问题的通知》（1995）、《国家公务员职务任免暂行规定》（1995）、《国家公务员职务升降暂行规定》（1996）、《国家公务员职位轮换（轮岗）暂行办法》（1996）、《关于党政机关推行竞争上岗的意见》（1998）、《关于进一步加强国家公务员考核工作的意见》（2000）、《党政领导干部选拔任用工作条例》（2002）、《公务员九项通用能力标准》（2003）等规章文件进一步充实和丰富了公务员激励约束制度；在职业发展和保障制度方面，《国家公务员培训暂行规定》（1996）、《人事部 2001—2005 年国家公务员培训工作纲要的通知》（2001）等政策文件进一步丰富和完善了公务员的职业发展与保障制度。

自 2002 年 11 月 8 日党的十六大以来，我国进入了全面建设小康社会的新阶段，各项改革开始进一步深化，干部人事制度的改革也进入了整体推进的新阶段。2004 年 3 月，中共中央总书记胡锦涛主持召开中央政治局会议，审议通过了《公开选拔党政领导干部工作暂行规定》《党政机关竞争上岗工作暂行规定》《党的地方委员会全体会议对下一级党委、政府领导班子正职拟任人选和推荐人选表决办法》《党政领导干部辞职暂行规定》《关于党政领导干部辞职从事经营活动有关问题的意见》这五个干部人事制度改革文件，加上此前中央纪委和中央组织部联合下发的《关于对党政领导干部在企业兼职进行清理的通知》，这六个文件标志着我国干部人事制度改革进入了整体推进的新阶段。

（五）法治化阶段（2005—2018年）

早在八届、九届全国人大期间，全国人大常委会就有立法意向，终因条件不成熟搁浅。2001年年初，公务员法起草工作领导小组成立一个月后，起草小组成立并首先就公务员法涉及的有关重要问题进行了专题调研，对公务员范围的确定、公务员职级与工资的关系等问题以及立法计划提出了初步意见。2002年年初，起草小组开始研究公务员法的体例结构、具体内容以及草案条文，随后邀请中央有关部门，全国人大、国务院有关部门，地方组织人事部门及部分专家学者，就起草公务员法遇到的重点、难点问题展开深入研讨，当年7月拿出草案第一稿。2003年开始，公务员法起草步入攻坚时期。草案在一次次的修改中逐步完善、成熟。2004年2月6日，全国人大内司委召开全体会议，专门听取了起草小组的专题汇报并对草案第十二稿提出了意见和建议。3月9日，《公务员法（草案）》正式以人事部名义上报国务院。11月26日，温家宝总理主持召开国务院常务会议讨论《公务员法（草案）》并原则通过。12月25日，国务院提请全国人大常委会审议。12月25日，十届全国人大常委会第十三次会议首次审议了《公务员法（草案）》并得出结论：制定《公务员法》适时而且必要，条件基本成熟，建议尽快审议出台。常委会有关机构根据审议意见、座谈会意见以及书面征求到的意见，对《公务员法（草案）》再做修改并形成修改稿，提交到十届全国人大常委会第十五次会议第二次审议。2005年4月27日，十届全国人大常委会第十五次会议审议通过了《公务员法》，于2006年1月1日起施行。

（六）深化阶段（2019年—）

作为规范公务员行为准则的一部基础性法律，自2006年1月1日开始施行的《公务员法》至今已走过16个年头，为科学、民主、依法管理公务员队伍提供了基本依据。随着时代的发展，一些新的现象和问题出现，《公务员法》也需做出适当修订。2018年12月29日，《公务员法》由十三届全国人大常委会第七次会议修订通过，自2019年6月1日起施行。新修订的《公务员法》由原来的十八章一百零七条调整为十八章一百一十三条，增加六条，实质性修改四十九条，个别文字修改十六条，条文顺序调整两条。其中，有四个章节的标题发生了变化：第三章"职务与级别"修订为"职务、职级与级别"，第六章"职务任免"修订为"职务、职级任免"，第七章"职务升降"修订为"职务、职级与升降"，第九章"惩戒"修订为"监督与惩戒"。具体而言，最引人注目的改动主要有以下几点。

（1）进行了非领导职务改革。新修订的《公务员法》把原来《公务员法》第三章的章名"职务与级别"修改为"职务、职级与级别"，把原来《公务员法》中"领导职务""非领导职务"的设置调整为"领导职务""职级"，规定了设置原则，明确了领导职务和职级层次的划分。同时，将综合管理类公务员职级层次分为四等十二级：一级巡视员、二级巡视员、一级调研员、二级调研员、三级调研员、四级调研员、一级主任科员、二级主任科员、三级主任科员、四级主任科员、一级科员、二级科员。在此基础上，还对领导职务与职级的任免、升降以及其他章节中与此有关的条文进行了修改。此外，根据专业技术类、行政执法类公务员管理分类改革和聘任制公务员管理改革深化的实际，对分类考录、分类考核、分类培训、职位聘任试用期也做了明确规定。

（2）规定公务员工作年限满30年可申请提前退休。新修订的《公务员法》明确规定，公务员服务30年后可以申请提前退休。除公务员，参公人员也一样，由于他们也在执行《公务员法》，因此也可以申请提前退休。

（3）规定公务员加班应补休或补助。新修订的《公务员法》明确规定："公务员工资包括基本工资、津贴、补贴和奖金。公务员按照国家规定享受地区附加津贴、艰苦边远地区津贴、岗位津贴。公务员按照国家规定享受住房、医疗等补贴、补助。公务员在定期考核中被确定为优秀、称职的，按照国家规定享受年终奖金。公务员工资应当按时足额发放""公务员按照国家规定享受福利待遇。国家根据经济社会发展水平提高公务员的福利待遇。公务员执行国家规定的工时制度，按照国家规定享受休假。公务员在法定工作日之外加班的，应当给予相应的补休，不能补休的，按照国家规定给予补助"。

新修订的《公务员法》在公务员考核、录用、晋升、保障、退休等方面做出的修改和完善，使我国公务员制度进一步深化。《公务员法》的首次修订标志着我国公务员管理的法治化、规范化、科学化进入新阶段，对于建设一支信念坚定、为民服务、勤政务实、敢于担当、清正廉洁的高素质专业化公务员队伍意义重大。

二、我国公务员制度的特点

与西方国家的公务员制度相比，我国公务员制度具有以下特点。

（1）我国的公务员制度是在传统干部人事制度的基础上发展而来的，目的是建立一个具有生机和活力的政府。而西方国家的公务员制度是针对资产阶级政党分肥制的弊端而建立的，目的是保持政策的连续性和维持稳定的行政体系。

（2）我国的公务员制度坚持中国共产党的领导和基本路线。中国共产党的执政地位是由我国的国情根本决定的，是我国历史发展和现实的必然要求。坚持党的领导和党的基本路线是中国共产党执政和领导地位在人事行政领域的具体体现和实现方式。而西方国家实行三权分立以及两党或多党轮流执政，强调行政与政治分离，公务员不受政党干预，与党派脱钩。法律规定公务员在国家政治活动中要保持"政治中立"，即要求业务类公务员不得在政党中任职，不得参加和支持党派的活动，尤其是不能参加竞选活动，在各个政党之间不得有倾向性，要保持中立的态度。公务员参加政党或其他政治组织的活动是被禁止或限制的。我国公务员队伍必须坚持党的领导，坚持社会主义方向，不存在"政治中立"的问题。公务员不仅可以参加政党和政党的活动，而且应积极参与国家的政治生活，对机关及其领导人员的工作提出批评和建议。根据《中国共产党章程》的规定，公务员中的共产党员还有义务贯彻执行党的基本路线和各项方针、政策，自觉遵守党的纪律，执行党的决定，服从组织分配，积极完成党的任务，参加党的组织生活，接受党组织的监督并宣传党的主张。同时，《公务员法》也把党的干部路线、方针、政策体现在对公务员管理的录用、晋升、考核、惩戒、交流等各项制度规定之中。

（3）我国公务员制度坚持为人民服务的原则。我国公务员制度在强调坚持"全心全意为人民服务"宗旨、不搞"利益集团"的同时，注重保障公务员的合法权益。西方国家强调公务员是独立的利益集团，可组织工会为自身利益（包括工资等问题）与政府谈判，同时政府设置专门的机构，协调与公务员的关系。我国的公务员不是特殊的利益集团，强调公务员没有自己的特殊利益，公务员利益与政府利益、国家利益和人民利益一致，当人民公仆要廉洁奉公，不搞特权和谋取私利。所以，《公务员法》规定公务员必须坚持"全心全意为人民服务"的宗旨，接受人民监督，同时通过规定公务员享有的权利、工资福利待遇以及申诉控告等条款来保障公务员的合法权益。

与我国传统干部人事制度相比，我国新的公务员制度具有以下特点。

（1）体现了分类管理的原则。我国新公务员制度不再采取以往各类干部集中统一管理的模式，作为各级行政机关实行的人事管理制度，新公务员制度与其他国家机关、企事业单位的人事制度区别明显。

（2）强化了"新陈代谢机制"。新公务员制度对公务员的资格条件和考试录用等做出了严格规定，同时也对辞职、辞退、退休等提出了更明确的要求，有利于规避以往领导干部职务终身制的弊端。

（3）强化了竞争激励机制。我国新公务员制度明确规定了公务员的录用要实行公开考试、严格考核、择优录取；公务员的考核要以工作实绩为重点，实现能上能下、优胜劣汰，有利于克服以往"干好干坏一个样"的弊端。

（4）建立勤政、廉政的保障机制。新公务员制度从制度机制入手，把勤政、廉政纳为对公务员的基本要求，贯穿于公务员义务、权利、考核、纪律、职务升降、交流、回避等各个管理环节。

（5）建构法治运行机制。新公务员制度相较于以往的干部人事制度，更加注重法治化，《公务员法》使得公务员制度由行政法规上升为正式法律，公务员管理的法治化水平大大提高。

三、我国公务员制度的基本内容

（一）职位分类制度

我国公务员职位分类制度是以业务类公务员的职权结构为基础，通过横向的职位划分和纵向的等级划分建构而成的人事分类管理系统，也是公务员制度的核心内容之一，主要规定了我国公务员的职务序列、级别划分以及职务与级别的对应关系。

在基本的职务分类制度方面，之前我国公务员职务分为领导职务与非领导职务两个序列。非领导职务层次在厅、局级以下设置，享受相应级别和待遇，不具有行政领导职责。

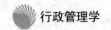

2018年12月29日,第十三届全国人大常委会第七次会议表决通过了《中华人民共和国公务员法(修订草案)》。根据新修订的《公务员法》,过去的"非领导职务"表述成为历史,取而代之的是"职务"与"职级"并行的运行模式,将非领导职务改造为职级。

领导职务共划分为以下十个层次。

(1)国家级正职。

(2)国家级副职。

(3)省部级正职。

(4)省部级副职。

(5)厅局级正职。

(6)厅局级副职。

(7)县处级正职。

(8)县处级副职。

(9)乡科级正职。

(10)乡科级副职。

原有的非领导职务共划分为以下八个层次。

(1)巡视员。

(2)副巡视员。

(3)调研员。

(4)副调研员。

(5)主任科员。

(6)副主任科员。

(7)科员。

(8)办事员。

在非领导职务中,副调研员相当于副处级,调研员相当于正处级;副巡视员相当于副厅级,巡视员相当于正厅级。根据2019年新修订的《公务员法》,过去的"非领导职务"表述成为历史,取而代之的是"职务"与"职级"并行的运行模式,即非领导职务被改造为职级。公务员职级在厅局级以下设置。

综合管理类公务员职级序列分为以下十二种。

(1)一级巡视员。

(2)二级巡视员。

(3)一级调研员。

(4)二级调研员。

(5)三级调研员。

(6)四级调研员。

(7)一级主任科员。

(8)二级主任科员。

（9）三级主任科员。

（10）四级主任科员。

（11）一级科员。

（12）二级科员。

综合管理类以外其他职位类别公务员的职级序列，根据新修订的《公务员法》由国家另行规定。根据2019年3月印发的《公务员职务与职级并行规定》，厅、局级以下领导职务对应的综合管理类公务员最低职级具体如下。

（1）厅局级正职：一级巡视员。

（2）厅局级副职：二级巡视员。

（3）县处级正职：二级调研员。

（4）县处级副职：四级调研员。

（5）乡科级正职：二级主任科员。

（6）乡科级副职：四级主任科员。

根据《公务员法》实施方案《公务员职务、职级与级别管理办法》第五条规定，公务员领导职务层次与级别的对应关系具体如下。

（1）国家级正职：一级。

（2）国家级副职：四级至二级。

（3）省部级正职：八级至四级。

（4）省部级副职：十级至六级。

（5）厅局级正职：十三级至八级。

（6）厅局级副职：十五级至十级。

（7）县处级正职：十八级至十二级。

（8）县处级副级：二十级至十四级。

（9）乡科级正职：二十二级至十六级。

（10）乡科级副职：二十四级至十七级。

副部级机关内设机构、副省级市机关的司局级正职对应十五级至十级；司局级副职对应十七级至十一级。

（二）新陈代谢制度

公务员新陈代谢制度主要包括公务员的录用制度，辞职、辞退，退休等内容。

1. 录用制度

录用制度主要包括选任、委任、考任、聘任等方式。公务员领导职务实行选任制、委任制和聘任制。公务员职级实行委任制和聘任制。领导成员职务按照国家规定实行任期制。

（1）选任制。选任制是指按照法律和有关章程规定选举担任公务员职务的公务员。

我国各级人民政府的领导者就是通过各级人民代表大会及其常委会选举产生、决定任命的。一般来说，选任制能较好地反映人民群众的意愿，体现民主管理的原则且有利于克服官僚主义。中央层面的选任范围主要如下。

①全国人大常委会委员长、副委员长。
②国家主席、副主席。
③国务院总理、副总理、国务委员。
④国家监察委员会主任。
⑤最高人民法院院长和最高人民检察院检察长。
⑥全国人大常委会秘书长、委员。
⑦国务院秘书长。
⑧各部部长、各委员会主任。

（2）委任制。委任制是指由任免机关在其任免权限范围内，直接确定并委派某人担任一定职务。委任的范围主要如下。

①国务院任免各部、委员会的副部长、副主任，各直属机构局长、副局长；国家监察委员会任免副主任、委员；国务院各工作部门任免除由国务院任免之外的本部门公务员职务。
②省级政府任免各厅、局、委员会的副厅长、副局长、副主任；各直属机构、办事机构的局长、副局长、主任、副主任等；下属领导。
③省级政府各委、办、厅、局任免除由本级政府任免之外的本部门公务员职务。
④市级政府任免各局、委员会的副局长、副主任；各直属机构、办事机构的局长、副局长等；下属领导。
⑤县级政府任免各委、办、局（科）的副主任、副局（科）长，主任科员、副主任科员及相当职务和乡、镇人民政府所属机构的国家公务员职务。

（3）考任制。考任制是指通过公开考试的形式录用公务员，主要包括以下两种情况。

①对担任主任科员以下非领导职务的国家公务员，采用公开考试、严格考核的办法，按照德才兼备的标准择优录用。
②民族自治地方人民政府和各级人民政府民族事务部门录用国家公务员时，对少数民族报考者应当予以照顾。

考任制中公开考试的形式主要包括笔试和面试以及其他特殊情况。

（4）聘任制。聘任制主要针对一些专门的技术岗位，是通过聘任者和应聘者双方签订聘约，聘请人员担任公务员职务的一种任免形式。合同期内，在法律的监督和保护下，双方履行各自的责任和义务；合同期满，根据双方的协商情况，可继续聘任，也可解聘。它可分为公开聘任和限制范围聘任两种形式。目前，聘任制的应用范围越来越广，其优点是既有利于吸收外来人才，也有利于让默默无闻的人才脱颖而出。

2. 辞职、辞退

公务员的辞职是公务员根据本人意愿，辞去所担任的职务，离开公务员队伍，解除与所在机关的任用关系的行为。为了适用目前新形势下公务员管理的需要，笔者在此处对原来的辞职制度设计有所改进，将辞职规定为既包括通常理解的辞去公职，又包括担任领导职务的公务员辞去公职和自愿辞职，还包括领导成员的引咎辞职和责令辞职。

公务员的辞退是在公务员不符合机关工作要求的情况下，机关依照法律规定的条件和程序，解除与所属的公务员的任用关系的行为。

3. 退休

公务员退休是指国家公务员达到规定的退休年龄，为国家服务到一定的工作年限或因病残丧失了工作能力，离开工作岗位，依法办理退休手续，由国家给予生活保障并给予妥善安置和管理。这是国家公务员管理的一个重要管理环节，也是保持国家公务员队伍充满生机和活力的重要措施。

（三）奖励与约束制度

1. 奖励制度

公务员奖励制度是国家行政机关按照公务员管理法规，对工作中表现突出、有显著成绩和贡献以及其他突出事迹的公务员给予激励的制度。奖励的形式主要是物质奖励和精神奖励相结合。奖励的种类主要包括嘉奖、记三等功、记二等功、记一等功、授予荣誉称号，同时国家行政机关对受前述所列奖励的国家公务员，按照规定给予一定的物质奖励。

2. 约束制度

公务员约束制度主要包括以下两方面内容。

（1）行政处分，主要是对有违纪行为但尚未构成犯罪或者构成犯罪但依法不予追究刑事责任的国家公务员，依照有关规定给予惩戒的制度。行政处分主要分为警告、记过、记大过、降级、撤职、开除。

（2）对于公务员有违法违纪行为且情节严重、构成犯罪的，行政机关应当依法将其移送至司法机关。

（四）职业发展和保障制度

公务员的职业发展和保障制度主要包括交流、考核、工资和回避等内容。

1. 交流制度

（1）调任。调任是指国有企业、高等院校和科研院所以及其他不参照《公务员法》管理的事业单位中，从事公务的人员调入机关担任领导职务或者四级调研员以上以及其他相当层次的职级。

（2）转任。转任亦称转换，是指国家公务员因工作需要或者其他正当理由在国家行政机关内部平级调动（包括跨地区、跨部门调动）。

（3）挂职锻炼。挂职锻炼是指国家行政机关有计划地选派在职国家公务员在一定时间内到基层机关或者企业、事业单位担任一定职务，在挂职锻炼期间，不改变与原机关的人事行政关系。

2．考核制度

（1）考核的内容：对德、能、勤、绩进行全面考核，重点考核绩效。

（2）考核的形式：平时考核和年度考核。平时考核作为年度考核的基础。

（3）考核的等级：优秀、称职、基本称职、不称职。

3．工资制度

工资制度是指公务员依法履行职责、完成本职工作后，国家以法定货币支付给公务员个人劳动报酬的制度。我国公务员制度明确规定，公务员实行国家统一的职务与级别相结合的工资制度。《公务员法》规定，公务员工资包括基本工资、津贴、补贴和奖金四个部分。

4．回避制度

回避制度是为了防止公务员因个人利益和亲属关系等因素对公务活动产生不良影响而在公务员所任职务、所执行公务和任职地区等方面做出一定的限制，使其避开有关亲属关系和公务的制度，主要包括以下内容。

（1）公务员之间有夫妻关系、直系血亲关系、三代以内旁系血亲关系以及近姻亲关系的，不得在同一机关双方直接隶属于同一领导人员的职位或者有直接上下级领导关系的职位工作，也不得在其中一方担任领导职务的机关从事组织、人事、纪检、监察、审计和财务工作。

（2）公务员执行公务时，涉及本人或者涉及与本人有上述所列亲属关系人员的利害关系的，应该回避。

（3）国家公务员担任县级以下地方人民政府领导职务的，一般不得在原籍任职。但民族区域自治地方人民政府的国家公务员除外关系的，必须回避。

 本章小结

人事行政是指政府通过一定的人事机关及相应的制度、法规、方法和手段等，对其所任用的国家工作人员进行选拔、任用、培训、奖惩、考核、调配、工资福利、退职退休等方面的管理活动。当下西方各国的人事行政管理机构，按照功能可分为决策和综合管理型、协调和咨询型、监督和仲裁型、部门执行型四种类型；按照与政府的关系可分为部内制、部外制、折中制三种类型。人事行政大致经历了恩赐官僚制、政党分肥制、功绩制三个阶段并在结构、理念、管理方式和人才构成四个方面持续发展演进。职位分类是现代人事行政中的基础工作,指的是把国家行政机关的全部职位,按照其业务性质和内容划分为若干类别,再依照各个职位的责任大小、难易程度以及所需知识、技能、经验等资格条件划分为若干等级,进行分类整理。职位分类一般经过职位调查、职系划分、职位评价、制定职级规范和职位归类五个步骤。本章最后对西方国家公务员制度的概念、分类、基本特征,我国国家公务员制度的确立和发展及其特点、基本内容进行了系统的介绍。

  课后练习题

一、名词解释与术语

职位　职系　职组　职类　职级　职等　调任　轮换　挂职锻炼　考核　职务升降　领导职务　非领导职务　回避　辞职　辞退　退休　工资　行政处分　部内制　部外制　折中制　考任制　委任制　选任制　聘任制　职位分类　品位分类　政党分肥制

二、思考题

1. 简述人事行政的含义以及它在行政管理中的地位和作用。
2. 人事行政的原则有哪些?
3. 简述现代人事行政的趋势和特征。
4. 西方国家公务员制度的基本特征有哪些?
5. 简述我国公务员制度与西方国家公务员制度的区别。
6. 我国公务员制度的基本内容有哪些?

 自测题

第七章 行政决策

本章学习目标

在当下的行政管理领域，公共政策已经发展为理论较为完备、知识体系较为合理的独立领域。行政决策在本质上就是公共政策，其理论知识与公共政策是完全相通的。本章的主要学习内容包括三个层次：一是行政决策的含义、特征、类型等基础性知识；二是行政决策的理论模型；三是行政决策的方法。这一递进的学习内容设置方式有助于形成全面系统的知识体系。

第一节 行政决策概述

行政决策，也就是公共政策。目前，公共政策在行政管理领域已经成为一个理论较为完备、知识体系较为合理的独立领域。鉴于本书的主题，我们依然将其界定为"行政决策"，但是其理论知识与公共政策是完全相通的。

一、行政决策的含义

决策（decision making）一词，简单地说，是"决定"或"做出选择"的意思。按照美国学者斯蒂芬·罗宾斯（Stephen Robbins）在《组织行为学》一书中的说法，决策就是决策者"在两个或多个方案中进行选择"。《中国大百科全书·政治学卷》给"决策"一词下的定义是："从多种可能选择中做出选择和决定。"按照上述解释，我们可以把行政决策定义为：**具有行政决策权的组织或个人为了有效地实现行政目标，从多种可能的行政方案中做出选择或决定的过程。**

二、行政决策的特征

一般而言，行政决策既具有决策的一般性特征，又具有自身的鲜明特征。决策的一般性特征主要表现为以下几个。

（1）目的性。决策活动的开展建立在资源消耗的基础之上，在资源有限的条件下，决策不可能漫无目的地进行，决策活动要以问题或需求的明确性为前提，这样才能保证决策质量。

（2）选择性。决策活动是人类的一种理性计算活动，某种决策方案的实施就意味着对其他方案的放弃,这就要求决策者经过权衡和比较,从各种不同的行动方案中选择最优或最令人满意的行动方案。

(3)过程性。完整的决策活动需要经过信息搜集、目标确定、方案设计以及方案选择等一系列环节,任何决策都不可能是瞬间完成的,看似简单的"现场拍板"或"当机立断",也是决策者决策经验积累和充分准备的结果。

除具有上述决策的一般性特征外,作为组织决策的一种,行政决策还具有自身的特征,具体如下。

(1)行政决策的主体是掌握行政权力的个人或组织。任何决策都需要一个决策主体,即做出决策的个人或组织。行政决策是行政权力的运用,其主体必然与行政权力有关。换句话说,只有具有行政权力的个人或组织才能有权力做出行政决策。在我国,行政权力主要由中央人民政府及其部门和地方人民政府及其部门行使,因此行政决策的主体只可能是中央人民政府及其所领导的各个部门和各级地方人民政府及其所领导的各个部门。在实行行政首长负责制的行政部门,行政决策权一般由行政首长行使;在实行委员会制的行政部门,行政决策权一般由委员会集体行使。也就是说,从形式上看,在前一种决策形式中,行政决策的主体是行政首长个人;在后一种决策形式中,行政决策主体是行政委员会集体。但从实质上看,由于行政首长作为行政组织的负责人,只是代表行政组织行使决策权,因而行政首长的行政决策本质上仍然是一种组织决策,即行政组织的决策。

(2)行政决策的内容是行政事务。行政决策的内容固然涉及行政机关的内部事务,如政府人事行政事务、机关后勤管理事务等,更多地涉及社会公共事务,如教育、卫生、劳动就业、社会保障、社会治安等事务。作为行政管理的对象,这些事务都可称为行政事务,也是行政决策的内容。政府作为公共事务的管理部门或公共服务部门,其决策内容离不开"公共"二字,或者是有关公共管理的内容,或者是有关公共服务的内容。一般来说,行政决策内容主要是公共领域内的事务,而私人领域内的事务理应由私人自行决策。当然,政府组织有权也有必要为私人行为制定必要的规则,由于这种规则要求每一个人(私人)必须遵守,因而它实际上也是一种公共规则,此类决策仍然是一种公共决策。

(3)行政决策的价值取向是公共利益。社会中的每一个人作为"经济人",其决策准则是实现自我利益的最大化。营利性工商企业也遵循这一准则,其具体的决策准则是利润的最大化。而政府组织作为公共部门,其决策则不能遵循这一准则。公共部门不能是一个"自利性"机构,而应该是一个"追求更高利益"的机构,因此其决策准则应该是"公共利益的最大化",这不仅是公共决策部门与私人决策企业制定决策的区别之一,而且是两者之间的本质区别。正是从这个意义上说,行政决策在价值取向上应该,而且必须坚持公共利益最大化的准则。

三、行政决策的类型

所谓决策类型,是指按照一定的标准对决策进行的分类。由于决策分类标准的多样

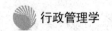

性，因而目前存在着多种分类方法。决策的分类标准是指具体划分决策类型的基本依据，目前常见的决策类型主要有以下几种。

（一）常规决策与非常规决策

常规决策与非常规决策是按照决策所解决问题是否重复出现来划分的。如果决策所解决的问题是重复出现的，则称为常规决策；如果决策所解决的问题不是重复出现的，则称为非常规决策。这是因为一类问题出现多次，就可以制定出一套例行程序来作为解决的办法，每当这类问题出现就依照这套例行程序来解决它。例如，在公共管理实践中有一个如何考核的问题，对这类问题的解决一般采用常规决策方法，即制定科学而又具体的考核指标体系等。常规决策也可称为重复性决策，还因为决策者在过去已有反复处理的经验，容易摸出规律，有自身的系统或结构，因此又可称为规范化决策或高结构决策。

对于非重复出现问题的解决，由于没有以往经验可资借鉴，不可能有一套例行的程序作为解决的办法，因而其决策是非常规的。例如，我国进行的供给侧结构性改革是一件前人未从事过的事情，改革的决策就是一种非常规决策。非常规决策又可称为非重复性决策，还由于它没有自身的系统结构或系统、结构不严密，因而又称之为非规范化决策或低结构决策。要特别注意的是，这里说的非常规决策所考虑的不仅是对这一步骤的最后批准举动，而且是制定决策的整个过程，包括收集、处理信息和制定方案等活动，都具有非常规的特点。

一般来说，常规决策具有定量的性质，而非常规决策则很难数量化。因此，在多数情况下，常规决策属于数量决策，而非常规决策属于非数量决策。在这里，有必要讨论一下数量决策和非数量决策的问题。凡是决策目标可用数量表示的，称为数量决策；反之，凡是决策目标不能用数量表示的，称为非数量决策。例如，某公共部门决定将全年行政经费控制在 800 万元内，这就是数量决策，而关于社会道德建设的决策等一般属于非数量决策。数量决策的目标要求有一定的准确度，一般都要用具体的数字或百分比表示，不能笼统地提出过于泛化或空洞的目标。数量决策的优点在于：一是便于准确地执行、检查、监督；二是比较容易采用数学方法选择最优方案。非数量决策比较难以用数学方法解决，而主要依靠决策者的分析、判断。但是，非数量决策也十分重要，因为这类决策所解决的往往是一些十分复杂的问题，甚至是涉及行政事业发展方向的问题。非常规决策往往属于非数量决策，如把工作重心转移到经济建设上的决策等。

常规决策和非常规决策与数量决策和非数量决策之间存在着一定的内在联系。一般来说，常规决策与数量决策有关，非常规决策与非数量决策有关，但这并不是绝对的。有时，常规决策也可能是非数量决策，非常规决策也可能是数量决策，常规决策和非常规决策的区分、数量决策和非数量决策的区分并不是绝对的。在公共管理决策实践中，纯粹的常规决策并不多见，纯粹的非常规决策也是很少的。

首先，常规决策中存在着非常规因素。常规决策与非常规决策的区分是以决策问题是否会重复出现为根据的。事实上，不可能存在绝对重复的决策问题。德国哲学家莱布尼茨

（Leibniz）曾经指出："世界上不存在两片完全相同的树叶"，更何况如此复杂的决策问题。唯物辩证法也认为，任何事物既有共性，又有个性，都是共性和个性的统一，决策问题也是一样。说决策问题是可以重复出现的，只是说前一问题与后一问题之间存在共性，并且这种共性比较明显，但这并不与它们各自的个性，即它们之间的差别性互相排斥。由于这种差别性的存在，常规决策中必然包含着非常规因素。除问题自身的特性所带来的差别性外，前、后问题所处的条件、环境也是有区别的，这种区别也会给常规决策带来一些非常规因素。

其次，非常规决策中也有常规决策的因素。前面已经指出，非常规决策是就整个决策过程而言是非常规的，这意味着对于这个过程的某一具体程序、步骤具有常规决策性质的可能性并未排除。事实上，任何一项非常规决策都包含某些部分、因素、步骤的常规性质。非常规决策所处理的是非重复性问题，这是就整个决策问题而言的，是决策者没有遇见过的问题。但是，这个问题中所包含的某些因素部分可能是决策者碰到过的，决策者具有一定的经验。纯粹与经验无关的决策是不存在的，否则我们无法解释为什么直至今天，经验决策法对于非常规决策仍然具有重要作用。之所以如此，就在于这些新的决策问题所包含的部分内容往往与决策者过去遇到的某些决策问题相同或相似。例如，关于我国公共管理体制改革的决策是一项非常规决策，是摆在决策者面前的一个新的决策。但是，这一新的决策问题也包含某些决策者以往遇见过的问题，如加强岗位责任制、定员定编等。对于这些问题，有的可以采用常规的办法加以解决，当然，正如前面所说，这里所说的常规的办法也不是纯粹的。而且，对于这些常规的办法也不能孤立地理解，应该把它们纳入整个非常规决策的过程之中，视为非常规决策中的一个组成部分。

正因为如此，我们不能把常规决策与非常规决策理解为绝对不同的两类东西，而是常规（或结构程序）由高到低的一个序列。关于常规决策和非常规决策的划分是由现代决策学者西蒙提出的，不过他称之为程序化决策和非程序化决策。1973 年，美国决策学者拉德福特（K. J. Radford）对此做了进一步的划分。他把决策分为三类，即完全规范化决策、部分规范化决策和非规范化决策。完全规范化决策是指决策过程的每一步都已有一定规范，包括决策的模型、数量参数的名称和数目以及选择方案的标准等。只要环境基本不变，这些规范就可以重复用于解决同类问题。无论决策者是谁，给予同样的数据都会得出相同的结果，完全不受决策者个人主观看法的影响。非规范化决策是指完全无法用常规办法处理的、非重复性新决策，决策中的每一步都要按决策者的想法来做。由于决策者个人的经验、判断、信念的不同，对于同样一个问题，不同的决策者可能做出完全不同的决策。由于这类决策完全取决于决策者个人，因而又被称为"个人至上决策"。至于部分规范化决策，则是介于上述两者之间的一种决策，即决策过程仅有一部分是可以规范的。例如，人事管理决策往往按规范办法处理决策中的具体材料，而把最后判断权留给决策者个人。例如，选择任命人员，决策者先提出年龄、文化程度、资历、政治面貌、业务等条件要求，委托人事部门按常规办法挑选几名候选人，最后由决策者从中选定。在公共管理实践中，部分规范化决策占绝大多数。

（二）战略决策与战术决策

战略决策与战术决策是按决策问题的重要性进行区分的。把握战略决策与战术决策的区分及其相互关系，有利于人们理解各种决策的意义，从而更自觉、更正确地执行决策。

公共部门的决策既有战略决策，也有战术决策。战略决策是指那些具有指导意义的、带方向性的、与整个国家或公共部门的发展远景有关的重大决策。例如，我国在党的十一届三中全会上做出的把工作的重心转移到经济建设上的决策就是一项重大的战略决策。战术决策是指为解决某一具体管理问题而在具体管理过程中所做出的决策。例如，某大学决定在下一年度保持本科生招生数量与上一年基本平衡的决策就是一项战术决策。

区分战略决策与战术决策的标志是决策问题的重要性及其在管理中的地位。因此，只有准确地把握决策问题的重要性，才能明确二者之间的界限。公共部门决策所面对的问题是广泛而复杂的，这些问题中有些是长期性的、根本性的、重大的问题，有些问题则是眼前的、一般性的、较为次要的问题。战略决策所处理的是长期性的、根本性的、重大的问题；战术决策所处理的是眼前的问题，这些问题一般具有非根本性的特征。但也不全是这样，有些眼前的问题也可能是根本性的，甚至是重大的问题。因此，我们既要重视战略决策，也不能忽视战术决策。由于决策问题重要性的不同，战略决策与战术决策作用的范围和影响的程度也不同。一般来说，战略决策作用的范围较大，影响的程度较深；而战术决策作用的范围较小，影响的程度也较浅。例如，前面提到的党的十一届三中全会上做出的把工作的重心转移到经济建设上来的决策对全国的各项工作都具有巨大的作用并对我国在现代和未来的整体发展产生了深远的影响。但某大学做出的关于本校年度招生数量的决策，其作用范围仅仅是这所学校，仅仅对当年参加高考的学生有些影响，其影响程度与前者相比，微乎其微。

一般来说，战略决策多数属于单项决策，战术决策多数属于序贯决策，战术决策是战略决策的具体落实和实现。

单项决策即静态决策，它所处理的问题是某个时期总的结果或某个时点的状态。例如，我国有关西部开发的战略决策可以看成某个时期总结果的决策，前面提到的某大学关于年度招生数量的决策便可看成某个时点状态的决策。序贯决策即动态决策，它与单项决策不同，要求做出一系列相互关联的决策。它有两个特点：第一，它做出的决策不是一个，而是一连串，因而又可称为"一揽子决策"；第二，这一连串决策不是彼此无关的，而是前一项决策直接影响后一项决策，前、后项决策之间存在这样一种关系——前一项决策是后一项决策的准备和基础，后一项决策是前一项决策的继续和完成。例如，有关西部开发的战略决策就需要一连串战术决策来保证其实现。这些战术决策往往是一连串相互关联的决策，前一步与后一步，即前一项决策与后一项决策都伴随着时间先后动态变化，正是在这个意义上，人们把它叫作动态决策。

在公共管理实践中，动态决策是经常遇到的。在人们做出一项战略决策后，为了落实和实现这项战略决策，就有必要做出"一揽子"战术决策。但是，并不是任何战略决策都是单项决策、任何战术决策都是序贯决策。事实上，战略决策也有动态决策，战术决策也有静态决策，下面在讨论战略决策与战术决策的关系、静态决策与动态决策的关系时对此做进一步的探讨。

战略决策与战术决策的区分是相对的，二者之间并没有绝对的界限，对于大多数决策来说，在一种条件下是战略决策，在另一种条件下又可能是战术决策；反之亦然。

战略决策在一定条件下也可能是战术决策。简而言之，战略决策就是一种比较重要的、在较长时期内起作用的决策。而重要与不重要是相对的，起作用的时间长短也是相比较而存在的。在一定条件下是重要的，但与比它更重要的东西相比，则又变得不那么重要了；同样，在一定条件下起作用是长时期的，但相对于比它起作用的时期更长的决策来说，则又是短时期起作用的。例如，湖北省委曾做出撤销省委与政府重叠的三个机构（经济工作委员会、农村工作部、科教部）的决定，这项决策相对于一些更小的决策，如开小会与开短会的决定、岗位责任制的决定等，具有战略决策意义，因而是一项战略决策；但相对于中央关于政治体制改革的决策来说，则又成了一项战术决策。

与战略决策和战术决策区分的相对性一致，单项决策和序贯决策的区分也不是绝对分明的，二者区分的相对性主要表现为序贯决策本身就是由一连串单项决策构成的。任何序贯决策或动态决策都由"一揽子"决策所构成，就这"一揽子"决策中的每一个具体决策而言，它都是单项决策或静态决策，但就这"一揽子"决策中各单项决策之间的关系而言，它们才是序贯决策或动态决策。例如，就某一政府机构改革决策而言，如果决定分三步走：第一步，精简机构，减去 1/5 的机构；第二步，实行定员定编，减去 1/4 的行政人员；第三步，实行行政经费包干，把行政经费减少 1/3。这里，每一步都是单项决策，即静态决策，而这三个单项决策则构成了一个动态决策过程，即序贯决策。再者，序贯决策本身就是以单项决策作为出发点的，是单项决策的具体化。例如，上例中的序贯决策就是以政府机构改革决策为出发点的一项决策的具体化，而这一项决策本身是单项决策。

战略决策与战术决策有一种目的与手段的关系。战略决策是战术决策的目的，战术决策是实现战略决策的手段。因此，战术决策必须服从于战略决策并以战略决策为指导；而战略决策也要依赖于战术决策，只有通过战术决策，战略决策才能得以实现。例如，我国各级地方政府、各单位的机构改革决策、人事制度改革决策等一系列决策都应以国务院的有关行政管理体制改革决策为指导；而我国行政管理体制改革的决策又只有通过各级地方政府、各单位的机构改革决策、人事制度改革决策等一系列具体改革措施的决策，才能得以实现。一般来说，战略决策作为目的，比较抽象；战术决策作为手段，比较具体。

在目的与手段这种关系中，单项决策与序贯决策的情况则比较复杂。单项决策在一定意义上也是序贯决策的目的。例如，上例中政府机构改革的决策就可以看成精简机构、实行定员定编、实行行政经费包干这一序贯决策的目的，而精简机构、实行定员定编、实行行政经费包干这一序贯决策则被看成实现政府机构改革这一单项决策的手段。但是单项决策在一定意义上又是序贯决策的一个组成部分，上例中的每一个具体决策都是如此。因此，这里又涉及单项决策与战略决策、战术决策的关系问题。前面已经指出，单项决策不一定是战略决策，序贯决策也不一定是战术决策。在这里，单项决策既作为战略决策出现，又作为战术决策出现。作为战略决策，它是序贯决策的目的；作为战术决策，它是序贯决策的一个组成部分。战略决策与战术决策的关系、单项决策与序贯决策的关系以及它们之间的对应交叉关系是十分复杂的。把握它们之间的这些复杂而又具体的关系，无论是对于正确地制定决策，还是对于正确地执行决策，都具有十分重要的意义。

（三）确定型决策、风险型决策和不确定型决策

确定型决策、风险型决策和不确定型决策的划分是按照决策问题的性质，即决策问题确定与否进行划分的。确定型决策是指这样一类决策：其所要解决的问题只受一种客观状态的影响，对于这类问题的解决，可以提出各种具有确定结果的方案。例如，某单位要通过政府采购方式购买一批办公用品，有 A、B 两个公司竞标，在品种、质量相同的情况下，为使费用最少，决策者自然会选择价格便宜的公司。对这类问题的解决，由于只受一种客观状态的影响（在此例中只受相对稳定的价格的影响），每一个方案都只有一个确定的结果，因而决策时可通过直接比较各方案的结果进行抉择。当然，确定型决策问题并非都如此简单，当涉及更多方案时，对于这类问题的解决，也需要采用线性规划等复杂的数学手段。

风险型决策是指这样一类决策：其所要解决的问题受多种客观状态的影响，无论采用何种解决问题的方案，都具有一定的风险，投资性决策一般属于此类决策。风险型决策问题也叫作统计型决策问题或随机型决策问题，应具备下列五个条件：①存在决策者所企图达到的一个明确目标；②存在决策者可以选择的两个以上的行动方案；③存在不以决策者的主观意志为转移的两种以上的客观状态；④各种客观状态下的损益值是决策者可以把握的，如投资决策中不同方案在某一状态（市场销售良好）出现时的预期收益值是可以测算的；⑤对于未来将出现哪种客观状态，决策者不能肯定，但对于出现的概率，决策者可以大致地预先估计出来。以上五点是构成风险型决策问题的基本条件，舍弃其中的一个条件，就不能构成一个风险型决策问题。

不确定型决策与风险型决策相比较所不同的是缺少上述条件⑤，即存在两种以上的客观状态，但对其出现的概率无法加以预测，因此对于这类问题，决策者不但无法把握确定的结果，而且连决策风险的大小也难以把握。当然，这并不是说决策者在这类问题面前无能为力。事实上，决策者凭借自身经验对这类问题做出合理决策的事例在历史上并不少见。当然，由于与决策问题相关的客观状态变化的不可预测性，必然会加大决策的难度。

（四）高层决策、中层决策与基层决策

高层决策、中层决策与基层决策是按主体在组织体系中的不同地位划分的，它们体现出了公共部门决策之间的垂直关系，而且这种垂直关系与管理层级组织的垂直关系是一致的。

在公共部门决策体系中，既存在高层决策、中层决策，又存在基层决策。高层决策是

指在公共部门组织体系中处于高层领导地位的决策集团所做出的决策;中层决策是指在公共部门组织体系中处于中层领导地位的决策集团所做出的决策;基层决策是指由公共部门组织体系中的基层单位所做出的决策。例如,在我国政府组织体系中,由国务院、省政府等行政领导集团所做出的决策属于高层决策;由市、县人民政府做出的决策属于中层决策;由乡政府等基层单位或组织做出的决策属于基层决策。

一般来说,高层决策所处理的是一些战略性问题,因而属于战略决策;基层决策所处理的多是一些战术性问题,因而属于战术决策;中层决策所处理的,有的属于战略性问题,有的属于战术性问题,往往介于战略决策和战术决策之间。

高层决策、中层决策与基层决策的关系主要表现在两个方面:一方面,高层决策、中层决策和基层决策三者之间的界限既确定又不确定;另一方面,高层决策、中层决策与基层决策之间是一种指导与被指导、制约与被制约的关系。

首先,高层决策、中层决策与基层决策三者之间的界限既确定又不确定。在公共部门的组织体系中,每一层级组织都具有确定的位置,高层组织总是处于组织体系中的最高地位,如我国政府组织体系中的国务院;基层组织总是处于组织体系中的基层地位,如乡政府。因此,高层决策与基层决策的关系以及二者各自的性质是不可改变的。国务院所做的决策总是高层决策,乡政府所做的决策总是基层决策。正是在这个意义上来说,高层决策、中层决策与基层决策的界限是确定的。但是,某些组织在公共组织体系中的地位又具有相对的意义,这主要是指中层组织的地位具有相对性。例如,地级市政府相对于乡政府而言是高层公共组织,它所做的决策属于高层决策;但相对于国务院和省政府而言,地级市政府又成了中层公共组织,其决策只能算中层决策。从这个意义上说,高层决策、中层决策和基层决策的界限又是不确定的。

此外,高层决策、中层决策、基层决策与战略决策、战术决策的关系也具有不确定性。如前所述,高层决策属于战略决策,基层决策属于战术决策,这只是从一般意义上而言。事实上,无论是高层公共组织,还是基层公共组织,都是既有自己的战略决策,又有自己的战术决策。例如,省政府的决策不全是战略决策,也有战术决策,如关于某项具体工作的决定,中央政府(即国务院)也是如此;乡政府也有自己的战略决策,如乡村发展的远景规划。因此,既要注意高层决策、基层决策与战略决策、战术决策的一致关系,但又不能把前两种决策与后两种决策等同起来,必须具体地分析它们之间的关系。

其次,高层决策、中层决策与基层决策是一种指导与被指导的关系。高层决策对中层决策、中层决策对基层决策具有指导作用。在公共组织体系中,一个高层组织统率若干个中层组织,而一个中层组织则统率若干个基层组织。因此,高层决策指导中层决策并通过中层决策指导基层决策。反过来,基层决策必须以中层决策为指导,中层决策又必须以高层决策为指导。从根本上讲,县、乡人民政府的决策也是以国务院等有关决策为基础的。但是,国务院的有关决策只有通过省、自治区、市人民政府的决策,才能对县、乡人民政府的决策起具体指导作用。

最后,高层决策、中层决策与基层决策之间存在着一种制约与被制约的关系。由于公共组织体系中存在一种垂直领导关系,因此上一层次的公共组织对下一层次的公共组织具有制约作用。在决策方面也是这样,高层公共组织要求中层决策必须与自己的决策相一致,中层公共组织要求基层决策必须与自己的决策相一致。但是,这种制约性并不能排斥下一层次的组织具有决策的自主性,只是给它规定了一个适当的范围。例如,若国家(中央政府)规定新建项目投资10亿元以上的必须报经国务院有关部门批准,这是一项高层政策决策。一方面,这一明确的政策限制了地方政府及其部门制定新建项目的决策权限,避免了地方政府及其部门做出投资过大的新建项目决策;另一方面,这项政策也清楚地说明,并不是事无巨细都要找上级主管部门,在10亿元的范围内,地方政府及其主管部门只管做出自己的决策,而不必担心没有这个权限。

高层决策对中层决策、中层决策对基层决策具有指导作用、制约作用,而中层组织、基层组织在上一层级组织决策所允许的范围内又有自己的自主决策权。正确理解这种指导与被指导、制约与被制约的关系对于正确地制定决策和执行决策具有重大意义。

第二节 行政决策的理论模型

为了提高行政决策的科学性,决策者必须重视行政决策的多样性,了解行政决策模型的功能、特点和适用范围。虽然模型不能代替决策,也不能准确预见未来所能达到的决策结果,但有效的决策模型可以帮助决策者预测未来某种情况出现的概率,从而为行政决策提供有力的工具。

一、理性决策模型

理性决策模型(rational decision model)通常也称为科学决策模型。就其思想渊源而言,可以追溯到古典经济学和管理学理论,主要代表人物有英国学者边沁(Jeremy Bentham)、美国学者F. W. 泰勒等人。这种理论提出了有关人类行为决策的一个绝对标准,即人们在决策时所遵循的是最大化原则,也就是谋求最大效益,在经济领域则是求得最大利润,在抉择方案时则是进行最优选择,即从诸多方案中选择最优方案。

在这一理论原则的指导下,随着现代管理技术的发展和决策分析手段的现代化,人们迫切希望使决策成为完全理性的、十分科学的事情,因而逐渐在西方世界形成了一整套理性决策模型的理论和学说。

理性决策模型主要由以下六个要点构成,或者说,它把决策过程分为以下六个步骤,形成了一套比较系统的决策程序理论。

(1)发现问题。决策者之所以要进行决策,首先是因为在实际的管理过程中面临一个存在的问题,需要对这个问题加以解决。

(2)提出目标。理性决策模型理论假设作为决策主体的人是完全理性的,他/她根据自己的目的或价值观，针对已发现的问题提出解决问题的目标并对这些目标进行排列或组合。

（3）设计方案。决策者将所有可能解决问题的方案——列举出来，以备选择。

（4）预测后果。决策者运用一系列科学的方法对每一个决策方案进行评估，预测执行每一个方案后所能得到的结果及其可能带来的新问题。

（5）分析比较。决策者对各个方案进行——对比，在比较的基础上排列出先后顺序。

（6）选择最佳方案。决策者在对各个方案进行比较分析后，选取结果与目标最为一致的方案作为最佳的决策方案。

在上述六个步骤中，作为决策者的人始终是理性的，每一个步骤都是理性的活动，不存在任何非理性成分，整个决策过程都是理性化的。

从理想的角度而言，这一模型确实是一个非常科学的模型。但是，决策活动是一项非常现实的活动，它受到很多现实因素的制约。因此，在实际的决策活动中，人们很难严格地遵从这一模型。理性决策模型在应用中必须满足以下五个条件：①能够得到所需要的全部的、详细的决策信息；②能够了解所有人的社会价值偏好及其所占的相对比重；③能够寻找到所有的决策方案；④能够准确地预测、正确地估计每一个方案产生的全部后果；⑤能够选择最经济有效的决策方案。

但是，在现实的决策活动中，几乎没有一项决策能够满足以上五个条件。例如，面对一个复杂的决策问题，决策者根本无法知道关于这个问题的决策信息有多少、有哪些，更谈不上等到收集全部决策信息后再做出决策。由此可见，理性决策模型在现实的决策活动面前陷入了困境。西蒙和林德布洛姆正是看到了理性决策模型的这一缺陷，从批评理性决策模型出发，建立了新的决策理论模型。他们提出的决策模型与决策实践更加接近，因而更具有实用性。

当然，我们必须看到，理性决策模型是对经验决策模型的否定，是人类决策活动和决策理论发展史上的一场深刻革命，它是决策科学化在理论上的一种初步反映。尽管它有不完善的地方，但它的出现仍然具有十分重要的意义。

二、有限理性决策模型

有限理性决策模型（bounded rationality decision model）的提出者是赫伯特·A.西蒙，他在批评理性决策模型理论的过程中提出了自己的有限理性决策模型并因而建立了现代决策理论。

（一）对理性决策模型理论的批评

西蒙对古典的理性决策模型理论做了全面而系统的批评，其要点如下。

（1）按照理性决策模型理论，决策者必须收集到有关决策状况的所有信息才能进行决策，但是事实上决策者并不具有有关决策状况的全部信息。如此来说，决策者永远不能

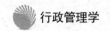

做出决策。

（2）决策者处理信息的能力是有限的。由于决策者处理信息的能力受到各种条件的限制，因而不可能对有关决策状况的所有信息做出正确的处理和分析，因而也就不可能做出最佳决策。

（3）事实上决策者并不是按照理性决策模型行动，不是必须等到了解全部信息之后再做出决策，而是在有了有关决策状况的基本印象后就做出决策，开始行动。因此，理性决策模型理论并不符合决策过程的实际状况，实用价值不大。

（4）决策者的能力是有限的，而决策状况无论就其内部条件还是就其外部条件而言，都是极为复杂的。因此，一个能力有限的决策者要在复杂的决策状况中做出最佳决策是十分困难的。

（5）事实上不存在具有普遍承认、绝对的最佳决策，因为每一项具体决策的制定既受到特定的客观条件的影响，也受到特定的决策者的主观条件的影响。例如，从客观条件而言，决策者的抉择行为总是受其所得到的信息的性质和先后次序的影响；从主观条件而言，决策者的抉择行为必然受到决策者个性及其个人经历的影响。

总之，西蒙认为，理性决策模型不符合决策的实际状况，只是一种理想化模型，而不具有实际价值。因此，他通过修正理性决策模型，提出了有限理性决策模型，使决策模型与决策的实际状况更加一致。

（二）有限理性决策模型的原则

西蒙认为，理性决策模型实际上是一种绝对的决策准则，它所遵循的是最大化原则，它所要求的是进行最优选择。他认为这是不可能的，因此对这一原则进行了重大修正，提出了相对性原则，也就是著名的满意决策原则。这一原则认为，决策过程中不存在最优决策，而只有满意决策，所以有限理性决策模型理论又被称为满意决策模型理论。

所谓满意决策原则，就是在决策时确定一套标准，用来说明什么是令人满意的最低限度的替代办法（即备用方案）。如果考虑中的替代办法满足或者超过了所有标准，那么这个替代办法就是令人满意的。这就是说，可以选定这个备用方案并执行这个备用方案。西蒙还指出，按照满意决策原则进行选择时，选择标准本身有时也可以变动，不像理性决策模型那样是一成不变的。在按照原定标准寻找不到令人满意的任何备用方案时，就有必要考虑改变原定标准。

三、渐进决策模型

渐进决策模型（incremental decision-making model）是由美国著名的政策科学家林德布洛姆提出来的。林德布洛姆于1917年3月生于美国加利福尼亚州，于1945年获芝加哥大学经济学博士学位，先后担任耶鲁大学政治学系主任、美国政治学会主席、美国比较经济制度学会主席等职位，是美国公共政策制定过程中渐进主义的主要代表人物。他所提出的渐进决策模型在美国政治学界和公共管理学界颇具影响。

（一）对理性决策模型的批评

渐进决策模型理论与有限理性决策模型理论一样，也是从批评理性决策模型理论入手的，但它比有限理性决策模型理论更彻底，更注重决策模型的实用性。渐进决策模型理论对理性决策模型的批评主要包括以下内容。

林德布洛姆等人认为，决策者并不是面对一个既定的问题，而必须对他们的所谓问题加以明确界定并予以说明，关于"问题是什么"，不同的人有不同的看法，存在各种争论。对于怎样解决这一争论，林德布洛姆认为，目前还没有任何可以通过分析来解决这一争论的方法。

林德布洛姆认为，决策分析并非万能的。对一项复杂的决策来说，分析永远是没有穷尽的，有时或许还会造成错误，而且在现实的决策中，也不可能漫无止境地分析下去。这是因为：一方面，受到时间限制，决策者常常在分析远未完成之前就要做出决策，否则就要贻误时机；另一方面，决策也受到费用的限制，对于有些决策来说，采用分析手段所花费用太多，虽然对有的决策进行确定性分析是可能的，但也许不值得花费高昂的费用。

林德布洛姆认为，决策还受到决策者价值偏好的影响。由于决策集团内部个人的价值偏好不同，因而在进行方案选择时必然会出现意见不一致，但依靠分析不能解决决策者的价值偏好和意见不一致的问题。这是因为：一方面，价值观是不能被证实的，分析的方法既无法证明人的价值观，也无法命令他们在价值偏好上取得一致；另一方面，在决策标准上，决策者们也很难取得一致意见。有人认为公共利益可以作为衡量公共决策（政策制定）正确性的标准，林德布洛姆批评了这种观点，认为公共利益很难作为衡量公共决策正确性的标准，因为在什么构成公共利益这一问题上并没有普遍一致的意见，公共利益并不表示一致同意的利益。

（二）渐进决策的特点

林德布洛姆认为，渐进决策过程并非理性决策模型理论所说的是一个科学分析和理性思考的过程，而是一个理性分析与党派分析相结合的错综复杂的、不断探索的政治过程，主要具有以下几个方面的特点。

（1）渐进决策过程是一个不断探索、逐步前进的过程。传统的理性决策模型理论认为，决策者在决策过程中必须首先确定明确的目标，然后制定出切实可行的方案，只有在选择了最优方案之后才能进入实际行动阶段。林德布洛姆认为，理性决策模型理论所描述的这种决策程序与人们实际所进行的决策过程是不相符的。事实上，人们的决策活动是在边行动边探索的过程中进行的。在绝大多数情况下，人们并不是在有了明确的目标和方案之后才去行动。相反，人们在有了一个大致的方向时便开始行动，通过"走一步、看一步"逐渐明确行动的目标并形成或完善行动的方案。

（2）渐进决策过程中的理性分析只对决策方案进行边际分析。在林德布洛姆看来，在决策过程中常常要对决策方案做必要的理性分析，但这种分析并不意味着对所有决策方案进行成本-效益分析，而只是对少量备用方案进行边际分析。所谓"边际"或"边际的"，即"增加的"；所谓边际分析，即对新方案与原有方案相比的不同部分进行分析。这样，就使理性分析大为简化，从而大量地节约了分析的时间和成本，使分析变得更为实用。

（3）在渐进决策过程中，理性分析与党派分析是结合在一起的。林德布洛姆认为，直接决策者在进行决策时，并不是完全按照理性分析的结果来进行决策的。相反，在很大程度上，他们会受到利益集团的影响。利益集团领袖们往往通过说服来影响直接决策者，帮助直接决策者分析其本人的态度和价值观在政策上的含义，还尝试其他种类的分析，甚至试图根本改变直接决策者的世界观、政治哲学、最稳定的原则或偏见等，这就是林德布洛姆所说的党派分析。在实际的决策过程中，利益集团总是发挥着非常重要的作用，因此党派分析与理性分析一样重要。

（4）渐进决策过程是一个利益冲突和价值分配的政治过程。林德布洛姆认为，由于决策过程中利益集团发挥着很重要的作用，而不同的利益集团之间的利益又是相互冲突的，因此决策过程也就成了一个利益集团围绕着利益的争夺而相互冲突和斗争的政治过程，政府的决策实际上是对社会价值的一种权威性分配。如果一个利益集团在社会中乃至在决策过程中占有更多的优势，那么它在这种价值分配中则占有更大的份额，反之则占有更小的份额。

（三）渐进决策的基本原则

林德布洛姆认为，渐进决策必须遵循以下几个基本原则。

（1）按部就班的原则。在林德布洛姆看来，决策过程只是决策者基于过去的经验对现行决策稍加修改而已。其在代表作之一《决策过程》一书中指出："按部就班，修修补补的渐进主义者或安于现状者或许不像个英雄人物，但他是个正在同他清醒地认识到对他来说是硕大无比的宇宙进行勇敢的角逐的足智多谋的问题解决者。"渐进决策模型论者把决策过程当成一个按部就班的过程，关注到决策过程的连续性。在他们看来，渐进决策似乎按部就班、修修补补、安于现状而没有大的作为，但实际上是勇敢和足智多谋的一种表现。

（2）积小变为大变的原则。渐进决策模型论者认为，决策是一个渐进的过程，看上去似乎行动缓慢，但积小变为大变，其实际速度要大于一次大的变革。也就是说，渐进决策并不是要求不变革现实，而是要求这种变革要从现状出发，通过一点一点地变，逐渐地实现根本变革的目的。

（3）稳中求变的原则。为什么决策过程需要按部就班和积小变为大变呢？其原因就在于要保证决策过程的稳定性，防止决策过程的大起大落。林德布洛姆认为，政策上大起大落的变化是不可取的，往往是"欲速则不达"，它会危及社会的稳定，对社会造成破坏，最后不但达不到决策的目的，而且会与决策的原有目的背道而驰。因此，在决策过程中，必须遵循稳中求变的原则，在保持稳定的前提下，在决策过程中通过一系列的小变而达到大变。

（四）渐进决策模型的局限性

渐进决策模型理论具有一定的局限性，这主要表现在以下两个方面：第一，保守性。一般来说，这种决策模型比较适于安稳和变动不大的环境以及从总体上说比较好的现行政策。一旦社会条件和环境发生巨变，一旦表明对以往的政策需要加以彻底改变时，渐进决策模型所主张的修正和缓行就发挥不了作用，有时甚至会对社会的分配变革起阻碍作用。第二，片面性。渐进决策模型不应当作为一种唯一的排压其他模型的决策模型。忽视渐进决策模型运用的限制条件，把它夸大为普遍适用的模型使林德布洛姆陷入了片面性错误。

四、混合扫描决策模型

混合扫描决策模型（mixed-scanning decision-making model）又称为综视决策模型，是由美国社会学家阿米泰·埃特兹奥尼（A. Etzion）提出来的。作为一个社会学家，阿米泰·埃特兹奥尼的研究领域不可能以决策问题作为重点，但是他通过对大量社会管理活动的研究发现，理性决策的理论模型固然有其不足之处，但渐进决策的理论模型也不是十全十美的，甚至存在严重的片面性。出于对人类决策活动规律性进行较为全面的理论概括的考虑，阿米泰·埃特兹奥尼提出了反映自身独特见解的混合扫描决策模型。

阿米泰·埃特兹奥尼认为，渐进决策理论至少存在两个方面的缺陷。

一方面，按照渐进决策理论模型做出的决策只是反映了社会中势力最强大而且又组织起来了的那部分人的利益，而处于社会下层、政治上又没有组织起来的那部分人的利益则没有被考虑进去。这是因为在渐进决策理论的政治学集团理论或"多元民主"理论看来，公共决策之所以是渐进的，是因为公共决策的制定是社会上各个利益集团利益冲突和斗争的过程，公共决策是这种冲突和斗争的结果，它总是反映在社会上占优势的集团的利益。因此，社会中的个人只有参与某个集团且其所参与的集团在社会上占优势时，他或她的利益才可能在公共决策中得到更多的反映。相反，那些在社会中处于弱势的个人或群体由于被排斥在公共决策过程之外或者代表他们的组织在利益争夺过程中处于弱势，因而他们的利益很难在公共决策中得到体现。

另一方面，由于渐进主义者把注意力集中在短期目标上，只是强调对社会的点滴改良，即改变现行决策的某些方面，因而往往忽视了根本性的社会变革，即忽略了对现行决策做重大调整或根本变革。按渐进决策理论的观点，决策者在决策时并不可能具有明确的目标，至多有一个大致的方向。因此，由于目标不明确，为了谨慎起见，决策者不应该对现行决策的一些措施做根本性变革，以免犯大的错误，而只应该做一些"修修补补"的小调整。在这个小调整过程中，即使出现错误，也是小错误，容易改正。正是由于秉持这种小心、谨慎的理念，渐进主义者主张决策时应该"走一步、看一步"，着眼于眼前看得见的目标，只对当前的决策措施进行"小步调整"。这样，渐进主义者实际上放弃了决策的长远目标，从而回避了有关根本性决策问题的研究。

基于以上对渐进决策理论的看法，阿米泰·埃特兹奥尼在决策方法和理论模型方面提出了以下看法。

（1）理性决策方法与渐进决策方法相结合。理性决策方法与渐进决策方法虽然都有不足之处，但也都有合理之处，问题不在于这两种决策方法是否有用，而在于在什么情况下使用它们。在某种情况下，运用理性决策方法是适用的。例如，我国三峡工程的决策、政府基建投资决策等都有必要运用理性决策方法；而在另一种情况下，运用渐进决策方法是适用的，如我国高等教育收费改革的决策、完善我国税收制度改革的决策等。此外，在渐进决策过程中，具体到这一过程的某个环节、某个方面的决策，也可能需要运用理性决策方法。而且，相当一部分决策都不能单纯地以理性决策方法或渐进决策方法解决，只有把两者结合起来，才能顺利地做出决策。

（2）根本性决策与非根本性决策相统一。阿米泰·埃特兹奥尼认为，在公共或社会决策活动中，既存在着大量的根本性决策，也存在着一定数量的非根本性决策。就数量而言，根本性决策要少于非根本性决策，然而根本性决策更加重要，因为它决定着行动的方向。非根本性决策的意义在于：一方面，它为根本性决策的形成做准备；另一方面，根本性决策形成后的实施主要是通过非根本性决策进行的。根本性决策主要是通过理性决策模型形成的，非根本性决策主要是通过渐进决策模型形成的。在社会决策或公共决策过程中，既要考虑根本性决策，也要考虑非根本性决策，这就意味着既要运用理性决策方法，也要运用渐进决策方法。

混合扫描决策理论模型的优点在于：对决策的方法和过程进行了比较全面的考察，克服了理性决策模型与渐进决策模型各自存在的片面性，同时看到了二者的合理性并力求把它们结合起来，对人类决策过程做出较为全面的解释，给人类的决策行为提供了一种较为全面的指导思想。然而，这一理论模型也有不足之处：在关于如何决策这一问题上，阿米泰·埃特兹奥尼除指出要把理性决策方法与渐进决策方法结合起来，并未提出一种新的决策方法，加上阿米泰·埃特兹奥尼在论证其观点时往往采用比喻的手法，并没有进行深层次的理论探讨，因而缺乏有说服力的理论论证。

五、精英决策模型

精英决策模型的代表人物是托马斯·R.戴伊，其核心观点是决策的权力实际上并非由大众掌控，即使是在最民主的国家中，决策也是掌握在精英的手中。他认为，公共政策应被视为统治精英的偏好和价值体现，虽然人们经常说公共政策反映人民的要求，但这可能只是民主的"神话"，而非事实。精英理论认为，民众对公共政策态度冷漠且缺乏了解，在公共政策的问题上更加常见的情形是：精英在事实上塑造了大众舆论，而不是大众塑造了精英舆论，因此公共政策的确会变成精英的偏好。

在公共政策分析中，精英理论的意义在于：第一，精英主义认为公共政策不反映公众的需求，而是反映精英的利益、价值和偏好，因此公共政策的变迁和创新只是精英对自身价值观进行重新定义的结果；第二，精英主义认为公众在很大程度上是被动、冷漠和缺乏信息的，因此公众情感在更多的时候被精英所操纵，多数时候，精英和公众之间的沟通是从上往下的；第三，精英主义认为精英在关于社会体系的根本规范上拥有共识，精英们统一基本的游戏规则以及社会体系自身的延续。系统之所以稳定或者存续，是因为精英们的共识代表了体系的根本价值，决策的选择只有限制在这个共识之中，才会得到认真考虑。

六、团体决策模型

团体决策模型是美国政治学家 D. B.杜鲁门提出的。他认为，政治决策过程实际上是不同的利益团体相互竞争的影响政策的过程，而政策就是各利益团体竞争后达成的一种均衡。所谓利益团体，就是具有共同态度、价值观和目标的个人组成的团体。为建立、维护自身的利益和行为，各利益团体向社会中的其他团体提出主张，而当它们向政府提出需求和主张时，就成了政治性团体。

只有通过团体，个人在政治上才是重要的，才能得到自己所追求的政治优先权。每一个利益集团为了实现自己的团体目标，都尽力加强自身的实力并尽可能对公共政策主体施加更大的影响。在一个存在着多元结构的社会中，各种力量都会对决策者制定政策产生影响。不可否认，在团体决策模型中，政府处于完全被动的地位，政府在决策中将同时受到来自利益集团与公众的压力，但实际上，政府在公共政策制定中的地位和能量是任何利益集团都无法比拟的，一切利益集团的诉求都必须经过政府的认同才能转化为政策。

第三节　行政决策的方法

行政决策的方法有很多，本节讨论、研究的方法主要包括头脑风暴法、戈登技术法、德尔菲法、提喻法等定性决策方法以及确定型决策分析方法、风险型决策分析方法和不确定型决策分析方法等定量决策方法。

一、定性决策方法

（一）头脑风暴法

头脑风暴法（brain-storming）又称为智力激励法、BS 法、自由思考法，是由美国创造学家 A. F.奥斯本于 1939 年首次提出、于 1953 年正式发表的一种激发思维的方法。简单地说，这是一种用会议形式求取方案的办法。

1. 会议组织

采用头脑风暴法求取方案的会议中，参加的人数以 6～10 人为宜，至多不过十几人。一般来说，参会人员应该是对待决策问题感兴趣且具有专门知识的人。待决策问题必须尽可能详细，使参会人员一目了然。问题越详细、越具体、越简单，越适宜采用这种方法。

有的学者认为，这样的会议最好在一个教室里举行，将问题写在黑板上，便于参会人员了解问题。同时，在举行会议时，主持者应对问题做详细解释。但是，主持者并不指明会议的明确目的，以免由于涉及一些利害关系等原因而束缚了参会人员的意见发表，而是就某方面的议题要求参会人员无拘无束地发表意见。当参会人员发表意见时，主持者应指定专人将所有参会人员发表的每条意见都详细地记录下来。

2. 会议规则

奥斯本给头脑风暴会议制定了以下四条规则。

（1）不允许对他人意见进行反驳，也不允许提出结论。

（2）鼓励自由思考，思路越广越好。

（3）追求数量，提出的意见（或建议）越多越好。

（4）寻求意见的改进与联合，即参会人员应当希望和他的意见差不多的人与他一起提出联合意见，使之更有说服力。

3. 效果

根据国外有关统计，头脑风暴会议一般每小时可产生 60~150 个设想方案。经验表明，在这种会议上，发表意见有一个从慢到快的过程。在会议的初期，意见是慢慢出现的，到一定的时候，节奏会突然加快，其原因可能在于：当一个人提出一种中肯的意见时，第二个人则试图超过他，而第三个人通过修改、补充前两个人的意见则可能提出一种更新奇的意见。这种相互赶超（但不许反驳、指责别人的意见）的活动形成连锁反应，从而导致意见越来越多。某个人单方面的意见也许是没有多大价值的，但是把几种意见结合在一起，则有可能产生一个令人满意的好方案。此外，利用头脑风暴法还有一个好处：使参会人员解放思想、打开思路，提高他们的创新能力，激发他们的主人翁精神，调动他们的工作积极性，从而推动其工作。但是这种方法也有其不足之处：一是在会议上提出的所有意见有可能都是无效的，会议不但得不到好的方案，反而造成浪费。二是耗费的时间太多，不仅是举行会议需要时间，会后对大量意见的鉴别与评价工作也需要大量的时间。为了节省时间，在选择会议参加者时，应该选择内行的专家。

（二）戈登技术法

戈登技术法亦称为"哥顿法"、教学式头脑风暴法或隐含法，是由美国人威兼·戈登（W. J. Gordon）开创的一种由会议主持人指导进行集体讲座的技术创新方法，该方法克服了头脑风暴法的局限性，将会议上的具体问题抽象化为广义的问题，从而避免由于议题与参会人员具有利害关系而影响参会人员讨论问题时的客观性的现象。

该方法的特点是不让参会人员直接讨论问题本身，而只让其讨论问题的某一局部或某一侧面，或者讨论与问题相似的某一问题，或者用"抽象的阶梯"把问题抽象化。主持人对提出的构想加以分析、研究，一步步地引导参会人员讨论问题本身。

（三）德尔菲法

德尔菲法（Dephi technique）是美国著名的咨询机构兰德公司于20世纪50年代初发明的一种方法，这种方法无论在预测中还是在决策中都得到了广泛的应用，其特点是专家估计和匿名性。所谓专家估计，是指靠专家的经验、知识和综合分析能力进行方案的预测和评估。所谓匿名性，是指不让专家之间直接接触，而以函询调查的方式请他们发表书面意见并且不公开说明哪条意见是谁提出的。

德尔菲法在本质上是一种函询调查的方法，其具体步骤如下。

（1）将所要讨论或咨询的内容写成若干条含义十分明确的问题并编写成意见征询表，将意见征询表邮寄给经过选择的有关专家，请他们各自独立地用书面形式回答问题。

（2）各位专家在接到意见征询表后，在互不通气的情况下，经过独立思考后将自己的意见写在意见征询表上并将回答后的意见征询表邮寄给原单位——意见征询单位。

（3）将各位专家的意见收回后进行统计、整理并归纳出一个统计结果。统计的主要内容是意见的倾向性和一致性。所谓意见的倾向性，是指专家意见的主要倾向是什么或大多数意见是什么，统计上称之为集中趋势。所谓意见的一致性，是指专家的意见是否集中、集中到什么程度，也可以反过来说，即分散到什么程度，统计上称之为离散趋势。意见的倾向性和一致性都是决策或预测所关心的。一般来说，德尔菲法通常用中位数表示意见的倾向性程度，用上、下两个四分位数之差表示意见的一致性程度。

（4）在对专家的第一次作答进行统计、整理之后，再将同样的意见征询表连同统计结果寄给同一批专家，再次征求意见，这就叫作反馈。反馈时必须注意如下两点：第一，为了保持匿名性，只能将统计结果反馈给专家，而不能将某专家的个人意见原原本本地邮寄给所有专家；第二，允许专家在第二次作答时修改自己第一次的回答。专家完成第二次作答后，再将意见征询表邮寄给原单位，原单位再进行统计、整理，然后再进行反馈。这样经过三四轮反馈后，意见往往比较集中，最后通过一些数字处理手段，就可得出比较明确的结果，以辅助决策者做出抉择。

由于德尔菲法是一种通过匿名的方式进行函询调查、反馈的方法，征询和回答是通过书信方式匿名进行的，因而个人的权威、资历、口才、劝说、压力等因素都不会产生影响，避免了专家之间的消极影响。但是，这种方法并不是十全十美的，也有其自身的不足之处：一方面，由于征询意见要通过书信方式并且只要求专家回答意见征询表上提到的问题，因此这种方法在问题的讨论上受到了很大的限制，无力解答意见征询表以外的问题；另一方面，专家的意见是由原单位进行整理的，如果原单位对某单位专家的意见理解得不透彻，就有在整理时遗漏最好的意见的可能。要避免这两点不足，原单位在编制意见征询表时要尽量做到全面、具体；在统计、整理专家意见时，要深入理解各位专家的意见并尽量把所有专家的意见全面地整理出来，在统计、整理的结果中使各位专家的意见得到充分反映。

（四）提喻法

提喻法（synectics）又称作"综摄法"或"类比法"。提喻法是从这样一个前提出发的：当讨论会的参加者了解决策问题的真相时，一旦决策问题与参加者有利害关系，这些参加者就难免带着个人感情去分析问题、发表意见。因此，为了避免参加者感情用事，没有必要事先向参加者说明决策问题的真相，而只提出一些对解决决策问题有启发作用的类似问题让参加者讨论，类比探索后也没有必要回到决策问题本身，只由决策者参考类比探索的结果去考虑如何解决决策问题。

提喻法主要包括以下两种具体的方法。

（1）将决策问题化大为小、化整为零。当向会议参加者提出一个完整的决策问题时，这些参加者就会敏感地感觉到这个问题与他们自身的利害关系，但是当把整个决策问题化大为小、化整为零时，就有可能看不出来整个问题本身，从而避免会议参加者受到利害关系的影响。例如，要讨论撤销某个机构的问题，如果参加讨论的某些人正好是这个机构的成员，则问题与之发生利益关系，这些参加者分析问题和发表意见时必然会附带个人感情。此时如果将整个问题化小，如改为讨论下属机构是否需要充实力量的问题，而真正的问题只有决策中心知道，会议参加者就能够客观地分析问题和发表意见，避免感情用事。因此，在召开讨论会之前，决策中心必须对决策问题加以认真研究、深入分析，以便在讨论会上拿出既能作为决策讨论突破点又不至于暴露整个决策问题本身的问题。

（2）采用类比方法，不讨论决策问题本身而讨论与之相似的问题。例如，要研究、解决行政机关工资包干的问题，可以请一些事业单位管理人员就事业单位经费承包的做法进行讨论。通过类比方法，把决策问题变为与之相似的另一个问题，这样有利于通过各种不受约束地想象探索新的思路和解决办法，如果马上直接讨论决策问题本身，若会议的参加者对于该决策问题已有老框框，思想则容易被束缚，不如先从其他方面谈起，以便通过类比得到启发。另外，通过讨论与决策问题相似的另一个问题，即回避决策问题本身，可避免与决策问题有利害关系的参加者感情用事，从而保证分析问题、发表意见、制定方案的客观性。

提喻法既能使会议参加者充分发表意见，又能避免参加者感情用事，是决策参与过程中反对主观主义、保证决策客观性的一种好方法。

二、定量决策方法

（一）确定型决策分析方法

因为确定型决策中一个决策方案只有一种确定的结果，所以一般来说，只要通过比较各个方案的结果状态，就可做出决策。例如，变量数目少的离散型控制变量的决策问题比较直观，可行方案数目不多，每个方案的结果都可以反映出目标的实现程度，不需要借助数学手段，通过简单的判断就可找到最优方案。

（二）风险型决策分析方法

风险型决策问题的定量分析方法有决策表法、矩阵法、决策树法和几何法等，下面着重探讨决策表法和决策树法。

1. 决策表法

决策表法是期望值法中的一种。期望值法是一种根据不同备选方案在不同状态下的损益期望综合值，选择具有最大收益期望值或最小损失期望值的方案作为最佳决策方案的方法。该方法的运作步骤为：第一步，建立决策表；第二步，计算收益；第三步，确定客观状态的概率；第四步，计算各方案的期望值。

2. 决策树法

决策树法是采用决策树状图对风险型决策问题进行分析的一种方法，其要点是把每一决策各种状态的相互关系用树形图表示出来并且注明对应的发生概率及其报酬值，从而选择最优决策方案。

决策树法的分析过程（见图7-1）大概可分为如下几步。

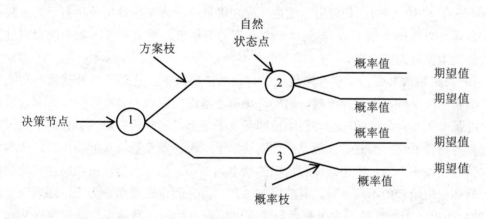

图 7-1 决策树示意图

（1）画出决策问题的决策树图形，有多少方案就有多少方案枝并相应有多少个自然状态点；从自然状态点延伸画概率枝，有多少自然状态点就画多少概率枝并相应地有多少概率枝末端；最后将有关数据标在树形图上。

（2）计算各方案的期望值并分别标在各方案枝末端的自然状态点上。

（3）对各方案的期望值进行比较，选择最优决策方案。将劣于最优方案的其他方案删去（在方案枝上做删去记号），最后将最优决策方案的期望值移至决策节点。

（三）不确定型决策分析方法

一般来说，定量分析技术是通过比较各方案的期望值来选择方案的，因此怎样求出各方案的期望值是定量分析的关键内容。确定型决策问题由于只存在一种自然状态，其期望值与报酬函数是一致的,可直接根据各方案的数值大小选择方案;风险型决策问题由于其自然状态的发生概率是可知的,因此可根据期望值计算公式求得各方案的期望值,再根据期望值大小选择最优方案。不确定型决策问题既存在几种自然状态,又不知道各种自然状态出现的概率,因而不具备求期望值的条件,但是,现代决策论也总结出了一套比较可行的办法,即首先假定一些准则,然后根据这些准则确定每一决策问题的最优值。这些准则主要包括乐观准则、悲观准则、等概率准则、决策系数准则、遗憾准则。

（1）乐观准则。乐观准则是指决策者从最乐观、最冒险的观点出发,按最有利的情况会发生来考虑每个方案,然后从中选出报酬最大（或损失最小）的方案。其应用方法是:先找出各方案的最大报酬值,然后对这些最大报酬值进行比较,选择最大报酬值最大的方案,因而该方法也称为最大最大值法。

（2）悲观准则。悲观准则是指决策者从最保险、最保守的观点出发,按最不利的情况会发生来考虑每个方案。其应用方法是:先找出各方案的最小报酬值,然后对这些最小报酬值进行比较,选择最小报酬值为最大的方案,因而该方法又称为最大最小值法。

（3）等概率准则。这一准则是指决策者在不能预知系统状态发生概率的情况下对问题的一种理想处理方式,即认为每种状态的发生是等概率的,也就是每种状态发生的概率为 $1/n$（设有 n 种状态）。其应用方法是:分别将每一个方案在每一种状态下的报酬函数值相加,再乘以等概率值 $1/n$,得到每一个方案的期望值,然后对各方案的期望值进行比较,选择期望值最大的方案。

（4）决策系数准则。乐观准则是从最有利的情况入手,悲观准则是从最不利的情况入手,但实际情况并不会这样绝对。另外,决策者考虑问题也不会非常保守或非常冒险,实际情况是介于二者之间的。而等概率准则又过于简单,同时没有对决策者的主观因素加以考虑或考虑得不够。因此,决策系数准则给出了一个决策系数 a（$0 \leqslant a \leqslant 1$）,认为发生最有利情况的概率为 a,发生最不利情况的概率为 $1-a$,也可认为决策者愿意冒险的程度为 a,具体依决策者的不同而异。其应用方法是:首先假定乐观系数为 a,则悲观系数为 $1-a$,然后用每一个方案的最大报酬函数值乘以乐观系数 a,用最小报酬值乘以悲观系数 $1-a$,两者之和就是该方案的期望值,最后对各方案的期望值进行比较,选择期望值最大的方案。

（5）遗憾准则。如果决策者能掌握完全的情报,即每种状态下都能按最大的报酬值来确定方案,此时决策者将百发百中、步步得胜、毫不后悔。如若不然,决策者的报酬即有所减少,减少的量即该方案的后悔值。有了后悔值,决策者就会感到遗憾。该准则是在所有方案的最大后悔值中选取最小值对应的方案为最优决策,因而又称为最小后悔准则。其应用步骤是:首先,求每个方案的后悔值。每种状态均有一个最大报酬值,一个方案在某种状态下的后悔值等于这种状态下的最大报酬值与该方案这种状态下的报酬值之差。然后,对各方案在每种状态下的后悔值进行比较,找出各方案的最大后悔值;对各方案的最大后悔值进行比较,找出最大后悔值最小的方案作为最优决策方案。

需要指出的是,对于一个不确定型决策问题,由于分析时所采用的准则不同,因而会得到不同方案的最优决策。那么，到底在哪种情况下采用哪个准则为好？这要依靠决策者个人的判断。这正好说明，科学决策也不仅仅涉及定量分析技术问题，还涉及决策者的决策才能与水平问题，决策并不是一个机械的定量分析过程，根据定量分析所得到的最优方案只是一个理想中的最优方案，并非现实中的最优方案。因此，它对决策者只具有参考价值，实际的决策比单纯的定量分析更加复杂。一个决策者除了要掌握必要的定量分析技术和其他分析方法，还必须在实践中努力提高自己的决策能力。

本章小结

行政决策指的是具有行政决策权的组织或个人为了有效地实现行政目标，从多种可能的行政方案中做出选择或决定的过程。行政决策具有的共性特征包括目的性、选择性和过程性，具有的自身特征包括行政决策的主体是掌握行政权力的个人或组织、行政决策的内容是行政事务和行政决策的价值取向是公共利益。行政决策的类型包括常规决策与非常规决策，战略决策与战术决策，确定型决策、风险型决策和不确定型决策，高层决策、中层决策与基层决策。行政决策的理论模型包括理性决策模型、有限理性决策模型、渐进决策模型、混合扫描决策模型、精英决策模型、团体决策模型。行政决策的方法分为定性决策方法和定量决策方法，前者主要包括头脑风暴法、戈登技术法、德尔菲法、提喻法，后者主要包括确定型决策分析方法、风险型决策分析方法、不确定型决策分析方法。

课后练习题

一、名词解释与术语

行政决策　战略决策　战术决策　序贯决策　理性决策模型　渐进决策模型　混合扫描决策模型　精英决策模型　头脑风暴法　戈登技术法　德尔菲法　提喻法　决策表法　决策树法

二、思考题

1. 风险型决策和不确定型决策中哪一个风险更大？
2. 不确定型决策可以用定量决策方法吗？为什么？
3. 为什么说人们在现实中只能实现满意决策？
4. 精英是如何影响人们的思想和生活的？
5. 定量决策一定比定性决策精确吗？
6. 公共部门是否有一种主导决策模型？如果有，应该是一种什么样的决策模型？为什么？

三、案例分析题

1962年10月，刚刚上任不久的美国总统肯尼迪遇到了一个大难题，即加勒比海危机——在1961年4月的一天凌晨，美国军舰载着千余人的军队入侵古巴海岸的猪湾海滩。然而令美国没有想到的是，这支军队很快被古巴军队全歼，令美国政府丢尽脸面。在此情况下，肯尼迪总统下令与古巴断交并对古巴实行经济封锁。美国与古巴关系的紧张促使古巴进一步靠近苏联。1962年10月，盘旋在古巴上空的美国U2型高空侦察机很快发现：苏联正在部署导弹及可携带核炸弹的重型轰炸机。如何解决这一危机？美国政府的情报机构忙碌起来了。他们通过紧张的工作，为政府的决策班子提供了大量的可靠情报。决策者们通过对这些情报的深入研究，提出了解决这一国际政治危机的具体目标，那就是迫使苏联撤出导弹。

究竟采取什么样的措施和手段才能实现这一目标呢？美国政府邀请了各领域高级智囊，就如何实现这一目标的具体方案进行了多方面的反复研究。决策参与者们各自从不同的角度提出了解决这一危机的具体方案。归纳起来，主要有以下六个方案：一是置若罔闻；二是施加外交压力；三是通过各种渠道同卡斯特罗谈判；四是全面入侵古巴；五是空袭摧毁导弹基地；六是采取间接军事行动——封锁海面。

那么，到底采用哪一个方案才能更有效地实现美国政府的目标呢？美国政府的决策者和智囊们对上述方案进行了反复分析、评估和比较，大致形成了以下看法：第一，如果采用第一个方案，美国政府不闻不问，必然会导致苏联我行我素，甚至还会有恃无恐，只有可能加深加勒比海危机，美国政府原定的上述目标根本无法实现。第二，如果采用第二个方案或第三个方案，虽然不能说完全没有实现目标的可能，但难度太大。因为外交压力固然会对解决此类问题发挥一定作用，但在武力面前，它的作用是有限的。与卡斯特罗谈判固然也是解决这一危机的一条重要途径，那就是通过卡斯特罗要求苏联将导弹撤出古巴。但是，这种可能性也很小。因为美国和古巴刚刚进行过一场战争，古巴在面临美国军事威胁的情况下，不可能轻易相信美国而冒得罪苏联的风险。第三，如果采用第四个方案或第五个方案，凭借当时美国的军事实力，美国获胜的可能性很大，因而解决危机的可能性也很大。但是，一旦采用这两个方案，可能导致不可设想的后果。因为无论是美国全面入侵古巴，还是美国空袭摧毁导弹基地，苏联都不会坐视不管，相反必然会介入事端，或援助古巴，或直接反击美国的轰炸，从而必然会导致美国与苏联之间的战争。这样一来，代价太大。相比之下，唯有第六个方案是一个较为可行的方案。

肯尼迪政府经过研究，决定实行第六个方案，即采取间接军事行动，出兵封锁了加勒比海的海面。面对强大的美国军队，苏联也不得不考虑由此可能引起的严重后果。因此，不出美国政府所料，苏联果然撤出了已部署好了的导弹和重型轰炸机，从而使美国政府从加勒比海危机中解脱出来，肯尼迪终于松了一口气。

资料来源：桂立. 古巴导弹危机决策分析[J]. 武汉大学学报, 1992（4）: 76-82.

第七章 行政决策

思考：
1. 从整个决策过程来看，属于哪种决策模型？为什么？
2. 从个人角度而言，你是否认同第六个方案为最优方案？为什么？

 自测题

第八章 行政执行

本章学习目标

行政执行作为公共政策的有机构成部分,越来越受到学界的认可。本章首先对行政执行的含义、特点以及与行政决策的关系等基础性知识进行介绍,其次从历史变迁的视角出发,展现行政执行的研究途径、模型、理论和框架在不同时期的内容,最后对行政执行的方式进行完整的归纳展现。通过本章的学习,有助于建立和夯实行政执行的知识体系。

第一节 行政执行概述

一、行政执行的含义

从公共学科理论发展的角度而言,行政执行一直处于理论研究的边缘,被称为"遗漏的环节"或者一种"黑箱"过程,为什么行政执行会在理论研究的过程中被边缘化?从学科发展的角度而言,受到古典行政学时期政治与行政二分法的研究范式的影响,以泰勒的科学管理思想、法约尔的一般管理思想为代表的管理思想为相关政策执行工作提供了科学管理方法,韦伯的官僚组织理论为相关政策事务的运行提供了科学的组织架构,使得当时的学界研究普遍认为政策制定的重要性远胜于政策执行,认为政策执行是一项简单且自然而然的事情,因此学界关于行政理论的研究更加侧重于政策制定而非政策执行;范米特与范霍恩在 1975 年提出政策执行模型时,认为公共政策研究对于行政执行存在一些错误的观点:认为执行过程是简单的,缺乏值得研究的议题;更加注重政策制定的政策权威的地位,政策执行者的地位并未受到重视;行政执行研究对于实践性要求较高,研究受到阻碍;行政执行研究需要较多的资金支持等原因都造成了行政执行研究的困难。

在这种情况下,普雷斯曼和威尔达夫斯基率先开展了关于行政执行的研究,行政执行研究的兴起源于二人合著、于 1973 年出版的《执行》(*Implementation*)一书。这本书可以追溯到经济发展署的奥克兰项目,该项目旨在通过增加少数民族的就业机会来促进城市的经济发展。它考虑了普雷斯曼和威尔达夫斯基对奥克兰项目失败原因的描述以及他们关于政治和政策制定在实施中的作用的核心论点。它讨论了作为公共政策研究主导子领域的实施研究的衰落并强调了普雷斯曼和威尔达夫斯基提出的一些仍然具有影响力的关键问题。在书中,普雷斯曼和威尔达夫斯基将执行定义为"目标与行动的设定以及如何完成它们的互动过程"。尼古拉斯·亨利认为:"执行就是对组织的公共政策或组织间的协议的贯彻和落实。"

我们认为，所谓行政执行，特指以国家行政机关为主体的多元化社会组织，为了落实和实施国家意志、国家目标，依法贯彻法律、法规、公共政策的诸活动的总称。

二、行政执行的特点

（一）主体多元性

行政执行是以国家行政机关为主要主体的活动，其主要主体是政府行政机构，按照我国的实际情况，由相关行政机构授权或者委托的社会组织以及其他机构、成员也可以承担行政执行的活动。因此，对于行政执行而言，其执行主体具有多元性特征。除了行政机构的人员，立法机构以及司法机构有时也会承担起行政执行的活动，随着社会组织的发展成熟、新公共管理运动的兴起、民营化所带来的影响，政府将更多的公共政策的执行功能委托给一些第三方组织或者非营利组织等，行政执行的主体扩展到企业、第三部门、社会组织等，形成多元的行政执行主体格局。

（二）法治性

贯彻法律、法规是行政执行的执行内容之一，因此行政执行应该在宪法和法律的框架之内开展，作为行政执行的行政机构人员在行政执行的过程中应该按照法律规定行使行政权力，同时也要承担相应的法律责任，做到依法行政、依规行政。行政立法是国家行政机关制定行政法规和规章的活动，也是行政执行的一种具体的表现形式，行政法规和规章的制定也要遵循宪法和法律的规定。

（三）目的性

行政执行是具有目的性的活动，其目的在于落实和实施国家意志、国家目标。行政执行的目标为行政执行提供指导，明确的行政执行目标是行政执行启动的前提。行政执行的目标具有模糊性，主要在于行政执行的目标往往具有宏观指导意义，并不会详细地提出具体的操作要求。

（四）手段多样性

行政执行手段具有多样性。由于行政执行主体的多元性、行政执行客体的复杂性等特征，行政执行手段亦是多种多样。按照行政执行主体的不同，行政执行可分为直接执行和间接执行，前者指通过行政机关自身的直接行动予以执行，后者指通过委托、合同外包的方式让社会组织执行；行政执行既可以通过政府单一主体提供，也可以通过市场竞争的方式进行提供；行政执行既可以通过中央政府进行，也可以通过地方政府进行提供，这些都是行政执行方式多样性的表现。

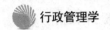

（五）灵活性

行政执行目标具有模糊性，这就意味着行政执行具有更大的灵活性。行政执行的目标并没有详细的规定，只提供宏观指导与要求，因此行政执行者对于政策的解读不同会形成不同的政策执行方式。学界关于政策执行变通等的研究也是政策执行研究的重要内容，行政执行的灵活性则需要政策执行者的自由裁量权来保证。由于受到政策执行过程中复杂情况的影响，许多情形需要政策执行者进行再决策并且进行变通执行。因此，对于政策执行者而言，自由裁量权是重要的执行保障。

三、行政执行与行政决策的关系

关于行政决策的定义有诸多不同的描述，或者将其定义为"具有行政决策权的组织或者个人为了有效地实现行政目标，从多种可能的行政方案中做出选择或决定的过程"，或者将其定义为"行政决策是决策的一种，是指具有行政决策权的个人和组织为了维护国家利益或者公共利益，在遵守法律的基础上，恪守科学的决策流程，依据决策目标而抉择行动方案的过程"。

比较关于行政决策的定义可知，对于行政决策而言，行政决策的决策主体是具有行政决策权的个人或者组织。因此，在我国，只有中央行政政府及其部门以及地方行政政府及其部门可以行使行政决策权。与行政决策的主体相比，行政执行的主体不仅包括政府及其部门，也包括社会组织、企业等其他的执行主体。因此，在主体方面，行政执行的主体范围要远大于行政决策的主体范围。

从行政决策的目的而言，行政决策具有一定的决策目标，即行政决策部门想要解决的问题，要根据决策目标进行方案抉择，而其决策目标具有一定的价值导向，其主要的价值导向就是实现国家利益和公共利益，政府行政机构作为公共部门，其行政活动主要遵循公共利益最大化的准则。而在行政执行的过程中，由于执行主体的多元化，企业、社会组织等执行主体各自存在不同的准则与首要价值取向，其价值取向并非单纯遵循公共利益最大化，同时也存在其他的政策考量，因此行政决策与行政执行在价值取向上并非完全一致。

行政决策与行政执行之间关系复杂，按照政策分析中的政策阶段论来看，行政决策与行政执行存在过程继起的关系。政策阶段论又称为"阶段启发法"或者政策阶段分析模型，它作为政策分析的主流理论，起源于哈罗德·拉斯韦尔所提出的政策科学中重要的政策过程方面。拉斯韦尔提出"决策过程"的七阶段并在之后结合在此基础上的派生理论，在20世纪70年代中期最终形成了创始（initiation）、预评（estimation）、选择（selection）、执行（implementation）、评估（evaluation）、终止（termination）的政策阶段论。从政策阶段论的观点来看，政策选择阶段可以视为行政决策阶段，而政策执行阶段就是行政执行阶段。因此，从政策阶段论而言，行政决策与行政执行之间存在程序上的先后顺序，政府行政机构先进行行政决策，相关行政执行的主体根据行政决策的内容再进行相关政策的执行活动。因此，行政决策与行政执行之间存在线性先后关系。

政策阶段论虽然具有一定的合理性，但是由于政策过程的整体性、连贯性，一个政策过程是否能够被清晰而独立地分为不同部分进行分步分析研究是引人怀疑的。因此，之后的相关理论认为，政策过程并不是一个线性过程，这也就意味着行政决策与行政执行并不存在绝对的先后关系，决策与执行更像一个互相交织的过程，决策与执行都是因政策环境的变化而转变并且相互影响的。在不同的行政执行研究途径中，关于行政决策与行政执行关系的表述有所不同，本章第二节将详细论述。

第二节 行政执行的研究途径、模型、理论与框架

一、行政执行的研究途径

（一）自上而下的研究途径（20世纪70年代）

自上而下的研究途径有三大理论来源：第一，政治与行政二分法。政治与行政二分法是由威尔逊总结提出的，后经古德诺完善、发展。该理论认为，政府存在两种功能，分别称为"政治"与"行政"，政治是政策或者国家意志的表达，而行政是对这些政策的执行，行政是政府单独的活动。因此，在这样的观点的影响下形成的自上而下的研究途径更加强调行政决策与行政执行是相互独立的，行政执行是相对独立而科学的手段，主张以科学的管理手段进行管理。第二，泰勒提出科学管理理论。泰勒的科学管理理论的根本目的是谋求最高劳动生产率。最高的工作效率是雇主和雇员达到共同富裕的基础，达到工作效率最高的重要手段是用科学化的、标准化的管理方法代替经验管理，科学管理理论使得关于行政组织的管理更加标准化、效率化、制度化。第三，韦伯的科层制理论。科层制既是一种组织结构，也是一种管理方式，具有专业化、等级制、非人格化等特点，上、下级之间形成指挥、命令的等级系统。因此，在理想的科层制下，上级所做出的所有决策都会得到有效实施并达成政策目标。在上述三种理论的影响下，学界与实务界都更加重视政策制定的问题，而鲜少关注政策执行的问题，因此形成了自上而下的研究途径。

自上而下的研究途径是行政执行研究的第一阶段，主要关注制定的政策如何不走样地被执行。这一政策执行途径的主要内容在于上层行政机构作为设计与规划的政策制定者，下层作为实现政策目标与政策意图的执行者，政策执行效果取决于上层制定政策的质量，即上层所设计的政策详细且容易被执行是实现政策执行的关键。自上而下的行政执行路径依托于科层制的层级节制，认为政策被制定后会在科层制的严格规定与约束下得到完全实现，政策的失败一般被认为是由上层制定政策不当所造成的，因此行政决策是政府管理活动获得成效的关键。

普雷斯曼和威尔达夫斯基是自上而下研究途径的最早提出者，自上而下研究途径的代

表理论主要有史密斯的政策执行过程模型、范米特与范霍恩的政策执行系统模型、马兹曼尼安与萨巴蒂尔的政策执行分析框架。其中，政策执行分析框架归纳了影响政策执行的变量，包括政策过程之外的影响因素对政策执行过程的影响，该执行模型主要包括执行过程各阶段、政策问题的可辨性、政策本身的管治能力、政策本身以外的变量四类。

  关于自上而下的研究途径，萨巴蒂尔和纳卡穆拉先后提出了自己的基本观点。萨巴蒂尔认为，政策过程研究的主要关注点在于：①执行人员、目标团体的行动与政策制定者的决策的相合程度如何？②政策目标的完成度如何？实际上的政策影响与政策目标预期是否一致？对于官方政策与其他重要政策来说，影响该政策产出与冲突的因素是什么？如何重新构建新的基于经验的政策？纳卡穆拉关于政策制定与政策执行关系的论述为：政策制定与政策执行是有界限的、分离的、连续的；政策制定与政策执行之间分工明确且政策制定者会判断不同政策之间的优先级；政策执行者具有完成政策目标的技术与意愿；政策制定与政策执行具有先后顺序；政策执行是技术性的、非政治性的，具有中立、客观、理性与科学的特征。

  自上而下的研究途径具有以下特点。

  （1）研究的基点是为什么政策过程产生成功或失败的政策结果，试图寻找在政策过程中脱离政策目标的情形以及引起这些情形的因素并试图研究政策执行有效性的可能方式。

  （2）从中央制定者的角度看待政策执行问题，自上而下的研究途径更加倾向于以中央制定者的角度看问题，认为政策过程的关键节点在于上层的政策制定，上层政策制定决定政策执行的结果，而政策的重要性程度取决于政策是由哪个政府层级所制定的。

  （3）重视外部环境对政策执行过程的影响。史密斯提出政策执行模型，政策执行过程模型中的环境因素（environmental factors）是模型中的重要因素。环境因素是指能够影响政策执行或受政策执行影响的因素，可以被认为是一种制约政策执行的通道，必须通过这一通道强制政策执行。自上而下研究途径中的相关模型已经提出了政策执行的外部环境对政策执行的影响。

  自上而下的研究途径具有以下不足。

  （1）过多地关注中央行动者，忽视了其他执行者的作用。自上而下的研究途径过多地关注中央行动者的策略与目标，从而忽视了作为基层政策执行者的重要性，同时也忽视了政策过程中可能出现意外的政策结果。

  （2）太关注完美的行政执行必要条件。在政策制定之初，对于可能的政策目标及实现条件进行预设，但是关于政策过程的条件的预设并非都与政策执行的现实情况相符合，因此预设条件的不完备会增加政策执行的难度，往往会造成政策执行偏离原来的预设目标。

  （3）忽视了某些政策本身具有的难以执行性。自上而下的研究途径缺乏对于政策执行的政策环境的深入把握，难以将政策制定与客观实际相联系，因此制定的相关政策可能会缺乏现实可行性。

自上而下的研究途径受到科学管理理论和科层制的影响，实际上是一种理性模式并且认为政策执行者具有非人格化的特征，可以完美地执行相关政策，并且对政策制定与政策执行进行明确划分，这就让政策过程变得更加静态化，这在一定程度上与政策阶段理论相互影响，政策过程处于不断演化的过程中，因此需要以更加灵活的观点看待政策制定与政策执行的关系。

（二）自下而上的研究途径（20 世纪 80 年代）

针对自上而下研究途径的不足，20 世纪 80 年代，研究者开始关注执行的基层官僚、执行结构的问题，认为在政策过程中，要重视基层政策执行者的重要性以及政策制定者与政策执行者之间的互动。这种对于基层执行者的关注基本形成了自下而上的研究途径的主要内容，无论是李普斯基的街头官僚理论，还是埃尔默的追溯性筹划理论等，都表现了这一时期政策过程研究的重点。埃尔默曾提出关于有效政策执行的观点：政策执行的有效性取决于各政策执行机关之间的互动，而不仅仅取决于政策制定者的意图；政策执行的有效性是众多政策参与者之间互动的结果，而不是源自单一的行政机构的实施；政策执行的有效性取决于基层官僚的自由裁量权，而不是科层体系中的上传下达的指挥命令；政策执行的有效性必然涉及协商、竞争与联盟的情况，因此互惠性胜于监督性。

自下而上的研究途径是在批判自上而下的研究途径的基础上形成的，李允杰等综合已有的研究，比较了自上而下的研究途径与自下而上的研究途径的异同：以最初的焦点而言，自上而下的研究途径强调最初的焦点是中央政府，而自下而上的研究途径强调某一政策领域中的地方执行结构；以执行过程中对于主要行动者的认定而言，自上而下的研究途径强调从中央到地方、从公共部门到私营部门，而自下而上的研究途径则强调从地方到中央、从私营部门到公共部门；以评估标准而言，自上而下的研究途径强调正式官方目标的完成，兼采政治重要性标准来评估目标完成与否，但这种标准的筛选仅是选择性的，而自下而上的研究途径的评估标准则较不清楚，但以实现计划为中心；以整体焦点而言，自上而下的研究途径关心政策控制系统如何达成政策制定者所预期的政策结果，而自下而上的研究途径则强调政策网络中的多元行动者。

自下而上的研究途径具有以下特点。

（1）重视基层官员的作用。自下而上的研究途径最大的特点就是更加关注对于基层官员的研究，强调基层官员的自由裁量权，认为基层官员应该在政策执行的过程中发挥主观能动性。

（2）从基层和个人出发看待执行问题。与自上而下的研究途径不同，自下而上的研究途径不再过分关注中央政策制定者，而是更加关注基层政策执行者与政策制定者之间的互动关系，认为在政策过程中，个人之间互动会对政策执行产生重要影响。

（3）认为政策执行是不同行动者表达自身意愿的过程。政策执行的过程会受到众多政策参与者的影响，政策参与者之间的政策诉求不尽相同，因此相关的政策参与者会运用自身所具备的资源，对相关的政策进行竞争，以期达到影响政策进程、实现有利于自身意愿的政策走向。

（三）综合研究途径（20世纪90年代至今）

自上而下的研究途径与自下而上的研究途径都具有自身无法克服的缺点与矛盾，20世纪90年代之后，在这两种研究途径的基础上，形成了第三代综合研究途径（a third-generation approach），高锦等人在《面向第三代的政策理论与实践》中提出第三代研究途径，也就是综合研究途径。综合研究途径综合了自上而下和自下而上两种研究途径，研究相对整合的政策执行模型，相关理论包括倡议联盟框架、组织间模型、府际关系模型、不明确冲突模型、制度分析途径、政策网络理论、治理理论等。

二、行政执行的模型、理论与框架

三代政策执行研究的途径各有其研究侧重点，通过各个研究阶段的代表性成果具体展现各个研究途径的内容与特点。其中，自上而下的研究途径的代表理论是政策执行过程模型，自下而上的研究途径的代表理论是街头官僚理论，综合研究途径的代表理论是倡议联盟框架。考虑到政策执行过程的复杂性，我们必须寻找一个解释问题的视角，使政策研究者能够简化政策情形，无论是理论、框架还是模型，都是作为一种透视政策过程的视角，明晰与简化政策情形。关于理论、框架和模型，在埃莉诺·奥斯特罗姆看来，概念性框架确定了一系列变量以及变量之间的相互关系，这些变量被假定能够用来解释一系列现象，这个框架能够提供从适当的变量到范式那样的较为广泛的任何东西，它不需要确定各种变量关系的各种走向，尽管后面发展的框架一定会详细阐述一些假设；对于理论而言，理论提供了更为"密集"、逻辑上更具有连贯性的一系列关系，将相关价值附加于变量，通常会说明变量将如何随着价值的变化而变化，许多理论可以和概念框架保持一致；对于模型而言，模型是对特定情形的描述，其范围更狭小、假设更细化。

（一）政策执行过程模型：自上而下的研究途径的代表理论

政策执行过程模型（见图 8-1）是美国学者 T.B.史密斯（T.B.Smith）在其著作《政策执行过程》中提到的理论模型，是自上而下的研究途径的代表理论。大多数政策研究中都有一个隐含的假设，即一旦制定了一项政策，该政策将得到执行。这一假设对许多第三世界国家制定的政策和西方社会的政策无效。第三世界各国政府倾向于制定广泛、全面的政策，而政府官僚机构往往缺乏执行能力，利益集团、反对党和受影响的个人与团体经常试图影响政策的执行，而不是政策的制定。在此种背景下，史密斯提出了政策执行过程模型。

政府政策被定义为政府为建立新的交易模式、机构或者改变旧机构内既定模式而采取的有意图的行动。因此，政府制定的政策就成了社会中产生紧张的力量。在执行政策的同时，执行政策的参与者和受政策影响的参与者都会经历紧张、紧绷和冲突。因政策执行产生的紧张局势可能导致交易模式产生，在某些情况下，还可能导致建立实现政策目标所需要的机构。此外，政策执行过程引发的紧张局势可能引发其他相关机构的变化。重点来说，各机构需要从执行的每一项政府政策中脱颖而出，事务模式可能是唯一的结果。

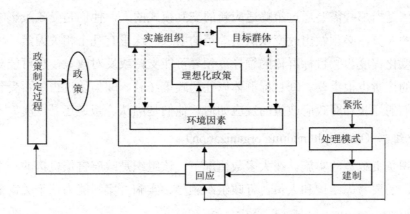

图 8-1　T.B.史密斯的政策执行过程模型

随着政策的实施，政策实施系统各组成部分之间的相互作用会导致差异和紧张，紧张局势导致了交易模式——与政策目标和目的相关的非永久性模式，交易模式可能会导致制度化，也可能不会导致制度化，以缓解紧张或增加紧张的形式反馈从交易模式和机构引入到紧张生成矩阵中。

一旦公共政策被视为社会中产生紧张的力量，就必须考虑政策实施的背景，考虑构成紧张生成矩阵的政策相关组成部分，在政策执行过程中重要的四个要素：理想化政策、目标群体、实施组织、环境因素。

1．理想化政策（the idealized policy）

理想化政策是指政策制定者试图诱导的理想化互动模式。理想化政策有以下四类相关变量。

（1）正式政策（the formal policy）。正式政策是政府正试图实施的正式决定、声明、法律或计划。简而言之，即这项政策采取什么形式？

（2）政策类型（the type of policy）。政策类型主要包括三种：①政策可能很复杂，也可能在本质上很简单，这种区别类似于广泛的、非增量的政策和小规模的增量政策。②政策可以分为组织政策或非组织政策。组织政策要求修改（或建立）一个正式的组织，而非组织政策要求在正式的组织环境之外建立互动模式。③政策也可以分为分配性、再分配性、监管性、自我监管性或情感象征性。

（3）政策程序（the program of policy）。政策程序分为三个方面的内容：①支持强度，即政府致力于执行政策的程度；②策略的来源，即这项政策是为了满足社会的需求而制定的，还是在几乎没有需求或支持的情况下制定的？③范围，即政策的范围是普遍的还是集中在一个小的地理或主题领域？

（4）政策图像（images of the policy）。必须考虑政策在社会中所引发的情形，受政策影响者和执行政策者所面临的情形最为重要。

2. 目标群体（the target group）

目标群体是指那些需要通过策略适应新的交互模式的人，他们是受政策影响最大的组织或团体内的人员，必须做出改变以满足政策的要求。这里有几个相关因素：①目标群体的组织或制度化程度。②目标群体的领导。领导可能支持或反对政策，也可能对政策漠不关心，领导的性质也很重要。③目标群体以往的政策经验，即集团过去是否受到政府政策的影响？他们的经验和对政府政策的反应如何？他们是顺从、叛逆还是冷漠？

3. 实施组织（the implementing organization）

实施组织负责政策的实施。在大多数情况下，该组织是政府官僚机构的一个单位。在实施政策时，需要考虑结构和人员、行政组织领导、实施方案和能力三个关键变量。

4. 环境因素（environmental factors）

环境因素是指能够影响政策执行或受政策执行影响的因素。环境因素可以被认为是一种制约政策执行的通道，必须通过这一通道强制执行政策。

除上述四类政策要素，还包括紧张（tension）、处理模式（transaction patterns）、建制（institutions）、回应（feedback）等外部因素。

鉴于了解整个政策过程的重要性必须对执行过程进行探索和评估，史密斯提出的模型虽然在本质上是尝试性的，却是解释这个过程的一种方法。

（二）街头官僚理论：自下而上的研究途径的代表理论

李普斯基在1977年发表《关于街头官僚理论》一文，后其著作《街头官僚》于1980年出版，街头官僚理论形成。

基层官员是政府机构（如卫生服务、学校或警察局）的一线工作人员或政策执行者。护士、医生、警察和教师是典型的街头官僚，作为一个群体，他们的特点是：与公民或政府服务接受者定期直接互动；有权对这些接受者接受的服务、福利和制裁行使一定程度的自由裁量权。街头官僚理论的一个关键论点是：街头官僚的决策和行动实际上代表了他们任职的政府机构的政策，这是因为一个公民最经常和最直接地经历的政策是街头官僚对公民的具体的行政行为。因此，对于公众而言，政策变成了街头官僚给予他们的利益或者街头官僚给予他们的制裁，这是基于现实的政策执行场景。街头官僚可以这样"制定政策"，因为他们可以行使自由裁量权（选择他们将如何行使权力）。他们的自由裁量权一方面基于一个事实，即他们被视为专业人员，因此期望在其专业领域行使自己的判断权。然而，它也源于这样一个事实，即他们通常相对地不受组织监督和权威的约束并且执行复杂的任务，这些任务由于其复杂性而无法被归类，以实现公式化处理，需要街头官僚针对具体事件进行裁决。基层官员可能与组织中的其他团体（如其管理者）发生冲突或有不同的观点，这种自由裁量权与组织权威自由度的结合会导致街头官僚以不必要或意想不到的方式"制定政策"。他们的行动和决定可能并不总是符合政策指示，因此会出现政策执行与原政策发生偏离，最终可能会违背行政机构的政策、意图或目标。

要解释街头官僚的行为，了解他们的运作条件和工作性质是很重要的。街头官僚通常面临以下主要挑战。

（1）资源不足。相对于需要执行的任务而言，街头官僚所使用的资源长期不足。这种资源不足可以表现为多种形式。对于需要执行的政策而言，基层级别的官员可能太少。基层官僚可能缺乏经验或培训，这意味着他们缺乏工作所需的个人资源，包括处理工作时经常出现的压力性质的资源。随着对街头官僚服务的需求不断增长，对政府服务的需求往往会增加，以匹配街头官僚服务需求的供应。

（2）模糊或冲突的组织目标。政府机构的目标往往模棱两可、含混不清或相互冲突。例如，一个方案可能包含在设计方案时从未解决的相互冲突的观点或者一个机构可能多年来一直在积累其目标而没有停下来进行批判性评估，如有必要将会重新制定这些目标。

（3）绩效衡量的挑战。通常很难衡量一个街头官僚在实现其机构目标过程中的贡献度。由于街头官僚与其他人进行复杂的互动，绩效衡量也变得复杂起来。在特定情况下，可能不容易知道要做什么事情才是正确的，特别是当有多个适当的行动方案。此外，对信息的有效评估可能难以达成。

根据韩志明的分类，从空间角度出发，基于工作界面的特点，可以将其分为两种典型的空间类型：一种是相对固定的办公场所，可以称之为"窗口空间"；另一种是流动的或不定型的空间，可以称之为"街头空间"。

（1）窗口空间与街头官僚的自由裁量权。人们通常用"窗口单位"来比喻那些面向公众、与公众打交道的机构或部门。政府中的窗口是街头官僚的工作区域，是他们与公众交往互动的场所。公众在这里或接受检查、缴纳税费等，或办理各种手续和各类证件、进行业务和信息咨询等。窗口是人为设计的空间，政府根据职能和业务需要为其指定功能和用途并安排操作者——街头官僚。

作为街头行政的空间载体，窗口空间中的权力分配是不对称的。街头官僚是窗口的看护人，拥有广泛的支配权和控制权。他们知晓政策、法规，掌握着与如何办事有关的各种知识和信息，也控制着街头行政的频率、节奏和进程。公众则是被动的、被支配的角色。相对于街头官僚的熟悉和专业、公众是陌生的、懵懂无知的，主要作为被管制者或被管理者，公众必须按照规定在规定的时间、去规定的地点办理规定的业务。在这里，街头官僚的主要任务是执行政策、法规，照章办事，公民个体之间的差异性被形式化规则所取消，被纳入官僚机器的流水线，成为街头官僚批量处理的抽象符号。

（2）街头空间与街头官僚的自由裁量权。街头空间是指那些开放的、流动的或不定型的工作地点。具体的街头可以是城市的大街小巷、乡村的田间地头以及城市社区和建筑物等，也可以是为完成执法任务所必须进入的地点，如警察为抓捕逃犯而要进入的任何可能的地方。

相对于窗口空间中的常规作业而言，街头空间中的工作可以被形象地称为野外作业。在窗口空间中，不是街头官僚在选择顾客，而主要是顾客来选择官僚机构。在此，上门的就是顾客，就是服务对象。在街头的场景中，对于一个个具体的、活生生的社会事实，没有任何规则可以提供详尽的指导，街头官僚因此拥有选择和定义顾客的权力，也有选择处理事态的方式和手段的自由。他们既可以积极地发现或搜索顾客，执行法律和政策，也可以故意视而不见、听而不闻，还可以轻易地找到各种各样的理由来为自己的不作为辩护。这些理由是很难验证的，甚至是无法验证的。因此，街头空间的巨大挑战在于，问题从来不是规划和设计好的，而是随机的、偶然的，目标和任务都是弹性的、模糊不清的。

（三）倡议联盟框架：综合研究途径的代表理论

萨巴蒂尔梳理了自上而下的研究途径与自下而上的研究途径并分别阐述了两种研究途径的优势与劣势，基于这两种研究途径的优、缺点提出了两个策略：明确阐释这两种研究途径所适用的条件；创建一个或多个更加综合的研究途径。综合研究途径催生了倡议联盟框架思想的萌芽，基于此，萨巴蒂尔提出考察 10~20 年的政策的概念性框架（conceptual framework）。倡议联盟框架意在最大程度地综合自上而下的研究途径和自下而上的研究途径的优势，因而成为综合研究途径的突出代表。

倡议联盟框架自问世以来，历经三次重大修正，加上最初的版本共计四个版本。1987 年，萨巴蒂尔发表了《知识、政策导向的学习、政策变迁：一种倡议联盟框架》，首次提出倡议联盟框架的观点。1988 年，萨巴蒂尔和简金斯·史密斯在《政策科学》特刊专题《倡议联盟框架视角下政策变迁与政策取向学习的角色》上第一次正式阐明倡议联盟框架的基本观点。

倡议联盟框架建立的前提条件有以下几个。

（1）理解政策变迁的过程以及其中以政策为导向的学习的作用，要求十年或数十年的时间跨度。经过众多的案例分析发现，在不同的政策情境中，政策变迁所需要的时间存在差异。

（2）在这样的时间跨度内思考政策变迁，最有用的方法是把考察重点放在"政策子系统"上，也就是考察来自各个不同机构的，试图在某政策领域追踪、影响政府决策的参与者们之间的互动情况。

（3）这些政策子系统应该包括政府间的维度，也就是说，应该包括所有政府层级（至少就国内政策而言）。

(4) 公共政策（或公共项目）能够被归纳为信念体系，也就是一组价值取向以及实现这些价值取向的因果假设。

本书选取 2011 年修正的倡议联盟框架进行说明（见图 8-2）。

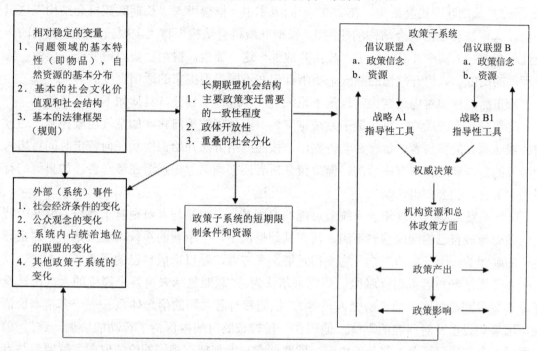

图 8-2　萨巴蒂尔的倡议联盟框架（2011）

在框架的左边是两组外生变量，其中一组是相对稳定的变量，主要包括问题领域的基本特性（即物品）、自然资源的基本分布、基本的社会文化价值观和社会结构、基本的法律框架（规则）；另一组变量——外部（系统）事件更加活跃，影响政策子系统中各个因素所面临的限制以及能够得到的资源。

（1）相对稳定的变量。相对稳定的变量可能在政策子系统内部，也可能在政策子系统外部。虽然改变这些变量的难度阻碍了行动者将其作为战略行为的对象，但这些变量肯定会限制可行备选方案的范围或者影响子系统行动者的资源和信仰。这些变量包括问题领域的基本特性、自然资源的基本分布、基本的社会文化价值观和社会结构、基本的法律框架（规则）。

（2）外部（系统）事件。外部（系统）事件在几年或十年内可能会有很大的变化，通过改变子系统参与者面临的约束和机遇成为影响政策变化的主要动态因素之一。外部（系统）事件还向子系统参与者提出了一个持续的挑战，要求参与者学会如何预测并以符合其基本信仰和兴趣的方式响应它们。外部（系统）事件包括社会经济条件的变化、公众观念的变化、系统内占统治地位的联盟的变化、其他政策子系统的变化。1993 年针对框架结构的修正体现在将"公众观念的变化"纳入外部（系统）事件变量。倡议联盟框架认为公众观念可以在一定程度上对政策产生实质性限制，框架内的政策子系统可以通过倡议联盟来改变公众观念，甚至引导公众观念，但是并非所有的公众观念或者公众舆论都在政策子系统内部控制之中。因此，将公众观念的变化增加到外部（系统）事件中作为影响政策子系统的动态因素之一，其最主要目的在于提高公众舆论的重要性。

（3）长期联盟机会结构。在2007年的版本中，框架引入"长期联盟机会结构"这组变量，这也是对政治机会结构的应用。"长期联盟机会结构"将"主要政策变迁需要的一致性程度"纳入其中并且吸纳了"政治开放性"这一要素，根据主要政策变迁需要的一致性程度的高低、政治开放性的高低来明晰框架在不同类型国家的适用程度。

修正后的框架对内部结构的政策子系统进一步进行了划分，具体如下。

①划分子系统边界：将政策子系统定义为一组处理政策问题（如空气污染控制、心理健康或能源）的参与者。贺恩和波特提出，按照网络方法开始识别从任何特定时间点切入所涉及的参与者通常是有成效的，但政策分析者还必须愿意识别潜在参与者，如果他们有适当的信息，就会变得活跃。

②子系统起源。出现新子系统最可能的原因是：一组参与者对现有子系统忽略某个特定问题而形成自己的问题感到不满。而在其他情况下，一个新的系统本质上是一个占主导地位的联盟的一个子集的产物，它变得足够大和专业，足以形成自己的子系统。

③子系统参与者：倡议联盟。萨巴蒂尔认为，"联盟包括来自各个岗位的人（民选及任命官员、利益集团领袖、研究人员等），他们都有着共同的信念体系——一套基本价值观、因果假设以及对问题的理解，他们在一段较长的时间内保持了行动的协调一致"。倡议联盟概念主要包括两个部分的内容，即联盟参与者都拥有相同的价值取向、联盟参与者能够在长时间的群体行动中保持一致。政策掮客是具有相对中立立场的参与者，通常用来斡旋冲突、缓和关系，可以是第三方组织，也可以是政府机构。政策掮客的存在是倡议联盟框架中以政策为导向的学习成立的前提条件之一，也是不同联盟之间进行联盟政策观点竞争，继而促进政策变迁的重要要素。

倡议联盟框架的主要逻辑是：在倡议联盟框架中，相对稳定和相对活跃的两组外生变量影响政策子系统中各个因素所面临的限制以及能够得到的资源，继而影响政策子系统中各个政策联盟通过以政策为导向的学习，根据联盟内部的政策信念和资源制定不同的战略，通过"政策掮客"的斡旋、调解从而达成权威决策，确定机构资源和总体政策方向，而由此导致的政策产出和政策影响又会影响政策联盟的政策信念与资源，形成政策子系统内部的政策循环；而政策子系统内部的政策循环又会影响两组外生变量，从而达成外生变量与政策子系统之间的总体政策循环圈，由此影响政策的形成与变迁。

框架结构基本可分为两部分：作为静态内核的政策子系统和作为动态因素的影响变量与影响机制。政策子系统内部基本保持原有结构，而其外部结构，包括两组外部变量及其两组变量的影响路径都经历了较大修正。这说明政策子系统内部运行机制基本没有改变，保持了政策子系统的内部静态化，而政策子系统外部的修正演变是对迅速发展的政策环境的反应，并且其演变进程始终围绕框架的开放性程度这一主线进行，不论是对公众舆论的重视，还是增加主要政策变迁需要的一致性程度变量，直至"长期联盟机会结构"的引

第八章　行政执行

入，框架都是由相对封闭走向更加开放，向更加重视公众参与的方向发展。回溯框架产生伊始，对于政策子系统的界定主要是为了冲破传统的"铁三角"格局，扩大政策参与者，不仅扩大政策参与者的纵向层级范围，也扩大政策子系统的横向参与者的范围，如不同的机构部门、职业领域等。因此，提高政策参与者的多样性与政治系统的开放性是框架的初衷之一。

倡议联盟框架作为第三代综合研究途径的代表理论，其修正与演变也体现了第三代研究途径的一些特点与研究趋势，如框架更具开放性、对于公众观念的重视程度更高、政策参与者更加具有多样性。这些变化显示了第三代综合研究途径以一种政策网络的视角进行政策分析，更加注重政策参与者的交互性。

第三节　行政执行的方式

一、行政执行的管理方式

新公共管理运动的主要思想是认为公共组织与私营部门在根本上并没有很大区别，管理既可以应用于私营部门，也可以应用于公共组织。因此，公共组织应该积极引进私营部门的管理技术，以消费者导向作为政策制定的准则，如此才能够达成令公众满意的政策结果。行政执行的管理方式是借鉴管理学的理念、工具、操作手段来处理执行中各个要素之间的关系，形成以效率、效益、经济等管理价值为导向的执行结构。关于行政执行的管理方式，主要涉及绩效评估、流程再造、补助、凭单制等来自企业管理中的管理工具。

关于补助和凭单制等工具，之后会在市场方式的民营化部分详细阐述，以下只详细阐述关于绩效评估和流程再造的具体内容。

绩效评估（performance appraisal）是指识别、观察、测量和开发组织中人的绩效的过程。关于绩效评估的研究已有七八十年的历史。它是一种重要的管理工具，与计划、组织、指挥和控制四种主要管理职能有关，是组织决定奖惩、晋升、培训及解雇的重要依据，更是人事选拔效度研究中的重要指标，因而一直备受关注。在绩效评估用于政府治理之后，便形成了政府绩效评估。所谓政府绩效评估，是指根据管理的效率、能力、服务质量、公共责任和社会公众满意程度等方面的判断，对政府公共部门管理过程中投入、产出、中期成果和最终成果所反映的绩效进行评定和等级划分。政府绩效评估源于一种结果控制管理，用于公共管理部门的内部管理与控制。政府绩效评估同样能够改善公共部门与公众之间的关系，加强公众对政府的信任。

企业流程再造（business process reengineering，BPR）是对企业的业务流程做根本性的思考和彻底重建，其目的是在成本、质量、服务和速度等方面取得显著的改善，使企业能最大程度地适应以顾客（customer）、竞争（competition）、变化（change）等为特征的经营环境。政府流程再造旨在提高政府管理的效率和效能,奥斯本和普拉斯特里克等提出的"5C战略",即核心战略(core strategy)、后果战略(consequence strategy)、顾客战略(customer strategy)、控制战略(control strategy)、文化战略(culture strategy)是政府流程再造的主要内容。

二、行政执行的政治方式

行政执行的政治方式是借鉴政治学的观点形成的执行方式,借鉴政治学的理念、方法来处理执行中各个要素之间的关系,形成以民主、责任、代表性、回应性等政治价值为导向的执行结构。

行政执行的政治方式主要是引入民主政治的内容,认识民主政治需要对民主政治的构成要素进行深入了解,其中体制是民主政治的结构要素,法制是民主政治的规范性要素,机制是民主政治的程序性要素,物质和主体是民主政治正常运行的可行性要素。因此,了解民主政治的发展状况需要衡量体制的合理程度、法制的健全程度、机制的完善程度、物质的保障程度和主体的成熟程度,将民主政治的要素引入执行,形成许多公共部门的制度安排,如听证制度、信息公开制度、公民参与制度等。

(1)听证制度。对于听证制度而言,丁煌认为听证源于英美普通法中自然正义观念的听取两方面意见之法理,最初仅用于司法权的行使,作为司法审判活动的必经程序,谓之"司法听证",后来随着司法听证的广泛应用和不断发展而移植到决策方面,形成了"决策听证制度"。听证制度作为一种程序决策制度,其主要目的与作用在于广纳民众的意见,集思广益,形成符合客观实际的决策,通过科学与民主的决策,促进政府管理的民主化进程。

(2)信息公开制度。知情权、信息公开、阳光下的政府等概念和制度直到20世纪50—60年代才逐渐形成和明晰。在美国立宪时,虽然在其十条宪法修正案(即《权利法案》)中有关于言论自由和出版自由等的规定,但并没有提及知情权或信息自由的概念。1787年,托马斯·杰斐逊第一次提到关于信息自由与信息公开的内容。在民主国家,信息公开的主体主要是指受人民委托掌握国家权力的主体,亦即立法、行政、司法机关,以及某些由政府授权的半官方的社会公共机构和某些中介组织,它们必须公开其与社会成员利益相关的政务或公共事务。信息公开是国家权力主体对公民、社会的义务,是实行民主政治和法治的基本原则之一。

(3)公民参与制度。公民参与政策过程是公民参与政治的重要形式。公民参与可以分为三个层面:立法层面的参与、公共决策层面的参与、公共治理层面的参与。听证制度即体现了公民在立法层面的参与,在立法的过程中推进公众的参与,有利于在公共政策过程中促进公民参与,有利于加强公众对于政府立法的认同、避免立法偏差的产生。在公共决策层面的参与主要在于公民参与相关政策的制定,充分吸纳公众的意见有利于制定更加符合现实情境的政策;在公共治理层面的参与主要在于政策执行与基层治理,公民的参与有利于推动政策的有效实施,在基层治理的过程中发挥公民的主观能动性有利于提高公民参与整个过程的能力。

三、行政执行的市场方式

行政执行主体的多元性与执行手段的多样性使得公共物品既可以由行政机构等公共部门提供,也可以由企业、社会组织等私营部门提供。所谓行政执行的市场方式,即将市场机制引入行政执行的过程,通过公共产品的多元提供主体之间的相互竞争,利用市场机制来提供公共产品和服务的行政执行方式。市场机制是自由配置资源的方式。市场机制是指在一个自由市场中能使价格得以变化,一直达到市场出清(即供给量与需求量相等)为止的趋势,是市场主体在市场交换活动中所形成的价格、竞争、利率、供求、风险等方面的联系和制约方式。市场机制是经济机制的一个重要构成部分,是社会经济活动的各个环节和各个组成部分通过市场建立起来的内在的有机联系,由市场的供求变化、市场主体之间的竞争、价格涨落、利率高低等带动和制约整个经济有机体的运行和发展。

行政执行的实现工具包括民营化、使用者付费、内部市场、产权交易等。

(1)民营化。民营化是行政执行中最具代表性的工具,是实施"第三方政府"的重要形式。第三方政府是将本应由政府提供的公共服务交由第三方,由第三方来实行政府功能。民营化的实现方式主要分为10种安排,有7种安排(即合同、补助、凭单制、特许经营、自由市场、志愿服务和自我服务)的生产者是私营部门,在其余的3种安排(即政府服务、政府间协议和政府出售)中,政府是生产者。自由市场、志愿服务和自我服务的民营化程度最高,因为政府介入得最少;特许经营的民营化程度排在第二位,这是因为尽管纯粹的特许形式下不需要政府直接支出,但政府是一个安排者;而后依次是凭单制、补助和合同,市民的自由选择权依次下降,政府支出则依次上升;然后是政府出售,尽管政府出售中政府是一个生产者,但它要依赖市场激励;最后,政府间协议的民营化程度高于政府服务,这是因为政府间协议涉及具体界定和购买某项服务,从而更具市场导向。

民营化的主要转变形式包括以下几种。

①从政府服务转到合同、补助、凭单制、特许经营、志愿服务或自由市场。

②取消补助(对生产者的补贴),代之以凭单制、志愿服务或自由市场。

③尽可能放松对特许经营的管制,取消价格控制和进入障碍,允许通过自由市场满足人们的需要。

(2)使用者付费。所谓的使用者付费,是指对政府提供的个人物品和可收费物品实施使用者付费制度。如果使用者同时被赋予在政府和私人供应者之间选择的权力,这就是政府服务向政府出售的转变,后者更具市场导向。

(3)内部市场。所谓的内部市场,是来自企业管理的概念,拉格曼认为内部市场是指将市场建立在公司内部，使它能够像固定的外部市场一样有效地发挥作用。而将内部市场引入行政执行的过程亦是将市场的方式引入行政执行的关系，将原来的行政关系手段，如指挥命令等，变为契约关系或者有偿关系等，使其自动调节运行。

（4）产权交易。所谓产权交易，是指一种将产权作为商品进行交易的方式。具体的产权交易方式主要有协议转让、拍卖转让、招标转让、财产变更等。将产权交易纳入行政执行的过程能够提高行政执行效率。招标转让是政府等行政机构经常使用的方式，即对本机构中的一些功能或者任务采取外包形式。

四、行政执行的法律方式

法治性是行政执行的特点之一。所谓行政执行的法律方式，是指在行政执行的过程中，将行政执行看作运用法律和执行法律的活动，遵循法律的理念、价值和方法来处理行政执行过程中的各个要素之间的关系，形成以宪法至上、依法行政、权利平等、程序正当等法律价值为导向的行政执行结构。

行政执行的法律方式主要体现在以下几个方面：①宪法至上。宪法至上是约束行政权力、保护公民基本权利、确保行政程序正当性和减少不良行政行为的根本前提。②依法行政。行政执行中的依法行政主要是指行政执行过程要遵循和依据宪法、法律、行政法规和规章，执行过程符合行政程序法律规范的要求。③权利平等。确保公民权利的平等是法律对行政执行的基本要求。也就是说，行政执行过程不能因性别、身份、财产状况、民族、信仰的不同而区别对待权利平等的公民。④程序正当。这是指通过正当的法律程序避免行政执行中的随意行为，保证利益相关人通过正当的程序表达和维护自身利益。

公共管理的过程离不开法律的存在，由此衍生出行政法的门类。周佑勇认为，行政法是规定公共行政管理活动调整行政关系的法律规范的总称并将行政法分为行政主体论、行政行为论和行政救济论。

所谓行政主体论，主要是在法律的意义上确立行政主体的主体资格和法律地位，主要涉及行政组织法、公务员法和公物法。所谓行政组织法，是指用于规范行政组织的法律，行政组织作为担负着广泛行政服务职能的特殊社会组织，必然也是以法定行政权力的获取、合理的人力资源配备、充足的财政物资保障为前提条件的。因此，行政组织所涉及的调整内容不可或缺地包含上述三个部分。其中，规范行政组织的组成方式及其权力创设的法律即行政机关组织法，规范人员招录管理的法律即公务员法，规范利用和管理公共财产的法律即公物法，此外还包括行政机关编制法。

在行政行为论中，行政行为是整个行政法的核心内容，行政行为法规定了行政行为在实施的过程中应该遵循的基本规则和法律适用问题。行政行为法按照抽象行政行为和具体行政行为进行分类，关于抽象行政行为的法律主要包括行政立法、行政法规、行政规章、行政规范，而具体行政行为主要包括行政许可、行政处罚、行政强制与其他行为，这些与行政行为相关的法律用于规范行政执行的方方面面。以行政程序的基本原则为例，行政程序的基本原则主要包括公正原则、公开原则、参与原则、效率原则。公正原则要求行政主体在实施行政行为的过程中必须在程序上平等对待各方当事人，排除各种可能造成不平等或者偏见的因素；公开原则要求行政机关通过一定的方式和途径让相对人了解有关行政行为的情况；参与原则要求行政主体在实施行政行为的过程中给予相对人发表意见的机会并充分尊重其意见；效率原则要求行政主体实施行政行为应有时间上的限制，同时在程序上尽量简便易行。行政程序的基本原则使得行政执行的过程更为规范。

在行政救济论中，周佑勇将行政救济定义为有关国家机关为依法对有瑕疵的行政行为予以矫正以及对行政行为造成的不利后果予以消除而实施的一种法律补救机制。行政救济法主要涉及行政复议救济、行政诉讼救济、行政赔偿救济。行政救济法的存在能够对行政执行过程中不符合规范的部分进行校正并且对行政执行所产生的不良政策结果进行补救，为行政执行提供法律保障。

五、行政执行的伦理方式

行政执行的伦理方式是指行政执行者遵循一定的伦理准则约束自身行为并通过伦理灌输的方式塑造和影响行政客体，使行政伦理在执行过程中发挥推动与规范作用的执行方式。罗德刚将公平与正义视为行政伦理的基础价值观，认为伦理作为一种道德关系，不仅应回答应该怎么思想和行为，而且应回答为什么要这样思想和行为，即思想和行为的正义性。从总体上讲，行政伦理要解决的是整个行政系统的合理性、正义性问题。

行政执行的伦理方式主要体现在以下两个方面。

（1）通过行政伦理对行政执行主体进行评价，评价主要在于行政良心和行政荣誉。行政良心作为一种职业良心，其主体是行政人员。行政良心能够让行政执行人员意识到自身的责任与义务，塑造行政执行人员的道德信念。汪辉勇将行政荣誉定义为两个方面的内容：一方面是指行政组织和行政人员的荣誉，即社会公众或行政权威对行政组织或行政人员的行为所做的肯定性评价；另一方面是指由行政权威所给予或认可的荣誉，即行政权威对一定范围内的任何组织或个人的行为所做的肯定性评价。行政良心和行政荣誉所形成的行政评价能够对行政人员产生一种激励作用，行政人员受到行政良心的驱使，会形成较高的行政责任感，形成协调、统一的行政活动，实现高效率的、令公众满意的执行结果。行政荣誉能够使行政执行人员形成较强的行政荣誉感，促使行政执行人员通过更积极的行政表现来获取行政客体的肯定性评价。

（2）行政伦理也体现在制度上，行政制度伦理即行政制度中蕴含的伦理理念。行政制度伦理是用伦理的观点评价行政制度，行政制度的主要理念在于人本、效率、公平、民主，行政制度伦理有利于完善行政制度，促进行政伦理的建设。与行政制度伦理相似的是行政伦理制度，但是行政伦理制度的概念不同于行政制度伦理。行政伦理制度是指行政伦理的制度化，在我国表现为行政纪律，而在西方国家则表现为行政伦理法。我国行政纪律主要包括政治纪律、组织纪律、廉洁纪律、群众纪律、工作纪律、生活纪律。

本章小结

行政执行特指以国家行政机关为主体的多元化社会组织为了落实和实施国家意志、国家目标，依法贯彻法律、法规、公共政策的诸活动的总称。行政执行具有主体多元性、法治性、目的性、手段多样性和灵活性的特点。自20世纪70年代，行政执行先后历经自上而下、自下而上以及综合的研究途径的不同阶段的发展演进。政策执行过程模型、街头官僚理论及倡议联盟框架是以上三个不同阶段的研究途径的代表性理论。从具体的手段方式来看，行政执行的方式包括行政执行的管理方式、政治方式、市场方式、法律方式和伦理方式。

课后练习题

一、名词解释与术语

行政执行　行政决策　政策阶段论　自上而下的研究途径　政策执行过程模型　政策执行系统模型　政策执行的分析框架　自下而上的研究途径　街头官僚　综合研究途径　倡议联盟框架　行政执行的管理方式　行政执行的政治方式　行政执行的市场方式　行政执行的法律方式　行政执行的伦理方式

二、思考题

1. 简述行政执行的含义。
2. 简述行政执行与行政决策的关系。
3. 简述自上而下的研究途径的优、缺点。
4. 简述自下而上的研究途径的优、缺点。
5. 简述政策执行过程模型的主要内容。
6. 简述街头官僚理论的主要内容。
7. 简述倡议联盟框架的主要内容。

三、案例分析题

埃纳河是一条"桀骜不驯"的河，几乎每隔十年就会泛滥一次，给当地的居民造成了严重的损失。对此，当地政府可以采取以下两种策略以改变这种不利局面。

策略1：加固堤坝，费用是1000万美元。

策略2：将当地居民迁往高地，费用是200万美元。

你觉得政府应该采取哪一种策略？请根据不同的执行方式选择不同的策略并简述理由。

 自测题

第九章 行政效率

本章学习目标

无论是管理企业，还是管理行政机关和行政人员，管理活动本身的效率问题都是需要着重考虑的。效率是研究行政执行和行政绩效的基本概念之一。纵观公共行政学的历史，提高行政组织的效率是传统时期的公共行政学的重要追求，也是新公共管理运动所关注重心的重要转向。本章首先介绍行政效率的含义、要素及类型并进一步探析行政效率在行政管理中的地位和作用，然后系统、全面地讲述行政效率测定与绩效评估并着重介绍平衡计分卡的相关知识内容。

第一节 行政效率概述

一、行政效率的含义

无论是管理一家企业，还是管理行政机关和行政人员，都需要考虑管理活动的效率问题。效率是在研究行政执行和行政绩效问题时常见的基本概念。"效率"（efficiency）一词最初是物理学和机械学中所使用的概念，指的是产出的能量或功与投入或消耗的能量的比值或比率。而后，"效率"这一概念被引入社会活动，指代社会活动所取得的结果与所消耗的劳动量的比率。而管理学中对于效率的研究仍旧"充满了矛盾和困境"。在公共行政学的历史上，人们都习惯于这样一种说法，即传统时期的公共行政学追求的是如何提高行政组织的效率。20世纪60年代的新公共行政运动要求将公共行政学的研究重心转向如何促进社会公平，而随着新公共管理运动的兴起，公共行政学的关注重心又重新而且更加彻底地转向了效率。我国《辞海》对"效率"一词的解释是泛指日常工作中所消耗的劳动量与所获得的劳动效果的比率，《牛津词典》则以所耗费的能量与其有效利用的比率来解释"效率"，这些都是对"效率"这一概念的基本解释。

关于"效率"的含义，至今尚未形成统一的看法，其与效益、效果等词存在千丝万缕的联系。根据管理学家哈罗德·孔茨所说，"效益"往往指的是目标的实现程度，而"效率"则是用最少的资源达到既定的目标。效率和效益都是一个组织追求的目标，效率是单位时间内完成的工作量，强调的是数量、产量；效益是完成工作所取得的利益，强调的是结果，包括多方面的因素，如经济因素、社会因素等。效果同样是行政执行和行政绩效研究中的基本概念之一，效率和效果在生效、有效等方面有相通之处，但有时在使用时区别很大。《辞海》对效果的解释是由行为产生的有效的结果或成果。效率与效果的区别在于，效率指的是一种比率关系，可以用"高"或"低"来评价，而效果指的是既定目标实现的结果或已完成的或所取得的实际成果产生的影响或作用，其评价标准是"好"或"坏"。效率主要和工作数量、成本、经费开支等量化的概念相联系，而效果则主要和工作质量、公平公正以及个人、组织和社会的满意度相联系。效率可以用量化手段来测量，而效果的评价则涉及伦理的价值判断因素，不能完全用量化手段来测量。

目前我国学界对行政效率的界定存在着广义和狭义之分。广义的行政效率被界定为"一国整个行政组织，或某一行政机关，或某一特定行政设施，于一定的时空，以一定的人力、财力、物力而达成的成果，同其所预期的成果的比例"。广义的行政效率不仅体现在时效、速度、理想的投入产出比上，更重要的是体现在社会效益上，是数量与质量的统一、价值和功效的统一。而狭义的行政效率则是指产出与投入之间的比较情况，更着重数量层面。

行政效率是指国家行政机关和行政工作人员从事公共行政管理工作所投入的各种资源与所取得的成果和效益之间的比率关系。行政效率这一概念涉及行政投入和行政成果两个延伸概念。行政投入便是投入的各种资源，主要是指人力、财力、物力和时间以及各种有形、无形的资源。行政成果则是指管理成果，包括有形的物质成果和无形的精神成果。效益则包括经济效益和社会效益，主要是社会效益。行政效率的高低直接影响政府及其工作人员在公众心目中的形象和地位，高效的政府会赢得公众和社会的好评和极力拥护，而这对于提高政府的权威、感召力、影响力、诚信度，实现政府与社会和公民的良性互动，降低政策的执行成本，推动社会全方位发展和进步，具有重要意义。

二、行政效率的基本要素

（一）行政行为的速度

办事速度是效率的外在表现。但就行政效率而言，并不一定是速度越快越好，而是讲求时间使用的合理性即平衡行政服务对象希望的"快"和可以接受的"慢"。所谓希望的"快"，当然是越快越好，即时即刻。所谓可以接受的"慢"，是指行政服务对象的希望底线，即不因政府工作的周期破坏其原定的计划或者付出额外的成本。通俗地说，就是不至于"坏事"。达到两者之间的平衡是比较理想的。一方面，政府机关不需要为满足服务对象的不十分必要的速度要求而支付不合理的成本；另一方面，政府也不会给服务对象造成任何意义的延误。

（二）行政行为的成本

政府处理问题的投入成本是一个很复杂的经济学问题，大致包括三个部分：行政设施成本、行政制度成本、行政人员成本。如果政府机关处理某个问题的速度很快，具体的服务对象评价为效率高，但是投入的人力、物力成本巨大，与处理该问题的最后社会效果不成比例，则不能认为该政府行政效率高。例如，某地通往某旅游景点的公路年久失修，经常发生堵车和游客被围困在旅游景点的现象，当地政府往往派出专机免费疏散被围困的游客。如何评价当地政府的工作效率呢？对被围困的游客来说，当地政府办事效率高。但如果当地政府及时维修公路，则不会发生游客被困，也不必派出飞机来解决，如此就不能说当地政府行政效率高。

（三）行政行为的正确度

处理问题的效果是行政目标的核心。行政行为的目的是实现和保障服务对象的合法利益、促进地区经济发展、促进社会公平的实现。成本也好，速度也好，只有同效果联系起来考察，才可能得出具有普遍意义的结论。对于抽象行政行为而言，行政行为的正确度是指制定的公共政策（包括各种法规、规章和规范性文件）在充分兼顾相关利益群体合理利益的基础上，积极促进经济和社会发展并最终增进社会整体福利。对于具体行政行为而言，行政效果是指行政机关对管理（服务）对象所做出的行政决定合法、合理、公平、公正。

三、行政效率的类型

行政效率根据不同的标准可以划分为不同的类型，主要有以下几种。

（1）微观效率与宏观效率。在经济学的观点看来，微观效率是用私人、市场导向的公司或政府机构提供相同单位的产品或服务所需要的相对成本进行解释；而宏观效率则是用不同国家中市场和政府（非市场）的相对规模所真正引起的经济增长率来进行解释。由此，我们可以得出，微观行政效率可以用特定政府机构或公共组织提供相同单位的产品和服务所需要的相对成本来解释；而宏观行政效率则可以用不同国家中不同的制度安排所引起的总体发展速度来解释。制度安排主要指的是政府与市场、政府与第三部门的相对规模和相互关系，政府与社会的关系以及政府结构和不同政府部门的职能分工设置等，总体发展既包括经济增长率，又包括教育、文化、社会道德水平等方面的内容。

（2）技术效率与配置效率。技术效率（technical efficiency）关注的是各项投入是否得到充分有效的利用。技术效率的概念最早是由 Farrell 在 1957 年提出来的。他从投入角度给出了技术效率的定义，认为技术效率是指在相同的产出下生产单元理想的最小可能性投入与实际投入的比率。Leibenstein（1966）从产出角度认为，技术效率是指在相同的投入下生产单元实际产出与理想的最大可能性产出的比率。技术效率是指由科技含量的提高而带来的产出成效，反映了对现有资源有效利用的能力，体现的是生产部门在既定投入水平下产出的最大能力，或者是在既定价格和生产技术下，生产部分投入要素的最优比例的能力。换句话说，技术效率是指在给定各种投入要素的条件下实现最大产出的能力或者在给定产出水平下使投入最小化的能力。

配置效率（allocative efficiency）关注的是多种投入要素是否调整到最佳比例，是指以投入要素的最佳组合来生产出"最优的"产品数量组合。在投入不变的条件下，通过资源的优化组合和有效配置，效率会提高，产出就会增加。

若要提高技术效率则需要充分利用资源来提高产出，而提高配置效率则主要依靠调整投入要素之间的比例，如调整人力资源和其他资源之间的比例等。虽然，技术效率和配置效率的侧重点不同，但是只有当一个行政组织的技术效率和配置效率都达到较高程度时，才能算得上一个高效率的组织。

（3）静态效率与动态效率。根据行政效率所涉及的时间段，可以将其划分为静态效率和动态效率。静态效率关注的是在特定时点上能否有效利用资源进行管理和提高服务。测定静态效率即测定特定时点上投入和产出的比率。动态效率则是一个跨期的概念，是指在不增加投入的条件下，在一定时期内提高管理、服务的能力和水平，即投入产出比率在一定时期的变动率。

四、行政效率在行政管理中的地位和作用

行政效率在行政管理中具有非常重要的地位和作用，主要体现在以下几个方面。

（1）提高行政效率是行政管理的最终目标。行政效率是行政管理活动的起点和落脚点，政府管理国家和社会公共事务，要力求提高行政效率。行政管理首先必须确定行政目标，尽管目标的性质、大小不一，但是都涉及行政效率，都有消耗、时间和量的要求，达到了这些要求也就体现了行政目标。因此，行政效率是行政管理活动一开始就提出的要求。

（2）行政效率是衡量整个行政管理活动的重要标准。行政管理活动的高效化是行政管理现代化的重要体现。通过行政效率，可以检验行政管理的各个环节、各个要素是否科学、合理，也可以检验国家行政机关和行政人员队伍是否结构合理、素质优良、分工明确、关系协调，还可以检验行政体制是否科学，行政组织的设置、结构、职能划分是否合适、妥当。最后，通过行政效率还可以检验行政管理办法是否科学先进、应用得当。

（3）行政效率关系我国社会主义现代化进程。提高行政效率，才能充分发挥我国社会主义制度的优越性。行政效率的高低切实关系到一个国家的经济、社会发展和现代化进程，高效的行政管理活动是国家各方面发展的必要保证。

第二节　行政效率测定与绩效评估

随着我国行政管理体制的持续改革和民主政治的不断推进，政府行政效率测定以及政府绩效评估越来越成为一项重要的创新举措。绩效作为一个综合性概念，其测评同样是一个复杂的过程，涉及体系、指标、标准等各方面的问题。本节主要阐述公共部门绩效评估的特殊性以及其绩效测评的主要内容。

一、公共部门的特点和绩效评估的困难

公共部门的绩效评估就是通过公共部门的多元评估机制,运用科学的评估体系、评估程序,对公共部门在政治、经济、社会等方面的表现进行客观、准确、全面的分析与评价,诊断公共部门在管理工作过程中所存在的问题,进而采取补救措施,提高公共部门的服务质量、增强公共部门的号召力与公众的凝聚力,最终推动绩效型政府、责任型政府和服务型政府的建设。在实践中,公共部门的绩效评估遭遇到了许多难题,这与公共部门自身的特点有着密切的联系。公共部门具有以下特点。

(一)公共部门的垄断性

公共部门的垄断性主要是由公共服务的非营利性、管制性等原因造成的。国内外的实践证明,公平、健康的竞争是提高服务水平和服务质量的最有效的动力。这是因为:竞争给消费者提供了选择的自由,消费者的选择决定着一个企业的生死存亡,正是这种生存威胁迫使企业提高效率和服务质量。相反,垄断必然意味着排斥和限制竞争,无论导致垄断的原因是什么,其结果正如公共选择学派所言,垄断免除了公共部门的外部竞争压力,同时也免除了提高效率和服务质量的内在动力。垄断给行政效率的测评带来了两种后果:一是服务垄断往往伴随着对信息的垄断,公众难以掌握充分的信息对特定组织的效率进行科学的评判。二是确定评价标准的困难。由于管理者或服务提供者具有唯一性,所以即使获得了有关信息,公众也无法通过横向比较来确定部门效率的优劣,更难以确定理想的效率水平或评价标准。由此可知,公共部门的垄断性使得对于公共部门的投入和产出难以寻找到恰当的对比对象,从而造成绩效评估的困难。

(二)公共部门的目标多元性和目标弹性

目标多元性主要表现在没有一个统率各项具体目标的总目标。公共部门不仅有着多元的目标,而且大部分目标难以量化。目标弹性即软目标,特点是表述抽象、笼统且难以量化为硬性目标。利润率、市场占有率、单位成本的变化、营业额等都是硬性目标,而提高人的素质和道德水平、调动人的积极性等都是典型的弹性目标。组织目标是评价组织绩效的主要依据,多元化目标必然带来效率评估的困难,而目标弹性更加剧了难度。

(三)公共部门产出的特点

(1)产出多为无形产品。多数公共部门的产品是服务,而非有形的物质产品。服务具有无形性、不可储藏性且只能在提供者和接受者互动过程中实现等特点,因而对提供服务的组织的绩效进行评估要困难得多。

(2)产品的中间性质。公共产品具有中间性质。非市场产出通常是一些中间产品,充其量是最终产出的"代理",而间接的非市场产品对最终产品贡献的程度是难以捉摸

的、难以度量的。

（3）最终产品的非商品性。由于公共管理具有垄断性和非营利性，其产品和服务进入市场的交易体系，不可能形成一个反映其生产机会成本的货币价格，这就带来对其数量进行正确测量的技术上的难度。

（4）产出产品效果的长期性。公共部门所提供的公共产品或公共服务往往不能取得立竿见影的效果，其产品的效果需要一个长期的显现过程，这种时间上的长期性给绩效评估带来了一定的困难。

公共部门产出的特殊性给绩效评估带来了诸多难题，正如威尔逊所言："要度量一个机关的输出量常常是很困难的——实际上，即使是只对什么是国家部门的输出做一番设想都足以令人头昏脑涨。"

（四）公共部门生产过程的特点

（1）劳动密集。公共管理主要靠管理主体的劳动过程来实现，机器代替劳动的作用十分有限，这使得公共管理"标准化"的推行很困难，而标准化程度的高低又制约着对效率的测评。

（2）生产技术的不确定。非市场产出所需的技术经常是未知的，如在国防领域，人们对于投入与国家安全这一期望的最终产出之间的关系，最多也是有限的了解。对技术效果的未知加剧了绩效测评的困难。

（五）公共管理环境的特点

公共服务不是公共部门单向活动，是在与社会和公众的互动过程中实现的。这种互动具有相当的复杂性、动态性、多样性和差异性，要求公共管理有相当的灵活性和管理手段的适应性，这使得标准化很难实现。

二、行政绩效及其测评

（一）绩效与政府绩效

从普遍意义上来说，绩效是对组织的成就与效果的全面系统的表征，它通常与生产力、质量、效果、权责等概念密切相关。绩效是一个与效率有联系又有区别的概念，是一个包括效率但又比效率更为广泛的概念。尼古拉斯·亨利认为，"效率是指以最少的可得资源来完成一项工作任务，追求投入与产出之比的最大化，而有效性则注重实现所预想的结果"。

从管理学层面来说，学者们对于绩效概念的解释并不统一，较为流行的主要有以下几种观点。

（1）绩效行为说。绩效行为说认为绩效是一种工作行为，墨菲给绩效下的定义是："绩效是与一个人在其中工作的组织或组织单元的目标有关的一组行为。"在这个定义中，墨菲将目标与行为统一起来，绩效与行为相关但并不相等。坎贝尔在1990年明确提出："绩效是行为，应该与结果区分开，因为结果会受系统因素的影响。"1993年，坎贝尔又在一篇论著中给绩效下了定义："绩效是行为的同义词，它是人们实际的行为表现并且能观察得到的。就定义而言，它只包括与组织目标有关的行动或行为，能够用个人的熟练程度（即贡献水平）来定等级。"墨菲与坎贝尔都认为绩效是包含"目标"与"行为"的统一体。

（2）绩效结果说。绩效结果说认为绩效即结果，是对个人、组织或者群体的工作成绩的记录。伯纳丁认为，"绩效应该定义为工作的结果，因为这些工作结果与组织的战略目标、顾客满意度及所投入资金的关系最为密切"。凯恩指出，绩效是"一个人留下的东西，这种东西与目的相对独立而存在"。支持绩效结果说的学者将"目的"与"结果"严格区分开来，这是该理论与绩效行为说的不同之处。

（3）绩效"实践"综合说。随着人们认识的发展和深入，后来的学者们逐渐认识到，无论是绩效行为说，还是绩效结果说，都有偏颇之处，因此更多的学者主张将二者综合起来，从动态角度来解释绩效一词。陈振明认为，绩效是指"从过程、产品和服务中得到的输出结果并能用来进行评估和与目标、标准、过去结果以及其他组织的情况进行比较"。石金涛等人在《绩效管理》一书中指出，绩效是指有效的活动及其结果。卓越认为，要理解绩效必须把握两个关键点：其一，绩效是与规范的、客观的评价相联系的。其二，绩效体现在行为、方式和结果三个方面，是对员工履行职能的全面评价。越来越多的学者倾向于将行为、过程与结果结合起来解释绩效的概念并把绩效分为三个方面的内容：个人绩效、团队绩效和组织绩效。

政府绩效，顾名思义，指的是政府工作完成情况或政府工作的成绩、成效、功绩、政绩。需要指出的是，由于绩效一词含义的广泛性和复杂性，政府绩效也具有多种多样的解释。如果要做出一个较为明确的规定，政府绩效应该包括行政效率和行政效果两个方面的内涵。政府绩效作为一个综合性概念，指的是政府管理社会公共事务的行政效率和行政效果之和。这个定义应该包含以下几层含义：第一，行政效率和行政效果分属于政府工作的质和量两个方面，二者并非绝对割裂，而是相互包容的，因此使用政府绩效这一概念可以将二者有机地结合起来；第二，政府绩效作为政府行政效率和行政效果的统一，不可偏废任何一方，这样才能更加全面、综合地考察政府的工作和业绩；第三，将政府绩效视为一个统一综合体，有助于系统地设计绩效测评的目标和方法，若认为政府绩效只是涉及单方面的内容，在进行绩效测评时就很难形成一个完整、合理的测评体系。

（二）绩效测评

绩效测评是由绩效测量（performance measurement）和绩效评估（performance evaluation）两个方面的内容构成的。绩效测量是指定量、效率方面的测评，绩效评估则主要是定性、效果方面的测评，二者在企业管理和行政管理的相关著作中经常出现，二者的含义有一定的差别。"测量"在英文中的意思主要是衡量、测量尺寸、大小、长（宽、深）度。《辞海》对"测量"的解释是:"用量具或仪器来测定零件的尺寸、角度、几何形状或表面相互位置的过程的总称。"总的来看,测量含有定量分析、量化比较的含义。"评估"的英文词义主要是估价、评价、定值、求值。我国《辞海》中对"估价"一词的解释有"评价"的含义,其解释是"泛指衡量人物或事物的价值"。总体上看,"评估"和"测量"的含义有明显的不同,特别是对人物的价值衡量:评价这个词有几个相关的含义,而每种含义都涉及某种价值尺度在政策和计划运行结果方面的应用,评价的中心内容是对政策或计划的有用性或价值做出判断,主要目的是确定一项政策或计划的价值或社会功效。因此,绩效测量和绩效评估这两个概念既不能相互涵盖,又不能相互取代,更不能混为一谈。因此,本书采用"绩效测评"一词,既综合绩效测量和绩效评估这两个概念的含义,同时也能更好地论述政府绩效测评的相关内容。

绩效测评的目的是从质和量两个方面准确了解、评价个人或者组织的工作状况和完成情况,从而判断其对组织的影响和作用,以提高组织绩效和个人绩效。绩效测评一般包括测评者、测评对象、测评目标、测评体系和测评环境五个要素。

测评者是指专门负责绩效测评工作的人员、小组或者某个机构。绩效测评是一项长期性工作,而不是一项临时性、偶然性工作。确定测评者可以明确绩效测评工作的目标、对象、任务,同时对绩效测评效果及其在组织中所起的作用有重要影响。负责测评工作的人或机构在组织中的地位和权威性越高,测评工作对个人绩效和组织绩效所产生的作用就越大。测评者的范围包括上级、上级部门、同事、平级部门,甚至下级和下级部门等多个层次,传统的绩效测评中,测评者以上级和上级部门为主。

测评对象是指工作或完成情况将被有目的和有计划地进行测量和评估的人员、组织和机构。测评对象和测评者共同构成测评工作的两极。测评对象的确定与绩效测评的目标、内容和任务有关。确定测评对象后,除了要对其本身的素质进行测评,还应该对其工作和完成情况进行测评。

测评目标是指绩效测评工作所要达到或实现的具体目的。无论是个人绩效,还是组织绩效,都是一个内容广泛、复杂多样的庞大体系。绩效测评目标指明了所要测量、评估的重点,可明确地体现开展测评工作的用意所在。测评目标可以将绩效测评工作限定在一个具体的、可操作的范围内,如所要测评的目标是某个政府的经济绩效、治安绩效或者政策绩效。绩效测评目标的确定与绩效测评工作的实际效果有直接联系。

测评体系是绩效测评中非常重要的内容,是指导绩效测评工作有计划、有序地进行的一整套操作要素的集合体。这些操作要素包括绩效测评的内容、标准、指标、程序、方法、成本和方案等。在确定了测评对象和测评目标之后,需要进一步确定具体的测评内容、测评标准、指标、程序和方法等并制定出切实可行的时间安排、预算和计划,如此方可有效地实施具体的测评工作。

测评环境是指组织内部和外部进行绩效测评工作的条件,其同样对测评工作的开展具有重要的影响,主要包括组织成员对绩效测评工作的认知和认可程度、测评人员和测评机构在组织内部的地位、测评工作所能够得到的物质和财力支持、测评技能的培训制度、开展测评工作的规章制度与绩效测评中的奖惩制度、组织外部与绩效测评有关的各种条件和制度等。

根据不同的标准，可以对绩效测评进行各种各样的划分，最主要的有以下几种划分方式。

（1）根据测评者的类型，可以将绩效测评划分为内部测评和外部测评。内部测评是指由组织内部的测评者进行绩效测评，也可以称之为自我测评，一般由组织中的上级、上级部门或者财务、人事等职能部门进行。外部测评是指由组织外部的测评者进行绩效测评，外部测评者主要包括立法机关指定的测评人员或机构、组织外聘的测评人员或机构以及社会上独立运作的测评人员或机构等。

（2）根据测评条件，可以将绩效测评划分为年度绩效测评和项目绩效测评。年度绩效测评是指在固定时间内对个人或组织的工作绩效进行测量和评估，其时间跨度一般为半年或一年。项目绩效测评是指对个人或组织承担的独立项目进行绩效测评，一般是在所承担的项目完成之后进行总体测评，不是按照严格的时间周期进行的。

（3）根据测评对象，可以将绩效测评划分为个人绩效测评和组织绩效测评。个人绩效测评是指对组织中的个人独立完成的工作进行绩效测评，经常与个人素质测评联系在一起。组织绩效测评是对某一组织、小组、群体或者机构等组织实体所完成的工作进行的绩效测评，政府绩效测评也属于组织绩效测评范畴。

（4）根据个人或者组织的工作结果，可以将绩效测评划分为有形绩效测评和无形绩效测评。个人或者组织的工作结果可以分为有形和无形两种形式，有形的是指可以精确测量的，如产品数量、城市发展水平等；无形的是不可量化的，如个人的工作行为、公共政策的社会影响等。有形绩效测评针对可量化的工作进行测评，对政府绩效来说，测评侧重的是行政效率。而无形绩效测评针对个人的工作态度、行政管理行为和政策效果等非量化的成绩进行测评，对政府绩效来说，测评侧重的主要是行政效果。

三、行政绩效的测评体系

测评体系是指导绩效测评工作有计划、有序进行的一整套操作要素的集合体，包括绩效测评的内容、标准、指标、程序、方法、时间表、成本核算和计划方案等。其中，最为重要的是标准和指标。绩效测评要进入实际操作阶段，首先遇到的问题就是按照预定的测评目标设定相应的标准和指标，在整个测评体系中，标准和指标处于核心地位，是组织进行绩效测评不可缺少的依据和基础。

（1）标准。标准即对要达成的绩效目标或绩效指标做出的基本要求和具体规定，包括质量标准、数量标准、比率标准、价值标准和公众满意标准。为了做出准确的分析和描述，任何绩效目标和绩效指标都应该制定相应的绩效标准。绩效标准可以用数字、文字等进行说明，也可以用多种层次或多种等级的图表形式表现出来。

（2）指标。指标即指示物、指示器，它显示了某一事物在某一方面的信息。绩效测评指标是对个人或组织绩效内容加以分解以便进行测评的要素，包括绝对指标（一般指完成工作的绝对数，如产量、工作量等）、相对指标（指的是完成工作的相对数，如就业率、增长率等）、平均指标（指完成工作的平均数，如人均产量、平均工资等）、计划和统计指标、数量和质量指标、经济和社会指标、投入和产出指标等。在政府绩效测评中，最常用的就是经济和社会指标。绩效指标体系是为了综合反映与说明个人或组织绩效而整体设计的一套具有内在联系的指标系统。单一或者零散的指标不可能全面、准确地反映组织的运作状况，因此组织需要制定一套指标体系来测评整体的绩效。自20世纪60年代以来，欧美国家便开始致力于建立适用于本国国情的各类指标体系，这些指标体系门类众多、内容庞杂，如美国商务部、人口普查局编制的《美国社会指标》包括人口与家庭、健康与营养、住房与环境、交通运输、公共安全、教育与训练、工作、社会治安与福利、收入与生产率、参与和社会活动、文化、闲暇与时间利用十二大类指标。我国自1983年起着手建立社会统计指标体系，经过反复修改，最终确定了1100多个指标。

四、行政绩效测评的指标设立标准

行政绩效测评的指标并非随意设立的，应该遵循以下标准。

（1）有信度和有效度。所谓信度，是指可信度，即在多大程度上是正确的。信度分为三种：①再测信度，即时间上维度上的再测；②复本信度，即多套复本的再测；③折半信度，即单双号的分组比照。绩效测评的指标设立应该有信度，即保证其在最大程度上是正确的。效度是指有效度或准确度，即测量工具或测量手段能够准确测出的变量的程度，或者说能够准确、真实地度量事物属性的程度，能够在多大程度上有效地表示所需表达的含义。效度主要分为三种：①表面效度，即测量内容与测量目标的合适性；②准则效度，即新工具与旧工具的关联系数；③结构效度，即理论假设与检测的一致性关系。绩效测评的指标应该最大程度地测量出个人或组织工作情况的具体表现。

（2）有意义和容易理解。指标应该与工作的使命、目标和预期结果直接相关，不能是毫无关联的。此外，绩效测评指标相对于利益相关者而言，必须是可以理解的，应该与其文化背景、思维方式等内容具有相关性。

（3）全面的和综合的。科学的绩效测评指标体系不是单一维度的，而是应该囊括尽可能多的考核维度，包括产出和结果，也包括服务质量和客户满意度以及效率和生产力。

（4）有明确的行为导向。设立指标不仅仅是为了考核，更重要的是为被考核者设立行为导向，指导被考核者未来的工作方向。因此，在制定绩效测评指标时，需要就期望的指标发展方向达成一致意见。

（5）抵制目标替换。所谓目标替换，是指主管和其他人员直接严格按照绩效测评指标执行工作，这可能会对工作或组织真正的目标造成损害，背离组织真正的初衷，从而造成本末倒置的局面。目标替换是指标设立过程中最严重的问题之一。造成目标替换的原因有以下三种：第一，指标太过量化；第二，指标标准过高；第三，指标太追求低成本。

（6）低成本。绩效测评指标的设定应该有成本—效益方面的考虑，即指标的设立应该是低成本的，但为了防止造成目标替代，低成本这一标准不应该被过度强调。

五、平衡计分卡

平衡计分卡（balance score card，BSC）是由美国学者罗伯特·卡普兰与大卫·诺顿首次提出的概念，是指用图、卡、表等工具形象地实现战略规划的一种先进绩效考核工具，后来发展成为一种战略控制工具。为了推广应用平衡计分卡，上述两位学者于1996年出版的《平衡计分卡：化战略为行动》一书中系统地阐述了如何通过一系列图、卡、表将组织的战略化为具体的、可操作的行动方案。平衡计分卡最早应用于企业绩效管理，强调企业管理的绩效应该从财务、顾客、内部流程、学习与成长四个维度来衡量，取代原来的只注重财务绩效的关键绩效指标（KPI）考核方法。这里的"平衡"指的是企业内部（财务、流程、学习）与外部（顾客）的平衡、企业长期（学习、流程）与短期（财务、顾客满意）的平衡、企业财务与非财务（学习、流程、顾客）的平衡。平衡计分卡的核心是企业愿景与战略，即绩效的四个方面是围绕着企业愿景与战略而展开的，因此也被认为是战略实施工具。

从本质上来看，平衡计分卡就是根据组织的战略要求而精心设计的指标体系，它作为一种绩效管理工具，将组织的战略目标逐层分解转化为各种具体的相互平衡的绩效考核指标体系并对这些指标的实现状况进行不同时段的考核，从而为组织的战略目标的完成建立起可靠的执行基础。平衡计分卡虽然是针对企业开发设计的，但随着其在企业绩效管理与战略控制中的应用获得极大成功，一些政府组织开始予以采纳实施。当前，美国、日本、英国、澳大利亚、韩国、新加坡、奥地利等国家都已经成功将平衡计分卡引入政府绩效管理。

平衡计分卡具有以下主要特征。

（1）平衡计分卡是一个系统性战略管理体系，是根据系统理论建立起来的管理系统，也是一个核心的战略管理与执行工具，是在对组织总体发展战略达成共识的基础上，通过设计实施将其四个维度的目标和初始行动方案有效地结合在一起的一个战略管理与实施体系。它的主要目的是将组织的战略转化为具体的行动，以创造组织的竞争优势。

（2）平衡计分卡是一种先进的绩效衡量工具。平衡计分卡将战略分成四个不同维度的运作目标并依照这四个维度分别设计适量的绩效衡量指标。因此，它不但为组织提供了有效运作所必需的各种信息，克服了信息庞杂性和不对称性的干扰，更重要的是，它为组织提供的这些指标可量化、可测度、可评估，从而更有利于组织进行全面系统的监控，促进企业战略与愿景目标的达成。

（3）平衡计分卡可作为一种沟通工具。一个精心设计的、清晰而有效的绩效指标体系可清楚地描述组织所制定的战略并使抽象的愿景与战略变得栩栩如生。

（4）平衡计分卡与其他绩效管理系统的差别在于更加注重绩效指标之间的因果关系。

平衡计分卡是一套从四个方面对组织战略管理的绩效进行财务与非财务综合评价的评分卡片，不仅能有效克服传统的财务评估方法的滞后性、偏重短期利益和内部利益以及忽视无形资产收益等诸多问题，而且是一个科学的、集战略管理控制与战略管理绩效评估于一体的管理系统，其基本原理和流程简述如下。

（1）以组织的共同愿景与战略为内核，运用综合与平衡的哲学思想，依据组织结构，将公司的愿景与战略转化为下属各责任部门（如各事业部）在财务（financial）、顾客（customer）、内部流程（internal processes）、学习与成长（learning and growth）四个维度的系列具体目标（即成功的因素）并设置相应的四张计分卡，如图9-1所示。

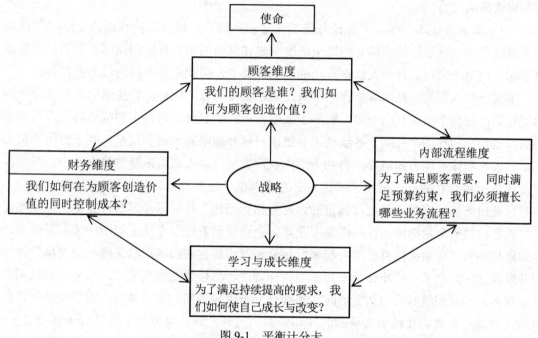

图 9-1　平衡计分卡

（2）依据各责任部门分别在财务、顾客、内部流程、学习与成长四个维度设置一一对应的绩效评价指标体系，这些指标不仅与组织战略目标高度相关，而且分为先行（leading）与滞后（lagging）两种形式，同时兼顾和平衡组织长期和短期目标、内部与外部利益，综合反映战略管理绩效的财务与非财务信息。

（3）由各主管部门与责任部门共同商定各项指标的具体评分规则。一般是将各项指标的预算值与实际值进行比较，对应不同范围的差异率，设定不同的评分值。以综合评分的形式，定期（通常是一个季度）考核各责任部门在财务、顾客、内部流程、学习与成长四个维度的目标执行情况，及时反馈，适时调整战略偏差或修正原定目标和评价指标，确保组织战略得以顺利、正确地执行。

平衡计分卡不仅强调短期目标与长期目标间的平衡、内部因素与外部因素间的平衡，也强调结果的驱动因素，因此是一个十分复杂的系统，其实施过程一定会遇到困难，国外运用平衡计分卡的多年实践也证实了这一点。平衡计分卡的实施主要会受到以下几个方面的影响。

（1）指标的创建和量化方面。财务指标的创建与量化是比较容易的，其他三个维度的指标就需要企业的管理层根据企业的战略及运营的主要业务、外部环境仔细斟酌。列出的指标有些是不易收集的，这就需要企业在不断探索中注重总结；有些重要指标很难量化，如员工受激励程度方面的指标，需要收集大量信息，并且要经过充分的加工后才有实用价值，这就对企业信息传递和反馈系统提出了很高的要求。

（2）应用平衡计分卡要确定结果与驱动因素间的关系，而大多数情况下，结果与驱动因素间的关系并不明显或并不容易量化，企业要花很大的力量去寻找、明确业绩结果与驱动因素间的关系。

（3）实施的成本方面。平衡计分卡要求企业从财务、顾客、内部流程、学习与成长四个维度考虑战略目标的实施并为每个维度制定详细而明确的目标和指标。它需要全体成员参加，使每个部门、每个人都有自己的平衡计分卡，因此企业要付出较大的代价。

平衡计分卡作为一种绩效测评的实施工具，主要有以下优点：可克服财务评估方法的短期行为；使整个组织行动一致，服务于战略目标；能有效地将组织的战略转化为组织各层的绩效指标和行动；有助于各级员工对组织目标和战略的沟通和理解；利于组织和员工的学习成长和核心能力的培养；有利于组织长远发展；可提高组织整体管理水平。当然，平衡计分卡也有其缺点。运用平衡计分卡的难点在于使其"自动化"。平衡计分卡中有一些指标是很难解释清楚或者进行衡量的。财务指标当然不是问题，非财务指标往往很难建立。确定绩效的衡量指标往往比想象中更难。企业管理者应当专注于战略中的因果关系，从而将战略与其衡量指标有机结合起来。尽管管理者通常明白客户满意度、员工满意度与财务表现之间的联系，平衡计分卡却不能指导管理者怎样才能提高绩效，从而达到预期的战略目标。当组织战略或结构变更时，平衡计分卡也应当随之重新调整，而保持平衡计分卡随时更新与有效需要耗费大量的时间和资源。另外，一份典型的平衡计分卡需要 5~6 个月去执行，另外还需几个月去调整结构，使其规则化，从而总的开发时间经常需要一年或者更长的时间。

在运用平衡计分卡时，可能会遭遇以下障碍。

（1）沟通与共识上的障碍。根据 Renaissance 与 CFO Magazine 的合作调查，企业中只有不到十分之一的员工了解企业的战略及战略与其自身工作的关系。尽管高层管理者清楚地认识到达成战略共识的重要性，却少有企业将战略有效地转化成能够被基本员工理解且必须理解的内容，更不必提使其成为员工的最高指导原则。

（2）组织与管理系统方面的障碍。据调查，企业的管理层在例行管理会议上花费近85%的时间处理业务运作的改善问题，仅以少于15%的时间关注战略及其执行问题。他们过于关注各部门的职能，却没能使组织的运作、业务流程及资源的分配围绕着战略而进行。

（3）信息交流方面的障碍。平衡计分卡的编制和实施涉及大量的绩效指标取得和分析，是一个复杂的过程，因此企业信息管理及信息基础设施建设的不完善会成为企业运用平衡计分卡的又一障碍。

（4）对绩效考核认识方面的障碍。如果企业的管理层没有认识到现行绩效考核的观念、方式有不妥当之处，平衡计分卡就很难被接纳。长期以来，企业的管理层已习惯于仅从财务的角度测评企业的绩效，并没有思考这样的测评方式是否与企业的发展战略联系在一起、是否能有效地测评企业的战略实施情况。平衡计分卡的运用不仅要得到高层管理层的支持，也要得到各业务单元管理层的认同。

本章小结

行政效率是指国家行政机关和行政工作人员从事公共行政管理工作所投入的各种资源与所取得的成果和效益之间的比率关系。行政效率包括行政行为的速度、成本、正确度等基本要素，根据不同的标准可以划分为微观效率与宏观效率、技术效率与配置效率、静态效率与动态效率等不同的类型。绩效测评由绩效测量和绩效评估两个方面的内容构成，一般包括测评者、测评对象、测评目标、测评体系和测评环境五个要素，根据不同的标准可划分为内部测评和外部测评、年度绩效测评和项目绩效测评、个人绩效测评和组织绩效测评、有形绩效测评和无形绩效测评等类型。行政绩效的测评体系是指导绩效测评工作有计划、有序进行的一整套操作要素的集合体，包括绩效测评的内容、标准、指标、程序、方法、时间表、成本核算和计划方案等，其中最为重要的是标准和指标，指标的设立需要遵循一系列的标准。平衡计分卡是一种先进的绩效考核工具，本质上是根据组织的战略要求而精心设计的指标体系。

课后练习题

一、名词解释与术语

绩效　行政效率　微观效率　宏观效率　技术效率　配置效率　组织效率　个人效率　绩效测量　绩效评估　绩效测评　测评体系　平衡计分卡

二、思考题

1. 行政效率的基本要素有哪些？
2. 行政效率的类型有哪些？
3. 简述行政效率在行政管理中的地位和作用。
4. 公共部门的特点及其绩效评估的困难有哪些？
5. 绩效测评的基本要素有哪些？
6. 绩效测评的类型有哪些？

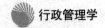

7. 指标设立的标准有哪些？
8. 平衡计分卡包含的维度有哪些？

 **自测题**

第十章 公共财政

本章学习目标

公共财政是一个舶来词,是与市场经济相适应的财政。从逻辑上说,将"公共"与"财政"连缀在一起,从而形成"公共财政"。公共财政存在着不同于以往"财政"概念的特殊意义,那么二者究竟有何不同呢?本章首先对公共财政的含义、职能等进行概述;然后对公共财政支出与公共财政收入两项公共财政的基本过程展开阐释;最后对公共财政过程中的公共财政政策进行详细介绍。通过本章的学习,可形成对公共财政的系统认知并深刻理解国家经济管理活动。

第一节 公共财政概述

一、公共财政的含义

作为一个舶来词,公共财政是与市场经济相适应的财政,它来源于英文"public finance"。从逻辑上说,将"公共"与"财政"连缀在一起,从而形成"公共财政",肯定有不同于以往"财政"概念的特殊意义。通常而言,公共财政是指国家行政组织通过社会产品价值分配的各种形式和宏观调控手段维持其正常运转和有效履行公共行政职能的管理活动。

在理解公共财政本身的含义时,一个始终绕不开、躲不过的问题是,"公共财政"与以往的"财政"究竟有何不同:一方面,公共财政与以往的"财政"既有共性,也有区别。它与一般意义上的"财政"范畴和"财政学"学科并无不同,即无论是否有"公共"前缀,财政从来都是指政府收支或政府收支活动。因而,公共财政并非一个完全有别于以往的"财政"的新范畴。另一方面,"公共性"是财政这一经济范畴与生俱来的本质属性,这在任何社会形态和任何经济体制下都概莫能外。有所不同的只在于公共性的充分程度以及它的表现形式。无论是称之为"公共财政",还是称之为"财政",都不意味着其公共属性的根本变化。

二、公共财政的职能

公共财政是以克服市场失灵为范围的。在市场经济体制下,存在市场失灵的领域,因

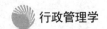

此需要政府进行适应性调节，对市场进行干预，但政府介入的最终目的仍是维护或确保市场的正常运行，克服市场失灵，达到资源的有效配置。政府要矫正市场缺陷，应涉足市场不愿参与或无力参与的领域，既要引导竞争，又要限制垄断；既要讲究效率，又要注重社会公平；既要促进经济稳步发展，又要抑制通货膨胀。因而，关于公共财政所具有的职能，一般认为涉及效率、公平与稳定三个方面，具体如下。

（一）资源配置职能

公共财政的资源配置职能是由政府干预所产生的，它的特点和作用是通过本身的收支活动为政府供给公共产品提供财力，引导资源的流向，克服市场失灵，满足社会公共需要，最终实现全社会资源配置效率最优的状态。这种活动会对整体经济资源的使用产生影响，这就是公共财政的资源配置职能。公共财政的资源配置职能首先体现在提供公共产品上。公共产品具有非竞争性和非排他性的特征，因此难以由私人部门通过市场提供，只能由公共财政进行供给。其次，公共财政履行资源配置职能还可以实现外部效应的内部化并解决垄断问题。公共财政的资源配置职能就是将一部分社会资源（即国内生产总值）集中起来，形成财政收入；然后通过财政支出分配活动，由政府提供公共物品或服务，引导社会资金的流向，弥补市场的缺陷，最终实现全社会资源配置效率的最优状态。在市场经济中，公共财政不仅是一部分社会资源的直接分配者，也是全社会资源配置的调节者。这一特殊地位决定了公共财政的资源配置职能既包括对用于满足社会共同需要的资源的直接分配，又包括对全社会资源的间接调节。

（二）收入分配职能

公共财政在一定程度上可以纠正由市场机制建立的分配格局，使之达到社会认为的"公平"和"公正"。在市场机制作用下，初次分配状况是由竞争和效率决定的，往往导致收入结果的不公平，客观上要求社会有一种有助于实现公平的再分配机制。市场本身不能提供这种再分配机制，只有依靠政府以非市场的财政手段来完成这一任务。在政府对收入分配不加干预的情况下，一般会以个人财产的多少和对生产所做的贡献大小等因素，将社会财富在社会各成员之间进行初次分配，这种分配可能是极不公平的，而市场对此无能为力，只有依靠政府的力量才能对这种不公平现象加以调整和改变。收入分配职能就是政府通过财政收支活动对各个社会成员收入在社会财富中所占份额施加影响，以实现收入分配公平的目标。

（三）经济稳定发展职能

公共财政的经济稳定发展职能是指政府作为市场上的一种经济力量，运用宏观经济政策手段，通过实施特定的财政政策，促进充分就业、物价稳定、国际收支平衡和适度经济增长等目标的实现。政府根据宏观经济运行的不同状况，相机选择采取相应的财政政策措施。当总需求小于总供给时，采取扩张性财政政策，增加财政支出和减少政府税收，扩大总需求,防止经济衰退;当总需求大于总供给时,采取紧缩性财政政策,减少财政支出和增加政府税收,抑制总需求,防止通货膨胀;在总供给和总需求基本平衡,但是结构性矛盾比较突出时,采取趋于中性的财政政策。

三、国家预算与决算

国家预算,简而言之,就是政府的基本财政收支计划。国家预算的执行是财政收支的筹措和使用过程,而国家预算执行结果的总结就是国家决算。国家预算具体分为以下几类。

(一)单式预算与复式预算

单式预算是指在预算年度内,通过统一的一个计划表格来反映国家财政收支计划,具有全面性和综合性的特点。单式预算简洁、清楚、全面、便于编制和审批,但是只进行总额控制,不便于对不同性质的收支进行区别对待、分别管理。它将同一预算年度内由财政集中和分配的全部预算收入和支出编制在一个预算平衡表中,平衡表科目由收入类科目、支出类科目和平衡三个部分组成。单式预算是最简单的预算组织形式,也是从国家预算产生以来就普遍使用的预算组织形式,其基本特点是:①将各种财政收入与支出分别汇集,共同编入单一的总额形式的预算报表。②不是按照财政收支的经济性质,而是按照财政收入的具体来源(如各类税收收入、非税收收入)和财政支出的具体目标(如购买办公设备、日用消耗物品、支付雇员薪金等)分别进行总额预算。③整体性强,预算收支安排情况和预算平衡情况一目了然。④便于统筹实施,组织预算执行,增强运用财政资金的力度。⑤结构简单,易于编制实行。由于把全部的财政收入和支出分列于预算表上,单一汇集平衡,因此单式预算能从总体上反映年度内财政收支情况,完整性强,便于立法机关的审议和被社会公众理解。单式预算的这种编制组织方法完全符合根据古典预算平衡理论而确立的传统预算原则,它体现了国家预算的完整性、统一性、可靠性、公开性和年度性。

复式预算是在单式预算的基础上发展演变而来的。它是指在预算年度内将全部政府预算收支按经济性质归类,分别汇编成两个或两个以上的预算,以特定的预算收入来源保证特定的预算支出并使两者具有相对稳定的对应关系。复式预算一般分为三部分:①经常预算,主要反映税收收入和政府一般活动的经常费用支出;②资本预算,主要反映债务收入和政府公共投资支出;③专项基金预算,用于反映各项专项资金的筹集和使用情况。复式预算最大的特征是用特定的预算收入来满足特定的预算支出需要,在预算收入和支出项目之间建立稳定的对应关系。它的优点是能够较为具体地反映预算的平衡情况,特别是预算赤字和盈余的成因,从而为政府进行经济分析和宏观决策提供较为明确的信息,同时也便于改善财政资金的管理,避免不同性质的财政资金相互挤占。

(二)增量预算与零基预算

增量预算又称为调整预算方法,是指以基期(一般为上一年)成本费用水平为基础,结合预算期业务量水平及有关影响成本因素的未来变动情况，通过调整有关原有费用项目而编制预算的一种方法。这是一种传统的预算方法。首先，资金被分配给各部门或单位，然后这些部门或单位再将资金分配给适当的活动或任务。其次，增量预算基本上都是由前一期的预算推演出来的，每一个预算期间开始时，都采用上一期的预算作为参考点，而且只有那些要求增加预算的申请才会得到审查。

零基预算又称为零底预算，是指对任何一个预算期，任何一种费用项目的开支，都不是从原有的基础出发，即根本不考虑基期的费用开支水平，而是一切以零为起点，从零开始考虑各费用项目的必要性，确定预算收支，编制预算，即以新财政年度的实际需要为依据，而不考虑上一年度的预算编制方式。

（三）历年制预算与跨年制预算

预算年度又称为财政年度或者会计年度，是指编制财政预算时规定的预算收支起讫时间，是预算编制和执行所应依据的法定界限，通常为一年。具体地，在世界各国的实践中可分为两种类型：一是历年制，即预算年度按日历年度计算，由1月1日起至12月31日止为一个预算年度。二是跨年制，即一个预算年度跨越两个日历年度，其具体的起止时间在各国实践中不尽相同，有4月制的，即自4月1日起至次年3月31日止，如英国、日本等；有7月制的，即自7月1日起至次年6月30日止，如意大利、加拿大、西班牙、葡萄牙等；有10月制的，如美国。

第二节 公共财政支出

一、公共财政支出的含义

公共财政支出是指政府有计划地分配和使用筹集到的财政收入，将其转化为政府实现其职能所需要的商品和劳务或其他支出的过程。如果一个政府决定以一定的数量和质量向公民提供产品和服务，那么财政支出就是提供这些产品和服务所必须付出的成本。

二、公共财政支出的分类

根据不同的标准，公共财政支出有不同的分类。按其是否有直接补偿，公共财政支出分为购买性支出和转移性支出。

（1）购买性支出又称为消耗性支出，这类公共支出形成的货币流会直接对市场提出购买要求，形成相应的购买商品或劳务的活动。购买性支出基本上反映了社会资源和要素中由政府直接配置与消耗的份额，因而是公共财政履行效率、公平和稳定三方面职能的直接体现：①购买性支出直接形成社会资源和要素的配置，因而其规模和结构等大致体现了政府直接介入资源配置的范围和力度,是公共财政对于效率职能的直接履行。②购买性支出中的投资性支出将对社会福利分布状态产生直接影响,因而是公共财政履行公平职能的一项重要内容。③购买性支出直接引起市场供需对比状态的变化,直接影响经济周期的运行状况,因而是政府财政政策的相机抉择运作的基本手段之一,是公共财政履行稳定职能的直接表现。

(2)转移性支出,是指政府将钱款单方面转移给受领者的支出活动。转移性支出主要由社会保障支出和财政补贴支出等组成。转移性支出形成的货币流并不直接对市场提出购买要求,即不直接形成购买产品或劳务的活动。转移性支出所提供的货币直接交给私人和企业,而不是由政府单位直接使用。至于私人和企业是否使用和如何使用这些钱款,则基本上由私人和企业自主决定,尽管政府能够提供一定的制度约束,但并不能直接决定其购买行为。转移性支出也体现了公共财政对效率、公平和稳定三大职能的履行:①转移性支出引起了货币收入的流动,在间接的意义上仍然配置了资源和要素。②转移性支出是公共财政履行公平职能的重要手段之一。政府通过转移性支出,增加了支出受惠者的货币收入,在私人和企业间进行了收入再分配,从而成为政府实施社会公平政策的重要手段。③转移性支出也是公共财政履行稳定职能的重要手段。政府的转移性支出增加了有关私人和企业的可支配收入,间接增强了社会购买力,影响了宏观经济的运行态势。特别是其中的济贫支出和社会保险支出等,能够自动地随着宏观经济运行状态而逆向变动,从而成为宏观经济运行的自动稳定器,是政府最重要的宏观经济政策运作手段之一。

此外,按政府的职能,也就是按政府支出的费用类别划分,财政支出可以分为投资性支出、教科文卫等事业发展支出、国家行政费用支出、各项补贴支出和其他支出等。按政府职能对公共支出进行分类能够清晰、全面、具体地反映政府执行了哪些职能及其政策侧重点,能够对一个国家的公共支出结构进行动态分析,从而看出该国的政府职能结构和内容发生了怎样的演进,有助于预测未来公共支出的发展变化趋势。按职能分类还可用于对政府执行经济和社会职能的程度进行横向国际比较,揭示各个国家的各项政府职能的构成及其差异。

三、公共财政支出的原则

公共财政支出的原则是指政府在安排和组织财政支出过程中应当遵循的基本准则。随着财政支出的规模不断扩大,财政支出应满足一些基本的准则以更好地发挥调节社会经济的杠杆作用。

(1)经济效益原则。经济效益原则是指通过公共财政支出使资源得到最优化配置,使整个社会效益最大化。财政支出的经济效益原则是以市场机制发挥基础性作用为基点,遵循市场效率准则来安排财政支出、优化资源配置,以最小的社会成本取得最大的社会效益。这个原则包括宏观和微观两个层面的含义:从宏观上看,要实现社会均衡,即实现社会效益最大化;从微观上看,要进行成本—效益分析。

（2）公平原则。公平原则是指通过公共财政支出提供劳务和补助所产生的利益在各个阶层的居民中的分配应达到的公平状态。公共财政支出坚持公平分配原则，就是通过再分配纠正市场机制导致的财富分配不公平状况，实现社会分配公平，缩小贫富差距。

（3）稳定原则。稳定原则是指公共财政支出应该有助于防止经济波动过于剧烈。国民经济有时会出现通货膨胀，有时也会出现通货紧缩，而财政支出起到的作用就是在发生国民经济波动时，通过公共财政支出政策提高国民就业水平、稳定物价并保持良好的国际收支状况。

四、公共财政支出的规模

公共财政支出的规模是指财政支出的总体水平，即一个财政年度内政府通过预算安排的财政支出总额。衡量财政支出规模，通常可以使用两个指标：一是绝对指标；二是相对指标。

所谓绝对指标，是指一国在一定时期内（通常为一个财政年度）财政支出的货币价值总额。例如，2010年我国公共财政支出规模为89 874.16亿元。其中，一般公共服务、国防、教育、社会保障和就业等支出的规模分别为9337.16亿元、5333.37亿元、12 550.02亿元、9130.62亿元；2020年我国一般公共预算支出为245 679.03亿元，其中一般公共服务、国防、教育、社会保障和就业等支出的规模分别为20 061.1亿元、12 918.77亿元、36 359.94亿元、32 568.51亿元。可见，这一指标可以直观地反映某一财政年度内政府支配的社会资源的总量，是国家政府部门编制财政预算和掌握财政支出规模的重要指标之一。

所谓相对指标，是指一国在一定时期内财政支出占GDP（国内生产总值）或GNP（国民生产总值）的比率。例如，根据国家统计局公布的数字，2009年我国GNP为343 464.7亿元，GDP为340 506.9亿元，而财政支出的相对指标分别为22.2%和22.4%；2020年我国GNP为1 008 782.5亿元，GDP为1 015 986.1亿元，而财政支出的相对指标分别为24.35%和24.18%。相对指标反映了一定时期内在全社会创造的财富中由政府直接支配和使用的份额，财政支出规模可以通过该指标全面衡量政府经济活动在整体国民经济活动中的重要性。

一般而言，绝对指标在对一国财政支出变化进行纵向对比时有实际意义，而相对指标在对一国财政支出与其他国家财政支出进行横向对比及对本国财政支出变化进行纵向比较时均有参考意义。在分析、研究财政支出规模时，通常是以相对指标作为主要指标。

影响财政支出规模的主要有经济性因素、政治性因素和社会性因素。经济性因素主要指经济发展的水平、经济体制的选择和政府的经济干预政策。政治性因素对财政支出规模的影响表现在两个方面：①政局是否稳定；②政体结构的行政效率。社会性因素包括人口、文化背景等因素，在一定程度上影响着财政支出规模。

第三节 公共财政收入

一、公共财政收入的含义

公共财政收入是政府为了供应政府公共活动支出的需要，履行政府的公共管理、公共服务以及国民经济的市场化管理等职能，从企业、家庭等社会目标群体中所获得的一切货币收入的总和。公共财政收入的规模在很大程度上决定着公共财政支出的规模，从而决定着政府活动的范围，进而影响一个国家的经济增长和社会发展。因此，各国政府都十分重视对公共财政收入的管理，科学设定财政收入的规模、结构，明确规定财政收入的范围、形式，建立规范的公共财政收入制度以实现政府的经济意志，促进公共财政分配的科学化和规范化，有效实现政府的各项管理职能。

公共财政收入一般包括税收、公债、非税收入三种形式。税收是政府为了履行其职能，凭借政治权力，按照法律预先规定的标准，强制地、无偿地获得财政收入的一种形式。在现代市场经济条件下，税收是政府调节经济和进行宏观调控的重要政策工具。公债是政府在资金持有者自愿的基础上，按照信用原则，有偿地获取公共收入的一种手段。相比于由法律预先规定的税收而言，政府可以根据公共收支的状况，更加灵活地确定是否需要通过发行公债来调节经济、平衡收支。非税收入包括政府性基金、公共收费、罚没收入、特许权收入、国有资产收益与境内外机构和个人捐赠等多种形式。

公共财政收入的作用基本上分为两大方面：一是收入作用，政府获得较多的财政资金，又不伤害人们的投资和劳动热情并使收入过程中成本耗费最少。二是调节作用。财政收入是政府调节社会经济的重要工具，具体表现为：①收入再分配。通过税收缩小个人收入分配差距，体现公平。②改善资源配置。通过差别税收、调整投资方向和结构，优化资源配置。③稳定经济。根据不同经济波动周期调整财政收入，高涨时增加财政收入，衰退时减少财政收入，使经济稳定发展。

二、国家税收

（一）税收的含义

税收是国家为了实现其职能，按照法律预先规定的标准，强制地、无偿地取得财政收入的一种手段。

（二）税收的特征

税收所具有的基本特征：强制性、无偿性和固定性。税收的特征反映了税收有别于其他财政收入形式。

税收的强制性是指税收参与社会物品的分配是依据国家的政治权力，而不是财产权力，即和生产资料的占有没有关系。税收的强制性具体表现在税收是以国家法律的形式规定的，而税收法律作为国家法律的组成部分，对不同的所有者都是普遍适用的，任何单位和个人都必须遵守，不依法纳税者要受到法律的制裁。税收的强制性说明依法纳税是人们不应回避的法律义务。我国《宪法》明确规定，我国公民"有依法纳税的义务"。正因为税收具有强制性的特点，所以它是国家取得财政收入的最普遍、最可靠的一种形式。

税收的无偿性是就具体的征税过程来说的，表现为国家征税后税款即为国家所有，并不存在对纳税人的偿还问题。税收的无偿性是相对的。对具体的纳税人来说，纳税后并未获得任何报酬。从这个意义上说，税收不具有偿还性或返还性。但若从财政活动的整体来看，税收是对政府提供公共物品和服务的成本补偿，这里又反映出有偿性的一面。特别是在社会主义条件下，税收具有马克思所说的"从一个处于私人地位的生产者身上扣除的一切，又会直接或间接地用来为处于私人地位的生产者谋福利"的性质，即"取之于民，用之于民"。当然，就某一具体的纳税人来说，他所缴纳的税款与他从公共物品或服务的消费中所得到的利益并不一定是对称的。

税收的固定性是指课税对象及每一单位课税对象的征收比例或征收数额是相对固定的，而且是以法律形式事先规定的，只能按预定标准征收，而不能无限度地征收。纳税人取得了应纳税的收入或发生了应纳税的行为，也必须按预定标准如数缴纳，而不能改变这个标准。同样，对税收的固定性也不能绝对化，以为标准确定后永远不能改变。随着社会经济条件的变化，具体的征税标准是可以改变的。例如，国家可以修订税法，调高或调低税率等。但这只是变动征收标准，而不是取消征收标准，与税收的固定性并不矛盾。

税收具有的上述三个特征是互相联系、缺一不可的，同时具备这三个特征的才叫税收。税收的强制性决定了征收的无偿性，而无偿性同纳税人的经济利益关系极大，因而要求征收的固定性，这样对纳税人来说比较容易接受，对国家来说可以保证收入的稳定。税收的特征是税收区别于其他财政收入形式（如上缴利润、国债收入、规费收入、罚没收入等）的基本标志，也反映了不同社会形态下税收的共性。

（三）税收的分类

1. 按课税对象分类

按课税对象分类，税收可以分为以下五种。

（1）流转税。流转税是以流转额为课税对象的一类税。流转税是我国税制结构中的主体税类，主要包括增值税、消费税和关税等税种。其特点表现在：①以商品交换为前提，与商品生产和商品流通关系密切，课征面广泛。②以商品流转额和非商品流转额为计税依据。③普遍实行比例税率，个别实行定额税率。④计算税额简便，有助于减轻税务负担。

（2）所得税。所得税亦称收益税，是指以各种所得额为课税对象的一类税。所得税也是我国税制结构中的主体税类，目前包括企业所得税、外商投资企业和外国企业所得税、个人所得税等税种。其主要特点表现在：①所得税额的多少直接取决于有无收益和收益的多少,而不取决于商品或劳务的流转额。②所得课税的课税对象是纳税人的真实收入,属于直接税,不易进行税负转嫁。③所得课税容易受经济波动、企业管理水平等因素的影响,不易保证财政收入的稳定性。④所得课税征管工作复杂,很容易出现偷、逃税现象。

(3) 财产税。财产税是指以纳税人所拥有或支配的财产为课税对象的一类税。我国现行税制中的房产税、契税、车辆购置税和车船使用税都属于财产税。财产税的主要功能:①调节财产所有人的收入,缩小贫富差距;②增加财政收入。

(4) 行为税。行为税是指以纳税人的某些特定行为为课税对象的一类税。我国现行税制中的城市维护建设税、固定资产投资方向调节税、印花税、屠宰税和筵席税都属于行为税。行为税的主要功能:①贯彻"寓禁于征"的政策,对某些特定行为加以限制;②增加财政收入。

(5) 资源税。资源税是指对在我国境内从事资源开发的单位和个人征收的一类税。我国现行税制中的资源税、土地增值税、耕地占用税和城镇土地使用税都属于资源税。资源税的主要功能:①增加国家财政收入;②(调节级差收入)促使企业平等竞争;③(促进自然资源的合理开发和有效利用)杜绝和限制自然资源严重浪费的现象。

2. 按税收的计算依据分类

按计算依据分类,税收可以分为以下两种类型。

(1) 从量税。从量税是指以课税对象的数量(重量、面积、件数)为依据,按固定税额计征的一类税。从量税实行定额税率,具有计算简便等优点,如我国现行的资源税、车船使用税和土地使用税等。

(2) 从价税。从价税是指以课税对象的价格为依据,按一定比例计征的一类税。从价税实行比例税率和累进税率,税收负担比较合理,如我国现行的增值税、关税和各种所得税等税种。

3. 按税收与价格的关系分类

按税收与价格的关系分类,可以分为以下两种类型。

(1) 价内税。价内税是指税款在应税商品价格内,作为商品价格一个组成部分的一类税,如我国现行的消费税和关税等税种。价内税的优点:①税金包含在商品价格内,容易为人们所接受;②税金随商品价格的实现而实现,有利于及时组织财政收入;③税额随商品价格的提高而提高,使收入有一定的弹性;④计税简便,征收费用低。

(2) 价外税。价外税是指税款不在商品价格之内,不作为商品价格的一个组成部分的一类税,如我国现行的增值税(目前商品的价税合一并不能否认增值税的价外税性质)。价外税的优点是:税价分离、税负透明,税额不受价格变动的限制,收入较稳定。

4. 按税收负担能否转嫁分类

按税收负担能否转嫁分类,可以分为以下两种类型。

(1) 直接税。直接税是指纳税人本身承担税负,不发生税负转嫁关系的一类税,如所得税和财产税等。

（2）间接税。间接税是指纳税人本身不是负税人，可将税负转嫁给他人的一类税，如流转税和资源税等。

（四）税收的要素

税收共有以下三个主要的要素。

（1）征税对象。征税对象又叫作课税对象、征税客体，是指税法规定的对什么征税，是征、纳税双方权利、义务共同指向的客体或标的物，是区别一种税与另一种税的重要标志，如消费税的征税对象是我国《消费税暂行条例》所列举的应税消费品、房产税的征税对象是房屋等。征税对象是税法最基本的要素，因为它体现着征税的最基本界限，决定着某一种税的征税范围。征税对象按其性质的不同，通常可划分为流转额、所得额、财产和特定行为四大类，通常也因此将税收分为相应的四大类，即流转税（或称为商品和劳务税）、所得税、财产税和行为税。

（2）税率。税率是对征税对象的征收比例或征收额度。税率是计算税额的尺度，也是衡量税负轻重的重要标志。我国现行的税率主要有比例税率、超额累进税率、超率累进税率、定额税率。

（3）纳税人。纳税人是"纳税义务人"的简称，亦称"纳税主体"，是指税法规定直接负有纳税义务的单位与个人。它是税收制度的基本构成要素之一。每一种税都规定有相应的纳税人。例如，产品税以在我国境内从事生产、经营和进口应税产品的单位和个人为纳税人；国营企业所得税以实行独立经济核算的国营企业为纳税人；联营企业先分配所得的，以投资各方为纳税人。

（五）我国税收管理体制

1. 统收统支时期（新中国成立—20世纪70年代）

新中国成立至20世纪70年代，我国税收管理体制为统收统支体制，并且在不同时间段不断地进行调整。总体而言，这一时期我国税收管理体制是高度集中的。新中国成立伊始，国家实行"高度集中、统收统支"的管理体制。1951—1952年，我国开始实行初步的分级管理，但实质上仍然是采取统收统支的办法。这一时期，高度集中的统收统支体制在短时间内改变了国家过去长期分散管理的局面，在平衡财政收支、稳定市场物价、保证经济发展以及促进财政经济状况的好转等方面都发挥了积极的重要作用。1953—1956年实行分类分成到1957年实行总额控制办法，国家财政体制改革的总趋势是逐步加大地方财政的管理权限，逐步健全"统一领导、分级管理"的财政体制。总体来看，比较集中的财政体制基本适应当时国家有计划地、大规模地进行经济建设的需要。但是由于侧重强调集中统一，对因地制宜重视不足，在一定程度上影响了地方的积极性。1958年国家实行"以收定支、5年不变"，调动地方增收节支的积极性。但是在扩大地方和单位的财权的同时，也过分地分散了国家财力，因而之后开展了多次调整。国家试图通过"一年一变"的办法改变财力分散和宏观失控问题。1959—1970年，实行"收支下放，计划包干，地区调剂，总额分成，一年一变"；1971—1973年，实行"定支定收，收支包干，保证上缴（或差额补贴），结余留用，一年一定"；1974—1975年，实行"收入按固定比例留成，超收另定分成比例，支出按指标包干"；1976—1979年，实行"定收定支，收支挂钩，总额分成，一年一变。部分省（市）试行'收支挂钩，增收分成'"。

2. "分灶吃饭"时期（20世纪80年代—1993年）

十一届三中全会以后，为了适应对外开放政策的要求，当时在计划经济体制内，除了新建立起一套符合市场经济运行规则、有立法基础的涉外税制，如通过立法分别建立了个人所得税制、中国合资经营企业所得税、外国企业所得税等，同时还恢复了原来已经立法的并已停征的流转税——工商统一税和城市房地产税、车船使用牌照税等税种，初步形成了一套基本适用对外开放初期的涉外税收制度，在一定程度上适应了我国对外开放初期引进外资和对外经济、技术合作的需要，为我国对外开放政策的实施创造了必要的税制环境。

1981年，国务院在批转财政部《关于改革工商税制的总体设想》中明确了这次税制改革的六项原则，要求正确处理和合理调节各方面利益关系，这些关系主要有国家、企业和个人之间的关系，中央和地方之间的关系，不同行业之间的关系，国内生产和鼓励出口之间的关系，等等。由于改革开放初期执行的还是计划价格体系，因此税制改革原则中特别指出要用税收杠杆来调节一部分企业的利润，不能由于税制改革影响物价上涨，增加人民负担。1983年的第一步"利改税"主要是根据企业规模大小实行不同的征收方法。这一改革打破了国有企业只能向国家缴纳利润而不能上缴所得税的理论束缚，具有重大的理论创新意义，堪称国家与国有企业分配关系改革的一个历史性转变。十二届三中全会通过的《中共中央关于经济体制改革的决定》所确立的建设社会主义有计划的商品经济的改革目标，给第二步"利改税"方案的实施提供了强有力的制度保证。随着经济体制改革的深入，我国税制进行了完善所得税制度的改革，即将国有企业的所得税制度扩展到其他经济类型的企业，主要有完善集体企业所得税制度和个体工商户所得税制度、开征个人收入调节税、制定私营企业所得税暂行条例等。

从配合经济体制改革的目标来看，两步"利改税"及工商税制的改革后，我国初步建立了一套基本适应"有计划的社会主义商品经济"发展要求的税制体系，适应了国营企业、集体企业、城乡个体工商业户、私营企业、外资企业等多种市场竞争主体形成的需要，不仅为此后要进行的政企分开、两权分离、培育市场主体、建立现代企业制度等一系列深化的经济体制改革奠定了良好的基础，而且促进了政府经济职能的转变，使政府从计划经济时期对企业的直接管理逐渐转变为通过价格、税收等经济手段进行间接管理。这套建立在计划价格体系之上并根据所有制性质进行区别对待的税制远远不能适应社会主义市场经济体制的要求，主要问题表现在以下几个方面：①财政包干制虽然在短时期内达到了制度激励的效果，但是也造成地方经济割据的"诸侯经济"和藏富于地方、藏富于企业现象的产生，不仅影响全国统一市场的形成，而且导致"两个比重"的逐年下降，严重影响中央财政职能的履行和政府宏观调控能力的发挥。②过渡期间税制改革按照所有制性质分设税种，导致国有企业、集体企业、私营企业、外商投资企业分别使用不同的税种和税率。这种以所有制为基础区别对待的税制体系存在着税法不统一、税负不公平问题，显然违背了税收的平等原则，阻碍了市场公平竞争机制的形成。③税收被赋予了更多的配合经济体制改革的功能。税收体制以某种方式取代了计划，成为经济和社会政策的主要工具并贯彻执行经济政策的职能，税收制度仍然是软的和随意的结果。④这个时期的税种繁多，不利于提高税收的行政效率，而且增值税仅限于生产环节，重复征税现象严重。⑤税收调控的范围和程度不能适应生产要素全面进入市场的要求。税收对土地市场和资金市场等领域的调节远远没有到位。

3. 分税制时期（1994—2017年）

随着党的十四大明确了我国要实行社会主义市场经济体制的目标模式，十四届三中全会通过的《中共中央关于建立社会主义市场经济体制若干问题的决定》也给出了详细的经济体制改革目标和步骤。因此，为解决上述问题，建立有效的市场经济机制以及全面统一的市场体系，1994年实施了新中国成立以来规模最大、范围最广泛、内容最深刻的税制改革，即分税制改革。分税制改革遵循统一税法、公平税负、简化税制和合理分权的原则，主要进行了以下几项改革。

首先，建立了适应社会主义市场经济体制的较为规范的中央和地方税收框架体系，即分税制税收管理体制，将中央和地方之间的财政关系以制度形式取代过渡时期的中央和地方之间的一对一的行政谈判。其次，确定税种。有计划、有步骤地统一税制，包括统一税种和税率。从税种来看，主要进行了以下改革：一是分两步分别统一内资企业所得税和内外资企业所得税；二是合并了内外两套个人所得征税制度，统一了个人所得税制；三是将内外资两套流转税制改为统一的流转税制。从税率来看，建立了以增值税为主体、对大多数产品使用17%基本税率的税制设置，这是我国第一次以贯彻公平原则为目的的流转税体系，为不同行业在市场中的公平竞争奠定了税制基础。四是进行了税收征管体制改革，在原有税务机构基础上，分设中央税务机构和地方税务机构。另外，秉承简化原则取消和合并了一些税种，提高了税收征管效率。经过改革，我国工商税制的税种从原来的32种减少为17种。这些改革旨在降低行政成本。要降低无谓损失，就要求税收做到税收中性。"94税改"将具有中性特征的增值税扩展覆盖到所有货物的生产和销售，提高了整个税制的中性特征。

4. 合税制时期（2018年—）

2018年后，国务院改革国税与地税征管体制，将省级和省级以下国税与地税机构合并。省级和省级以下国税与地税机构合并，具体承担所辖区域内的各项税收、非税收入征管等职责；国税与地税机构合并后，实行以国家税务总局为主与省（区、市）人民政府双重领导管理体制。国税局与地税局合并、税收行政体制改变并不意味着中央政府和地方政府的税收收入比重有直接改变。中央和地方之间的税收收入分享比例问题实际上是税制改革和税种的问题，不受制于国税与地税分开征收的方式。而1994年的分税制改革也只是划分了中央政府和省一级政府的税收征收权力，我国目前存在五级政府，就算征收方式分为中央和地方两个层面，细致的各级政府税收划分问题依然无法彻底解决。国税和地税分立24年后又合并，并不直接影响中央和地方税收分享比例的调整，但合并后统一管理，无疑更有利于改革的深化和推进。

事实上，推动国税与地税合并的第一重原因是两者的业务范围此消彼长，但是人员规模没有发生变化。2015年，全国国税系统的人员规模为46万，地税系统的人员规模为41万，两者相差无几，"营改增"之后，国税系统以一半的人员征收了全国近75%的税收收入，国税系统的征管压力增大，地税系统却刚好相反。在其他职能部门，还可以通过互相抽调工作人员的方式来解决这种不匹配的问题，但是经过长达24年的发展，国税与地税之间几乎没有正式的通道解决人员问题，国税可以在系统内跨地区配置，却不能跨部门配置，地税刚好相反，一些地方的财政局长还可以同时兼任地税局长。另一个可能性就是快速充实地方的征管任务，如培育地方税，2007年的环保税就交由地税局征管，但是在房产税没有大范围开征的前提下，这些税种还难以改变现状。

推动国税与地税合并的第二重更深刻的原因是地税局征管效率的低下。这种低效率一方面与税种特性相关，地税局的税种总体上的征收成本更高，另一方面则根植于地税局扭曲的激励体系。地税系统既要向上负责，尽可能做到应收就收，但也要对同级地方政府负责，要照顾到地方企业的发展。在2000年之前，地税系统完全是属地管理，所有的地税局长均由同级政府任命，之后虽然有所改观，但也仅能够做到省内垂直。在过去四十多年改革开放的发展过程中，地方政府为了本地的经济增长，往往在招商引资的过程中承诺一些税收优惠，但是我国的税法是高度集中和统一的，严格来说，地方政府没有调整法定税率或税收减免的权限，因此这些违规的税收优惠只能通过税收执法来促成，如在征管的过程中放松税收稽查。2002年的所得税分享改革，表面上是为了改变所得税的分成规则，实际上也是为了规避地方政府对税务系统的干扰。据估计，如果一个企业在地税局缴纳企业所得税，其税额要比在国税局少缴纳27%。这在宏观层面造成我国企业所得税的实际税率仅为13%，与法定税率25%相比有相当大的差距。如果从企业数量上来说，每年有近40%的企业是不缴纳所得税的，其中一部分是因为亏损可以不交税，另一部分则是得益于地方政府的"照顾"。在2016年"营改增"的过程中，很多企业抱怨税负上升也是因为先前地税局在征收营业税的过程中没有应收就收，导致"营改增"推行后企业理论上本该减税，实际上却因应收就收而税负上升，减税的政策无法落到实处。

总的来看，国税与地税合并具有以下几个方面的优势：①方便纳税人申报及应对税务机关检查，减少了企业的税收合规成本。②从政府的角度来说，中央和地方之间存在的只是税收收入分享主体的区别。随着近年来信息化的飞速发展，电子政务的服务水平不断提高，中央和地方通过分开收税的方法分享税收收入已变得不必要。目前，中央和地方完全可以通过电子信息化系统的处理完成这一工作。③征税系统可以对人员进行更好的配置，提高税收征收的整体效率。④合并后，税务征收系统对内部门的工作量会因此减少，这样一来，从事对外业务的人员数量会有所增长，可以有更多人员为纳税人服务。

三、政府收费

（一）政府收费的含义

政府收费是指政府通过提供特殊服务或规制某些经济行为而向相关主体收取的费用。政府收费是国家财政收入的组成部分。

政府收费有时难以与税收截然区分开，因为有时一项收入可以采取税收形式，也可以采取收费形式，如使用公路可以收取公路费，也可以征收燃油税，但二者确实存在着差别，主要表现在四个方面：①税收与政府提供的商品和服务没有直接联系，税收收入一般不规定特定用途，由政府统筹安排使用，而收费与政府提供的特定商品和服务有直接联系，专项收入、专项使用。②税收是作为政府一般的筹资手段，而收费往往是作为部门和地方特定用途的筹资手段。③税收收入是政府的主要收入，必须纳入预算统筹使用，而收费则有所不同，全国性收费要纳入预算，部门性收费或地方性收费可以作为预算外收入，按预算程序管理，形成政府性基金或由部门和地方自收自支。④一般而言，税收的法治性和规范性强，有利于立法监督和行政管理，而收费的法治性和规范性相对较差，容易诱发滥收费现象，因为对以收费形式获得的政府收入，其划分的界限比较难以把握，这也正是滥收费现象得以蔓延的重要原因之一。因此，对政府收费的含义必须把握下列三层意思：①提供的服务必须在政府收费职责之内，如结婚登记和营业登记所收取的证照费；②只对一部分提供了特定服务的单位和公民收取，如调解费、环境治理费；③收入的使用方向是专一的，即收得的款项一定要用来补偿服务费用或完善服务设施，如证照费用于证照制作、环境治理费用于环保设施。

（二）政府收费的形式

政府收费的形式主要有两种：一种是使用费（user charges）；另一种是规费（stipulated fees）。

1. 使用费

按世界银行有关文件的说法，使用费是指"为交换公共部门所提供特殊商品和服务而进行的支付"。此外，政府收费还有少量的其他收费，如罚没收入和捐赠收入等。使用费实际上是政府模拟私人物品的定价方式收取的公共物品的价格，以便回收提供特殊商品和服务的全部或部分成本。使用费模拟市场价格但又不同于市场价格，因为政府对公共物品定价不能采取利润最大化原则，所以使用费一般不能弥补提供特殊商品和服务的全部成本。具体来说，使用费主要包括以下两种。

（1）直接费：使用公共设施或消费政府提供的商品及服务的费用。

（2）公共事业特种费：政府出于公益目的对公共设施进行新建、改建或修缮而对其受益人收取的工程补偿费用。

2. 规费

规费是指公共部门因在履行社会经济管理职能过程中提供特别行为或服务而收取的补偿费用，如企业登记机关收取的登记费、年检费、登记证书费、查阅登记簿费、抄录登记簿费等。这种收费的主要目的是补偿在服务中所耗费的实物成本（如证书成本、登记账表成本等），至于服务中的人工成本，一般不在规费之中，因为提供服务的人员是国家公务员，他们的劳动补偿由财政拨款解决。具体来说，规费主要包括以下两种。

（1）行政规费：政府机关为某些特定的单位和个人提供相应服务所收取的费用，如办理结婚证、护照等收取的工本费、手续费等。

（2）司法规费：根据司法机关的各种司法活动所收取的费用，包括诉讼规费（如民事诉讼费、刑事诉讼费等）和非诉讼规费（如出生登记费、结婚登记费、财产转让登记费、遗产管理登记费等）。从严格意义上讲，司法规费不属于政府收费的范畴。

第四节 公共财政政策

一、公共财政政策的含义

公共财政政策是指国家为实现一定时期既定的社会经济目标，依据经济规律而确定的财政行动方针和措施，借以指导财政活动、处理各种财政关系。财政政策是指为促进就业水平提高、减轻经济波动、防止通货膨胀、实现稳定增长而对政府财政支出、税收和借债水平所进行的选择或对政府财政收入和支出水平所做的决策。或者说，财政政策是指政府变动税收和支出以便影响总需求进而影响就业和国民收入的政策。变动税收是指改变税率和税率结构。变动政府支出是指改变政府对商品与劳务的购买支出以及转移支付。它是国家干预经济的主要政策之一。财政政策由国家制定并受一定的社会生产力发展水平和相应的经济关系制约。财政政策是国家整体经济政策的组成部分，同其他经济政策有着密切的联系。财政政策的制定和执行要有金融政策、产业政策、收入分配政策等其他经济政策的协调配合。政府支出有两种形式：一是政府购买，指的是政府在物品和劳务上的花费——购买坦克、修建道路、支付法官的薪水等；二是政府转移支付，用以提高某些群体（如老人或失业者）的收入。税收是财政政策的另一种形式，它通过两种途径影响整体经济：一是影响人们的收入；二是影响物品和生产要素，从而影响激励机制和行为方式。

二、公共财政政策的类型

（一）自动稳定财政政策和相机抉择财政政策

根据财政政策调节经济周期的作用来划分，可以将财政政策分为自动稳定财政政策和相机抉择财政政策。

（1）自动稳定财政政策。自动稳定财政政策是指财政制度本身存在一种内在的、不需要政府采取其他干预行为就可以随着经济社会的发展自动调节经济的运行机制。这种机制也被称为财政自动稳定器，主要表现在两个方面：①包括个人所得税和企业所得税的累进所得税自动稳定作用。在经济萧条时，个人和企业利润降低，符合纳税条件的个人和企业数量减少，因而税基相对缩小，使用的累进税率相对下降，税收自动减少。因税收的减少幅度大于个人收入和企业利润的下降幅度，税收便会产生一种推力，防止个人消费和企业投资的过度下降，从而起到反经济衰退的作用。在经济过热时期，其作用机制正好相反。②政府福利支出的自动稳定作用。如果经济出现衰退，符合领取失业救济和各种福利标准的人数增加，失业救济和各种福利的发放趋于自动增加，从而有利于抑制消费支出的持续下降，防止经济的进一步衰退。在经济繁荣时期，其作用机制正好相反。

（2）相机抉择财政政策。相机抉择财政政策是指政府根据一定时期的经济社会状况，主动灵活地选择不同类型的反经济周期的财政政策工具，干预经济运行行为，实现财政政策目标。在 20 世纪 30 年代的世界经济危机中，美国实施的罗斯福-霍普金斯计划（1929—1933 年）、日本实施的时局匡救政策（1932 年）等都是相机抉择财政政策选择的范例。相机抉择财政政策具体包括汲水政策和补偿政策。汲水政策是指经济萧条时期进行公共投资，以增加社会有效需求，使经济恢复活力的政策。汲水政策有以下三个特点：第一，它以市场经济所具有的自发机制为前提，是一种诱导经济恢复的政策；第二，它以扩大公共投资规模为手段，启动和活跃社会投资；第三，财政投资规模具有有限性，即只要社会投资恢复活力、经济实现自主增长，政府就不再投资或缩小投资规模。补偿政策是指政府有意识地从当时经济状况反方向上调节经济景气变动的财政政策，以实现稳定经济波动的目的。在经济萧条时期，为缓解通货紧缩影响，政府通过增加支出、减少收入政策来增加投资和消费需求，增加社会有效需求，刺激经济增长；反之，在经济繁荣时期，为抑制通货膨胀，政府通过财政增加收入、减少支出等政策抑制和减少社会过剩需求，稳定经济波动。

（二）扩张性财政政策、紧缩性财政政策和中性财政政策

根据财政政策在调节国民经济总量和结构中的不同功能来划分，可以将公共财政政策划分为扩张性财政政策、紧缩性财政政策和中性财政政策。

（1）扩张性财政政策，又称为积极的财政政策，是指通过财政分配活动来增加和刺激社会的总需求，其主要措施有增加国债、降低税率、提高政府购买和转移支付。

(2) 紧缩性财政政策，又称为适度从紧的财政政策，是指通过财政分配活动来减少和抑制总需求，其主要措施有减少国债、提高税率、减少政府购买和转移支付。

(3) 中性财政政策，又称为稳健的财政政策，是指财政的分配活动对社会总需求的影响保持中性。

三、财政平衡与财政赤字

（一）财政平衡

财政收支平衡是指在一定时期内（通常为一个财政年度）财政收入与财政支出之间的等量对比关系。事实上，财政收入与财政支出在总量上的平衡只有在编制预算时才存在。预算执行结果收入与支出恰好相等的绝对平衡状态是很少见的，通常不是收大于支，就是支大于收。由于超过收入的支出在资金和物资上是没有保证的，往往会给经济带来不利影响，所以为了稳妥起见，人们往往在习惯上把收大于支、略有结余的情况称为财政平衡。但是也有另一种观点认为，既然预算执行结果无法做到收支绝对平衡，那么略有结余或略有赤字都应视为财政平衡。财政收支平衡是社会总需求和总供给总量及其结构平衡的重要组成部分。国民经济整体平衡的目标是社会总需求和总供给的大体平衡，财政平衡不过是其中的一个局部平衡，因而对社会总供给平衡而言，财政平衡本身不是目的，而是一种手段。研究财政收支平衡必须从国民经济的整体平衡角度着手，就财政本身研究财政平衡难以得出全面的、正确的结论。财政收支是否平衡对制约社会总需求和总供给总量平衡及结构平衡具有重要意义。财政收支平衡是实现社会总需求和总供给平衡的重要保证，而社会总供给与总需求的平衡是国民经济得以顺利运行的必要条件。它是一种复杂的动态过程，包括国民经济中的物资可供量（有效供给）与社会购买力（有效需求）数量相当、结构适应、流通顺畅。

（二）财政赤字

财政赤字是指一国政府在每一财政年度开始之初总会制定一个当年的财政预算方案，若实际执行结果收入大于支出，则为财政盈余，支出大于收入的经济现象就叫作财政赤字。理论上说，财政收支平衡是最佳情况，在现实中就是财政收支相抵或略有结余。但是，在现实中，国家经常需要大量的财富解决大批的问题，会出现入不敷出的局面，这是现在财政赤字不可避免的一个原因。不过，这也反映出财政赤字的一定作用，即可以在一定限度内刺激经济增长。在居民消费不足的情况下，政府通常的做法就是加大政府投资，以拉动经济的增长，但是这绝不是长久之计。财政赤字的大小对于判断财政政策的方向和力度是至关重要的。财政政策是重要的宏观经济政策之一，而财政赤字则是衡量财政政策状况的重要指标。因此，正确衡量财政赤字对于制定财政政策具有十分重要的意义。

（三）弥补财政赤字的方式

(1) 动用历年结余。动用历年结余就是使用以前年度财政收入大于支出形成的结余来弥补财政赤字。财政出现结余,说明一部分财政收入没有形成现实的购买力。在我国,由于实行银行代理金库制,因此这部分结余从银行账户上看,表现为财政存款的增加。当动用财政结余时,就表现为银行存款的减少。因此,只要结余是真实的结余,动用结余不会引发财政向银行透支的问题。但是,财政结余已成为银行信贷资金的一项来源,随着生产的发展而用于信贷支出。财政动用结余就意味着信贷资金来源的减少,如果银行的准备金不足,又不能及时通过适当收缩信用规模来保证财政提款,就有可能导致信用膨胀和通货膨胀。因此,财政动用上年结余,必须协调好与银行的关系,做好财政资金与信贷资金的平衡。

(2)增加税收。增加税收包括开增新税、扩大税基和提高税率,但它具有相当大的局限性,并不是稳定、可靠地弥补财政赤字的方法:一方面,由于税收法律的规定性决定了无论采用哪一种方法增加税收,都必须经过一系列的法律程序,这使增加税收的时间成本增大,难解政府的燃眉之急。另一方面,由于增加税收必定加重负担,减少纳税人的经济利益,所以纳税人对税收的增减变化是极为敏感的,这就使得政府要依靠增税来弥补财政赤字往往会受到很大的阻碍,从而可能使增税议而不决。

(3)增发货币。增发货币是弥补财政赤字的一个方法,至今许多发展中国家仍采用这种方法。但是从长期来看,通货膨胀在很大程度上取决于货币的增长速度,过量的货币发行必定会引起通货膨胀,带来恶性后果。因此,用增发货币来弥补财政赤字只是一个权宜之计。

(4)发行公债。通过发行公债来弥补财政赤字是世界各国通行的做法。这是因为从债务人的角度来看,公债具有自愿性、有偿性和灵活性的特点;从债权人的角度来看,公债具有安全性、收益性和流动性的特点。因此,从某种程度上来说,发行公债无论是对政府还是对认购者都有好处,通过发行公债来弥补财政赤字也最易于为社会公众所接受。但是政府发行公债对经济并不是没有影响的:首先,大多数经济学家认为在货币供给不变的情况下,发行公债会对私人部门产生"挤出效应";其次,当中央银行和商业银行持有公债时,通过货币乘数会产生通货膨胀效应。因此,政府以发行公债来弥补财政赤字并不意味着一国经济由此而避免了通货膨胀压力。

四、货币政策

(一)货币政策的含义

货币政策也就是金融政策,是指为实现特定的经济目标而采用的各种控制和调节货币供应量和信用量的方针、政策和措施的总称。货币政策的实质是国家对货币的供应,根据不同时期的经济发展情况而采取"紧""松"或"适度"等不同的政策趋向。

(二)货币政策的工具

(1)再贴现率。再贴现率一出现便作为中央银行实施货币政策的三大手段之一,受到人们的高度重视。20世纪20年代,在中央银行开展信用调节业务的早期,再贴现率曾被视为最有效的政策,但由于是否进行再贴现的主动权掌握在商业银行手中,再贴现率的作用不能按照中央银行的意愿随时发挥,中央银行一直处在被动的地位,因此各国对再贴现率政策运用的重视程度也不尽相同。再贴现率是商业银行将其贴现的未到期票据向中央银行申请再贴现时的预扣利率。再贴现意味着中央银行向商业银行贷款,从而增加了货币投放,直接增加货币供应量。再贴现率的高低不仅直接决定再贴现额的高低,而且会间接影响商业银行的再贴现需求,从而整体影响再贴现规模。再贴现率常作为中央银行控制通货的手段之一,即当市面资金过多时,中央银行可提高利率,以促进市场一般利率提升;反之,则降低重贴现率,使市场利率下跌。想要预测市场利率的可能变动,再贴现率是最好的先行指针。

(2)公开市场业务。公开市场业务是货币政策工具之一,指的是中央银行在金融市场上买卖政府债券来控制货币供给和利率的政策行为,是目前多数发达国家(更准确地说,是大多数市场经济国家)中央银行控制货币供给量的重要和常用的工具。根据中央银行在公开市场买卖证券的差异,可分为广义和狭义的公开市场。所谓广义的公开市场,是指在一些金融市场不发达的国家,政府公债和国库券的数量有限,因此中央银行除了在公开市场上买进或卖出政府公债和国库券,还买卖地方政府债券、政府担保的债券、银行承兑汇票等,以达到调节信用和控制货币供应量的目的。所谓狭义的公开市场,是指主要买卖政府公债和国库券。在一些发达国家,政府公债和国库券发行量大且流通范围广泛,中央银行在公开市场上只需买进或卖出政府公债和国库券,就可以达到调节信用、控制货币量的目的。当经济过热时,中央银行卖出政府债券回笼货币,使货币流通量减少,导致利息率上升,促使投资减少,达到压缩社会总需求的目的。当经济处于增长过慢、投资锐减不景气的状态时,中央银行买进政府债券,把货币投放市场,使货币流通量增加,导致利息率下降,从而刺激投资增长,使总需求扩大。

(3)变动法定准备金率。法定存款准备金率是指一国中央银行规定的商业银行和存款金融机构必须缴存中央银行的法定准备金占其存款总额的比率。商业银行吸收存款后,必须按照法定的比率保留规定数额的准备金(法定准备金),其余部分才能用作放款。法定准备金率是指以法律规定的商业银行对于存款所必须保持的准备金的比例。准备率的高低因银行类型、存款种类、存款期限和数额等不同而有所区别,如城市银行的准备率高于农村银行的准备率、活期存款的准备率高于定期存款的准备率。法定准备金率有最高限和最低限。当代各国都由中央银行颁布法定准备率,其标准不一。有的国家只颁布一个准备率,即所有金融机构无论其吸收存款数额大小,都按统一的标准缴纳存款准备金;有的国家则对不同性质的金融机构实施不同的法定准备率,如商业银行与信托投资公司、信用合作社等分别实行不同的法定准备率;也有的国家按存款规模的不同实施不同的法定准备率,存款规模越大,则法定准备率越高。随着金融制度的发展,存款准备金逐步演变为重要的货币政策工具。当中央银行降低存款准备金率时,金融机构可用于贷款的资金增加,社会的贷款总量和货币供应量也相应增加;反之,社会的贷款总量和货

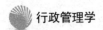

币供应量将相应减少。中央银行决定提高存款准备金率是对货币政策的宏观调控,旨在防止货币信贷过快增长。

五、财政政策与货币政策的混合使用

如果某一时期经济处于萧条状态,政府既可以采用扩张性财政政策,也可以采用扩张性货币政策,还可以将两种政策结合起来使用。财政政策和货币政策可多种结合,结合的政策效应,有的是事先可预计的,有的则必须根据财政政策和货币政策哪个更强而有力而定,因而是不确定的,如表10-1所示。

表10-1 财政政策和货币政策混合使用的政策效应

序 号	政策混合	产 出	利 率
1	扩张性财政政策和紧缩性货币政策	不确定	上升
2	紧缩性财政政策和紧缩性货币政策	减少	不确定
3	紧缩性财政政策和扩张性货币政策	不确定	下降
4	扩张性财政政策和扩张性货币政策	增加	不确定

政府和中央银行可以根据具体情况和不同目标选择不同的政策组合。例如,当经济萧条但又不太严重时,可采用第一种组合,用扩张性财政政策刺激总需求,用紧缩性货币政策控制通货膨胀;当经济发生严重通货膨胀时,可采用第二种组合,用紧缩性货币政策来提高利率,降低总需求水平,用紧缩性财政政策防止利率过分提高;当经济中出现通货膨胀又不太严重时,可采用第三种组合,用紧缩财政压缩总需求,用扩张性货币政策降低利率,以免财政过度紧缩而引起衰退;当经济严重萧条时,可用第四种组合,用扩张性财政政策增加总需求,用扩张性货币政策降低利率以克服"挤出效应"。

 本章小结

公共财政是指国家行政组织通过社会产品价值分配的各种形式和宏观调控手段,维持其正常运转和有效履行公共行政职能的管理活动,其具有资源配置职能、收入分配职能和经济稳定发展职能。国家预算就是政府的基本财政收支计划,可分为单式预算与复式预算、增量预算与零基预算、历年制预算与跨年制预算。本章对公共财政中公共财政支出、公共财政收入、公共财政政策等进行了介绍,阐释以上概念的划分类型、组成形式、遵循原则等系统全面的知识内容。

 课后练习题

一、名词解释与术语

公共财政 国家预算 国家决算 财政支出 购买性支出 转移性支出 公共财政收

入　国家税收　使用费　规费　财政赤字　财政平衡

二、思考题

1. 公共财政的职能有哪些？
2. 税收和收费的区别有哪些？
3. 简述财政支出的分类。
4. 公共财政收入的影响因素有哪些？
5. 购买性支出和转移性支出的区别与主要功能有哪些？
6. 简述财政平衡和财政赤字的含义。

 自测题

第十一章 行政行为

本章学习目标

行政行为既是一个重要的行政法概念，也是一个重要的行政管理概念。本章系统、全面地介绍行政行为的含义、构成要素、种类、基本方式等基础性知识内容并在此基础上探究行政违法与行政不当两种行为的内涵，辩证地思索如何促使行政行为主体依法行政，更好地实现行政管理的目的。

第一节 行政行为概述

一、行政行为的含义

行政行为是一个枢纽型、基础性的重要概念，它是联结行政主体与行政相对人的纽带与桥梁，也是检验行政主体存在合法性与要求行政主体承担法律责任的基础。"行政行为"一词最早出现于法国行政法学，含义是行政机关的一切行为，包括行政机关运用行政权所做的行为和没有运用行政权所做的私法行为。但是作为一个精密、特定的理论概念，行政行为最早是由德国行政法学鼻祖奥托·梅耶尔（Otto Mayer）运用概念法学的方法提炼、概括出来的。此后，它超越了国界和法系并经过许多法学家的不断锤炼而成为各国行政法学的一个核心范畴和概念性工具。行政行为作为一个概念性工具，先为日本所吸收使用，我国台湾地区的学者在借鉴德国和日本的经验的基础上进行了自己的构建，形成四种有关行政行为的概念理解：最广义说认为，行政机关的一切行为均属于行政行为；广义说认为，行政行为是行政机关所做的法律行为，包括公法行为和私法行为，但不包括事实行为；狭义说认为，行政行为是指行政机关所做的发生公法效果的行为，不包括私法行为，也不包括事实行为；最狭义说认为，行政行为是指由行政机关的单方的意思表示而发生公法效果的行为，包括抽象性行为，也包括具体性行为，至于公法上的契约行为，则不包括在内。

最初，行政行为作为行政法学中的重要概念，其含义的界定主要局限于行政法学界，尚未扩展至公共管理学科。但随着三权分立学说在各国制度运作中的确立，行政机关在运用行政权过程中产生大量行为，要对这些行为进行界定和研究，应对新时期的政府行为变化，学界（不仅是行政法学界，还有公共管理学界）需要对行政行为有理论化的构建。

英美法系国家由于没有公法、私法的划分，因此行政法独立地位的确立相对较晚，行政行为作为独立的概念最早出现在有关公共行政的另一门学科——行政学中。美国学者赫伯特·A. 西蒙首创了行政行为的概念，开拓了运用行为科学方法探讨公共行政的决策、组织、执行机制及其效果，以促进行政效率的崭新的研究领域。行政学中的行政行为就是行政管理。英国学者将行政活动大致分为两类：一类是行为，主要是指一种状态或结果，包括正式决定、命令以外的所有行政权实施方式，特别是事实行为；另一类是决定、命令，是指法定行为，即以正式文书形式做出的意思表示。美国《行政程序法》对行政行为（机关行为）下的定义为："机关行为包括行政机关的法规、裁定、许可、制裁、救济或与其相等的行为，以及对它们的拒绝或者不行为的全部或一部分。"

20 世纪 80 年代我国第一本行政法学教科书《行政学概要》对行政行为下的定义为："行政行为是国家行政机关实施行政管理活动的总称。"该定义主要是以法国的行政行为概念为背景，结合当时我国的法制状况概括而成。

随着学界对行政行为的重视，我国行政法学界对行政行为的概念形成了五种主要观点：①行政行为是指一切与国家行政管理有关的行为，包括行政主体的行为，也包括行政相对人的行为，还包括行政诉讼中的行为等，与民意行为相对应而存在；②行政行为是指行政机关所做的一切行为，意在从机关角度划分行政行为不同于其他国家机关的行为；③行政行为是行政机关进行行政管理活动的总称，排除了行政机关非行政方面的行为；④行政行为是指行政机关在行政管理活动中所做的具有法律意义的行为；⑤行政行为是指合法行政机关针对特定人或事件所采取的具体行政措施的行为，即实际上的具体行政行为。概括而言，行政行为应该是指具有国家行政职权的机关、组织及其工作人员，与行使国家职权有关的，对公民、法人或其他组织的权益产生实际影响的行为以及相应的不作为。行政行为不仅包括法律行为，也包括事实行为；不仅包括单方行为，也包括双方行为。

因此，行政行为概念的重构势在必行。目前，行政行为主要存在两种不同的定义：一种是广义的行政行为，是指合法的行政行为主体依据法律的规定，在法定的职权范围内、按照法定程序、通过法定形式所实施的全部行政管理活动的总称，包括决策行为、组织行为、领导行为、指挥行为、执行行为、监督行为等。广义的行政行为虽然在概念的外延上穷尽了行政行为的内涵，但并没有进一步明确行政行为，因而不是本章研究的主要内容。本章主要是从狭义的角度界定行政行为，即只有运用行政权的行为才是行政行为。也就是说，**行政行为是指合法的行政行为主体依据法律规定，在法定的职权范围内、按照一定的程序、通过法定形式在行政管理活动中所实施的能够直接发生法律效果的行为。**

二、行政行为的构成要素

行政行为的构成要素是指合法的行政行为成立的必要条件，主要有以下五个。

（1）行政行为主体。行政行为主体是指行政行为的实施者，主要包括行使国家行政权的各级行政机关，如作为职权行政行为主体的行政机关，也包括经法律和国家行政机关授权的其他组织，如企事业单位、居民委员会。做出行政行为的组织必须具有行政行为主体资格，能以自身名义独立承担法律责任且行政执法人员符合法定资格条件。行政行为主体的行政行为一般是由公议通过、行政首长签发或公务员实施的，行政行为主体代表行政机关行使职权，而非以个人名义做出行政行为，同时其应符合一定的法定资格条件和特定身份条件，否则就会导致主体不合法。

（2）行政行为客体。行政行为客体是指行政行为的指向对象，包括公民、法人和其他组织。在我国，公民是具有中华人民共和国国籍的人，在行政行为主体实施行政管理的绝大多数领域都将公民纳入行政管理的范围；法人是具有民事权利能力和民事行为能力、依法独立享有民事权利和承担民事义务的组织；其他组织是指经由主管机关批准成立或认可，能够从事一定的经营、生产或其他活动，但不具备法人资格的社会组织或经济组织。

（3）行政行为内容。行政行为内容是指行政行为所反映的实质或具体情况。也就是说，行政行为的内容是行政行为如何对一定权利、义务或法律事实进行处理以及由此产生的影响，因此行政行为包括两部分内容：①针对的权利、义务是什么；②对这些权利、义务产生怎样的影响。由于不同种类的行政行为有着不同的对象和目的，因而行政行为内容具有复杂性和多样性，此处仅结合行政行为所包括的上述两部分内容将其概括为：设定权利、义务；变更权利、义务；消灭权利、义务；确认权利、义务和法律事实。

（4）行政行为形式。行政行为形式是指行政行为内容的载体，如命令、决定等。在法律规定行政行为必须以一定的形式或方式做出时，行政行为必须符合法定形式或方式才能有效成立，如书面形式、注明时间、署名盖章、佩戴标志或出示标志等。

（5）行政行为依据。行政行为依据是指行政行为主体实施行政行为的具体根据，包括事实依据和法律依据。事实依据是指行政行为主要依据具体事实做出意思表示，这里的"事实依据"是法律事实依据，即被合法证据所证实的客观事实，如公证机关做出的公证。法律依据是指行政行为主体主要依据自身的合法权力做出意思表示，指用于支撑行政行为合法性的法律规范，法律规范应具有确定性、可预测性和稳定性的特点，如工商管理部门发布的关于企业登记注册的规定等。用于支撑行政行为合法性的事实依据和法律依据称为行政行为的合法性理由。基于现代行政法中依法行政的基本原则，行政机关只有获得了符合法律规定的事实依据和法律依据之后，才能做出行政行为。

三、行政行为的种类

考虑到我国行政管理的实践和行政行为分类的实用性，可以对行政行为做出如下几种分类：抽象行政行为与具体行政行为、羁束行政行为与自由裁量行政行为、积极行政行为与消极行政行为、依职权行政行为与依申请行政行为。

（一）抽象行政行为与具体行政行为

以行政行为对象是特定的还是不特定的为标准，行政行为可分为抽象行政行为与具体行政行为。

抽象行政行为是指行政行为主体对不特定或一般性事项制定和发布普遍性行为规则的行为。它不是对某一事件做具体的规定，而是对一切适用规则范围内的事件加以规范，如国务院根据宪法和法律下发关于抗震救灾的通知。抽象行政行为主要分为两类：①行政立法行为，即行政机关根据法定权限规定和发布行政法规和行政规章的活动。②制定其他规范性文件的行为，即行政机关制定或规定除行政法规或规章以外的具有普遍约束力的一般性规范文件的行为。

具体行政行为是指行政行为主体对特定的或具体的事件进行处理的行为，如对违法经营的商户进行行政处罚。除行政立法和政府发布规范性文件，其他的行政行为都可以归于具体行政行为。

区别抽象行政行为与具体行政行为的标准有以下六个：①对象的特定或不特定。抽象行政行为针对不特定的人或不特定的事项，而具体行政行为的对象是特定的人或特定的事项。②抽象行政行为针对将来要发生的事项，而具体行政行为针对已发生的事项。③抽象行政行为是一种规范，具有假设推定及普遍适用性；具体行政行为是一种处理决定，具有现实、确定及具体、特定适用性。④抽象行政行为可反复适用；具体行政行为只适用一次，不具有反复适用的效力。⑤以是否可统计为标准确定，如果行为对象的数量在该行为做出时可以统计和确定，那么该行为就是具体行政行为，反之就是行政规范性文件，也就是抽象行政行为。⑥行为是否具有可诉性。具体行政行为具有可诉性，只有具体行政行为才有可能进行复议和诉讼，而抽象行政行为具有不可诉性，两种行政行为的法律救济与监督途径是有区别的。划分抽象行政行为和具体行政行为是行政法学理论上对行政行为体系构成进行考察与研究的基本思路之一。

值得注意的是，行政行为中存在一种假象具体行政行为，即不完全具备具体行政行为的构成要件，但与具体行政行为相似的行为。由于具体行政行为是指具有行政权能的组织运用行政权，针对特定相对人设定、变更或消灭权利、义务所做的单方行政行为，因此一个行为要构成具体行政行为，必须具备以下四个要件：①行政权能的存在。行政权能是实施法律、做出具体行政行为的一种资格。它可以由法律赋予行政机关和社会组织，也可以由行政主体分解、确定给作为行政机关组成单位的行政机构。②行政权的实际运用。具体行政行为必须是行使行政权的行为，即运用行政权所做的行为。运用行政权是以享有行政权能为前提的。③法律效果的存在。具体行政行为必须是一种法律行为，即具有法律效果的行为。④表示行为的存在。具体行政行为是行政主体的一种意志，但应当是一种表现于外部的、客观化的意志，即意思表示。总之，具体行政行为的成立必须同时具备资格要件、权力要件、法律要件和形式要件。缺乏上述要件之一的，不构成具体行政行为，但可称为假象具体行政行为。假象具体行政行为有以下三种：①不具备行政权的组织或个人行为；②没有运用行政权的行为；③不具有法律效果的行为。

（二）羁束行政行为与自由裁量行政行为

依照行政行为受法律拘束和限制的程度，行政行为可分为羁束行政行为和自由裁量行政行为。

羁束行政行为是指在行政法律规范已经规定得非常具体的情况下，行政行为主体只能严格按照有关规定实施的、没有任何变通余地的行为，如对交通违章处罚必须开具书面罚单。

自由裁量行政行为是指在行政法律规范没有明确规定或规定有一定伸缩幅度的情况下，行政行为主体所实施的可以权衡裁量的行为，如对出售过期食品的商家，执法部门可以在法定范围内自主决定罚款的数额。

划分羁束行政行为与自由裁量行政行为具有一定的理论和法律意义：①有助于把握司法权和行政权的关系以及完善行政诉讼法律制度。在行政诉讼法律制度中，司法审判对行政行为的监督与审查主要针对自由裁量行政行为，就是自由裁量行政权的存在及其本身的特殊性。②可以使人们认识到行政行为划分的相对性，自由裁量行政行为是广泛存在的，但仅是职权行使某一方面的自由裁量，这对确认行政行为的有效性、合法性，完善行政责任的追究制度具有一定的作用。③有利于对行政合法性原则和行政合理性的产生与发展（特别是自由裁量行政行为）及其精神和要求的理解、掌握。

（三）积极行政行为与消极行政行为

依照行政行为主体是否变更现存法律关系，行政行为可分为积极行政行为与消极行政行为。

积极行政行为也可以称为积极行为，是指行政行为主体实施的变更现存法律关系的行为，如中国人民银行关于调整存款利息的决定。

消极行政行为也可以称为消极行为，是指行政行为主体实施的维持原有的法律关系不变的行为，如国务院关于节假日安排的通知。

值得注意的是，消极行政行为与不作为行为并不完全相等。以行政行为是作为还是不作为为标准，可以将行政行为划分为作为行政行为和不作为行政行为。所谓作为行政行为，是指以积极行为的方式来改变原法律状态的行为，如行政处罚行为、行政奖励行为等。所谓不作为行政行为，是指行政主体不改变原法律状态的行政行为，如行政行为主体拒绝颁发许可证和对相对人的申请不予答复的行为。消极行政行为侧重于维持当前状态，而不作为行政行为是指有责任去实施行为却怠于实施。

（四）依职权行政行为与依申请行政行为

以行政行为是否主动采取和做出为标准，行政行为可以划分为依职权行政行为与依申请行政行为。

依职权行政行为是指行政行为主体根据其职权而无须行政相对人申请就能主动实施的行政行为，包括行政规划行为、行政命令行为、行政征收行为、行政征用行为、行政处罚行为、行政强制行为等，而且某些行政奖励和行政给付也呈现出较强的依职权行政行为的特征，至于规制性行政指导、政府采购合同的缔结等，更具有浓厚的依职权性。

依申请行政行为是指行政行为主体只有在行政相对人提出申请后才能实施而不能主动采取的行政行为。依申请行政行为具有多种多样的形式，最为典型的例子就是行政许可。除行政许可外，我国学者论述较多的还有行政给付、行政奖励、行政确认、行政裁决等。另外一些新型行政管理手段也是需要行政相对人申请的，如助成性行政指导、某些行政合同的缔结、行政仲裁等，都可以归类为依申请行政行为。

相较于依申请行政行为，依职权行政行为具有下述特征：①更严格的法定性。无论是依申请行政行为，还是依职权行政行为，都必须符合依法行政这一原则。②更大的强制性。无论是行政征收，还是行政处罚，更不用说行政强制，都是以国家强制力为保障的。与依申请行政行为相比较，依职权行政行为的强制性更加突出。这是由行政行为主体肩负的公法上的义务或者职责所决定的。③积极主动性。行政行为主体肩负着实现公共利益的重任，必须及时且积极主动地适应行政需要，履行体现人民意志的法律所赋予的职责。与依申请行政行为相比，依职权行政行为更具有充分重视发挥行政主体主观能动性的特征，行政机关的裁量权相对更多、更广泛。④更强的效率性。正是由于行政行为主体肩负着行政法赋予的特别职责，这种主观能动性决定了依职权行政行为的及时、迅捷和效率性。⑤更重视救济性。因为依职权行政行为具有较强的主观能动性，与依申请行政行为相比较，依职权行政行为往往更容易造成侵权，包括积极行为的侵权和消极行为、不作为行为的侵权。因此，对依职权行政行为，各国法律一般都规定了较完备的救济途径。

依申请行政行为除具备以行政相对人的申请为前提的属性，还具有以下两个重要属性：授益性和抑益性。正是由于其具有明显的授益性，行政相对人才会主动而积极地提出申请。由于其具有明显的授益性且现代社会中的每一种资源往往具有有限性，决定了行政主体在做出是否予以批准、许可、同意、认可等决定时，必须严格遵照法定条件和法定程序并采取法定形式。此外，依申请行政行为的目的在于抑制公益上的危险和影响公共利益的因素。现代国家肩负着非常广泛而重大的社会、经济任务，为完成这些任务，必须采取一系列手段。无论是事前抑制手段，还是事后抑制手段，凡需要行政相对人申请才能从事的活动或者行为，都必须有明确的行政目的，其主要目的不外乎抑制公益上的危险和影响公共利益的因素。为了单位创收等而随意设置依申请行政行为的做法是必须坚决予以禁止的。

第二节 行政行为的基本方式

任何行政行为都有一定的方式，采取什么样的行为方式不仅直接反映一定行政行为的价值取向和标准，而且对行政行为的后果也有较大的影响。行政行为的基本方式是指行政行为主体实施行政行为的具体方法和形式。以行政权作用方式和实施行政行为所形成的法律关系为标准划分，行政行为可以划分为行政立法行为、行政执法行为与行政司法行为。本节着重介绍行政执法行为和行政司法行为，其中行政执法行为主要介绍行政检查和行政决定，而行政司法行为主要介绍行政调解、行政裁决、行政复议。

一、行政执法行为

行政执法行为又称为行政处理，是指行政行为主体根据国家法律的规定，按照行政执法程序实施行政行为的方式。当行政机关执行公务，与特定公民、法人和其他组织之间形成单一的对应关系时，就称为行政执法行为。行政执法行为是将具有普遍约束力的命令、决定等适用于具体个人和组织的行为，该行为必然会对公民、法人等产生一定的约束力，是一种产生直接现实影响的行为。行政执法行为包括行政检查和行政决定。

（一）行政检查

行政检查是指行政行为主体依法对公民、法人或其他组织遵守法律、法规以及行政决定等情况进行单方面强制了解的行为。

1. 行政检查的分类

按照不同的标准，可以将行政检查分为若干种类，具体如下。

（1）根据检查机构的任务不同，可以将行政检查分为专门检查和业务检查。专门检查是指专门的行政行为主体进行的检查，如审计机关进行审计。业务检查是指负有检查职能的行政行为主体进行的检查，如人事部门对公务员考试情况的检查。

（2）根据检查的时间不同，可以将行政检查分为事前检查、事中检查和事后检查。事前检查是指行政行为主体在当事人从事某一行为之前进行的检查，如企业成立之前的注册登记。事中检查是指行政行为主体在当事人从事某一行为的过程中进行的检查，如对某一企业生产的药品进行检验。事后检查是指行政行为主体在当事人从事某一行为之后进行的检查，如对某企业销售产品后的账目进行检查。

（3）根据检查权的来源不同，可以将行政检查分为依职权的检查和依授权的检查。依职权的检查是指行政行为主体依据法律、法规所赋予的职权进行的检查，如工商行政管理机关对农贸市场经营情况的检查。依授权的检查是指行政行为主体依照法律、法规的授权所进行的检查。

（4）根据检查对象的特定性不同，可以将行政检查分为一般性检查和特定性检查。一般性检查是指行政行为主体对不特定的当事人进行的检查，如某地区有关部门对本地区所有单位进行消防安全的检查。特定性检查是指行政行为主体对特定的当事人进行的检查，如有关部门对娱乐场所的消防安全进行定期检查。

此外，根据行政检查主体管理关系类型的不同，行政检查可以分为纵向检查和横向检查；根据行政检查主体的多少，行政检查可以分为联合检查和单独检查；等等。

2. 行政检查的方法

行政检查主要有以下几种方法。

（1）书面检查。书面检查主要是指行政行为主体通过审查书面材料的方式对当事人进行检查，包括统计、登记、调阅文件材料。

（2）实地检查。实地检查主要是指行政行为主体直接进入现场进行检查，包括临时检查、定期检查、专门检查。

（3）特别检查。特别检查主要是指行政行为主体进行的某些特殊的检查，如银行存款检查、信件检查。

（二）行政决定

行政决定是指行政行为主体根据法律、法规，按照一定的程序，对公民、法人或其他组织做出单方面行政处理的行为，这种行为直接影响当事人的权利和义务。根据行政决定的内容，可以将行政决定分为若干种类，主要包括行政许可、行政奖励、行政处罚、行政强制执行。

1. 行政许可

对行政许可的概念可以从广义上和狭义上予以界定。广义的行政许可包括行政许可的设定、实施和监督，既有立法层面的内容，也有执法层面的内容；既有抽象意义的内容，也有具体意义的内容。而狭义的行政许可只是指行政许可的实施和监督检查，仅仅指执法层面的内容，是在具体意义上的概念。在这里，本书采用《中华人民共和国行政许可法》（以下简称《行政许可法》）第二条对行政许可的界定："行政机关根据公民、法人或其他组织的申请，经依法审查，准予其从事特定活动的行为。"该概念在规范内容上表现出较为明显的广泛性并且对核准、认可、登记等形态做出了相应的规定，采用了狭义的界定方式。根据性质、功能和适用条件，行政许可划分为以下五种：普通许可、特许、认可、核准、登记。

（1）普通许可。普通许可是指准许符合法定条件的相对人行使某种权利的行为，是由行政行为主体确认自然人、法人或者其他组织是否具备从事特定活动的条件，如烟花爆竹的生产与销售许可。根据《行政许可法》第十二条第一款规定，对"直接涉及国家安全、公共安全、经济宏观调控、生态环境保护以及直接关系人身健康、生命财产安全等特定活动，需要按照法定条件予以批准的事项"所设定的许可，都可归为普通许可的范畴。对于普通许可，申请人的申请符合法定条件、标准的，行政机关应当依法做出准予行政许可的书面决定。行政机关依法做出不予行政许可的书面决定的，应当说明理由并告知申请人享有依法申请行政复议或者提起行政诉讼的权利。普通许可的特征表现为以下两点：①相对人行使法定权利附有一定的条件；②一般没有数量控制。

（2）特许。特许是指直接为相对人设定权利能力、行为能力、特定的权利或者总括性法律关系的行为，又称为设权行为，是由行政行为主体代表国家向被许可人授予某种权利。特许一般有数量控制。也就是说，特许是基于行政、社会或者经济上的需要，将本来属于国家或者某行政主体的某种权利（力）赋予私人的行政行为。值得注意的是，这里的特许不同于我国行政法学界普遍采用的"特殊许可"或者"特别许可"的概念。特许是由行政机关代表国家向被许可人授予某种特定的权利，主要适用于有限自然资源的开发利用、有限公共资源的配置、直接关系公共利益的垄断性企业的市场准入等事项。特许的主要功能是分配稀缺资源，一般有数量控制。对于特许事项，行政机关应当通过招标、拍卖等公平竞争的方式决定是否予以特许。特许的特征表现为以下两点：①相对人取得特许后，一般应依法支付一定的费用；②特许一般有数量限制，往往通过公开招标、拍卖等公开、公平的方式决定是否授予特许。

（3）认可。认可是指由行政行为主体对申请人是否具有某种资格、资质的认定，通常采取向取得资格的人员颁发资格、资质证书的方式，如会计师、医师的资质，主要适用于为公众提供服务、直接关系公共利益且要求具备特殊信誉、特殊条件或者特殊技能的资格、资质的事项。认可的主要功能是提高从业水平或者某种技能、信誉，没有数量限制。对于认可事项，行政机关一般应当通过考试、考核方式决定是否予以认可。具体来说，赋予公民特定资格，依法应当举行国家考试的，行政机关根据考试成绩和其他法定条件做出行政许可决定；赋予法人或者其他组织特定的资格、资质的，行政机关根据申请人的专业人员构成、技术条件、经营业绩和管理水平等的考核结果做出行政许可决定。认可的特征表现为以下四点：①主要适用于具有特殊信誉、特殊条件或特殊技能的自然人、法人或者其他组织的资格、资质的认定；②一般要通过考试方式并根据考核结果决定是否认可；③资格、资质与人的身份相联系，不能继承、转让；④没有数量限制。

（4）核准。核准是指行政机关按照技术标准、经济技术规范，对申请人是否具备特定标准、规范的判断和确定，主要适用于直接关系公共安全、人身健康、生命财产安全的重要设施的设计、建造、安装和使用，直接关系人身健康、生命财产安全的特定产品、物品的检验、检疫事项。核准的主要功能是防止社会危险、保障安全，没有数量限制。对于核准事项，行政机关一般要实地按照技术标准、技术规范依法进行检验、检测、检疫并根据检验、检测、检疫的结果做出行政许可决定，如电梯安装的核准、食用油的检验。核准的特征表现为以下三点：①依据主要是专业性、技术性的；②一般要根据实地验收、检测来决定；③没有数量限制。

（5）登记。登记是指行政机关对个人、企业是否具有特定民事权利能力和行为能力的主体资格和特定身份的确定，是由行政行为主体确立个人、企业或者其他组织的特定主体资格。登记的功能是确立申请人的市场主体资格。登记事项没有数量限制。行政机关一般只对申请登记的材料进行形式审查，申请人对申请材料的真实性负责。申请人提交的申请材料齐全、符合法定形式的，行政机关应当当场予以登记，如工商企业注册登记、房地产所有权登记等。登记的特征表现为以下两点：①对申请登记材料一般只进行形式审查，即可当场做出是否准予登记的决定；②没有数量限制。

2. 行政奖励

行政奖励是指行政行为主体对符合一定条件的公民、法人或其他组织给予的物质鼓励、精神鼓励或其他权益，我国实践中乃至实定法上多将其表述为"表彰奖励"或者"奖励"等。对于行政奖励的概念，可以从以下几个方面进行理解：①实施行政奖励的主体是行政行为主体。国家行政机关是行政奖励的当然主体，各级人民政府、各级行政主管部门在实施国家行政管理的过程中，有权对符合条件的对象给予行政奖励，成为行政奖励主体；法律、法规授权的组织在授权范围内有权对符合条件的对象给予奖励，成为行政奖励主体；未经授权的个体企业、外资企业或者一般的社会组织等非行政行为主体实施的奖励行为不是行政奖励。②行政奖励的对象是贡献突出或者模范遵纪守法的组织或者个人。③行政奖励的目的在于表彰先进人员，激励和推动后进人员，调动和激发广大人民群众的积极性和创造性。行政奖励具有很强的行政指导属性，不仅对受表彰奖励者进行了肯定，而且对整个社会都会产生引导或者指导的作用。④行政奖励的范围相当广泛，国家行政机关及其工作人员、普通公民、企事业单位、社会团体等都可以成为其对象。外国组织或者个人若在我国做出显著贡献，同样可以成为我国行政奖励的对象。

行政奖励行为的广泛性决定了其表现形式的多样性。行政奖励既包括给予相对人物质方面的权益，如发给受奖者一定数额的奖金或者奖品，也包括给予相对人精神方面的权益，如授予受奖者某种法定的荣誉等。依照奖励行为授予相对人的权益内容不同，行政奖励主要分为以下三类。

（1）物质方面的奖励，即给予受奖者一定数量的奖品、奖金或者晋升工资档次等。

（2）精神方面的奖励，即给予受奖者通令嘉奖、记功、授予荣誉称号等，如授予"劳动模范"等荣誉称号，通报表扬，通令嘉奖，记功，发给奖状、荣誉证书、奖章等。

（3）职务级别晋升方面的奖励，即给予受奖者晋升工资级别的奖励或者放宽其晋升职务的资格条件。值得注意的是，这种奖励的对象具有更进一步的限定性，并且由于涉及职权方面的权益，往往要求有组织法上的根据。

以上三种奖励形式，既可单独进行，又可合并实施。由于这三种奖励在刺激、调动积极性方面各有特色，因而在实践中往往三者并行：既有精神奖励，又有物质奖励，更重视职权方面的权益赋予。

3．行政处罚

行政处罚是指行政行为主体依法对于违反行政法律规范的公民、法人或其他组织所给予的物质或精神的行政制裁行为。基于上述定义，可以从如下四个方面来理解行政处罚这一概念：①行政处罚的主体是行政行为主体，实施行政处罚必须依据法定权限。除非法律另有规定，行政处罚权只能由行政行为主体行使。行政行为主体是否享有行政处罚权以及享有何种行政处罚权、在多大范围内享有行政处罚权，必须基于行政法律规范的规定而定。行政行为主体必须严格依据法定权限行使行政处罚权，超越法定权限的处罚无效。②行政处罚是针对有违反行政法律规范行为的行政相对人的制裁。行政处罚是对违反行政法律规范，尤其是违反行政管理秩序的行政相对人的人身自由、财产、名誉或者其他权益的限制或者剥夺，或者对其课以新的义务，体现了强烈的制裁性或惩戒性。③行政处罚的目的注重对违法者予以惩戒和教育。行政处罚的最终目的是有效实施行政管理，维护公共利益和社会秩序，保护公民、法人或者其他组织的合法权益。④行政处罚是行政制裁，是一种追究法律责任的行为。行政处罚是针对有违反行政法律规范行为的行政相对人的制裁，是对于违反行政法律规范尚未构成犯罪的行政相对人的制裁。

根据不同的标准，可以将行政处罚分为不同的种类，具体如下。

（1）影响声誉的行政处罚，是指行政行为主体做出的影响公民、法人或其他组织声誉的行政行为，如警告、通报批评。

（2）影响义务的行政处罚，是指行政行为主体做出的使公民、法人或其他组织承担某种义务的行政行为，如罚款。

（3）限制或剥夺权利的行政处罚，是指行政行为主体做出的限制或剥夺公民、法人或其他组织行为权、财产权或人身自由权的行政行为，如吊销营业执照、没收非法所得、行政拘留。

4. 行政强制执行

行政强制执行是指行政行为主体对于拒不履行行政义务的公民、法人或其他组织，采取强制手段迫使其履行义务或者达到与履行义务相同的状态。根据上述定义，对行政强制执行的理解可以从以下几个方面入手：①行政强制执行的主体是行政机关或者人民法院，对于由谁实施行政强制执行的问题，必须依据法律的规定。人民法院只有根据行政机关的申请并按照法律的明确规定和一定程序，才能实施行政强制执行，人民法院所进行的行政强制执行在实质上是行政权中执行权能的体现，是行政机关强制执行权的延伸和继续。②行政相对人不履行应履行的法定义务是适用行政强制执行的前提条件。行政强制执行是针对不履行法律规范直接规定的或者由行政行为确立的义务的行政相对人，采取强制手段迫使其履行该义务，以达到行政目的的行政执行权能。只有在构成了义务不履行的条件下，法律规范明确规定可以实施时，才能实施行政强制执行。③行政强制执行的目的是实现义务的履行。无论行政强制执行的主体是谁，其目的都是实现法律规范直接规定或者行政行为所确立义务的履行。人民法院接受行政机关的行政强制执行申请，应当对行政行为的合法性进行审查，如合法，就应按照行政行为的内容予以强制执行，如不合法，则应当裁定不予执行。④行政强制执行的对象具有广泛性和法定性。行政强制执行针对一切阻碍行政行为执行的对象以及应执行的一切对象。行政强制执行的具体实施方式必须由法律、法规明确规定，执行机关必须严格按照法定形式实施，不得任意创新或者更改。⑤行政强制执行一般不宜进行执行和解。行政强制执行是有关机关依照法律规范规定，在履行了催告等法定程序，相对人逾期仍不履行的情况下，依法对相对人做出的、保障行政行为得以执行的特别措施。因此，在行政强制执行过程中，不允许进行执行和解，但如果出现法定情形，行政行为主体可决定执行中止或者执行终结。值得注意的是，不得和解的原则与在个别行政行为领域中根据具体情况进行一定程度和解的例外情形并不互斥。

根据强制手段相对于被强制义务人的形态，行政强制执行一般分为间接强制和直接强制两种。

（1）间接强制。间接强制是指行政强制执行机关通过间接手段迫使义务人履行其应当履行的义务。对于相对人应履行而又不能为他人代履行的作为义务和不作为义务，只能采取间接强制；而对于相对人应履行但可为他人代履行的作为义务，则既可采取间接强制，又可采取直接强制。间接强制又分为代执行和执行罚两种。代执行是指行政强制执行机关（一般委托第三人）代替履行法律规范直接规定的或者行政行为所确立的相对人的作为义务并向义务人征收必要费用的强制执行。代执行避免了执行机关直接凭借国家强制力迫使义务人履行义务，从而缓解了义务主体对执行的抗拒心理，只要义务人在代执行过程中不妨碍执行的实施，就可达到执行的目的。执行罚又称为强制金、滞纳金，是行政强制执行机关对拒不履行不作为义务或者不可为他人代履行的作为义务的义务主体，课以新的金钱给付义务，以迫使其履行的强制执行。

（2）直接强制。直接强制是指行政强制执行机关对拒不履行其应履行的义务的行政相对人的人身或者财产施以强制力，以达到与义务主体履行义务相同状态的行政强制措施。直接强制可分为人身强制和财产强制两种。前者如强制传唤、遣送出境等；后者如强制划拨、强制抵缴以及根据《中华人民共和国食品安全法》的规定对被污染的食品及其原料实行强制销毁等。直接强制如适用不当，极易造成对义务主体的合法权利和利益的侵害。因此，法律对直接强制的适用条件和程序做了非常严格的规定，特别强调适当的原则。一般认为，只有在无法采用代执行、执行罚或者虽采用了代执行或者执行罚仍难以达到执行目的时，才能适用直接强制。也就是说，应遵循从轻至重的原则来选择适用的行政强制执行手段。

二、行政司法行为

行政司法行为是指行政行为主体按照准司法程序审理特定案件、裁决特定行政争议活动的方式。准司法程序是指这种程序具有司法程序的某些形式与特点，如答辩、裁决、上诉等，但又与司法程序不完全相同。行政机关作为第三人，依照法律、法规和规章解决行政机关与公民、法人和其他组织之间以及公民、法人和其他组织相互之间的各种纠纷。行政司法行为包括行政调解、行政裁决、行政复议。

（一）行政调解

行政调解是指行政行为主体主持的，根据有关法律规定，按照自愿原则，通过说服教育等方法，促使双方当事人进行协商、达成协议的行为。经过调解、达成协议之后，当事人和参加调解的人员应在调解笔录和协议书上签名盖章。对于重要的调解案件，根据协议可由有关机构制作调解书发给当事人。行政调解具有两个基本特征：①行政调解具有法律效力，可以从行政调解所引起的两种法律后果看行政调解的这一特征，其一是会引发行政处理后果，意味着行政调解后，行政机关不能就同一件事另行处理，其二是会引发强制执行后果，即达成协议后双方当事人必须履行，否则另一方可申请法院强制执行；②不可以对行政调解提出诉讼，因为作为行政调解结果的协议的达成是双方自愿接受的结果，行政调解协议不具有强制执行力，如果一方或双方反悔，任何一方都可以将争议提交法院，作为普通的民事案件处理。

根据上述描述，可以从以下四个特点详细理解行政调解：①行政调解是由行政机关主持的，其调解主体仅限于行政机关。它与人民法院进行诉讼调解不同，也与社会群众组织进行的人民调解有所不同。②行政调解以当事人自愿为原则。自愿原则包括自愿决定是否采取调解方式解决争议、自愿选择所适用的规则、自愿决定是否达成协议。行政机关既不能强制当事人接受调解，也不能强制当事人接受某种决定，违反自愿原则的调解不能发生预期的效力，因此行政调解与行政机关单方强制做出的行政决定有所区别。③行政调解是一种诉讼外的调解，它不是仲裁或行政诉讼的必经程序，不能限制当事人的仲裁申请权和司法诉权。某些行政调解具有强制执行力，另外一些行政调解则不具有强制执行力，其约束力仅建立在当事人自愿遵守调解协议的基础上。这一特点使行政调解与仲裁、行政复议和诉讼调解区别开来。④行政调解的对象既可以是民事争议，也可以是行政争议。行政调解以民事争议为主要对象，但也包括对部分行政争议的调解，如对行政赔偿争议的调解。这一特点进一步使行政调解与行政复议、行政仲裁区分开来。行政复议仅以行政争议为对象，而行政仲裁仅以特定的民事争议为对象。

（二）行政裁决

行政裁决是指行政行为主体按照有关法律规定，根据当事人一方或双方的申请，对当事人之间发生的、与行政管理活动有关联的特定民事纠纷进行审查并做出裁决的行政行为。行政裁决具有以下特征：①行政裁决以当事人之间发生了与行政管理活动密切相关的民事纠纷为前提。随着社会经济的发展和政府职能的扩大，行政机关的活动范围打破了以前民事纠纷最终由法院裁断且只能由法院裁断、行政机关只行使行政权而不裁决处理民事纠纷的传统，获得了对民事纠纷的裁决权。但是，行政机关对民事纠纷的裁决并非涉及所有民事领域，只有在特定情况下，即在民事纠纷与行政管理密切相关的情况下，行政机关才对该民事纠纷予以裁决，以实现行政管理的目的。②行政裁决的主体是法律规范授权的行政机关。我国的《土地管理法》《森林法》《草原法》《食品安全法》《专利法》《治安管理处罚法》《药品管理法》《医疗事故处理条例》等法律、法规或者规章等对侵权赔偿争议和权属争议做出规定，授权有关行政机关对这些争议予以裁决。各个单行法律有关行政裁决的规定构成了我国行政裁决制度。没有专门法律的授权，行政机关便不能成为行政裁决的主体。③行政裁决是行政机关行使行政裁决权的活动，具有法律效力。行政裁决权的行使具有行使一般行政权的特征，民事纠纷当事人是否同意或者是否承认都不会影响行政裁决的成立和其所具有的法律效力，对行政裁决不服，只能向法院提起诉讼。所以，行政裁决不包括单纯以调解方式处理而其调解处理协议并不发生强制性法律效力的行为。

根据不同的标准，可以对行政裁决进行不同的分类。比较规范的行政裁决主要有以下几类。

（1）对权属纠纷的裁决，是指行政行为主体对双方当事人因对特定财产的所有权或使用权的归属产生的纠纷进行裁决。这些纠纷从性质上说属于民事纠纷，但与行政管理有密切关系。例如，双方当事人就因土地的所有权、使用权的权属产生的争议依法请求土地管理机关给予裁处。此外，权属争议或者纠纷也可能产生于房产等非自然资源方面。依据法律规定，对于这方面的纠纷，有关行政机关也可以依法做出裁决。权属纠纷的裁决结果使权属关系得以确定。

（2）对侵权纠纷的裁决，是指行政行为主体对一方当事人认为自己的合法权益受到侵害后提出的申请进行裁决。例如，由商标权、专利权的侵犯引起的纠纷分别由工商行政管理部门、专利管理机关进行裁决。我国《专利法》规定，对未经专利权人许可而实施其专利的侵权行为，专利权人或者利害关系人可以请求管理专利工作的部门处理。裁决侵权纠纷的目的在于制止侵权行为、保障当事人的合法权益。侵权纠纷与权属纠纷的区别在于：侵权纠纷是一方当事人要求排除他人的侵害，而权属纠纷是双方当事人都要求自己的权利。

（3）对损害赔偿纠纷的裁决，是指行政行为主体对当事人之间涉及行政管理事项的赔偿争议进行的裁决。这种纠纷广泛存在于治安管理、食品卫生、药品管理、环境保护、医疗卫生、产品质量、社会福利等许多方面。产生损害赔偿纠纷时，权益受到损害者可以依法要求有关行政机关做出裁决，确认赔偿责任和赔偿金额，使其受到损害的权益得到恢复或者赔偿。

权属纠纷、侵权纠纷和损害赔偿纠纷及其裁决之间具有内在的联系，具体表现为：首先，权属关系的确定是侵权事实得以确定的基础，侵权事实的确定又为损害赔偿请求提供了依据，环环相连、不可分割。其次，三种纠纷各自的着眼点不同，分别强调了一个连续过程的不同阶段。由于各自的争议标的不同，行政裁决的目的便不完全相同，但在保护当事人的合法权益并服务于行政管理这一点上，三种行政裁决的目的是一致的。

（三）行政复议

行政复议是指公民、法人或者其他组织认为行政行为主体的行为侵犯其合法权益，向法定的行政复议机关提出复议申请，受理申请的机关对原处理决定进行重新审查并做出相应决定的行为。

行政复议作为行政相对人行使行政救济权的一项重要法律制度，可以从以下几个方面对其做进一步阐释：①行政复议的目的是纠正行政机关做出的违法或者不当的具体行政行为，以保护行政相对人的合法权益。行政复议通过上级行政机关对下级行政机关或者本级人民政府对所属的工作部门做出的具体行政行为依法审查，纠正被申请具体行政行为的违法或者不当，从而实现行政机关内部行政监督的目的并在客观上达到从整体上强化行政监督的法律效果。②行政复议是一种依申请行政行为，即行政复议是复议机关根据行政相对人的申请，在审查被申请行政行为是否合法、适当的基础上，依法做出的一种新的行政行为。依申请行政行为意味着只有在行政相对人提出申请之后，行政机关才能进行相关的复议活动并在行政复议程序结束之后做出行政复议行为。没有行政相对人的申请行为，行政复议作为监控行政权的一种法律制度就不可能发挥其内在的功能。③行政复议的客体是具体行政行为。具体行政行为是行政机关针对特定的行政相对人做出的行政行为，其特点是在该具体行政行为做出时，行政相对人已经确定，既不能增加，也不能减少。对不具有立法性质的行政规定，如果行政相对人认为违法，可以在对相应具体行政行为申请复议时一并申请复议或者通过申诉等其他法律监督途径解决。

对于行政复议的范围，它是指行政复议机关受理行政争议案件的范围，也是公民、法人或者其他组织提出复议申请的范围，可以分为具体行政行为的行政复议范围和抽象行政行为的行政复议范围。关于具体行政行为的行政复议范围，《中华人民共和国行政复议法》列出了十一种情形，主要包括对行政机关做出的罚款、行政拘留等行政处罚决定不服的，对行政机关做出的关于确认土地、森林等自然资源的所有权或者使用权的决定不服的，等等；关于抽象行政行为的行政复议范围，《中华人民共和国行政复议法》将部分抽象行政行为纳入行政复议的范围，即公民、法人或者其他组织认为行政行为主体的具体行政行为所依据的下列规定不合法，在对具体行政行为申请行政复议时，可以一并向行政复议机关提出对该规定的审查申请，这些规定包括：国务院部门的规定；县级以上地方各级人民政府及其工作部门的规定；乡、镇人民政府的规定。

对于行政复议排除的范围，它是指行政复议机关不予受理的事项，主要包括：一是不服行政机关做出的行政处分或者其他人事处理决定。二是在一般情况下，不服行政机关对民事纠纷做出的调解和其他处理。但是公民、法人或者其他组织对行政行为主体做出的关于确认土地、水流等所有权或者使用权决定不服的可以申请行政复议。

第三节　行政违法与行政不当

实施行政行为既要做到合法，也要做到合理，这是对行政行为的两项基本要求。不合法的行政行为即行政违法，不合理的行政行为即行政不当。行政违法和行政不当都不能依法产生行政行为主体预期的法律后果。正确把握这两种行为的含义、特征和构成要件，有助于行政行为主体依法行政，更好地实现行政管理的目的。

一、行政违法

行政违法是指行政行为主体因为故意或者过失违反行政法律、法规但尚未构成犯罪而应当承担行政责任的行为。

（一）行政违法的特征

行政违法是一种独立于民事违法、刑事违法并与后者相并列的违法行为，其特征主要表现在以下几个方面。

（1）行政违法的主体是行政行为主体，而不是行政相对人。行政相对人的违法称为可处罚行为，或者按《行政处罚法》的说法，是"违反行政管理秩序的行为"，而不称为行政违法行为。行政机关只有以行政行为主体身份出现时，其行为才有可能是行政违法；如果以民事主体身份出现，其行为就可能是民事违法，而不可能是行政违法。

（2）行政行为主体主观上有过错，即故意或者过失。认定行政行为违法与否、能否追究行政责任，要根据行政违法的构成要件进行判断。所谓行政违法的构成要件，是指由行政法规定的构成行政违法必须具备的一切主观和客观条件。行政违法的构成要件有以下四个且必须同时具备：违法行为主体必须是行政主体、行为人负有相关的法定义务、行为人具有不履行法定义务的行为、行为人主观上有过错。主观过错是指行为人实施行为时所持的心理状态，包括故意和过失两种，统称为过错。故意是指明知自身行为的社会危害性而希望或放任其发生的主观心理状态。凡故意违反行政法律规范的，都应当依法承担行政责任。过失是指应当预见自身行为的社会危害性但由于疏忽大意而没有预见或虽然预见但轻信能够避免的主观心理状态。

（3）行政违法是违反行政法律规范、侵害受法律保护的行政关系但尚未构成犯罪的行为。行政违法的这一特征不仅使其与违法行为相区别，而且使其与其他违法行为相区别。行政违法是违反法律规范，而不是违反纪律的行为。行政违法与犯罪（刑事违法）显然有质的区别：它们由不同的法律规范调整，依法被追究不同的法律责任（行政责任和刑事责任）。同时，它们也有量上的联系与区别——行政违法的危害比犯罪小；某种行政违法若后果严重、危害程度大，可以上升为犯罪。而行政违法仅限于尚未构成犯罪的违法行为，该行为一旦上升为犯罪，就不再是行政法研究的对象了。

（4）行政违法的法律后果是承担行政责任。"违法必究"，违反法律必须承担法律责任，这是社会主义法治的基本要求之一。任何行政违法主体必须为其行政违法行为承担法律责任。不过，由行政违法引起的法律责任既不是民事责任，也不是刑事责任，而是行政责任。

（二）行政违法的类别

行政违法主要有以下几种。

（1）主体资格方面的违法：做出行政行为的主体不具有行政行为主体资格，不符合一定的法定资格条件和特定身份条件，如行政行为主体在所做具体行政行为上未签名、未加盖公章，做出具体行政行为的工作人员未向相对人表明身份或者具有精神障碍。

（2）权限方面的违法：行政行为主体实施了超出自身事务管辖权、区域管辖权、级别管辖权和处理方式权限范围、时间管辖权，超越授权范围和所委托权限范围的以外的行政行为。

（3）内容方面的违法：行为所包含的权利、义务以及对这些权利、义务的处理不符合法律规定，同时行政行为的目的不符合立法本意，曲解了法律意图或背离法律的宗旨和原则，如任命被剥夺政治权利的人为公务员、向销售毒品者核发许可证。

（4）程序和形式方面的违法：程序违法就是行政行为主体违反行政程序法律规范的行政行为，而形式违法就是行政行为主体违反法律所规定的行政行为实现形式或方式的行政行为。例如，颁发离婚证事先需要有当事人的离婚协议，最后需要当事人在离婚证上签字同意，未经有关主体同意而做出的行政行为是违法的。

二、行政不当

（一）行政不当的含义

行政不当也称为行政失当、行政不合理，是指行政行为主体所实施的不违法但是违反合理性原则的不当的行为。行政不当主要是由不合理地行使行政自由裁量权造成的。从广义上讲，行政不当也是一种违法行为，因为它违反了行政行为必须同时具备合法性与合理性的原则要求。从狭义上讲，它是以合法为前提的，但同狭义的不合法行政行为又有区别，可以视为有瑕疵的行政行为。

（二）行政不当的特征

行政不当和行政违法的主体都是行政行为主体，但是同行政违法相比，行政不当具有自己的特征。

（1）行政不当以合法性为前提，是合法范围内的不当，主要表现为明显的不公正。行政不当以行政合理性为侵害客体，这显然与行政违法不同，因为行政违法侵犯的客体是行政关系的合法性。行政不当是行政合法范围内的行政不当，而不是行政合法范围以外的行政不当。行政合法范围以外的行政不当已被行政违法所吸收。

（2）行政不当只发生在自由裁量行为中，而行政违法可以发生在任何行政行为中。合理性问题只发生在自由裁量行为中，不发生在羁束行政行为中，而合法性问题在两种行为中均有可能发生。由于行政不当以行政合理性为侵害客体，所以行政不当只发生在自由裁量行政行为中。

（3）行政不当一般只会引起补救性行政责任，而行政违法既可以引起补救性行政责任，也可以引起惩罚性行政责任。行政不当并不必然导致行政责任，只有在法律规定的条件下，行政行为主体才承担相应的行政责任，而且即使行政不当行为人必须依法承担行政责任，一般承担补救性行政责任，在特殊情况下，也可能承担惩罚性行政责任；但行政行为主体的行政行为如果是违法的，违法行为人必须承担由此引起的行政责任（包括补救性行政责任和惩罚性行政责任）。

（4）行政不当被确认后，可能只部分地影响其法律效力，也可能全部影响其法律效力，而行政违法被确定后，一般会影响其全部法律效力。行政不当并非绝对无效，根据我国《行政诉讼法》的规定，人民法院在行政诉讼中对具体行政行为做合法性审查，不做合理性审查。根据我国《行政复议法》的规定，行政复议机关在行政复议中可以审查行政行为的适当性，对明显不当的具体行政行为做出撤销、变更和责令重做的复议决定；而行政违法行为一概无效，对行政管理相对人没有拘束力，而且自违法行为发生之日起，行政行为就没有效力。

本章小结

本章从狭义的角度界定行政行为，认为行政行为指的是合法的行政行为主体依据法律规定，在法定的职权范围内按照一定的程序、通过法定形式、在行政管理活动中所实施的能够直接发生法律效果的行为。行政行为的构成要素是指合法的行政行为成立的必要条件，主要包括行政行为主体、行政行为客体、行政行为内容、行政行为形式、行政行为依据。行政行为的分类包括抽象行政行为与具体行政行为、羁束行政行为与自由裁量行政行为、积极行政行为与消极行政行为、依职权行政行为与依申请行政行为。同时，本章着重介绍行政执法行为和行政司法行为两种基本方式，其中行政执法行为主要介绍行政检查和行政决定，行政司法行为主要介绍行政调解、行政裁决、行政复议。正确地把握行政违法与行政不当的含义、特征和构成要件，有助于行政行为主体依法行政，更好地实现行政管理的目的。

课后练习题

一、名词解释与术语

行政行为　抽象行政行为　具体行政行为　羁束行政行为　自由裁量行政行为　积极行政行为　消极行政行为　依职权行政行为　依申请行政行为　行政执法行为　行政司法行为　行政检查　行政决定　行政许可　行政奖励　行政处罚　行政强制执行　行政调解　行政裁决　行政复议

二、思考题

1. 抽象行政行为与具体行政行为的区别有哪些？
2. 羁束行政行为与自由裁量行政行为的区别有哪些？
3. 行政违法与行政不当的区别有哪些？
4. 行政不当是否可以诉讼？

三、案例分析题

1. 淄博市政府为了整治城市交通出台了《淄博市交通治理办法》，淄博市交通局根据该规章出台了《淄博市交通治理实施办法》。刘某认为，淄博市交通局出台的该实施办法违法，向淄博市中级人民法院提起诉讼，要求法院认定该实施办法无效。

（1）本案中有行政立法吗？

（2）淄博市交通局出台实施办法属于何种行为？

（3）刘某状告淄博市交通局实施办法违法，法院会受理吗？

2．小张是A市的一名出租车司机，一次，他与交警刘某发生了争执，两人由此不和。不久后，小张因为赶时间而闯了红灯，和小张同时闯红灯的还有另一位司机小李。当时正值刘某执勤。按照A市的规定，司机闯红灯，交警有权处以50～200元的罚款。刘某将小张和小李拦下，出示了执法证件并说明了他们违法的原因，后对小李处以50元罚款，而对小张处以200元罚款。小张认为刘某挟私报复，对他提起诉讼。

（1）你认为刘某的行为是一种什么行为？

（2）小张状告刘某，法院会受理吗？

 **自测题**

第十二章 行政监督

本章学习目标

行政监督在某种程度上反映了国家民主性质和民主程度的演变。2018年以后，我国的行政监督制度发生了根本性改变，行政监督机构从隶属于行政机关变为与行政机关并列的国家机关，行政监督变成了国家监督。本章基于学界既有认知和习惯，依旧采用行政监督的表述，展开对行政监督的一般性理论介绍。本章首先学习行政监督的含义、类型及我国行政监督的制度演变等一般性知识；其次进一步学习内部行政监督、国家行政监督及社会行政监督的具体知识。通过本章的学习，能够从一般和具体两个层次系统、全面地搭建有关行政监督的知识体系，实现对行政监督这一行政管理重要内容的深刻把握。

第一节 行政监督概述

一、行政监督的含义

"监督"在《辞海》里的解释为"督察、督促"，其英文 supervision 的字面意义就是由上面监视或视察。作为一种古老的国家管理手段，监督活动是随着国家的出现而产生的，成为统治者保障国家机器顺利运转的有效部件。行政监督经历了萌芽、产生、发展和完善的过程，才表现出比较完备的监督体系形态并在某种程度上反映了国家民主性质和民主程度的演变。行政监督有广义与狭义之分：广义的行政监督只注重监督的客体，对各级国家行政机关及其工作人员履行职责以及执行法律活动的监督均属于行政监督的范畴；狭义的行政监督既注重监督主体，也注重监督客体，主要指行政机关内部进行的一种监督活动。广义的行政监督实际上是作为政治制度的一项监督机制而存在的，是建立在权力的不同分工或者国家制度分权基础上的一种机能。完整的行政监督活动包括获取监督对象的信息、监督主体对监督事项提出建议以及惩治监督对象的不法行为三个环节。本章从广义的角度将行政监督界定为**国家立法机关、司法机关、监察机关、政党、社会团体、公民及国家行政组织自身对行政执行过程和行政行为所实施的监督**。

行政监督具有以下几个方面的特征。

（1）行政监督主体的多样性。行政监督主体包括国家机关和非国家机关。国家机关作为行政监督的主体，包括权力机关、司法机关、行政机关及其内部的专门行政监督机构。以国家机关为主体实施的行政监督是国家性行政监督，这类行政监督的主体和对象都是国家机关，具有法律约束力，能够产生相应的法律后果，如撤销行政行为、处罚违法违纪的公务员等。作为行政监督主体的非国家机关包括政党、社会组织、新闻舆论机构和公民个人等，国家机关以外的主体实施的监督活动可以看作非国家性监督。非国家机关作为监督主体不能对监督对象做出直接产生法律效力的监督行为，只能通过一定方式引起有监督权的国家权力机关的注意，使其采取能产生法律效力的措施。总体而言，不同的行政监督主体享有不同的监督权，产生不同的监督效果，从而构成了一个互相补充、互相协调以及纵横交错的监督网络。

（2）行政监督对象的特定性。并不是所有的监督活动，如企业对员工的监督、政党内部监督以及行政机关工作及其工作人员的所有行为都可以看作行政监督的对象，只有各级国家行政机关及其工作人员履行职责以及执行法律的活动才属于行政监督的对象。

（3）行政监督内容的广泛性。行政管理内容的广泛性决定了行政监督内容的广泛性。行政监督主要包括三个方面的内容：其一，对行政机关行政决策活动的监督。行政机关并不是纯粹被动地执行立法机关制定的各种法律、法规，法律、法规的模糊性和抽象性赋予了行政机关很大的自由裁量权和决策空间。为了保证行政机关制定的行政决策、出台的行政法规以及采取的各种决策行为符合宪法和法律的要求，行政机关的决策活动必须被纳入行政监督的范围。行政监督的内容是监督行政主体及其工作人员行使行政职权、履行行政职责的一切行政活动。其二，对行政机关行政执行活动的监督。立法机关出台各种法律、法规的意图能否得到有效实现在很大程度上取决于行政机关的执行效力及其对法律、法规的遵守情况。为了减少法律、法规的执行偏差，抑制和纠正行政机关及其工作人员以权谋私的不法行为，行政机关及其工作人员的行政执行过程也应该受到严密的监督。其三，对行政机关工作人员偷懒和卸责行为的监督。行政管理活动属于一种团队合作活动，行政管理效率的提高有赖于全体行政机关工作人员的共同努力，行政机关对法律、法规的遵守并不能排除某些行政机关工作人员的偷懒和卸责行为，这种偷懒和卸责动机会鼓励行政机关工作人员采取不适当的行政管理方式和手段，从而影响行政管理效率的提高。因此，行政机关工作人员的努力程度也应该受到各类行政监督主体的检查和督促，以消除他们的"搭便车"行为和偷懒的侥幸心理。

（4）行政监督过程的公开性。行政监督的各种法律规定都是公之于众的，同时行政组织的工作计划、工作程序、工作内容也应有一定的透明度，即公开办事制度、公开办事结果，便于接受人民群众的监督。此外，为适应民主政治的客观要求，还应建立有助于社会舆论监督的公开监督机制。

（5）行政监督依据的法定性。行政监督是依法监督、依法行政的具体体现。行政监督机制和各种专门的监督机构是依法建立的，行政监督的权力是依法授予的，行政监督活动是依照法定程序进行的，整个行政监督过程不仅有法可依，而且对违法行为或不当行为也要有法必依、违法必究。有效的行政监督必须以强有力的法律制度为后盾。

行政组织及其行政人员利用法律赋予的职责和权力对国家和社会实施管理，但是如果权力得不到监督就会腐化，为了防止滥用权力现象的发生，必须对掌握公共权力的行政机关和行政人员实施有效的行政监督，这是保障国家机器正常运转和巩固国家政权的重要手段。因此，世界各国普遍重视行政监督。行政监督的重要性具体体现为：①行政监督是行政管理的重要环节。行政监督客观存在于行政管理活动中，如果缺少了行政监督，行政管理系统就是不完整的，行政活动就难以顺利达到目的。②行政监督是依法行政的必要保障。只有对行政活动进行有效的行政监督，才能保证国家法律、政策的贯彻、执行，做到令行禁止，也只有通过行政监督，才能避免行政人员由于能力、水平、利益等原因所产生的滥用职权、越权、侵权等行为。③行政监督是维护公共利益的有力武器。公共行政应当是公共利益的体现者和维护者，行政组织和行政人员必须严格依法办事，为社会提供优质的公共服务。行政监督就在于对各级行政机关及其行政人员所做出的违法行为给予制裁，对其失误予以纠正；对合法权益遭受损失或损害的公众给予补偿和赔偿。④行政监督是科学管理的有力措施。行政监督是行政管理科学化的内在要求。独立、有力的行政监督系统是现代行政管理体制的重要组成部分。⑤行政监督是民主参与的重要途径。

二、行政监督的类型

（一）国家性监督和非国家性监督

按照监督的性质，行政监督可以分为国家性监督和非国家性监督。

（1）国家性监督。国家性监督主要是指以国家机关为主体实施的，具有法律强制性效果的监督。它包括立法机关、监察机关、司法机关对行政机关的监督以及行政机关内部的监督活动。国家性监督的主体和对象都是国家机关，是依据法律规定行使监督职权并遵循一定的监督程序，监督的法律后果具有强制性，能够依据法律、法规对被监督者的不法行为直接采取强制制裁的措施。

（2）非国家性监督。非国家性监督是相对于国家性监督而言的，主要是指国家机关以外的各种社会力量和社会组织对行政机关所实施的监督。这种类型的监督的主体是社会公众或非国家机关的社会组织，监督对象是行政机关及其工作人员。这种监督方式不具备强制性监督后果，即监督主体通常不能直接对被监督者的不法行为采取具有法律效力的措施，只能建议相应的国家机关根据监督主体反映的监督信息采取相应的惩罚和制裁措施。

（二）自上而下的监督和自下而上的监督

按照程序，行政监督可以分为自上而下的监督和自下而上的监督。

（1）自上而下的监督。自上而下的监督主要是指立法机关、监察机关、司法机关对行政机关的监督，行政机关内部上级机关对下级机关的监督，中央政府对地方政府的监督，等等。监督的主要目的是保证法律、法规、政策、指示和计划等的贯彻执行，以促进政令的畅通执行和领导的集中统一。

（2）自下而上的监督。自下而上的监督主要是指社会公众和社会组织对行政机关及其工作人员工作表现的监督以及下级机关对上级机关的监督。这种监督方式能够有效地节

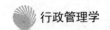

约国家机关的监督成本,使得立法机关和司法机关等国家性监督主体的监督行为更有针对性,及时通过社会公众和社会组织的投诉、申诉以及抱怨等监督途径掌握行政机关及其工作人员的违规行为并采取有效的制裁措施。

(三)事前监督、事中监督和事后监督

行政监督贯穿于行政活动的全过程,因而实践中不可能将整个监督截然划分为几个阶段。但从实施监督的时间来看,行政监督包括事前监督、事中监督和事后监督三种形式。

(1)事前监督。事前监督是指相关机关在被监督对象实施某项活动或行为等之前,依照行政法规进行的监督,如上级行政机关在下级行政机关实施人事安排或变更前进行审查。

(2)事中监督。事中监督是指相关机关对已在实施过程中的行为或活动,根据行政法规进行的监督。

(3)事后监督。事后监督是指相关机关对业已结束的行为活动或事项,依照行政法规进行的监督,如上级行政机关对下级行政机关的决策执行结果进行的检查和督促。

(四)合法性监督和合理性监督

按照监督的内容,行政监督可以分为合法性监督和合理性监督。

(1)合法性监督。合法性监督是指对国家行政机关及其工作人员的行政行为的合法性进行监督。它主要包括两个方面的内容:一是对国家行政机关颁布的行政法规、发布的行政命令、做出的行政决定以及采取的行政措施等行为是否符合国家宪法和法律进行监督;二是对国家行政机关及其工作人员的行政执法活动是否符合国家宪法、法律、行政法规和地方法规以及行政决定和命令等进行监督。合法性监督的目的在于杜绝可能发生的违法行为,揭露和纠正已经发生的违法行为,确保依法行政原则的贯彻、实施。

(2)合理性监督。合理性监督是指对行政机关及其工作人员是否恰当运用自由裁量权的情况进行监督,所考虑的范围包括行政行为应符合立法目的和行政管理的基本原则等。

三、我国行政监督制度的演变

(一)我国古代的行政监督制度

秦代以前的行政监督制度由两个部分构成:一是舆论监督,是指设有以采诗官为中介的舆论监督和以询问官为中介的言谏监督。二是专门监察官吏的监督,如夏、商、周分别设道人、小臣、小宰等官职行使监察职能。到春秋战国时,一些诸侯国设御史、郎官为监察官。秦代以后,随着中央集权制的形成,以君王为中心的行政监督制度初步确立。

我国古代的监督制度主要由以下三个部分构成。

1. 御史纠察制度

御史大夫府是秦王朝时期的中央监察机关,长官为御史大夫,再设御史中丞、侍御

史、监御史，以纠察百官。汉代专设御史台为中央监察机构，专门从法令制度方面，对以宰相为首的百官在施政中有无违法行为进行考察。唐代御史台设置御史大夫，下设"三院"：台院，负责纠察、弹劾中央百官，参与大理寺审理重大案件；殿院，负责纠察殿庭仪节，巡察京城内外；察院，负责监察百官、巡按州县。明代改御史台为都察院，于都察院外又设有独立监察权的六科给事中组织，分别纠察百官、辨明冤枉、提督各道。清代沿袭明制，强调监察的独立。

2. 言官谏诤制度

这是我国古代监督制度中的一大创造。自秦、汉以后就设置掌言谏之类的官职，尤其是唐代初期，因重视谏官的作用，建立了谏官随宰相入阁议事的制度，设置的门下省职掌谏诤辅强。

3. 地方监察制度

历代王朝对地方监察十分重视。秦代在全国各郡设常驻监御史；汉代把全国分成十三部监察区；唐代分十道监察区；明代设立都察院，增置监察御史百余人，分十二道巡按全国，权力极大并在六部中设立六科给事中；清代，总督与巡抚由监察大员变成了地方最高行政长官。

总的来看，我国古代监督制度在维护中央集权和国家统一、维持国家机器良好运转、维护君主专制、调整统治阶级利益、督促官员廉洁从政等方面起到了一定作用。然而，监督制度不论怎样变换形式，最终结果仍取决于皇帝的个人意志，谏官、监官也难免会自身腐败。

（二）我国近代的行政监督制度

1840年鸦片战争后，封闭的国家之门打开，随着各种外来因素的影响，西方资产阶级民主政治的主张对我国传统的监督体制产生强烈冲击并不断渗透，使之发生深刻变化。近代，民主革命的先行者孙中山先生在《五权宪法》中指出，"五权"即立法权、司法权、行政权、考试权、监察权，意在建立独立于行政系统之外的监督机构。

（三）新中国成立后的行政监督制度

新中国成立以来，我国的行政监督机关大体上经历了以下几个阶段。

1. 创立时期（1949—1953年）

新中国一成立，行政监督就是国家行政体制的重要组成部分，人民监察委员会是并列于政务院之下的四大委员会之一。在此期间，全国县、市以上各级地方人民政府都设立了人民监察委员会，中央政府各部门和各级地方政府人员监察委员会还设置了人民监察通讯员。人民监察委员会在新中国成立初期对于保证国家政令、法令的贯彻执行，严明党纪、政纪，肃贪反污，维护党和政府的清正廉明，从而保证广大人民群众对党和政府的信任和

2. 发展时期（1954—1958年）

1954年，我国通过第一部社会主义宪法，政务院改为国务院，人民监察委员也改为监察部，地方人民政府相应改设监察厅、局、处，某些职能部门也设立了相应的监察派出机构。这个时期政府的专门监督机构健全，职能也增加了，规定监察机关有权检查行政机关，对国家的资财收支、核算情况进行监督。这一时期的监察、监督在社会生活中发挥了重要作用并为行政监督系统化、规范化、法治化积累了有益的经验。

3. 停滞时期（1959—1978年）

1959年4月，第二届全国人大会议决定撤销监察部。自此以后近二十年里，事实上我国没有独立行使行政监督权力的监察机构。取消专业性的、统一领导的行政监督机关实际上削弱了对政府机关及其工作人员的监督，造成了我国行政体制功能的缺失。名义上由各级行政机关负责行政监督，实际上是无人负责。这一时期，既无统一领导、统一部署，又无统一的监督执法标准，行政监督活动停滞不前。

4. 恢复与发展时期（1979—2017年）

1978年，党的十一届三中全会重新确立了党和国家的思想政治路线，国家行政监督机构、制度也得以恢复发展，重建了人民检察院，恢复了党的纪检机构并成立了国家审计署，同时在县级以上各级政府设立了审计机构。1986年12月，设立了中华人民共和国监察部。

5. 完善与提升时期（2018年至今）

2018年3月，国务院机构改革，撤销监察部，成立中华人民共和国国家监察委员会作为最高监察机关并在省、自治区、直辖市、自治州、县、自治县、市、市辖区设立监察委员会。自此，监察委员会成为与国务院、最高人民法院、最高人民检察院并列的国家机构，我国也形成了"一府、两院、一委"的格局。

第二节　内部行政监督

内部行政监督又称为行政内部监督，是指行政机关依据上下级之间的隶属监督关系或在其内部设立专门机关，对行政机关自身及其工作人员是否遵守法律、法规或对有关公共事务的处理是否符合法律和政策规定进行的监督。内部行政监督可以分为不同的种类，方式也较为多元。

一、内部行政监督的种类

内部行政监督的种类包括直线监督、职能监督、主管监督和特种监督，监督的中心任务是提高行政效率以及督促公务人员遵守法律及其相关规定。

（一）直线监督

直线监督又称为一般监督、纵向监督、垂直监督，是指行政机关之间按照行政隶属关系和机关协作关系进行的监督，既包括行政上级和业务主管对行政下级和行政业务辖区所实行的监督，也包括平级部门之间的互相监督和下级机关实行的由下而上的监督。

（二）职能监督

职能监督是指政府各职能部门就其所主管的工作，在职权范围内对其他部门实行行政监督。各级政府的职能部门对下级政府的职能部门，不论是否有领导关系，一律有权实施监督。需要指出的是，在集权型政治体制之下，职能监督较强；反之，在分权型政治体制之下，职能监督较弱。

（三）主管监督

主管监督是指国务院各部委和直属机关对地方各级人民政府相应的工作部门、上级政府工作部门对下级政府工作部门、国务院各部委和地方各级政府工作部门对各自所属的企事业单位所进行的监督。

（四）特种监督

特种监督指除主管监督以外的各种普遍使用的专业性行政监督，如审计监督、环境保护监督等。

总的来看，政府机关内部的自我监督是最直接、最有效的，因为它是行政机关依照上下级隶属关系而建立的。这种自我监督是有权威的、效率高的，因为在这种隶属关系中，上级机关对下级机关有指挥权并且可运用行政的、经济的手段来实现其指挥意图。但是仅靠政府内部的自我监督还远远不够，实践中存在内部消化、家丑不外扬、护短、回避等现象，在一定程度上阻碍、干扰了监督的实现。因此，要通过其他手段和途径来加强行政监督。

二、内部行政监督的方式

内部行政监督有不同的具体方式，这些监督方式一般都是由国家的有关法律、法规明确规定的。一个国家可以对不同的监督对象使用不同的监督方式，也可以对同一监督对象使用几种不同的监督方式。

（一）公务员准司法化惩戒

在西方各国，宪法和公务员法都规定，公务员违法行使职权应当受到纪律惩戒。由于这种对公务员的纪律惩戒是由法律规定的，具有法律刚性，所以被称为准司法化惩戒。各行政机关的行政负责人有权对公务员实施警告、申诫、罚俸，而其他更严重的惩戒，如停止晋升、降级、降任等，则由行政裁判所做出，公务员对惩戒决定不服的，可以向上一级行政裁判所提出起诉。将对公务员的惩戒纳入法律管理的范畴，而不再视其为行政机关的内部人事行为，是行政监督的法治化形式，有助于促进依法行政。

（二）公职人员的财产申报

一些国家的法律、法规规定国家高级公职人员必须向专门监督机关申报个人财产，公职人员的财产申报都是以制度的形式存在的，如英国、美国、法国、德国、新加坡以及中国台湾和中国香港都建立了此种制度。规定财产申报制度的法律也被称作"阳光法案"。这项制度有两个方面的作用：一是当查出公职人员的消费水平和生活方式与其收入不相符时，即可要求其做出解释或对其进行监督观察，这样就可以起到事先警告和预报的作用；二是在明知公职人员有腐败行为但查不到证据的情况下，仍可就其来源不明的财产对其提起诉讼。

（三）行政对话

这是行政监察部门、重要的行政部门及其委托的官员同因行政失误而受到损害的公民进行交谈，听取改善行政工作的意见和要求并尽可能解决受害者提出的问题，以达到改进行政管理的一种制度。行政对话有助于行政监察机关及时发现行政机关在行政管理中存在的问题，使行政监察更加及时、有效。

（四）调查、审计合一

这是美国实行的监察长制度的具体形式，即将行政系统内原来分离的调查和审计的职责统一到监察长办公室行使的监督形式。监察长及其所属部门主要有两项职能：一是对财政的公共计划支出进行审核，防止出现侵吞、诈骗及浪费现象；二是对发现的各种不合理、不合法的财政支出项目进行调查取证并提出相应的改进建议。这种监督形式实现了行政法纪监察与行政审计监督的有机结合，既降低了机构设置的成本，又加强了调查、审计监督的综合性，避免了由于条块分割带来的监督效率低下、成本过高的缺陷，提高了行政系统内部的自我约束能力。

（五）留置

留置是指监察机关调查涉嫌贪污贿赂、失职渎职等严重职务违法或者职务犯罪时，已经掌握被调查人部分违法犯罪事实及证据，但仍有重要问题需要进一步调查并且具备法定情形，经依法审批后，将被调查人带至并留在特定场所，使其就案件所涉及的问题配合调查而采取的一项案件调查措施。留置是《中华人民共和国监察法》规定的十二种案件调查措施之一。这十二种调查措施包括谈话、讯问、询问、查询、冻结、调取、查封、扣押、搜查、勘验检查、鉴定、留置。2017年11月，第十二届全国人大常委会第三十次会议审议通过《关于在全国各地推开国家监察体制改革试点工作的决定》并就《中华人民共和国监察法》广泛征求意见，明确指出在试点地区留置措施的实施对象是包括党政机关在内的所有行使公权力的公职人员，这是从严密角度对实施对象进行了重新划定，这样的划定实际上将今后反腐执纪的工作范围从党员干部扩大到了全体行使公权力的公职人员。自此，"留置"取代"双规"或"两规"，成为我国监察机关的重要监督方式。

第三节 国家行政监督

国家行政监督是与内部行政监督相对应的一种外部行政监督。尽管属于外部行政监督，但是其监督主体依然是国家权力机关、执政党或者司法机关，具有重要的监督权力。尤其是我国自2018年成立国家监察委员会以来，国家行政监督在整个行政监督体系中发挥着越来越重要的作用。

一、立法监督

立法监督是指国家立法机关对国家行政机关及其工作人员实施的一种监督制度。在西方国家，立法机关是分权制衡制度的重要组成部分；在我国，立法机关（即全国人民代表大会）是我国最高权力机关，其他国家机关由全国人民代表大会产生，受其监督。在西方国家，立法监督职权的大小因各国政体的不同以及立法机关法律地位的不同而有所差异。一般来说，议会制共和国的议会监督权大于总统制共和国的议会监督权，总统制共和国的议会监督权又大于君主制国家的议会监督权。尽管监督权有大有小，但是内容基本上没有差别，不外乎对政府的财政监督权、人事任免权、行政监督权、外交和军务监督权等。

西方国家立法机关的监督方式依据各国政治制度的不同而有所差异。议会制国家普遍采用倒阁、不信任案以及质询等监督手段，而在总统制国家的立法监督中，这些监督手段实际上并不存在。总统制国家的议会或国会普遍使用听证会和弹劾等监督方式。在我国，全国人民代表大会的监督对象是指由宪法规定的，由人大及其常委会产生并向人大及其常委会负责的国家机关及其组成人员，行政机关及其组成人员只是国家权力机关监督的对象之一。全国人民代表大会对国家行政机关的监督内容主要包括法律监督和工作监督两个方面：前者主要是指检查和督促国家宪法和法律在行政机关的实施情况；后者则是指对行政机关及其组成人员的工作表现进行监督，采取包括听取和审查政府工作报告、组织人民代表视察和检查政府工作、罢免或撤销行政机关组成人员的职务、组织特定问题的调查委员会以及开展质询或询问等在内的监督方式。

二、执政党及监察委监督

随着政党在国家政治活动中日益发挥出决定性作用,它们在监督领域中的作用也日趋显著。通过对各国家机构的有效监控来实现自身的目的和纲领已成为政党活动主要的甚至是唯一的指向。在西方国家中,政党制度是与普选制和议会制联系在一起的两党制或多党制,或是由两个主要政党轮流执政,或是由两个以上的政党结盟执掌国家政权。由于政党总是力争控制立法机关的多数以监督立法机关,将党的意志上升为国家的意志,从而左右政局,因此各政党为在议会选举中获胜而不遗余力,甚至不择手段。

在西方国家,政党虽然不是国家权力系统的组成部分,但已经成为国家监督活动中最重要的监督主体之一。西方国家的政党监督主要表现为执政党的自我监督和在野党的监督。执政党的自我监督主要是通过议会党团的监督来实现的。所谓议会党团,是指议会中同一政党或政党联盟的议员所组成的党派组织,它是各政党或政党联盟在议会中的最高权力机构。西方国家的在野党指的是不执政、未分享国家最高行政大权的政党,简单地说,就是一切进入了议会但未参加政府的政党。它们在议会中通过种种途径和形式对执政党及其政府发挥制约作用。

与执政党的自我监督相比,在野党更多地采取选举监督的方式。除了选举监督,长期以来,英国形成了这样的惯例,即在下议院中的次多数党是法定的反对党。它拥有其他在野党所没有的若干特权,其中之一就是可以按现任内阁的编制组成一个预备执政的影子内阁,其党的领袖任"内阁首相",其他资深议员担任阁员和各部大臣。它的任务是在执政党政府一旦辞职下台时,顺利上台接替执政。此外,西方国家的在野党还可以通过自己举办的刊物,通过发动舆论攻势的方式向社会揭露政府的"时弊",抨击政府的政策,批评政府的错误,进而达到监督政府的目的。

与西方国家的政党制度不同,我国并不存在执政党和在野党之分,中国共产党作为执政的领导地位和作用是历史形成的并且在宪法中有明确的规定,我国的民主党派是作为参政党参加国家政权行使的。中国共产党对各级行政机关的监督是分层次进行的,包括党的各级委员会的监督、党的基层组织的监督、党的各级纪律检查委员会的监督以及行政机关的党员实行的监督。就政党制度而言,我国实行的是中国共产党领导的多党合作的政治制度,中国共产党与各民主党派是"长期共存、互相监督、肝胆相照、荣辱与共"的关系,各民主党派对国家行政机关的监督是我国政党监督的重要组成部分。各民主党派参与行政监督的途径有:通过政治协商会议、情况通报会等形式参政、议政,讨论国家的大政方针,对重要的人事安排和重大问题向行政机关提出建议;在各级人民代表大会中占有一定比例,可以通过立法程序和立法活动实施对行政机关的监督;在中央至地方的各级行政机关、司法机关担任一定的领导职务,直接参与行政机关的管理和监督;通过对中国共产党及其路线、方针和政策的监督而间接对行政机关实施监督。

为了深化国家监察体制改革,加强对所有行使公权力的公职人员的监督,实现国家监察全面覆盖，深入开展反腐败工作，推进国家治理体系和治理能力现代化，2018年国务院机构改革成立国家监察委员会，作为国家最高监察机关并负责全国监察工作。国家监察委员会与中国共产党中央纪律检查委员会（中纪委）合署办公（一个机构、两块牌子），监察委员会依照法律规定独立行使监察权，不受行政机关、社会团体和个人的干涉，依法对中国共产党机关、人民代表大会及其常务委员会机关、人民政府、监察委员会、人民法院、人民检察院、中国人民政治协商会议各级委员会机关、民主党派机关和工商业联合会机关的公务员，参照《公务员法》管理的人员，法律、法规授权或者受国家机关依法委托管理公共事务的组织中从事公务的人员，国有企业管理人员，公办的教育、科研、文化、医疗卫生、体育等单位中从事管理的人员，基层群众性自治组织中从事管理的人员以及其他依法履行公职的人员进行监察。

三、司法监督

司法监督主要是指由国家司法机关对行政机关及其工作人员的行政管理活动所实施的监督。一般所说的司法机关主要是指法院，而广义的司法机关还包括检察机关，它们所行使的职权是司法权。前者代表国家进行审判，后者为追究法律责任和刑事责任而提起公诉。大陆法系国家没有独立的检察机关，检察院附属在法院系统内或由司法行政部门领导。英美法系国家则设有相对独立的检察机关。当今世界各国几乎都有对政府行为进行司法监督的制度，但并无完全相同的制度名称。

依据"三权分立"原则，西方国家司法机关作为一种地位独立的政权机关被赋予维护国家法制的重要职责。对社会中的各种违法行为，无论是来自于公民或法人的违法，还是来自于国家机关的违法，无论是立法机关的违法，还是行政机关的违法，司法机关都有权进行处理和制裁，以维护法律的尊严。通过司法手段和司法程序监督和限制政府的行政管理活动，这是司法机关的一项重要工作，同时也是行政监督的一种重要方式。西方国家的司法监督主要包括违宪审查和行政诉讼监督。违宪审查是对政府颁布的行政法规或行政措施进行审查，以判断其是否违反宪法。各国的违宪审查主要包括附带性违宪审查、预防性违宪审查以及控诉性违宪审查三种形式。行政诉讼监督是指具有行政案件审判权的司法机关通过对行政案件的审理对行政机关及其工作人员实施的一种监督。国外行政诉讼机构大致分为三类：设立专门的行政法院；由普通法院管辖行政案件；设立行政裁判所，解决一定范围的行政争议等。

我国的司法监督主要由检察监督和行政诉讼监督组成。人民检察院是实施检察监督的机关，其监督内容包括侦查监督、审判监督和执行监督等方面。人民法院则通过审理行政案件，审理行政活动的合法性，审理行政人员的违法、失职、渎职和侵权行为来履行对行政机关及其工作人员的监督职责。

第四节 社会行政监督

社会行政监督主要是指社会各界，即社会团体、新闻媒体和公民等利用自己的影响力对行政机关及其工作人员进行的监督。社会行政监督的主体同时是行政管理的对象，社会行政监督的主体可以行使批评权、建议权、控告权、申诉权等，但没有直接的处置权，这种监督对行政机关及其工作人员并不造成强制性制裁或惩罚效果。社会行政监督主要包括以下几个方面的内容。

一、社会团体监督

社会团体是指某一行业、职业、阶层或地域内的多数人，为了某种非政权性共同利益而依法自愿形成的，能在法律范围内独立活动的社会组织。相比公民个人，社会团体以其所具有的整体性、组织性和影响力更有力地向政府施加影响，在维护自身利益的同时，担负起监督政府的职能。

社会团体监督在西方国家主要表现为利益集团监督的形式。利益集团是指基于集体利益的一致性、持有共同态度、为了共同目的致力于影响政府政策而行动的社会组织。利益集团在西方政治中的出现既是一种公民参政的重要形式，同时对政府权力构成一种新的有效的平衡和制约。利益集团参与政治过程并对政党、政府机构进行监督是民主政治的一大特点。利益集团对行政机关的监督主要包括：①通过游说或直接推选代表参加竞选的方式影响议会的立法活动，借助议会的力量对政府决策施加影响。②直接监督行政机关的执行活动，当自身利益受到行政机关执法活动的影响时，及时向议会汇报和反映，以争取议会对行政机关执法活动的干预，阻挠不利于集团利益的决策的执行。③游行示威，即组织公开的宣传、请愿、游行、示威、抗议等活动，向行政机关及其工作人员反映自己的意见和要求。④司法诉讼，即通过司法诉讼达到保护集团利益的政治目的，此外，还通过影响法官的任命来维护自己的利益。

我国的社会团体监督主要是指工会、共青团和妇联的监督。它们作为社会中以某一阶层、某一性别为特征的社会团体，代表和实现着一定阶层、一定团体的利益并通过特定利益的维护和宣传来实现自身的价值。我国的社会团体监督主要包括两种情况：一是按照中国共产党的领导渠道介入政治监督，通过向同级党委和上级系统领导反映问题和意见，达到参与和监督的目的；二是利用组织结构活跃的优势，独立或与其他团体合作开展多种多样有特色的监督活动。

二、新闻舆论监督

新闻舆论监督是指通过以报刊、电影、广播、电视为代表的现代传播媒介对行政机关及其工作人员实施的监督活动。新闻舆论监督在西方被视为最经济、最有效的社会监督手段。由于法治化程度高，西方国家的新闻舆论监督也被称为除立法权、行政权和司法权以外的"第四种权力"。新闻舆论监督的主要方式包括：①在记者招待会或新闻发布会上直接提问。②电视台安排大量时间转播有关部门对政治丑闻的调查、审判以及听证会等。③调查报道。新闻界获知政府某项丑闻后，自行调查，一旦取得实证，则通过报纸、广播、电视等大众传播媒介进行公开报道。④政治评论。政治评论是新闻界对政府的内外政策进行分析、讨论甚至批评的一种重要方式。⑤民意调查。新闻界通过调查了解公众对某项政治问题的态度并公布结果，形成对政府的监督。

三、公民监督

公民对国家机关，特别是对行政机关及其公务员的监督是各类监督中的重要形式之一。世界上大多数国家都将公民对行政机关及其公务员的监督权利载入宪法，成为重要的宪法权利。公民监督的途径包括实现公务活动的公开化、发挥听证制度的功效、满足权利救济的需要、创造公民监督的组织化和社会化条件、实行法律职业监督制度等。

本章小结

本章从广义的角度将行政监督界定为国家立法机关、司法机关、监察机关、政党、社会团体、公民及国家行政组织自身对行政执行过程和行政行为所实施的监督。行政监督具有主体的多样性、对象的特定性、内容的广泛性、过程的公开性、依据的法定性等特征。依据不同划分标准，行政监督可以划分为国家性监督和非国家性监督，自上而下的监督和自下而上的监督，事前监督、事中监督和事后监督，合法性监督和合理性监督。内部行政监督的种类包括直线监督、职能监督、主管监督和特种监督，具体方式包括公务员准司法化惩戒，公职人员的财产申报，行政对话，调查、审计合一和留置。国家行政监督包括立法监督、执政党及监察委监督和司法监督。社会行政监督包括社会团体监督、新闻舆论监督和公民监督。

课后练习题

一、名词解释与术语

行政监督　行政监督制度　内部行政监督　行政监督方式　御史纠察制度

二、思考题

1. 撤销监察部，成立国家监察委员会具有何种意义？

2. 简述我国行政监督的历史发展。
3. 如何看待社会舆论的监督作用?
4. 比较、分析不同种类的行政监督。

自测题

第十三章 行政伦理

本章学习目标

行政伦理是对公共权力的重要制约机制之一，可确保行政权力行使的正当性。认识行政伦理是理解行政管理不可或缺的重要内容。本章首先介绍行政伦理的含义、特征等基本知识，建立理解行政伦理的起点；其次进一步深入剖析行政伦理的结构，实现对有关知识的纵深学习；最后从反思视角出发，展开对行政伦理失范与矫正的讨论。

第一节 行政伦理概述

行政管理作为国家公共权力的行使过程，必须按照公共事务的性质和规律行事，以公共利益为依托，履行公共责任。为确保行政权力行使的正当性，对行政权力的制约必不可少，而行政伦理正是重要的制约机制之一。因此，认识行政伦理是理解行政管理的不可或缺的重要内容。

一、行政伦理的含义

行政伦理主要是指人们关于行政活动与行为关系的判断过程以及判断的理由，这主要涉及行政主体行动的正当性与合理性。就行政伦理的概念可以看出，其内涵是相当丰富的。行政伦理的含义体现了行政管理在公共利益、公共权力、公共管理、公共服务、公共责任和公共精神等方面的质的规定性，把握这些内涵是理解行政伦理的起点。

（一）行政伦理是一种关于公私利益关系的观念体系

从本质上讲，行政伦理体现为一种特定的公共利益观念，这种观念的出现是公共权力产生与发展的结果。众所周知，国家公共权力的出现是社会分工的产物。公共权力产生之际，也就是原始的伦理道德体系崩溃之时。原始伦理是以共同利益为基础的。当时，人们的个体利益融汇于整体利益之中，没有公、私之分，掌社会管理之职的人员同其他人员一起遵循着共同劳动、相互关怀的伦理规范。然而，社会分工的出现改变了社会的利益结构和权力结构，改变了人们之间的社会关系结构和交往规范。利益分化导致了人们行为规范的变革，社会伦理观念开始发生深刻的变革，原始的共同伦理道德解体了。

随着原始共同伦理道德的解体，需要一种新的公共伦理作为维系和调节人们利益关系的工具，而国家作为公共权力主体，必须遵守这种公共道德并维护这种公共伦理。但是，由于社会分工和国际自主性的作用，行政主体获得了相对于公共利益的自主性利益。于是，国家机关及其官员面临公共利益和特殊利益的冲突，伦理道德的选择成为行政主体难以回避的问题。因此，如何处理公、私关系成为评判行政主体道德的伦理标准，从公共利益出发、公正行事成为行政伦理的根本之所在。行政伦理作为一种公共伦理，它区别于一般伦理道德的本质特性就是公共性，这就如行政管理作为公共管理而区别于一般管理一样，维护公共利益就成为行政管理最根本的伦理要求。

（二）行政伦理是一种关于权利、义务关系的规范体系

行政伦理作为公司利益的观念体系，是由众多要素所组成的，权利、义务关系是其中最根本的要素。伦理道德和法律制度一样，都包含着特定的权利、义务关系。但是，伦理道德意义上的权利、义务关系与法律制度上的权利、义务关系并非相互对应的，而是相对分离的。虽然从结果上看，道德主体在履行了一定的道德义务后，常常也应当享有道德权利，可是从动机上看，道德义务具有无偿性和非权利动机性，道德主体履行道德义务不应以获取某种权利为前提条件。

对于行政主体而言，行政伦理意义上的义务在其所承担的各种道德义务中是处于较高层次的义务。由于公共利益至上的本质规定，在各种道德义务发生冲突的情况下，公职人员往往需要牺牲其他道德义务而保全行政道德义务。只有当政府及其官员履行了应尽的义务，社会公众才能享有相应的权利。因此，行政主体必须以义务为本位，履行公共责任。这是由公民的权利本位所反向决定的。对于权利，行政主体要做出一定的牺牲，如行政主体就不具有经商、办企业的权利。作为某种补偿，行政主体也会得到某些特别的权利，如行政特权以及公务人员的身份保障和工作条件保障等，如此也能体现出公职人员权利与义务的一致性。行政主体必须对此种特殊的权利、义务关系有清醒的认识，这本身就是行政伦理的基本要求和行政道德的基本内涵。

（三）行政伦理是一种关于政府管理的价值体系

从主体角度看，行政伦理自然应该是对行政主体的伦理规定。但是，在认识行政伦理的过程中，人们容易将其与公务人员的个人品德等量齐观，这种理解过于狭隘。如果将行政伦理简单等同于行政道德，那么这种狭隘的理解似乎还有一点道理。但是，从完整意义上理解行政伦理，它的主体则应该是比较全面的。从主体性看，行政伦理起码包括两个层次，即公务人员个体的伦理和行政组织的群体伦理。从更加完整的意义上看，行政伦理应该是关于整个政府管理的价值观念体系，它包括公务人员的个人道德、行政管理的职业道德。

（四）行政伦理是关于行政管理职业规范的范畴体系

任何伦理道德都包含着一定的规范体系。从体系性角度分析，行政伦理是包括行政理

想、行政态度、行政责任、行政纪律、行政良心、行政荣誉、行政作风七个主要范畴的行政道德范畴体系。

行政理想就是对国家经济与社会发展方向的追求，它涉及现代汉语中所谓的政治方向问题。行政态度是一种职业态度，全心全意为人民服务是它的典型标志。无论是理想，还是态度，落脚点都在于责任。在行政伦理众多要素中最重要的就是行政责任。行政责任是行政伦理权利、义务关系的具体体现，体现为行政主体应该承担的义务和履行的职责。行政纪律是对行政主体履行义务和责任的制度保障。行政良心是行政主体履行行政责任的道德要求，或称责任心。行政荣誉是衡量行政主体行政责任和行政良心的价值尺度，是在行政主体履行义务之后所获得的外部评价和内心认同。行政作风是行政主体的道德风尚，是行政主体在行政理想、行政态度、行政责任、行政良心和行政荣誉等方面的综合性、长期性习惯表现。所有这些都是行政伦理的基本范畴，它们共同构成了行政伦理的规范体系。

（五）行政伦理是行政权力的一种内在约束机制

行政权力是一种公共权力，行政管理是公共权力的分配与行使过程。权力是最容易被人们用来牟取私利的东西，为避免在行政管理领域中出现公权私掌或公权私用等现象，必须有一套行之有效的行政权力约束机制。一般而言，行政权力的约束机制包括自律和他律两种基本类型，既要充分发挥行政主体自身的约束功能，也离不开行政权力客体和其他权力主体。行政伦理属于一种行政权力的自律机制，是行政权力主体内在的一种约束机制，这种机制体现了行政伦理的主要功能和基本功能。

行政伦理作为一种约束机制，不仅可以加强对行政权力的制约，更重要的是，它作为一种观念力量，可以提高行政权力的合法性。行政伦理在很大程度上影响公众对于行政权力的认同感和支持程度。行政伦理对于行政管理的公正、廉洁与高效起着至关重要的作用。良好的行政伦理有助于政府在公众心目中树立良好的形象，获取较高的社会支持与服从。

（六）行政伦理是一种特定的行政文化层面

行政主体持续的道德积累可以形成一种伦理风尚，也可以造就一种行政文化。行政主体在实践中不断创造、锤炼着自己的文化氛围。作为一个复合的整体，行政文化包括人们对于行政体系特定的态度、情感、信仰和价值观念以及人们所遵循的行政习惯、传统和规范等。行政伦理正是行政文化的重要内容。行政伦理作为一种特定的文化现象，是在行政环境、行政体制及其运作背景下，通过特定的心理定式、文化积淀和潜移默化所形成的道德意识、道德习惯和伦理传统。正因为如此，随着文化环境的改变，行政伦理也并非一成不变的，而且变动中的因素本来就是行政伦理的有机组成部分。看待行政伦理，必须具有这种发展的眼光。从发展的眼光看，行政伦理既是以特定的行政文化为基础的，又是行政文化的重要层面之一。

通过以上内容，行政伦理的内涵呼之欲出。特定的利益关系原则是行政伦理的本质所在，特定的权利、义务关系是行政伦理最基本的组成要素，特定的主体性价值是其基本结构，特定的范畴构成其基本体系，特定的约束机制是其基本功能，特定的文化内涵又反映了行政伦理发展的基本机制。

二、行政伦理的特征

行政伦理不同于一般意义上调节人与人之间关系的伦理，它除了具备一般伦理所具有的自律性特点，还具有自身的独特性，具体表现在以下几个方面。

（一）强烈的政治性

行政与政治是不可分离的。虽然古德诺在《政治与行政》一书中将行政与政治分离开来，但行政也是对国家意志的执行，必然要体现政治的要求，因此具有政治性。行政管理的现实与发展表明，政治与行政的二分只是理论上的设计，行政管理不可避免地具有政治色彩。一方面，行政人员大量地参与政策的制定；另一方面，行政自由裁量权的客观存在使得行政权力的行使必然要体现国家的意志并为统治阶级的利益提供行政支持。因此，行政伦理的宗旨就是通过制定相应的规范对行政管理活动进行约束，从而保证行政管理活动符合统治阶级的需要并确实无误地执行国家的意志。另外，行政伦理在行政体系中的学科归属上属于政治哲学的范畴，具有政治性特征是毋庸置疑的。

（二）一定的强制性

伦理相比较法律规范而言，具有自律的一般性特征。然而，行政管理在社会生活中具有特殊的地位和作用，行政人员代表人民行使管理社会公共事务的权力，这种权力足以影响各种社会资源的分配与利益的平衡。而且行政人员由于拥有特殊的权力，常常会受到各种利益的诱惑和侵蚀，行政伦理的主要功能就是对行政权力的约束。由于仅靠传统习惯、社会舆论与行政人员的内心信念作为伦理约束手段不足以促使行政人员行为实现道德自觉与自律，必须借助于强制性力量对其进行约束，因此行政伦理规范往往以法律、法规、政策、规章和制度的方式出现，这些规范的实施都有法律效力和行政效力作为保障。

（三）高度的自律性

行政伦理所具有的强制性并不与其自律性特征相排斥，行政权力及其活动的特殊性同时要求行政主体具有高度的伦理自律性，尤其当行政主体在面对行政活动的角色冲突、权力冲突以及利益冲突时，要正确处理这些矛盾和冲突、坚持公共利益的行政目的，需要行政主体将外在的道德规范转化为一种内在的道德认同并在行政的各个环节中自觉、自愿地遵从，努力塑造优良的道德品质。行政伦理建设的重要任务就是充分发挥行政伦理的自律作用，行政伦理的自律性程度也是衡量一个国家行政管理水平的重要标志之一。

（四）广泛的示范性

与一般的社会道德不同，行政伦理是在社会中起主导作用的道德体系，内容具有公共性和示范性。行政伦理规范所产生的影响远远超出了行政管理活动的范围，对其他行业乃至整个社会都有着示范的作用。因为行政活动涉及整个社会的利益分配，行政体系具有什么样的伦理规范和伦理水平与社会成员自身利益密切相关。因此，掌握着公共权力的行政系统的行为和作风会受到社会的普遍关注，而且会渗透到社会生活的各个方面，造成巨大的影响。因此，从行政伦理的示范性而言，行政组织应该是其社会组织的楷模，行政人员群体也应该是一个社会中道德更为高尚、自我要求更为严格的群体。

第二节 行政伦理的结构

行政伦理的结构体系是静态结构与动态结构的统一。动态结构就是过程问题，包括职业道德和政策伦理两大过程。静态结构是主体性问题，包括行政主体的个体和群体两大层面。将动态结构与静态结构相结合，行政伦理的结构与功能可以从公务员的个人品德、行政职业道德、体制伦理以及政策伦理四个方面把握。由这四个方面组成的行政伦理的完整结构体系，在行政管理中发挥着不可替代的作用。

一、公务员的个人品德

个人层面的行政道德是行政伦理的传统关注领域。无论是在我国古代，还是在外国历史上，对于行政伦理的研究都十分广泛，其中公务员的个人品德是十分重要的组成部分。保罗·阿普尔比将公共部门中的个人品德分解为思想态度和思想品德两个因素，这两个因素可以作为公务员个人品德的分析单元。公务员的个人品德与行政管理体制相结合，对公共道德的发展具有十分重要的意义。

（一）公务员的思想态度

公务员的思想态度是指他们从事行政管理活动的行政理想和行政态度问题。行政理想就是公务员从事行政管理职业所追求的价值目标，它反映了公务员的个人情感、偏好和价值观。行政态度是指公务员从事行政管理职业过程中履行义务或责任的积极性，也就是敬业精神，它反映了公务员对其服务对象的热爱和敬重程度。

公务员在从事公共行政管理工作时的思想态度对其管理行为具有直接的影响。阿普尔比认为，影响公务员思想态度的因素主要有三个：①所有的人和所有的公共政策在道德上所具有的模糊性。②特定环境中的各种力量对于公共服务中的道德要求的影响。③各种程序的相互矛盾性。公务员对以上因素的取舍，实际上涉及道德范围内的幸福、荣誉和良心等问题。它们表明了公务员以什么样的价值观看待公共利益和公众个人福利、个人情感及个人价值之间的关系。公共利益绝对不是故弄玄虚的空泛框架，而是实际存在的社会公众的利益。假借公共利益而无视公众个人福利的态度与公共行政对于公务员个人思想态度的要求是不相符的。因此，史蒂芬·贝利在分析阿普尔比对于公务员思想态度的论述时表示："从道德品格来说，那些不愿把（合法的）个人和私人利益纳入支持公私兼顾的事业的人，是不适于公共职务的。"

阿普尔比对于公务员思想态度的论述体现了民主社会的要求，我们从中也可以看出公务员的个人品德与一般社会成员的个人品德之间存在一定的区别。公务员的个人品德有着更高的要求，即所谓的"公仆"观念。"公仆"观念不仅意味着为抽象的公共利益献身，更意味着为广大人民群众的实在的个人利益服务。公务员的思想态度必须承认一般社会成员对于个人利益的追求，而自身应当肩负起正确处理好公共利益与个人利益的关系的责任并能够将公共利益与社会公众的个人利益有机结合起来。

（二）公务员的思想品德

思想品德指的是人们比较稳定的道德意识、道德意志和一贯的心理性格等。对于公共管理活动来说，乐观、勇气和仁慈的公正等美德对于公务员尤为重要。

（1）乐观。乐观是一种向上的活力，代表追求进步的生活方式。行政管理的核心价值之一就是效率，高效的管理旨在创造一种良好的公共生活。没有活力的政府很难实现高效、高质量的运转，也很难推动人类公共生活的改善。有活力的政府和公务员的乐观品质是难舍难分的。美国行政学家贝利曾说过："一个政府如果没有许多乐观的政府官员在其中发挥作用，那么它很快就会变成愤世嫉俗者操纵的把戏、个人扩张和寄生虫们的温床。"而早在我国行政道德萌芽阶段，毛泽东就在《为人民服务》中提到："我们的同志在困难的时候要看到成绩，要看到光明，要提高我们的勇气……"毛泽东所强调的乐观精神在当代我国的行政伦理中仍然具有重要意义。

（2）勇气。公务员思想品德的关键是对于私人利益的割舍和私人感情的牺牲。华盛顿曾这样回复一位战友的遗孀："我对战争给您的家庭带来的巨大不幸表示同情，作为个人，我的感情将迫使我竭尽一切努力来弥补这一不幸。但作为一个只能为公众利益而行动的公职人员，我必须摒弃个人的好恶和愿望，来决定我职责中的每一项具体事项。"我们必须承认，要做到这一点需要相当大的勇气。勇气是行政管理工作中最为重要的品质之一。

（3）仁慈的公正。行政权力的重要功能在于对社会价值进行权威性分配与再分配，而衡量这种分配的尺度是社会公平和社会和谐。正因如此，仁慈的公正对于掌握行政权力的公务员来说尤为重要。然而在实际操作中，我们很难对公正的度进行精确的把握，仁慈是实现真正公正的保障。政府的目的是把政体的价值扩展到所有公民身上并保护每一位公民，那么乐善好施就是实现这个目的的必要条件。乐善好施的关键是对国家与公民的爱心，它所体现的远不止于一种服务意识，更是一种献身于公共服务的信念。乐善好施的仁慈如果和权威性分配结合，再和勇气相伴，它就不再是浅薄者所认为的软弱美德。对于社会弱势群体，仁慈的公正意味着在强势群体面前的巨大的勇气，这正是公务员所必需的美德。仁慈的公正对于公务员个人来说是一种重要的品德，对于整个行政主体而言意味着深刻的政策伦理。

二、行政职业道德

与个人道德不同，行政职业道德的主体是由相当数量的个人所组成的群体。所谓职业道德，就是从事一定职业的人们在其特定的工作中或劳动中的行为规范的总和。行政职业道德的主体仅限于特定的职业生活领域并用以调整该领域内人与人之间的关系。任何领域的职业道德都是由一定的道德原则和道德规范所构成的。行政伦理的基本道德原则可指导人们处理公共利益和个人利益之间的关系，道德原则的进一步体现就是道德规范。道德规范是在道德原则基础上所形成的调整人们之间关系的行为准则。因此，道德规范可以说是职业道德的具体表现形式。

古希腊的《希波克拉底誓言》是公认最早的职业道德准则，行政职业道德也是比较早的职业道德之一。在我国古代，孔子"为政以德"的思想实际上就是对他以前政治管理道德的总结。而我国古代的政治权力和行政权力是浑然一体的，所以古代的行政职业道德也叫作从政道德。古代从政道德包括廉政和勤政两大方面。廉政包括见利思义、守法循例、仕应守廉、廉为政本等。勤政包括克明俊德、立身唯正、明道善策、举贤任能、教而后刑等。

随着世界历史进入工业时代，社会分工加剧，社会结构与功能分化加深，职业道德也向更深的层次发展。20世纪以来，行政职业道德发展的重要成果之一就是职业道德规范的渐趋成熟。

（一）行政职业道德的内容

20世纪以来，行政职业道德渐渐形成了具体、明确的规范条文，这些道德规范被学界所广泛接受，可以归纳为五类：一是对公众的爱心；二是对民选政治官员的服从；三是对同人的诚恳、热心；四是对本职工作的高度责任感；五是对自身品行的严格要求。我国的行政职业道德规范发展于20世纪80年代，这标志着我国对于行政职业道德的认识不断深化。目前，从规范上看，行政职业道德至少包括以下内容。

（1）奉公。这是由行政伦理的本质直接引申而来的，也是由行政道德原则所直接规定的。行政管理旨在维护公共利益，公务员在行使公共权力的过程中必须做到克己奉公。由此，公务员必须坚持公共利益至上的原则，从国家利益和公众利益出发，做到依法行政、秉公办事。所谓秉公办事，是指要按照公共利益原则和公共理性的要求，而不是按照个人关系和个人偏好去处理公共事务。克己奉公意味着廉洁，这不仅要求公务员正确处理好利益关系，而且要求他们正确对待和使用手中的权力。行政权力的本质特性就是公共性。公共权力不得用于私人目的。权权交易、权钱交易、权物交易等都是有悖于行政权力公共性的。所以，公务员的营利性活动被世界各国的行政道德所一致排斥。

（2）守法。公共利益的原则是通过宪法和法律表现出来并加以维护的，因而遵守法律本身也是由公共利益原则所决定的。同时，具体的法规和纪律等作为国家法律的延伸和具体化，也是公务员所必须遵守的正式行为规则。遵纪守法是公务员履行义务的保证，其含义相当广泛。首先，公务员是一位公民，他必须同其他公民一起，遵守而且要模范遵守国家宪法和各项法律，做到在法律面前人人平等。其次，公务员必须遵守有关公务员特殊整体的各项法律、法规。再次，公务员必须遵守关于自身职业的特殊规范要求。最后，公务员必须遵守本人所处的特定职位所必需的具体规范和规则。

（3）忠诚。和一般意义的诚实不同，忠诚在这里指的是忠于国家、严守机密。忠诚自国家诞生之时就成为公共利益的化身，而所谓的国家权力也称作公共权力。行政权力作为公共权力重要的组成部分，所以对于公共利益的忠诚和对于国家的忠诚是可以相提并论的。爱国主义是公务员的基本职业规范，而人们投身公共服务的一个重要原因是某种爱国主义情感。公务员必须忠诚地维护国家利益、服从国家利益的需要、尽心尽力地为国家工作。国家行政权力是一个庞大的科层体系，它要求有严格的工作制度，保密制度是其最严格的制度之一。因此，忠于国家是和严守国家机密密不可分的，这是国家公务员职业特点的表现。在日常公共事务中，严守机密一般包括不该说的机密绝对不说、不该问的机密绝对不问。

（4）负责。行政职业道德中的负责分为主观行政责任和客观行政责任两个方面。主观行政责任是指担负起公务员从内心主观上认为应该担负的责任，主要包括忠诚、良心和认同等，与"自己认为应该为之负责的事务相关"。行政职业道德中的客观行政责任是指由制度和职业关系所客观决定的责任，主要包括公共义务（liability）和行政责任（accountability），即为了公众利益所应该和必须负有的制度和社会方面的责任，与"从外部强加的可能事务相关"。相比之下，主观行政责任的道德意味浓厚，而客观行政责任的伦理色彩浓厚；主观行政责任根源于一种社会化价值，客观行政责任来自于法律、组织和公众的需要。

（二）行政职业道德的特征

行政管理职业的特殊性决定了行政职业道德所具有的特征，包括鲜明的政治性、一定的强制性和高层次的示范性。

（1）鲜明的政治性。政治性要求行政人员在行使国家行政权力、执行国家公务时服从国家意志、维护国家和人民的利益，体现出行政职业道德的政治本质。

（2）一定的强制性。强制性是指道德依靠社会舆论、内心信念、传统习惯的力量来约束社会人的行为。非强制性是指一般道德的共性，但是行政职业道德是一种政治道德，来源于国家制定的有关法律、法规、政策、制度和纪律，具有法律效力和行政效力，必须以一定的强制性来保证社会遵守。

（3）高层次的示范性。示范性在于行政管理工作具有涉及范围广、社会地位高、工作重要性突出等特点，国家行政人员的职业道德代表职业道德的较高层次，体现着职业道德的发展方向，起着高层次的示范作用，直接影响着整体社会道德的优劣。

（三）行政职业道德的功能

行政职业道德在行政管理体系中所体现出的功能主要有以下五点。

（1）通过对行政管理工作分清是非、树立榜样，为行政人员的行为以及社会道德起到导向作用。

（2）通过行政道德榜样为行政人员的人格完善和道德水平发展起到激励作用。

（3）通过以善恶标准判断和规范行政管理行为起到规范作用。

（4）通过对不符合行政道德的行为进行劝阻或示范而使人们择善从之，起到调节作用。

（5）通过对那些行为已偏离或超越行政职业道德规范但尚未触犯法律的行政人员进行批判教育，起到促进转化的控制作用。

三、体制伦理

体制伦理又称为行政组织伦理，主要是指与组织制度和组织程序相联系的一系列伦理原则和行为规范。行政组织是行政系统伦理的基本单位，也是行政人员个体道德塑造与发展的主要环境，直接关系行政人员的道德认知、道德评价和道德习惯的形成。

（一）体制伦理的基本内容

（1）程序公正。狭义的程序公正指的是司法过程中的程序公正。在司法过程中，从立案到审理再到判决，有一套完整的司法程序。对司法过程的每个环节，为了体现公开、公平、公正的原则，事先都进行了具体的程序设置，审理过程、判决过程都有具体的程序设置，辩护律师根据程序设置，也参与了案件的整个审理过程和判决过程，进行维权辩护，成为一道维护判决结果公正的防线。一般来讲，只要严格按照司法程序办案，其结果就是公正的。即使不同法官在最后判决和选择适用法律时存在个人理解的差异，有可能导致结果的差异，但不会导致结果的不公正。除非在审理和判决的过程中违反了程序规定，受到了某些外界因素的干扰，最终导致判决的偏差过大。广义的程序公正是指在行政机关履行行政职能、推行政务的过程中所建立的一系列程序、规章、条例、办法等，它们的目的都应该是为公共权力的授权者服务，而不应该成为行政机关或个人牟取私利的手段。广义的程序公正涉及每一个公民的利益，对于升学、就业（包括提干）、婚姻、出国等公民权利，国家都有法律、法规和政策规定，对每一个公民都是一视同仁的，如果不同的公民受到不同的对待，就没有程序公正。另外，对于公民享有的宪法规定的各项自由的权利，行政机关也应该一视同仁，严格按照既定的工作程序予以保障。因此，行政机关必须摆正自己与人民群众的关系，制定合理、公正的程序规定，以便更好、更方便地为公民提供高质量的服务。

（2）组织信任。信任关系是一种公共管理的社会资本，信任意味着期望与义务的良性循环，意味着用于承担任务的机制，组织信任可以为行政组织的行动提供便利。行政机关是一个在分工基础上进行合作的整体,这种合作不仅需要正式的权力体系,更需要构建人与人之间、部门与部门之间的和谐的信任关系。所谓行政组织信任,首先是指整个行政组织系统内大系统与子系统、子系统与子系统之间的关系;其次是指这种关系所涉及的内容,是系统内部各行政组织间相互协作运转的全体心理预期与认可状态。除此之外,在行政机关与外部环境的关系中,也要求维持和增进政府与社会的信任关系。只有将这两个方面的信任关系相结合,才能最大程度地降低行政活动的运行成本,使行政任务得以顺利完成。如果说公众与政府之间的信任关系属于政府外部的公共关系,行政组织之间的信任关系则属于政府内部的公共关系。行政组织之间良好信任关系的存在有利于众多工作部门和工作人员相互配合、协调一致,提高政府工作的效能;有利于提高各部门工作的积极性,增强组织的凝聚力;有利于上下级政府之间政令畅通,做到有令即行、有禁即止,提高政府的威望。

（3）价值责任。政府的行政职能是赋予组织而不是个人的,因此行政组织更多地体现为对实现行政价值的责任。行政组织伦理定位的核心内容是使组织伦理为实现行政价值服务。现代行政不同于传统行政,必须在工具理性的基础上引入价值理性,为工具理性提供价值导向和精神动力。行政组织的职能在很大程度上在于促进行政基本价值的实现,为行政组织提供"做什么"的问题,"如何做"的问题则留给行政的工具理性来解决。

（4）民主责任。行政权力来源于人民授权,行政机关并没有自己的特殊利益。因而,行政机关对广大人民群众负有国家制度所赋予的责任,即公共责任。这种公共责任与民主原则相结合,要求行政机关的目标、价值偏好必须反映人民的意志并且在行政工作中自觉接受群众的监督。

（5）制度激励。行政组织的伦理还体现在组织激励的层面。人际关系学派产生之后,非人道主义开始被消除于科学管理运动。组织制度对于人本、人性问题的考虑也就成为组织伦理的重要内涵。作为伦理问题的组织激励主要是人本主义价值观的体现,它必须解决两个问题:一是如何实现组织需要和个人需要之间的平衡;二是怎样处理效率和公平之间的关系。这两个问题在一定意义上又与组织制度的约束机制相关,与政策伦理相关。

（二）体制伦理取向

体制伦理取向即行政组织伦理取向,是一定时期内行政体制各个方面的伦理要求的体现,决定着体制伦理的方向。从体制发展的角度审视体制伦理,能够更加具体、全面地呈现体制的伦理要求。

1. 体制利益的伦理取向

行政组织作为公共利益的代表,其目的是体现公共意志、维护公共利益。有群体的存在,就会涉及群体利益,公共组织作为一种群体存在,必然有其自身的利益,即行政组织利益。如此一来,就涉及行政组织利益与社会公共利益、行政组织利益与行政人员个人利益三方的关系。在三方的利益冲突中,行政组织利益的伦理定位显得尤其重要。因为行政组织所代表的公共利益是确保行政价值实现的首要前提，因此一方面要将行政组织群体利益纳入社会公共利益的范畴，防止行政组织群体利益内容的扩大化和私有化；另一方面，应该整合行政组织、行政人员个体等方面的伦理规范，保证组织最大程度地统一社会公共利益和个人利益的需要。

2. 体制机制的伦理取向

机制伦理由体制内的一系列分配权利和义务的原则、规范所构成并通过社会结构关系以及一系列的政策、法规、条例和各种成文或不成文的制度等表现出来。一般而言，机制伦理处于优先地位，在体制伦理的设计中更应该体现出它的导向作用，它保证了制度目标与体制目标和公共利益实现的一致性。机制伦理包括两个方面的内容：一是行政体制中蕴含的伦理追求、道德原则、价值判断；二是行政体制制定的具体制度偏离了行政价值追求的目标，则会出现体制伦理缺失，甚至危及体制本身。

3. 体制文化的伦理取向

体制文化是指行政组织成员共同的价值观体系，它使行政体制中的组织独具特色、区别于其他组织。体制的价值观及其组织文化一方面体现为决定行政人员道德行为评价的标准，另一方面又具有促使组织和个人依据组织的价值观选择组织目标和行为规范，最终将个人和组织的职责与使命融汇在其价值观之中的作用。这种作用对于个人道德责任的养成与体制的伦理定位来说，既是背景性的，也是决定性的，其影响既是直接的，也是间接的。

4. 体制环境的伦理取向

体制环境是指直接和间接作用或影响行政管理主体及其活动过程、活动方式的外部要素的总和，包括政治、经济、文化、社会、自然和国际环境等。行政活动总是在一定的环境中进行的，体制环境对于行政组织的伦理定位具有十分重要的影响，尤其是行政组织环境中的主观因素，如道德价值观、民族习惯、宗教信仰、文化交流、传统文化等，直接影响并决定行政组织的伦理取向。库珀提出了组织环境中一个最为重要的影响因素——社会期待，即公众对行政组织和个人的行政行为所寄予的期望。行政组织的价值取向与目标定位必须考虑到社会公众对于行政组织的期待与要求，追求行政行为与社会期待的价值观认同成为行政组织的重要理论取向。

（三）体制伦理发展

体制伦理（也称为行政组织伦理）的发展研究在以美国为首的西方发达国家之间已达成共识。美国学者十分重视通过组织制度与管理变革来促进行政组织及其成员的伦理发展，认为组织是行政伦理学的重要分析单位，没有良好的组织环境，任何卓越的行政人员和行政实践都是不可能产生的。

美国学者詹姆斯·鲍曼（James S. Bowman）通过于1990年在美国进行的全国性抽样

调查发现，有助于伦理水平提高的组织发展战略至少包括以下四个方面的内容：①任务机关必须是值得追求的；②机关成员参与其伦理规则的制定；③机关高层行政人员言出必行、身先士卒地创造组织伦理环境；④采取全方位、覆盖整个组织的伦理培训。

有的学者则进一步从人事管理伦理层面强调了组织环境对于成员道德行为的影响，他们认为绝大多数不道德行为是由不道德的组织环境造成的，即使是一个受过良好的伦理培训的行政人员，在一个不道德的组织环境中也难以保持其道德自主性。因此，首先，他们主张从行政人员的录用开始就讲求录用中的道德性，程序公正是录用行政人员时必须遵守的原则。其次，在对行政人员的绩效评价与管理体系中，伦理表现是一项十分重要的评价标准。再次，加强行政人员的伦理培训制度化并且重在培训行政人员的伦理敏感性、伦理思考的方法与解决伦理问题的技巧。最后，要定期或不定期地对各项伦理措施的实施情况与实际效果进行检查，了解行政人员对于组织伦理氛围和伦理建设措施的反馈意见和满意度。

还有一些美国学者主张行政伦理教育的重心应该放在组织变革与发展上，组织才是行政伦理学的适当分析单元，必须重视组织发展对于行政伦理建设的意义。哈特（David W. Hart）等学者还认识到行政组织中领导对于行政组织伦理发展的作用，要求行政领导具有理解、宽容、合作的精神和美德。公共行政实践绝不是某个人的事情，所涉及的问题也绝不是单个人、单个部门所能解决的，大局意识、整体观念以及协作精神都是一个有德行的公共行政人员所必需的品质。

西方国家在行政组织变革与伦理发展方面的成功经验，对于我国行政体制改革以及行政组织伦理建设具有一定的借鉴意义。

四、政策伦理

（一）政策伦理的概念

目前，学术界对于政策伦理的理解有广义和狭义之分。

从广义上看，政策伦理是由政府或其他社会权威机构设计、制定和推广的维护某种公共秩序所必需的伦理规范并且要使这些伦理规范真正成为公众在公共领域中的普遍化行为方式。对于广义的政策伦理，我们可以做以下拆分理解。

（1）政策伦理的主体：不仅限于政府，还包括其他社会权威机构。
（2）政策伦理的目的：维护某种公共秩序。
（3）政策伦理的指向：应当是能为公众所普遍接受的。
（4）政策伦理的对象：具体的伦理规范。

从狭义上看，政策伦理分为以下四个部分的内容。

（1）政策伦理的范围：限定在公共政策的制定过程、执行过程、评估过程，不包括其他的公共管理活动，也不涉及行政制度伦理和行政人员伦理。
（2）政策伦理的主体：仅指政府，而不包括其他的社会权威机构。

（3）政策伦理的内容：既包括政策的伦理问题，也包括伦理的政策化问题，两者在一定条件下可以相互转化。

（4）政策伦理的目的：解决公共政策问题、实现公共利益，而不是解决公共问题。

相较于广义的政策伦理，狭义的政策伦理从实质上与行政伦理区分开来，概括出了政策伦理的本质特征。我们可以这样理解，狭义的政策伦理是指政府为了解决公共政策问题、维护公共利益，将伦理规范运用于公共政策制定过程、执行过程、评估过程，使伦理规范被行政组织和行政人员普遍接受并对公共政策活动做出善恶判断。

（二）公共政策的伦理基础

自古以来存在各种各样的伦理观，有永恒法则论、功利主义、普遍主义、实用主义、存在主义、公平正义论和个人自由论等，可见人们对于伦理观的选择并没有达成一致意见，其中涉及公共政策选择的伦理观有以下几种。

（1）功利主义。从哲学的角度出发，功利主义其实是一种目的论。它根据行为后果的效益来评价行为，强调的是人们行为的结果而非动机，其原则是利益至上，认为只有令最大多数人牟取最大利益的政策才是正确的。经济学中的帕累托最优原则同样适用于公共政策领域，如果公共政策能够提高社会满意度，而社会满意度又包括属于这个社会的所有个体的话，公共政策就代表公共利益。

（2）普遍主义。普遍主义与功利主义形成鲜明对比，它是一种义务论，强调动机的意义，认为道德评价的标准主要在于决策或行动的意愿。它的原则是每个人的行动应该保证其他人在同样条件下也能够做出同样的选择，认为只有保证人们义务一致性的政策才是正确的。

（3）公平正义论。相较于普遍主义，这是一种修正了的义务论。公平正义论强调普遍化的单一价值，认为伦理标准应该以公平的第一性为基础。该理论强调公共政策就是要做到使利益的分配更加公平，尤其是要注意保护弱势群体，只有保证公平分配的政策才是正确的。

（4）个人自由论。这种伦理观反对公平正义论，它虽然也强调普遍化的单一价值，但认为第一性的价值是自由。个人自由论提出，公共政策是要保证个人行动有更大的自由，只有保证社会上所有成员获得充分自由行动权利的政策才是正确的。

（5）直觉主义。通常情况下，行政组织和行政人员倾向于根据直觉主义的理论做出判断，他们根据个人的判断和特定的环境做出接近最优的选择，以符合公共利益，制定出一项理性决策。但现代社会瞬息万变，仅凭直觉很难及时、准确地做出最优判断。

（6）完美主义。完美主义者希望通过社会制度推进社会发展，包括科学、艺术以及文化的全面发展。然而在公共政策的制定中，现实世界的变动使得完美主义的固定原则很难实行，决策活动很难达到完美。

在上述几种伦理观中，普遍主义和公平正义论代表的义务论和功利主义代表的目的论是截然对立的两种价值观，而在实际操作中的公共政策更加偏重的是结果，于是功利主义往往被看作与政府有密切关系的学说。罗尔斯对功利主义提出反对意见，他认为"功利主义是一种目的论的理论，一种不脱离正当来指定善或者不用最大量地增加善来解释正当的理论"。于是，罗尔斯提出正义论以建立一种不同于目的论的政策伦理观念。然而，他的正义论也和其他伦理观一样，只是其中的一种，于是就产生了这样一个问题：公共政策究竟应该以何种伦理观为基础？罗尔斯围绕这个问题展开研究并提出公共理性的观念应该被作为基础的政策伦理观。从罗尔斯的研究中我们可以得出，公共理性的观念属于秩序良好之民主社会的一种构想，它位于最深的基本道德和政治价值层面，关怀怎样理解政治关系的问题，必须满足一组政治正义的基本观念。公共理性的内涵是由一组关于正义的政治概念所赋予的，而不是通过某种单一政治概念获得。我们可以理解为，在现代社会中，公共政策的制定不是由某种单一的政策伦理决定，而是由各种政治价值和政策伦理观在国家制度下共同协商决定。

（三）伦理价值对于公共政策的意义

公共政策伦理是制定良好公共政策的前提，它既包括政策目的之中的伦理，也包括政策手段上的伦理。公共政策伦理所涉及的重大社会价值以及个人选择与社会价值之间的关系，使其成为行政伦理中最为复杂的结构层面。换句话说，公共政策伦理在很大程度上是选择的伦理。从学理的角度看，公共政策包括诸多公共理念，如"公共效率的概念""正义秩序的理念""公共责任的理念""和谐社会的理念"等。从实践的角度看，当上述理念演化为道德原则或伦理准则，其内在逻辑和外在效应都使人们面临多种不同的选择。

政策选择既包括利益的选择，也包括价值的选择。利益分析和价值分析是公共政策研究中的两个极端，它们分别代表两种不同的取向。然而，对于公共政策研究来说，重要的问题并不在于价值因素是否存在，而在于价值在政策过程中具有什么样的地位和作用。公共政策分析模式的直接意义在于单个的政策。政府伦理是制定良好公共政策的前提。就此意义而言，政府伦理比任何单个的政策都更加重要，原因在于所有的政策都依赖于伦理。在利益资源严重匮乏的情况下，价值就显得更加重要。

从价值意义上看，公共政策伦理就是公共利益和个人偏好之间的伦理。美国伦理学家理查德·诺兰（Richard Nolan）曾经指出："与政治决策相关的道德选择是以这样的原理为基础的，即作为安排人力、物力的政治秩序，必须反映出对公正的某种理解""公正的道德职责是考虑怎样才能平衡个人的权利与社会的需要，个人的权利是指个人为自己做出选择的权利，社会的需要则指社会为了保障和平、秩序以及履行社会责任而限制个人的自由"。

总而言之，公共政策伦理所涉及的是正义价值的选择问题，也就是如何做到社会利益和社会负担的合理分配。就正义的价值而言，表面上公共政策所涉及的问题是"选择的伦理"问题，而实际上是"伦理的选择"问题。在公共政策的抉择面前，不存在伦理观的零和博弈，伦理学家们用"总和博弈"来说明公共政策所产生的道德效果。所谓"总和博弈"，即正确方面获得全胜、错误方面完全失败。在历史上，人们对于"正义"的理解也是不尽相同的，人们选择的伦理在相当程度上都会受到各种伦理观念的影响，也常常面临在不同的伦理观之间做出选择的问题。

第三节 行政伦理的失范与矫正

行政伦理失范是指行政人员在行政权力运行的过程中，置行政伦理的规范与原则于不顾，用公共权力来满足私利的情况或现实，从而导致公共利益受损。从本质上来说，行政伦理失范是行政权力的异化。

一、行政伦理失范

公正、廉洁、高效是行政管理所追求的目标。然而，就历史与现实的行政管理实践来看，这些目标的实现并非易事。行政管理当中的重大难题之一是行政主体本身的行为失范。行政管理中的失范现象是腐败的重要表现之一。腐败是人类政治生活中的顽疾。行政伦理失范是行政管理的重要病症。弄清这种病症的病理并进行有效的预防和克服是行政管理健康发展的必要前提。

从本质上讲，行政伦理失范是行政权力的一种异化现象。行政权力本来就是一种公共权力，它涉及的对象是公共事务，所追求的是一种公共利益，其运行过程也称作公共管理过程。然而，在运用行政权力的过程中，部分行政主体会置行政伦理的规范和原则于不顾，损害公共利益，假公权以济私利，导致公共权力的滥用和腐败，这种情况就叫作行政伦理失范。

（一）行政伦理失范的类型和具体表现

1. 行政伦理失范的类型

按照学理分析，行政伦理失范大致可分为以下八种类型。

（1）经商型。行政人员经商是指他们在任期内经商、办公司等。因为公职人员手中握有一定的权力，在经商时就可以获得比一般的公民更多的机会和收益，这对于其他公民来讲是不公正的。也有些行政人员采取"明修栈道、暗度陈仓"的方式，利用各种手段分得红利，这实际上也是一种经商型行政伦理失范行为。

（2）权力寻租型。权力寻租是指握有公权者以权力为筹码谋求自身经济利益的一种非生产性活动，是行政人员把权力商品化或以权力为资本，参与商品交换和市场竞争，谋取金钱和物质利益，如通常所说的权物交易、权钱交易、权权交易、权色交易等。

（3）公款公贿型。公款公贿是指行政人员为了本地区、本部门、本单位的小团体利益，用公款向用得着、攀得上或者有一定权力的单位和个人送礼行贿的行为。这种行贿行为的出发点虽然是为了本地区、本部门和本单位的公众利益或经济发展，但它所侵犯的是国有资产,腐蚀的是国家公务员,污染的是社会风气,具有十分严重的社会危害性。

(4)贪污腐化型。贪污腐化是指行政人员利用职权通过非法手段占有公共财产的行为,其方式有造假账、伪造、涂改票据、侵吞和挪用公款,等等。部分行政人员滥用公权力,非法取得财物,为了满足个人欲望,不负责任地消费甚至挥霍公共资产,过着奢侈糜烂、纸醉金迷的生活。

(5)卖官鬻爵型。卖官鬻爵是指当权者出卖官职以聚敛财富。例如,有的领导人任人唯亲,使选举成为一种形式;有的买官、卖官,使官场变成了市场,严重损害政府形象。

(6)渎职型。渎职是指行政人员利用职务的便利滥用职权或不尽职责,突出表现为行政工作人员对应履行的职责敷衍了事、玩忽职守,常常导致国有资产的流失,给国家和人民的利益造成重大损失。

(7)泄密型。泄密是指行政工作人员违反国家保密法的规定,故意或者过失泄露国家秘密。所谓国家秘密,是指关系国家的安全和利益,依照法定程序确定,在一定时间内只限一定范围的人员知情的事项。泄密会使国家的安全和利益遭受非常严重的损害。

(8)隐匿财产型。我国法律为了保证公职人员收入的正当性,要求公职人员在任期内必须申报个人财产,但有些公职人员对来历不明的巨额财产隐匿不报,其性质和贪污相同,都会造成恶劣的后果。

如果根据实际表现进行分类,目前在我国,与腐败相关的行政伦理失范包括政治失范、组织人事类失范、经济类失范、失职类失范、侵犯公民权利类失范、违反社会公德类失范和违反社会管理秩序类失范七大类型,具体表现超过一百种。无论是什么类型的行政伦理失范,其实质都在于行政权力主体放弃或违背行政权力的公共性,进行非公共活动,实现非公共利益。

2. 行政伦理失范的具体表现

(1)权力交易。在权力的再分配过程中,以权力换取权力的行为就是权力交易,即最大化地谋取权力。具体表现为部分公职人员将市场交换原则带入行使公共权力以及进行行政管理的过程中,将官场变为市场,并没有以公众授予的权力服务于公众,而是运用自己手中拥有的权力资源搞权力交易,以满足自身的利益。

(2)渎职、失责。公职人员利用自身职务的便利滥用职权并且不履行自身职责的行为就是渎职,如部分领导干部或公职人员凭主观意愿随意决策或在岗位上玩忽职守。拥有公共权力的人无视与糟蹋自身应负的责任与应尽的义务,这种行为就是失责,如部分公职人员在工作中脱离群众、缺乏责任感,为了自身所谓的"政绩"而对群众的需求不管不顾。

(3)权钱交易。其主要表现为权力寻租行为,即政府及其公职人员利用拥有的公共权力谋取一己私利,为使个人利益达到最大化而使人民群众的利益受到损害。公款公贿也是权钱交易的表现之一,即公职人员利用公款巴结上级以及政府部门利用公款公然行贿等行为。

（二）行政伦理失范的原因

行政伦理失范的原因是非常复杂的。从行政权力体系内部看，有作为行政主体的人的原因，也有作为行政主体的组织方面的原因，还有行政制度与体制方面的原因。从行政权力体系的外部环境看，有现实的原因，也有历史的原因，主要是经济、社会与文化发展所带来的规范转型造成的。在这些问题背后还隐藏着深层次的原因，那就是行政伦理本身所固有的困境。正是这种行政伦理中的伦理困境，使得行政伦理失范在所有国家的各种历史条件下都有可能发生。行政伦理失范的发生原因主要包括如下几个。

1. 对公共利益负责与对公共组织负责的冲突

政府行政权力的公共性决定了行政管理是为社会公众服务的代表并最大程度地维护社会成员的公共利益。可以说，政府及其公共权力是为公共利益的实现而设立的，政府是公共利益的代表者和维护者。但是行政人员作为行政组织的成员，承担着组织的任务，势必要忠于职守、严格纪律、服从命令等。这些既是行政人员的基本职业要求，也是基本的职业美德。在一般意义上，对公共利益负责和对行政组织负责在根本上是一致的。然而，作为社会组织的任何行政组织由于自身的存在和发展，不可避免地具有特殊的利益追求，具有自利性的特征，因而也有可能出现偏离社会公共利益或者与公共利益相冲突的问题。当行政组织的利益追求具有客观合理性时，行政人员对于所在的公共组织做出的决策就存在着这样的两难选择：执行政策将损害公共利益，不执行政策就意味着对组织的不忠诚。

2. 履行本位职责和履行社会职责的冲突

本位职责是指行政人员在科层制中所承担的与其职责相匹配的责任和义务，而社会职责则是每个社会成员都应承担的社会责任和义务。通常来说，公共行政人员的本位职责和社会职责的指向是一致的，因为本位职责是社会职责分配到各个角色中的具体职责，只有每个人都履行本位职责，才能保证社会职责得以履行。但是由于本位职责和社会职责在现实生活中往往表现为局部利益与整体利益、眼前利益与长远利益之间的关系，以致公共行政人员在认知能力和意志力有偏差时有可能出现二者之间的抵牾，加之在我国现行的公务员绩效考核体系中，本位职责的表现通常直接与个人的绩效评估结果相挂钩，更增加了人们在行政管理过程中以本位职责替代、取代社会职责的可能，导致二者之间矛盾的加剧。因此，如何处理本位职责和社会职责之间的冲突考验着每个公共行政人员的觉悟和价值定位。

3. 追求个人正当利益和追求公共利益的冲突

公共行政人员之所以会出现个人正当利益和公共利益的冲突，原因并不能归结为公共行政人员在利益取向上的个人中心主义，而是与现代社会的结构息息相关。一方面，现代社会使个体获得了极大的解放，使其能够真实地感受并追求自己存在的意义；另一方面，现代社会是一个高度相关和相互依赖的社会，在这种社会结构中的个体都会感受到社会对自身的要求，而且这种要求常常置于个人之上。当个体进入公共行政领域时，这种感觉就更加强烈。因为公共行政人员手中握有公共权力,所以比普通社会成员面临着更多的权力自我扩展的诱惑。作为现代社会的一员,公共行政人员有权追求自己的正当利益。维护自身正当的基本权益,在现代社会即使不能说是充分善的,至少是合法、正当的。但是作为行政管理的主体,他们首要的职责应该是为公众谋福利。这样,公共行政人员作为普通社会成员和公职人员的利益就会发生冲突,尽管他们追求的个人利益是正当的。

4. 无条件执行规章与适应现实情况、灵活变通的冲突

政府的一切权力来自明确的法律授权,即通过法律一一予以列举,没有法律授权的行政权力均属违法,因而严格地、无条件地执行法律、规章应当是行政人员恪守的准则。但在行政管理活动中常常会有各种情况发生,有些情况从没有出现过,有些情况又涉及种种复杂关系。也就是说,法律、法规一旦制定出来就是既定的,而现实是始终在变化的,在一定情况下适应现实情况、灵活变通更有利于增进公共利益。不过允许这种灵活变通的同时,权力也极有可能被滥用,反而损害公共利益。类似的情形还有对自由裁量权的行使,自由裁量权是现代行政管理中不可缺少的组成部分,有其存在的必然性与合理性,但它是一把"双刃剑",不可避免地存在着权力被滥用、出现行政自由裁量权的道德异化的风险。

二、行政伦理的矫正

在行政实践中,行政主体的行政行为选择总会面临一定的困境以及一系列的责任冲突。要保证行政伦理责任的实现,就要求行政主体在行政伦理困境中做出正确的行为选择,必须加强行政伦理的管理,同时必须加强行政伦理立法建设和行政伦理责任的执行与监督,对行政伦理进行矫正。

(一)行政伦理的管理

行政伦理的难题之一是对于行政主体自身的控制。早在 1788 年,被誉为"美国宪法之父"的詹姆斯·麦迪逊(James Madison)就曾经说过:"如果由天使来治理凡人的话,政府就无须内在的或者外界的制约。在规划一个由凡人来管理凡人的政府时,老大难的问题在于:你必须首先设法让政府能够控制被统治者,然后又强制政府去控制它自己。"行政伦理的管理就是政府去控制它自己的必要途径和方式之一。

随着行政伦理管理这一公共行政课题在全球的出现和深入展开,人们开始探讨这种管理的内在机制和原则并试图总结出相应的规律和操作规程。经济合作与发展组织于 1998 年发布了《公共服务伦理管理原则》建议书,提出了十二条行政伦理管理原则。该建议书认为,成员国要采取行动确保体制和制度的良好运行,以推进公共服务中的伦理行为。为此,可以遵循公共服务伦理管理的一些原则,具体如下。

(1)公共服务的伦理标准应该明确。

(2)伦理标准应该反映法律结构框架。

(3) 伦理规则对公务员应该是适用的。

(4) 当公务员揭露不当举措时，他们应该知晓自己的权利和义务。

(5) 对于伦理的政治承诺应该强化公务员的伦理行为。

(6) 决策过程应该透明并对公众公开，受公众监督。

(7) 公、私部门之间的互动应该具有明确的指导规则。

(8) 管理者应该示范并提倡伦理行为。

(9) 管理政策、管理程序和管理实践应该推进伦理行为。

(10) 公共服务条件和人力资源的管理应该推进伦理行为。

(11) 公共服务应该具有相应的责任机制。

(12) 应该存在适当的程序与制裁措施去处理不当行为。

由于仅仅是建议，因此以上所列十二项都是一些应然的原则。要将这些原则付诸实践，尚存许多有待进一步探讨的问题。为此，国际行政学会（International Institute of Administrative Science）于 1999 年专门提出了这方面的相关课题：行政管理的规模、结构、方法和管理机制怎样影响公务员的道德规范；制定公务员的行为准则究竟有无必要；如果制定公务员行为准则，究竟采取何种形式，是正式法律和条令形式，还是仅仅作为道德倡议；约束公务员的道德条例应该是禁止或提倡性的还是奖励或惩罚性的，刑事法典在这方面的作用范围有多大；规范公务员的道德水准是否应该对其全体制定总的、一般的行为准则；保障公民权益是否需要专门的道德标准或道德条例；监察和防止公务员道德失范的最好机制是什么。这些既是学术界应该研究的课题，也是 21 世纪行政伦理管理需要解决的难题。

无论行政伦理管理的具体方式在各个国家有多大的不同，确定无疑的是行政伦理制度化已经成为 21 世纪行政伦理管理的普遍趋势。行政伦理的提升和重建都必须通过制度化来实现，制度安排是道德秩序得以维持和发展的基本保证。

（二）行政伦理立法

1. 行政伦理立法的趋势

人们对于道德立法尚未达成共识，原因在于无论是伦理立法还是伦理法规，都有利有弊，但毫无疑问的是，伦理立法为公共行政人员面临和解决伦理冲突和伦理困境设定了一些一般性限制，也对那些超出由公民设立的权限范围而进行活动的公务员实行制裁。通过伦理立法设立行为准则，公共服务水平可以得到很大的提高，这也被 20 世纪的历史所证实。作为行政伦理制度化的一种基本工具和行政伦理管理的重要手段，行政伦理立法正被逐渐推广开来并日益发挥出积极的作用。

早在 1924 年，国际城市管理协会（International City Management Association）就通过了《国际城市管理者协会道德守则》（ICMA Code of Ethics）并于 1994 年修订，1990 年还通过了《国际城市管理者协会道德守则实施细则》（The ICMA Code of Ethics with Guidelines）并于 2004 年修订。美国于 20 世纪 70 年代比较早地开始了行政伦理立法工作。1978年，美国国会通过了《政府道德法案》。1993年美国又颁布了《美国行政部门雇员道德行为准则》。紧接着，加拿大于1994年颁布了《加拿大公务员利益冲突与离职后行为法》，墨西哥紧随其后制定了《公务员职责法》。法国、德国、英国、荷兰、挪威、芬兰、澳大利亚、新西兰等许多发达国家都先后颁布了类似的道德法典。在亚洲，韩国于1981年颁布了《韩国公职人员道德法》，其后，根据形势发展，曾于1987年、1988年、1991年和1993年多次修订；日本于1999年制定了《国家公务员伦理法》；新加坡、印度、巴基斯坦等许多亚洲国家也都有了明确的行政伦理法规。

纵观世界各国的行政伦理立法情况，行政伦理法规的形式包括：①专门的行政道德法典；②宪法、行政法和刑法典中的有关规定；③职业守则及法律实施细则。从总的发展趋势来看，行政伦理法规的形式趋于专门的行政道德法典。尤其是20世纪80年代以来，专门拥有行政道德法典的国家越来越多。1998年，经济合作与发展组织发布的《公共服务伦理管理原则》建议书提出，为推进公共服务中的伦理行为，成员国需要采取行动，确保体制和制度的良好运行。经济合作与发展组织还建议，应该给担任公职的公务员提供明确的伦理规则和道德指南。这样，专门的行政道德法典就显得更加必要。

尽管各国的行政伦理法规名称各异、形式不一，但其所包含的内容不外乎两个方面：一是与职业道德规范有关的具体规定；二是与组织道德相关的内容。至于公务员的个人品德以及公共政策伦理问题，则很难通过法律、法规形式予以明确规定。其实，公务员的个人品德可以通过相应的职业道德规范得到锤炼，还可以通过行政文化的发展不断得以提高。而公共政策伦理既与公共决策者的价值观相连，又与一个国家的宪法和法律对于争议观念的选择有关，同时还受到执政党的政治纲领的影响。所以，从一定程度上讲，个人品德和公共政策伦理也是可以通过法律予以改进或规范的。

2. 行政伦理立法的基本内容

如前所述，行政伦理立法的基本内容一方面是对于行政职业道德规范的具体化、条文化界定，另一方面是对于行政组织伦理的保证。

（1）行政职业道德规范的界定。归纳世界各国行政伦理法规对于国家公务员行为规范的界定，其总体的要求有：公共利益至上、忠诚于国家和社会、忠实地履行法律规定、公正地执行公务、恪尽职守、不谋私利。具体而言，这些规定包括一些详细的措施，以防止伦理规范流于形式。具体措施主要包括如下几个方面的内容：①必须申报财产，将个人财务公开。这是正确处理公务员的公、私利益关系的前提。行政伦理法典对于申报的对象、种类、时限、名称、程序、审查和处罚等都有明确的规定。②限制公职以外的活动。这些活动包括兼职、盈利、募捐、收费等，尤其是经商、办企业的活动。③不得利用公职牟取私利，包括各种直接的和间接的假公济私行为。④禁止不正当使用国家财产和政府未公开的信息，主要指的是公职人员因执行公务而获得的、未向公众公开的、与官方有关的信息。⑤严禁在公务活动中收受礼品。收受礼品是公务员最常见的失范行为。各国对于礼品的定义不尽相同，但一般不包括按价付款所获得的物品。⑥回避，包括任职回避和公务回避等具体内容。⑦离职限制，包括离职后的再就业、活动和信息使用等。

(2) 行政组织伦理的保证机制。建立行政组织伦理的保证机制是一项复杂的系统工程。从发达国家的经验看，需要指定一系列的规则并不断加以充实、改进，使组织伦理拥有完善的制度、体系和机制。经济合作与发展组织帮助不少国家在这些方面取得了实质性进展，除对公务员个人伦理和职业道德的规范外，它们还注重在法律体制、管理政策和管理程序中体现道德准则，规范决策程序和公、私部门之间的关系，构建充分的问责机制和处理违规行为的适当程序与措施，提倡管理者在道德行为方面发挥示范和倡导作用。与此同时，联合国相关组织、透明国际（Transparency International）等都在为探索行政组织伦理的保证机制做出不懈努力。总体而言，实践中的组织伦理问题需要及时应对。如何制定一个连贯的、统一的普适性道德行为框架，使之能够容纳目前已经发展和正在调整的经验性制度安排，是 21 世纪所面临的重大挑战之一。对于发展中国家来说，这些方面的道路更长，任务更加艰巨。在现有条件下，发挥领导者的示范倡导作用、建立一种道德组织制度、确保监督和惩处机制的功用，都属于必不可少、当务之急。

行政领导必须对行政组织担负具体的伦理责任。为履行伦理职责，行政领导首先必须对自己的品行负责，必须是道德高尚者，是受人尊敬、品行优良的楷模，做到自身正，起表率作用。此所谓"其身正，不令而行"。为履行伦理职责，行政领导还必须对组织的伦理观念负责，要在伦理方面培养下属的观念和意识，使组织价值观与必须完成的任务联系起来并让全体行政人员掌握分析伦理问题的方法。为履行伦理职责，行政领导必须对组织的伦理氛围负责，要创造并维持相应的组织伦理氛围，强化组织成员的信任感和归属感，以形成相互信任、自觉履行义务的工作氛围。

就一般意义而言，行政组织伦理的管理实际上就是要建立一种道德组织。建立道德组织必须要做到：①培育一种组织良心，把组织视为一个有道德的"人"，"他"同样需要负责任；②改变组织分工和权力分配，通过权力下放和责任下放扩大道德容量；③保护那些为坚持伦理标准而违反组织政策和程序的、有道德的个人；④展开伦理讨论，把它作为组织活动的有机组成部分，提高道德讨论的水平。

从行政伦理立法的角度看，组织道德的建立离不开有关惩处与监督的规定。惩处规定的内容主要包括其种类、权限、程序以及受理举报和防止打击报复。这里需要注意的有两个问题：第一，道德惩处的"纽伦堡原则"（Principle of Nuremberg Tribunal），即被告遵照其政府或某一长官之命而行动的事实不能使其免除责任。依此原则，在服从命令和道德良知发生冲突的情况下，在权力和道德的两难选择面前，放弃道德良知就意味着要承担责任。第二，道德监督的检举揭发机制（whistle-blowing），即对于具有道德良心和正义感而违背组织政策去坚持伦理标准的组织成员的保护。检举揭发需要绕开组织程序，或越级举报，或直接向公众揭露，这需要检举人敢于面对自己的上司或本组织成员，检举揭发不仅需要个人勇气，更需要法律和制度的保障。当公务员发现上司或其所在组织对公众或公共利益造成损害而向上级举报或向公众揭露实情时，其自身也会处于被打击报复的危险之中。若无相应的保护，行政组织伦理将化为乌有。道德惩处的"纽伦堡原则"和道德监督的检举揭发机制这两个问题紧密相关，二者都是行政伦理困境在组织层面的具体体现，因而也是行政伦理管理不可忽视的核心内容。

（三）行政伦理责任的执行与监督

加强伦理责任的执行与监督，应该设立专门的行政伦理机关，以立法的形式确定其职责和权限，专门负责对行政伦理行为进行管理和监督。例如，美国于1978年颁布的《政府道德法案》规定设置政府伦理办公室，政府伦理办公室的任务是：①依据《政府道德法案》，根据公务员利益冲突的情况，制定有关的规章、条例；②审查财务公开报告；③通过培训道德官员和培训政府雇员预防失范行为；④进行解释性建议和指导；⑤通过检查，监督道德计划的执行情况；⑥对道德法和道德条例进行评价并提出立法建议。除联邦政府伦理办公室外，美国许多州和市的议会和政府也设有伦理办公室或伦理委员会。美国在1979年实行《公务员改革法案》之后在每个机构的内阁都建立了总监察办公室，这个办公室专门调查"吹哨人"揭发的事项，这样就在组织内部创建了一种良好的伦理责任氛围。

美国行政伦理立法与管理对于许多国家都起到了一定的示范作用，20世纪80年代以后，许多国家都开始制定并颁布行政伦理相关法律与法规并设置相应的管理机构。加强行政伦理责任法治化建设，促进行政伦理责任的实现是走出行政伦理责任困境的制度性保障。

在我国，行政伦理是一项长期的历史任务，它既受到我国传统文化的影响，又会对我国的未来发展产生重要作用。在现阶段，我们必须把行政伦理规范融入整个行政管理过程，增强行政伦理的合理性、规范性和权威性，从而为我国社会主义市场经济运行提供伦理上的保证。

本章小结

行政伦理主要是人们关于行政活动与行为关系的判断过程以及判断的理由，这主要涉及行政主体行动的正当性与合理性，体现了行政管理在公共利益、公共权力、公共管理、公共服务、公共责任和公共精神等方面的质的规定性。行政伦理除具备一般伦理所具有的自律性特点，还具有强烈的政治性、一定的强制性、高度的自律性、广泛的示范性等自身的独特性。行政伦理的结构与功能可以从公务员的个人品德、行政职业道德、体制伦理以及政策伦理四个方面把握。基于反思审视的视角，本章也对行政伦理失范的类型、具体表现、原因、矫正等展开了讨论，这对行政伦理在现实的实际运用具有重要意义。

课后练习题

一、名词解释与术语

行政伦理　行政职业伦理　行政组织伦理　行政体制伦理　公共政策伦理　仁慈的公

正　行政伦理义务　行政伦理关系　行政伦理结构　行政职业道德　体制伦理　政策伦理　行政伦理失范　官僚体制伦理观　民主制伦理观　行政伦理失范　行政伦理立法

二、思考题

1. 试述行政伦理的特点。
2. 行政伦理的分类有哪些？
3. 简述行政伦理和行政道德之间的区别与联系。
4. 行政职业道德规范的主要内容有哪些？
5. 体制伦理的主要内容有哪些？
6. 思考伦理价值对于公共政策的意义。
7. 简述公共政策的四种主要伦理观念。
8. 行政伦理失范的类型和具体表现有哪些？
9. 如何矫正行政伦理失范行为？
10. 公务员应该无条件执行上级的命令吗？
11. 如何推进我国的行政伦理立法？

三、案例分析题

美国某镇行政官拟规划一个市政中心，但由于经费短缺，在议会中讨论一直没有具体的结论。有一家土地开发公司拟在该市市政中心旁兴建一座大型购物中心，但由于容积率的限制，该土地开发公司拟对该市政中心提出公益捐款，以换取对其容积率要求的放松。是否允许放松容积率，必须通过市议会决议。此时，市行政官为应否将此一提案交由议会审议感到十分困扰。由于他与土地开发公司之间有来往关系，害怕引来不必要的误会，使他陷入行政伦理的困境。

思考：

此案例中的行政官面临着怎样的伦理困境？行政官应该做出怎样的伦理选择？请谈谈你的看法。

 **自测题**

第十四章 行政改革

本章学习目标

行政改革是中西方国家在国家治理过程中普遍开展的过程，西方国家在第二次世界大战之后和20世纪70年代以来大都经历过较大的行政改革过程，我国自改革开放以来也进行了多次行政改革以适应经济社会的发展。通过对行政改革的含义、范畴以及类型等概念性知识的学习，有助于形成对行政改革的基本认识。在此基础上，本章将依据时间变迁的次序，纵向展现新中国成立以来的行政改革历程，展现国家治理发展的变革历程。最后，展开对我国行政改革实践的纵深挖掘，深入探究我国行政改革的特征和趋势。

第一节 行政改革概述

党的十四大明确和正式提出要下决心进行行政管理体制和机构改革，指出机构改革、精兵简政是政治体制改革的紧迫任务，也是深化经济改革、建立市场经济体制和加快现代化建设的重要条件。行政管理体制改革是政治体制改革的重要内容，是上层建筑适应经济基础客观规律的必然要求，贯穿新中国成立以来的各个时期。行政管理体制改革的主要任务是：着力转变职能、厘清关系、优化结构、提高效能，形成权责一致、分工合理、决策科学、执行顺畅、监督有力的行政管理体制，建设服务型政府。通过改革，提供优质公共服务，维护社会公平正义的根本转变，实现政府组织机构及人员编制向科学化、规范化、法治化的根本转变，实现行政运行机制和政府管理方式向规范有序、公开透明、便民高效的根本转变，建设令人民满意的政府。

一、行政改革的含义

关于行政改革含义的界定十分丰富。简单来讲，行政改革指的是政府根据社会政治、经济发展的要求，为提高行政效率和效能而进行的行政体制、组织机构、工作制度、管理方式的改革，即通过有目的地改变决策组织的结构、过程以及决策者的态度和行为模式提高组织运行的效率。详细来讲，行政改革是国家行政机关基于行政系统内、外部发展的客观要求而对自身进行的调整、革新，即国家行政机关为适应内、外环境的变化，根据行政权责的内在联系，对行政系统的组织、职能、人员、制度、运行机制和观念、文化进行调整、更新，使之优化、提高，能够高效、公平地处理国家和社会公共事务，以适应社会环境和行政系统持续发展要求的过程。

诸多含义界定囊括了行政改革的行为主体、推动因素、手段、方式、内容、范畴等。综合来看，行政改革是指国家行政系统随着外部生态环境的变化以及行政系统内部构成要素的变化，有意识地对自身的结构、功能和行政人员的行为方式不断进行调整和改变，使其转变到新的形态，以期实现行政系统与环境之间的动态平衡，从而实现行政效能的行为或过程。简而言之，行政改革是指政府为了适应社会环境或者高效、公平地处理社会公共事务，调整内部体制和组织结构，重新进行权力配置并调整政府与社会之间关系的过程。

总的来看，行政改革的内涵包括四个方面的内容：一是行政改革是一个政治过程；二是行政改革的目的是适应社会环境，提高行政效率，高效、公平地处理社会公共事务；三是行政改革必须改革内部体制和组织结构，重新配置权力；四是行政改革必须调整政府与社会之间的关系。

行政改革涉及的主体具有广义和狭义之分，因此可以从以下两个层面进行拓展讨论。

从广义的意义上说，行政体制涉及与国家公共管理相关联的诸多方面的法权主体及其相互关系并以这些法权主体之间相互关系的改变或调整作为体制改革的核心内容。在我国，法权主体包括国家最高权力机关全国人民代表大会以及与政府地位相应的人民法院、人民检察院等国家机关，包括执政党、政治协商会议等准国家机关。狭义的政府只是权力、行为和责任主体之一。因此，广义的行政改革包括一切与国家公共行政权力的归属及其行使相联系的改革。

从狭义的意义上说，行政改革专指以狭义政府（即国家行政机关）为中心的国家公共行政系统的改革。狭义的行政改革可以等同于狭义的政府管理体制改革。国家行政机关是主要的或者唯一的权力、行为和责任主体。行政改革的主要范畴只限于各级国家行政机关自身的改革。基于狭义的角度，我国行政改革的主要任务是通过对国家行政组织（即各级政府）的法定地位、行政权限、管理职能、行为方式、工作制度以及与之相适应的机构设置、人员编制、工作流程、财政预算、行政责任等方面的基本原则的再认识、再设计、再组合、再规定，再次构建政府行政管理体制。

回顾过往，西方国家和我国都开展了一系列的行政改革举措，各国行政改革的内容和主要趋势表现为权力关系的调整、机构与管理方式的变革。具体措施如下。

（1）精简机构，减少行政机构数量、缩小管理幅度。

（2）调整组织结构，提高行政领导决策能力，建立参谋机构，完善指挥监督系统和层层负责制；提高行政活动的整体效益，利用现代科学技术手段改革管理方式，加强行政信息的搜集、传递、沟通和利用，提高行政效率。

（3）调整权力关系，下放权力，明确划分机构层次之间、机构内各部门之间、各个职位之间的职责权限，简化行政工作程序；转移政府的某些职能，把可以或应该由社会其他组织承担的职能转移给社会团体、企事业单位，减少政府对社会事务的过多直接参与。

（4）人事制度改革，改革、完善公务员制度，科学地设置职位、配备人员，建立内部竞争机制；加强培训并提高人员素质，发挥公务员的积极性；节约行政经费，改进预算、决算、会计、审计制度，加强财务监督，控制机构和人员的膨胀。

新时代，我国行政改革不断前进发展，内涵日益丰富。党的十九大报告中指出："深化机构和行政体制改革。统筹考虑各类机构设置，科学配置党政部门及内设机构权力、明确职责。统筹使用各类编制资源，形成科学合理的管理体制，完善国家机构组织法。转变政府职能，深化简政放权，创新监管方式，增强政府公信力和执行力，建设人民满意的服务型政府。赋予省级及以下政府更多的自主权。在省、市、县对职能相近的党政机关探索合并设立或合署办公。深化事业单位改革，强化公益属性，推进政事分开、事企分开、管办分离。"

二、行政改革的范畴

（一）转变行政职能

行政职能的转变是政府机构改革的关键所在。"职能"是解决国家和政府"该做什么"和"不该做什么"的问题的。在实际政治生活中，一个国家对政府职能的理解和相关制度安排能够在"基本面"上决定其对于政府机构、政府体制、政府过程的总体设计；在理论上，围绕着"政府"的一系列重要概念（如政府机构、政府体制、政府过程）也都是从对政府职能的种种理论规定中引申出来的。行政职能是行政组织科学化、合理化设置的根本依据，政府机构改革需要紧密围绕行政职能转变展开。行政职能转变是政府机构改革的前提，政府机构改革是对行政职能转变的相应调整。如果行政职能未开展转变，那么精减人员、减少机构数量、缩小组织规模是无法取得实质性进展的，往往会陷入"精简—膨胀"的反复循环中。

（二）定位行政权力

行政权力的定位和划分问题是我国行政改革的核心内容之一。在国家社会经济发展的过程中，面临着横向的政府在经济生活、社会生活中的地位和作用以及纵向的中央与地方的权力划分这两个问题。总的来说，就是政府公共行政权力的属性、有效范围、运作程序和使用方式的问题。定位行政权力具体包括以下内容。

（1）政府与社会的关系。政府与社会关系的发展目标是使政府与社会实现良性互动。在转变政府职能、调整政府机构、规范政府行为的同时，要充分发挥社会自身的作用，提高社会自治能力，培育社会中介组织，把原来由政府包办的大量社会事务交还给个人、企事业单位和其他社会组织。

（2）政府与市场的关系。厘清政府与市场的关系是深化经济体制改革和行政体制变革的核心，是实现国家治理体制与治理能力现代化的重要组成部分。政府与市场的关系不是非此即彼的二元对立关系，而是有机的权力划分。政府与市场是有机统一的，不是相互否定的。

（3）中央与地方权力划分的问题。中央与地方的行政分权是和政府与社会、政府与市场的权力划分一致存在的重要方面。在中央与地方的行政分权过程中，处理好集权与分权的关系是重要内容。一方面，要着力完善维护中央权威和集中统一领导的体制机制，维护国家主权和统一，维护完整的国家市场；另一方面，要赋予地方政府更大的自主权，突出不同层级的职责特点，允许地方根据本地区经济社会发展实际因地制宜地进行地方管理。

（三）调整行政组织

调整行政组织是政府机构改革的主要内容之一，是对行政职能转变做出的相应调整，可防止行政职能转变与行政组织调整之间的"脱序"。"机构"是解决国家和政府的职能"由谁行使"的问题的。不同的政府职能要由相应的"机构"来承担，这也就从"政府职能"的环节中推演出了"政府机构"环节。"机构"是一个总的概念，其中包括"机构数""官员人数"（包括公务员数、政府官员数、政府雇员数、财政供给人员数）和"结构"三个重要因素。这里所谓的"结构"，是指政府各个部门（及其所雇用的公务员的数量）之间的比例关系。调整行政组织主要表现为重新划分政府管理部门，主要根据社会生产各部类在国民经济中所占的比例以及各部类之间的有机联系，同时统筹社会文化、福利、安全、公益事业等。调整行政组织的主要方式包括新建、合并、撤销等以及与其相关的行政管辖权的扩大、缩小、转移等。

（四）提高行政效率

提高行政效率主要表现为根据政府职能重新定位，按照分工明确、集中领导、权责一致和效率、效能的原则合理设置机构和岗位，限制和削减行政机构和行政人员。提高行政效率涉及政府机构、人员编制、行政预算、管理幅度、专业分工等多个方面。提高行政效率既体现在政府体制层面，又体现在政府过程层面。"政府体制"就是通过宪法和法律确定的各个政府机构之间的关系，是指立法、行政、司法等不同的政府机构，依据一定的组织原则，通过承担相应的政府职责所形成的具有特定的政治、法律关系的整体。"政府过程"是指政府的实际运作活动和工作程序。此外，技术方法也是提高行政效率的重要组成方面。一方面，由于社会分工不断细化，提高政府公务员的专业水平、打造专业行政是行政发展的趋势。提升政府公务员的专业水平，可实现对日益复杂的各类社会事务的有效处理。另一方面，改进行政技术是与专业行政相联系的另一项内容。新技术革命带来的机械化、自动化、网络化、人工智能等深刻影响着政府管理的准确性、有效性等。

三、行政改革的类型

（一）外延型改革

外延型改革是指以改变政府行政机构的外部规模为主要内容的改革，如机构的撤销和合并、人员的精简等，主要解决机构臃肿、人浮于事、行政经费开支过大、资源浪费等较为单一的问题。外延型改革的目的在于控制行政组织规模，对于行政权力结构和管理体制的触动较小。

外延型改革包括以下基本特点。

（1）从政府职能方面来看，外延型改革重视经济管理和政治统治的职能，较少关注社会服务和公共管理职能。在计划经济体制下，国家重视政治统治职能，侧重依靠行政手段，通过设立政府机构来管理经济社会的绝大部分事务。

（2）从政府机构的设置和运行方式来看，外延型改革主要表现为单纯地增减机构和工作人员数量，以此实现组织目标的达成和行政效率的提高。但是，增减机构和工作人员数量的方法具有很大的随意性和弹性，不能从根本上解决机构庞大、人员冗余的现实问题，反而会使政府机构改革陷入"精简—膨胀—再精简—再膨胀"的反复循环。

（3）从判断政府机构改革成败的标准来看，传统政府机构改革过于强调通过改革提高行政效率。提高行政效率是行政改革的重要目标，也是判断改革成败的重要标准。在政府机构改革中，过于追求行政效率提高导致的目标追求单一化会导致社会公益的牺牲，阻碍政府机构改革的深入开展。

（4）从政府机构改革与外部环境的关系来看，传统政府机构改革通常是在外部环境的压力和要求下被迫进行的，属于外源式改革，此时政府缺乏自我改革的内在动力，行政改革是为了适应经济体制改革的需求。政府应通过周期性变革适应社会环境的变化，满足经济体制改革和政治体制改革的实际进展和需求，推动进一步的社会发展。

（5）从行政权力的纵向划分上看，传统政府机构改革侧重集权，强调下级服从上级、地方服从中央。权力主要集中于中央，地方和基层的自主权过小。在计划经济体制下，中央的高度集权能够更好地维护中央的权威，发挥集中力量办大事的制度优势。但是，如果不能在中央和地方之间进行合理的分权，则不利于中央和地方两方面积极性的发挥，给政府有效开展工作造成障碍。

（二）内涵型改革

内涵型改革是指以调整行政管理职能、行政权力结构以及由此而引发的行政体制变化为主要内容的改革，主要着眼于政府职能的合理配置、行政权力结构安排的合理化、管理活动成本的降低与行政效率的提高。内涵型改革往往经历时间较长，改革成果更为稳固。

内涵型改革包括以下基本特点。

（1）从政府职能来看，内涵型改革重视经济管理和政治统治职能的同时，更加注重政府社会服务和公共管理职能的有效发挥。科学地认识和确定行政职能是改革行政组织系统的依据和关键。面对经济社会快速发展所产生的环境保护、人口控制、社会保障等社会问题，政府必须积极地转变自身的职能，除继续承担必要的经济管理和政治统治职能外，应更多地承担起社会服务和公共管理职能。

（2）从政府机构的设置和运行方式来看，内涵型改革主要按照政府职能的要求，通过合理有效的分工协作和高素质工作人员的配备来满足行政管理工作的需要，进而实现行政目标。在政府机构设置上，内涵型改革强调形成纵向统一指挥、横向分工配合、纵横交错的政府机构体系；在政府机构人员的配备上，内涵型机构改革强调在精简机构、裁汰冗员的同时，大力引进高素质人才。

（3）从判断政府机构改革成败的标准来看，现代政府机构改革强调"以人为本"，在注重提高行政效率的同时，更加注重满足广大人民群众的需要，建设令人民满意的政府。人本理念和效率理念是贯穿于现代政府机构改革的两条重要原则。政府机构改革时，需要尽力在社会公益与行政效率之间保持平衡。

（4）从政府机构改革与外部环境的关系来看，现代政府机构改革是政府自觉适应外部社会环境变化的主动行为，是内源式改革。现代政府机构改革要求摆脱对外部社会环境的"刺激—回应"的逻辑局限性，实现政府机构体系的自我革新和变革。政府机构改革从外源式转向内源式、从适应性调整转向形成自我积极改造机制。

（5）从行政权力的纵向划分上看，现代政府机构改革强调在中央和地方之间进行合理的分权，赋予地方政府和基层组织更大的自主权，建立实现中央和地方良性互动的政府机构体系。中央与地方关系是当代政府机构改革的重要内容，通过权力的下放和合理的分权扩大地方的自主权也是我国政府机构改革的趋势，符合现代行政要求。

第二节 我国的行政改革历程

新中国成立以来，党和政府为建立和完善结构合理、人员精干、灵活高效的党政机关进行了坚持不懈的努力，进行过多次精兵简政工作。尤其是改革开放以来，我国分别在1982 年、1988 年、1993 年、1998 年、2003 年、2008 年、2013 年和 2018 年进行了八次规模较大的政府机构改革。1949 年以来，我国历次机构改革基于不同时期的政治、经济、社会、科学技术发展水平等情况，改革开放前的数次机构改革巩固了国家政权和计划经济体制，改革开放之后的数次机构改革适应并推动了市场经济体制的建立、完善。纵观新中国成立以来的历次机构改革，逐步解决了机构庞杂及人员冗余问题，提升了组织运行效率，降低了行政交易成本，明晰了政府角色，实现了政府职能转变，成效显著。我国国家机构改革完成了从局部调整到全面统筹推进的转变，不仅为经济增长和社会发展提供了重要的动力支撑，更为实现治理能力和治理体系现代化积累了丰富经验。

一、新中国成立初期（1949—1977 年）

（一）"一五计划"期间

1951 年 12 月，政务院发出《关于调整机构紧缩编制的决定（草案）》，进行了新中国成立以来的第一次精兵简政工作。此次机构改革以加强中央集权为中心内容，主要内容有：调整紧缩上层，合理充实下层；合并分工不清和性质相近的机构；精简机构，减少层次；明确规定干部与勤杂人员的比例；要求划清楚企业、事业机构和行政机构的编制和开支；严格编制纪律。

1954年，随着我国政权组织形式的确定和各级政权机关的建立，国家对中央和地方各级机关进行了一次较大规模的精简。中央一级机关的精简包括：在划清业务范围的基础上，调整、精简机构，减少层次；各级机关根据业务需要，紧缩编制，明确新的编制方案；妥善安置精简干部。地方各级机关也进行精简，专员公署和区公所分别是省、县政府的派出机关，精简比例较大。

（二）"二五计划"期间

1956年下半年，中央提出《国务院关于改进国家行政体制的决议（草案）》，进行体制改革和机构改革。此次改革以中央向地方下放权力为主要内容，通过国务院精简所属工作部门，下放权力，以达到扩大地方自主权的目的。机构改革持续到1960年，1958年撤销合并了国家建设委员会等十余个单位，国务院部委减少8个，直属机构减少5个，1959年又进一步调整和撤并，最终国务院设39个部委、21个直属机构和办事机构，机构总数达60个，比1956年减少21个。

在此基础上，1960—1964年，为了贯彻国民经济调整的方针，进行了较大规模的机构改革。其主要内容包括：一是在中央和地方的事业单位、行政部门开展干部精简运动；二是收回20世纪50年代后期中央下放给地方的权力并恢复被撤销的机构。

（三）"文化大革命"时期

"文化大革命"期间，政府机构发生了非正常的大变动。1970年，国务院的79个部门撤销、合并为32个，其中13个还由部队管理，达到新中国成立以来中央政府机构数的最低点。1975年，邓小平主持国务院工作并对各领域进行整顿，国务院工作部门恢复到52个。

二、改革开放初期（1978—1991年）

（一）1982年国务院机构改革——提高政府工作效率，实行干部年轻化

从1976到1981年的5年中，国务院工作部门达到了100个，人员编制达到了51 000人。为改变"文化大革命"后党政机构臃肿、职责不清、工作效率低下的状况，1982年第五届全国人大常委会举行第22次会议，通过了《关于国务院机构改革问题的决议》。此次机构改革历时3年，范围包括各级党政机关，是新中国成立以来规模较大、目的性较强的一次建设和完善各级机关的改革。此次改革不仅以精兵简政为原则，而且注意到了经济体制改革的进一步发展可能对政府机构设置提出的新要求，力求使机构调整为经济体制改革的深化提供有利条件，较大幅度地撤并了经济管理部门并将其中一些条件成熟的单位改革成经济组织。

1. 改革的主要工作

（1）明确各部门及其所属机构的任务和职责范围，坚决改变分工不合理、职责不分明的状况。机构改革工作要从确定职责范围入手，同时要深入研究各部门上下左右之间的工作关系。

（2）选贤任能，配备和建设好领导班子。领导班子要精干，逐步实现革命化、年轻化、知识化、专业化。

（3）认真安排好老干部退休、离休和退居二线的工作。废除实际存在的领导干部职务的终身制，使干部退休、离休和退居二线制度化。

（4）切实加强干部的轮训工作，提高整个干部队伍的素质。精简机构以后分期分批地轮训干部，轮流组织学习文化知识和社会主义现代化建设的各种本领。

2. 改革的主要内容

（1）领导班子方面：明确规定了各级各部的职数、年龄和文化结构，减少了副职，提高了素质。

（2）精简机构方面：国务院各部委、直属机构、办事机构从 100 个减为 61 个；省、自治区政府工作部门从 50~60 个减少为 30~40 个；直辖市政府机构稍多于省政府工作部门；城市政府机构从 50~60 个减少为 45 个；行署办事机构从 40 个左右减少为 30 个左右，县政府部门从 40 多个减为 25 个。

（3）人员编制方面：国务院各部门从原来的 5.1 万人减少为 3 万人；省、自治区、直辖市党政机关人员从 18 万人减少为 12 万余人；市、县机关工作人员约减 20%；地区机关的精简幅度更大一些。

改革之后，国务院各部委正、副职是一正二副或者一正四副，领导班子平均年龄也有所下降，部委平均年龄由 64 岁降到 60 岁，局级平均年龄由 58 岁降到 54 岁。

3. 改革的基本方案

（1）改进国务院本身的领导体制和领导方法，以加强集中统一领导、提高工作效率。减少副总理，设国务委员，由国务院总理、副总理、国务委员和秘书长组成国务院常务会议。国务院副总理由 13 人减少为 2 人。

（2）国务院各部、委和国务院直属机构、办公机构的设置做到分工合理、职责分明、机构精干，提高工作效率。根据重叠的机构撤销、业务相近的机构合并的原则，将已有的 98 个部、委、直属机构和办公机构裁减、合并为 52 个。其中，部、委由 52 个裁并为 39 个，直属机构由 41 个裁并为 10 个，办公机构由 5 个裁并为 3 个。此外，国务院已有临时性的领导小组、办公室、委员会等各种非常设机构 45 个，绝大部分被撤销，其工作由各有关部、委承担。国务院和各部、委的机构精简之后，工作人员编制约为 3.2 万人，比已有的 4.9 万人减少 1/3 左右。

具体方案包括：重新组建国家经济委员会并扩大其职权和业务范围；撤销国家农业委员会、国家机械工业委员会、国家能源委员会和国务院财贸小组；撤销国家基本建设委员会；将国务院国防工业办公室与中国人民解放军国防科学技术委员会、中央军事技术装备委员会办公室合并组建为国防科学技术工业委员会；电力工业部和水利部合并组建为水利电力部；商业部、全国供销合作总社和粮食部合并组建为商业部；国家进出口管理委员会、对外贸易部、对外经济联络部和外国投资管理委员会合并组建为对外经济贸易部；农业部、农垦部、国家水产总局合并组建为农牧渔业部；成立国家经济体制改革委员会；组建劳动人事部；组建广播电视部；将新华通讯社作为国务院的组成部门；等等。

（二）1988年国务院机构改革——转变政府职能是机构改革的关键

1982年机构改革后，国务院机构在贯彻党和国家的方针、政策，实现国务院的工作任务，推动国民经济和社会发展等方面，都发挥了积极的作用。但是，由于没有触动高度集中的计划经济管理体制、没有实现政府职能的转变等原因，政府机构不久后又呈现膨胀趋势。随着经济体制改革的全面展开，机构的弊端日益突出，主要表现在：政企不分、结构不合理，在职能上微观管得过多、宏观调控不力；机构臃肿、层次过多、职责不清、相互扯皮，工作效率不高；政府工作人员的素质和结构不适应经济的、法律的间接管理方式；等等。

1. 改革的目标要求

此次改革的目标要求包括：理顺关系、转变职能、精干机构、精减人员、提高行政效率、克服官僚主义、增强机构活力；创造条件，逐步厘清政府与企事业单位和人民团体的关系、政府各部门之间的关系以及中央政府与地方政府的关系。

（1）此次国务院机构改革的基本要求：转变职能、下放权力、调整结构、精减人员，减少政府机构干预企业经营活动的职能，增强宏观调控职能，初步改变机构设置不合理和行政效率低下的状况。

（2）此次机构改革的整体要求：按照政治体制、经济体制改革进程的要求，以转变政府管理职能为关键，与政府内部的制度化建设相配套并结合推行国家公务员制度。此次机构改革不是搞简单的撤销、合并，而是转变职能，按政企分开的原则，把直接管理企业的职能转移出去，把直接管钱、管物的职能下放，加强决策、咨询、调节、监督和信息等职能，使政府对企业由直接管理为主逐步转到间接管理为主。同时，把原来行政机关的部分职能转移给各种协会去承担。

（3）此次机构改革的具体要求：根据对各部门具体职能的分解和转移，按新的职能设置相应的机构。对承担相同业务或相近业务的部门予以撤销，其业务由一个部门承担；综合经济部门一般不设对口专业机构，行业管理工作由主管部门承担；部委内部只设司、处两级，以减少部门内部管理工作的层次。对政法、文教、社会事务等部门，不做大的变动，但都要按这次改革的总要求，转变职能、下放权力、调整内部结构、精减人员。

2. 改革的基本方案

将国务院部、委一级的机构由45个调整为41个，同时对直属机构、办事机构和非常设机构也做了较大的精简和调整。具体来说，国务院部、委机构中，撤销的 13 个，新组建的 9 个，保留的 32 个，转为事业单位的 1 个。

（1）组建新的国家计划委员会，拟撤销国家计划委员会、国家经济委员会。

（2）组建人事部。

（3）组建劳动部，撤销劳动人事部。

（4）组建物资部，撤销国家物资局。

（5）组建能源部，原水利电力部中的电力部分划归该部，撤销石油工业部、煤炭工业部、核工业部。石油工业部撤销后，拟组成中国石油天然气总公司，保留中国海洋石油总公司；煤炭工业部撤销后，除东北内蒙古煤矿公司外，拟将其他统配矿组成中国统配煤矿总公司；核工业部撤销后，组建中国核工业总公司。上述新组建的公司由能源部归口管理。

（6）组建建设部，撤销城乡建设环境保护部。

（7）组建机械电子工业部，撤销机械工业委员会、电子工业部。

（8）组建航空航天工业部，撤销航空工业部、航天工业部。

（9）组建水利部，撤销水利电力部。

（10）新华社改为国务院直属的事业单位，不再列入国务院行政机构序列。

（11）农牧渔业部更名为农业部。

在改革国务院部委的同时，对国务院直属机构、办事机构也进行了改革。国务院原直属机构 22 个，改革中撤销了 2 个，转为部委归口管理 3 个，改为办事机构 1 个，新组建 1 个，由其他机构改为国务院直属机构 2 个，改革后直属机构共有 19 个。国务院原有办事机构 4 个，改革中撤销 1 个，由直属机构改为办事机构 1 个，新组建 3 个，改革后办事机构为 7 个。除国务院直属机构、办事机构外，还设有 15 个国家局由有关部委归口管理（包括原有的部委归口局）。另外，国务院非常设机构原有 77 个，经过清理，减为 44 个。

三、市场经济体制确立建设时期（1992—2002 年）

（一）1993 年国务院机构改革——适应建设社会主义市场经济的需要

1992 年 10 月，党的十四大明确提出经济体制改革的目标，即要建立社会主义市场经济体制，使市场在国家宏观调控下对资源配置起基础性作用。适应建立社会主义市场经济体制的需要成为此次机构改革的目标。我国各级政府机构存在的一系列突出问题包括政企不分、关系不顺、机构臃肿、效率低下等。

20 世纪 90 年代初，国务院工作部门由 1988 年改革后的 68 个增加到 70 个，加上归口部委管理的国家局 16 个，则为 86 个。省、自治区党政部门平均设到 68 个，京津沪三市平均设 100 个，其他城市平均设 63 个，县平均设 45 个。全国党政群机关和事业单位工作人员达 3140 万人。县以上各级党政群机关超编约 60 万人，乡镇一级超编 214 万人。臃肿的机构、庞大的队伍大大加重了国家财政负担。1980 年，全国行政管理经费开支为 66.8 亿元，占国家财政总支出的 5.5%；到 1990 年，已达 333.5 亿元，占国家财政总支出的 9.7%。江泽民同志在十四大报告中指出:"目前,党政机构臃肿、层次重叠,许多单位人浮于事、效率低下、脱离群众,已经到了非改不可的地步。"

1. 改革的目标任务

此次机构改革按照政企职责分开和精简、统一、效能的原则,在转变职能、理顺关系、精兵简政、提高效率方面取得了进展。机构改革的重点是转变政府职能。转变职能的根本途径是政企分开。要按照建立社会主义市场经济体制的要求,加强宏观调控和监督部门,强化社会管理职能部门,减少具体审批事务和对企业的直接管理,做到宏观管好、微观放开。要坚决把属于企业的权力下放给企业,把应该由企业解决的问题交由企业自己去解决。政府的行政管理职能主要是统筹规划、掌握政策、信息引导、组织协调、提供服务和检查监督。要厘清中央和地方的关系,合理划分中央与地方的管理权限,充分发挥中央与地方两方面的积极性,使地方在中央方针政策的指导下,因地制宜地发展本地区经济和各项社会事业。要厘清国务院各部门之间的关系,合理划分职责权限,避免交叉重复,调整机构设置,精简各部门的内设机构和人员,提高行政效率。

2. 改革的主要内容

1993 年 3 月,党的十四届二中全会讨论通过了机构改革方案,这是第一次在中央全会上讨论通过机构改革方案。随后,第八届全国人大一次会议审议通过了《国务院机构改革方案》,分别对综合经济部门、专业经济部门、社会管理部门、直属机构、办事机构和非常设机构提出了改革要求。

(1) 关于综合经济部门的改革。保留国家计划委员会、财政部、中国人民银行等现有的综合经济部门,组建国家经济贸易委员会。原有或新设置的综合经济部门都要精简内设机构和人员,厘清综合经济部门之间以及综合经济部门与专业经济部门之间的关系。

(2) 关于专业经济部门的改革。按照不同情况,将专业经济部门的改革分为三类:第一类是改为经济实体,不承担政府行政管理职能,包括撤销航空航天工业部,分别组建航空工业总公司、航天工业总公司。第二类是改为行业总会,作为国务院的直属事业单位,保留行业管理职能,包括撤销轻工业部、纺织工业部,分别组建中国轻工总会、中国纺织总会。第三类是保留或新设的行政部门,包括冶金工业部、化学工业部、铁道部、交通部、邮电部、水利部、农业部、林业部、建设部、地质矿产部;对外经济贸易部更名为对外贸易经济合作部;撤销能源部,分别组建电力工业部、煤炭工业部,同时撤销中国统配煤矿总公司;撤销机械电子工业部,分别组建机械工业部、电子工业部,同时撤销中国电子工业总公司;撤销商业部、物资部,组建国内贸易部。

(3) 国务院部委除以上调整外,保留国务院办公厅、审计署、外交部、国防部、国家经济体制改革委员会、国家教育委员会、国家科学技术委员会、国防科学技术工业委员会、国家民族事务委员会、公安部、国家安全部、监察部、民政部、司法部、人事部、劳动部、文化部、广播电影电视部、卫生部、国家体育运动委员会、国家计划生育委员会。

(4) 关于国务院直属机构、办事机构的改革。这部分机构分三种情况进行改革:第一种是保留直属机构、办事机构;第二种是并入部委,作为部委管理的国家局;第三种是并入部委,成为部委内设的职能局。具体来说,国家气象局、专利局改为事业单位,国家建材局改为建材工业协会联合会;国家技术监督局、国家建材局、国家医药局、国家海洋局、国家地震局、国家外专局、国家语委、国家国有资产局、国家烟草专卖局、国家中医药局、国家商检局、国家文物局、国家外汇局、国家粮食局、国家测绘局 15 个机构改为部委管理的国家局;国家物价局、国家矿产储量局、黄金局、国家核安全局并入有关部委,作为该部委的职能局。

按上述方案,国务院组成部门设置 41 个(含国务院办公厅),直属机构和办事机构 18 个,共设置 59 个,比原有 86 个减少 27 个。国务院的非常设机构也要进行大幅度的裁减,拟由原有的 85 个减少到 26 个。

(二)1998 年国务院机构改革——消除政企不分的组织基础

由于历史条件的制约和宏观环境的限制,政府机构存在的诸多问题虽经多次改革仍未得到根本性解决,机构设置与社会主义市场经济发展的矛盾日益突出。国家改革与发展在迈入新阶段的同时,也面临着新的问题。一方面,社会主义市场经济体制正在逐步建立,国际经济技术文化合作与交流不断扩大,现代化建设突飞猛进。另一方面,相当多的国有企业生产经营困难,下岗和失业人员增多,社会矛盾不容忽视;农业基础仍然薄弱,城乡、工农差别依然很大;盲目投资和重复建设造成大量不良贷款,潜伏着一定的金融风险;亚洲金融风暴的冲击遍及全球,对于我国经济发展形成严峻挑战。因此,必须加快政府机构改革,为推动经济体制改革、促进经济发展、维护社会稳定创造有利条件。

1. 政府机构存在的问题

(1)现有政府机构设置的基本框架是在实施计划经济体制的条件下逐步形成的,突出的弊端是政企不分,政府直接干预企业的生产经营活动,不能形成科学决策的投资体制,容易造成责任不清和决策失误,难以发挥市场在资源配置中的基础作用。政企不分必然导致政府包揽属于企业的事务,大量设置专业经济管理部门。同时,片面地强调综合部门与专业部门的相互制约,造成部门职能重叠、政出多门、相互扯皮、办事效率低下。此外,通过专业经济部门直接管理企业的体制已经越来越不适应建立现代企业制度的要求。

(2)现有政府机构的设置原则是在社会主义法制还不完善的条件下确立的,主要依靠行政手段管理经济和社会事务,许多本来应该运用法律手段或者通过社会中介组织来解决的问题也是通过设立政府机构管理,把过多的社会责任和事务矛盾集中在政府身上。政府管了许多不该管、管不了、实际上也管不好的事情,影响政府集中力量去办那些应该办的事情。随着社会主义法制的完善和社会中介组织的发育,需要及时改革政府机构的设置原则和职能运作方式,明确界定政府、企业和社会中介组织的责任,实现社会主义市场经济的法治化、规范化。

(3)现有政府机构重叠庞大、人浮于事的现象严重,这导致滋生文牍主义和官僚主

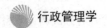

义,助长贪污腐败和不正之风,给国家财政造成了沉重负担。中央与地方财政几乎都成了"吃饭财政",极大地影响政府进行社会主义建设和维护社会公共利益的能力。

2. 改革的目标和原则

改革的目标是建立办事高效、运转协调、行为规范的行政管理体系,完善国家公务员制度,建设高素质的专业化行政管理干部队伍,逐步建立适应社会主义市场经济体制的有中国特色的行政管理体制。

改革的原则有以下几项。

(1) 按照发展社会主义市场经济的要求,转变政府职能,实现政企分开。要把政府职能切实转变到宏观调控、社会管理和公共服务方面,把生产经营的权力真正交给企业。

(2) 按照精简、统一、效能的原则,调整政府组织结构,实行精兵简政。加强宏观经济调控部门,调整和减少专业经济部门,适当调整社会服务部门,加强执法监管部门,发展社会中介组织。

(3) 按照权责一致的原则,调整政府部门的职责权限,明确划分部门之间的职能分工,相同或相近的职能交由同一个部门承担,克服多头管理、政出多门的弊端。

(4) 按照依法治国、依法行政的要求,加强行政体系的法制建设。

3. 改革的主要内容

根据改革方案,国务院不再保留的有15个部、委,新组建的有4个部、委,更名的有3个部、委,保留的有22个部、委、行、署。改革后,除国务院办公厅外,国务院组成部门由原有的40个减少到29个,包括宏观调控部门4个,专业经济管理部门8个,教育科技文化、社会保障和资源管理部门5个,国家政务部门12个。

1) 宏观调控部门

国家计划委员会更名为国家发展计划委员会;保留国家经济贸易委员会、财政部、中国人民银行;国家经济体制改革委员会改为国务院高层次的议事机构,总理兼任主任,有关部长任成员,不再列入国务院组成部门序列。

2) 专业经济管理部门

(1) 保留铁道部、交通部、建设部、农业部、水利部、对外贸易经济合作部。

(2) 在邮电部和电子工业部的基础上组建信息产业部;将广播电影电视部、航天工业总公司、航空工业总公司的信息和网络管理的政府职能并入信息产业部;成立国家邮政局,由信息产业部管理。

(3) 组建新的国防科学技术工业委员会。将原国防科工委管理国防工业的职能、国家计委国防司的职能以及各军工总公司承担的政府职能统归新组建的国防科学技术工业委员会管理;逐步将各军工总公司改组为若干企业集团;保留国家航天局和国家原子能机构,对外代表国家,对内作为国防科工委的机构。

(4) 将煤炭工业部、机械工业部、冶金工业部、国内贸易部、轻工总会和纺织总会分别改组为国家煤炭工业局、国家机械工业局、国家冶金工业局、国家国内贸易局、国家轻工业局和国家纺织工业局,由国家经贸委管理;电力行业已组建国家电力公司,不再保留电力工业部,将电力工业的政府管理职能并入国家经贸委;将国家粮食储备局改为国家发展计划委员会管理的国家局。

(5)将化学工业部、石油天然气总公司、石油化工总公司的政府职能合并,组建国家石油和化学工业局,由国家经贸委管理。化工部和两个总公司下属的油气田、炼油、石油化工、化肥、化纤等石油与化工企业以及石油公司和加油站分别组建两个特大型石油石化企业集团公司和若干大型化肥、化工产品公司。

(6)将林业部改组为国家林业局,列入国务院直属机构序列。

3)教育科技文化、社会保障和资源管理部门

(1)国家科学技术委员会更名为科学技术部。

(2)国家教育委员会更名为教育部。

(3)在劳动部基础上组建劳动和社会保障部。

(4)人事部职能调整为:综合管理专业技术人员和国家公务员,承办国务院监管的大型企业领导人员的任免事宜,承办国务院向重点大型企业派出稽察特派员的管理工作。

(5)国家体育运动委员会改组为国家体育总局,与中华全国体育总会一个机构、两块牌子。

(6)地质矿产部、国家土地管理局、国家海洋局和国家测绘局共同组建国土资源部,保留国家海洋局和国家测绘局,作为国土资源部的部管国家局。

(7)广播电影电视部改组为国家广播电影电视总局,列入国务院直属机构序列。

4)国家政务部门

保留外交部、国防部、文化部、卫生部、国家计划生育委员会、国家民族事务委员会、司法部、公安部、国家安全部、民政部、监察部和审计署。

5)国务院直属机构、办事机构

其分为四种情况:一是保留的直属机构、办事机构;二是将国务院部、委调整为直属机构、办事机构;三是新组建的直属机构、办事机构;四是并入有关部门,作为部、委管理的国家局。

四、市场经济体制完善初期(2003—2012年)

(一)2003年国务院机构改革——进一步转变政府职能,改进管理方式,推进电子政务,提高行政效率,降低行政成本

2003年国务院机构改革中,政府机构总的格局保持相对稳定,只是集中力量解决行政管理体制中影响改革和发展的突出矛盾和问题,重点推进国务院机构改革,进一步转变政府职能,以便为促进改革开放和现代化建设提供组织保障。

1. 改革的目标

改革的目标是进一步转变政府职能、改进管理方式、推进电子政务、提高行政效率、

降低行政成本，逐步形成行为规范、运转协调、公正透明、廉洁高效的行政管理体制。

2. 改革的任务

改革的任务是：深化国有资产管理体制改革，完善宏观调控体系，健全金融监管体制，继续推进流通体制改革，加强食品安全和安全生产监管体制建设，涉及国有资产、宏观调控、金融监管、流通体制、食品安全、人口发展等重要部门的调整。

（1）深化国有资产管理体制改革，设立国务院国有资产监督管理委员会，为国务院直属特设机构。

（2）完善宏观调控体系，将国家发展计划委员会改组为国家发展和改革委员会；不再保留国家经济贸易委员会、对外贸易经济合作部。

（3）健全金融监管体制，设立中国银行业监督管理委员会，作为国务院直属的正部级事业单位。

（4）继续推进流通管理体制改革，组建商务部。

（5）加强食品安全和安全生产监管体制建设，在国家药品监督管理局的基础上组建国家食品药品监督管理局，仍作为国务院直属机构；将国家经贸委管理的国家安全生产监督管理局改为国务院直属机构，负责安全生产的综合监督管理和对煤矿的安全监察。

（6）将国家计划生育委员会更名为国家人口和计划生育委员会。

（二）2008年国务院机构改革——探索实行职能有机统一的大部门体制

面对新形势、新任务，我国的行政管理体制与经济社会发展的要求还存在一些不相适应的方面：政府职能转变还不到位，对微观经济活动的干预仍然过多，社会管理和公共服务有待进一步加强；政府机构设置还不尽合理，部门职责交叉、权责脱节和效率不高的问题比较突出；有些方面权力仍然过于集中且缺乏有效监督和制约，滥用职权、以权谋私、贪污腐败等现象仍然存在。这些问题直接影响政府全面、正确履行职能，也在一定程度上制约着经济社会发展，必须通过深化改革切实加以解决。

1. 改革的任务

改革的任务：围绕转变政府职能和厘清部门职责关系，探索实行职能有机统一的大部门体制，合理配置宏观调控部门职能，加强能源环境管理机构，整合完善工业和信息化、交通运输行业管理体制，以改善民生为重点加强与整合社会管理和公共服务部门。

改革突出三个重点：一是加强和改善宏观调控，促进科学发展；二是着眼于保障和改善民生，加强社会管理和公共服务；三是按照探索职能有机统一的大部门体制要求，对一些职能相近的部门进行整合，实行综合设置，厘清部门职责关系。

2. 改革的具体方案

（1）合理配置宏观调控部门职能。国家发展和改革委员会要进一步转变职能，减少微观管理事务和具体审批事项，集中精力抓好宏观调控。财政部要改革完善预算和税政管理，健全中央和地方财力与事权相匹配的体制，完善公共财政体系。中国人民银行要进一步健全货币政策体系，加强与金融监管部门的统筹协调，维护国家金融安全。国家发展和改革委员会、财政部、中国人民银行等部门要建立健全协调机制，形成更加完善的宏观调控体系。

（2）加强能源管理机构。设立高层次议事协调机构——国家能源委员会。组建国家能源局，由国家发展和改革委员会管理。国家能源委员会办公室的工作由国家能源局承担，不再保留国家能源领导小组及其办事机构。

（3）组建工业和信息化部。组建国家国防科技工业局，由工业和信息化部管理。国家烟草专卖局改由工业和信息化部管理。不再保留国防科学技术工业委员会、信息产业部、国务院信息化工作办公室。

（4）组建交通运输部。将交通部、中国民用航空总局的职责，建设部的指导城市客运职责整合划入交通运输部。组建国家民用航空局，由交通运输部管理。国家邮政局改由交通运输部管理。保留铁道部，继续推进改革。不再保留交通部、中国民用航空总局。

（5）组建人力资源和社会保障部。将人事部、劳动和社会保障部的职责整合划入人力资源和社会保障部。组建国家公务员局，由人力资源和社会保障部管理。不再保留人事部、劳动和社会保障部。

（6）组建环境保护部，不再保留国家环境保护总局。

（7）组建住房和城乡建设部，不再保留建设部。

（8）国家食品药品监督管理局改由卫生部管理，明确卫生部承担食品安全综合协调、组织查处食品安全重大事故的责任。

改革后，除国务院办公厅外，国务院组成部门设置 27 个。这次国务院改革涉及调整变动的机构共 15 个，正部级机构减少 4 个。

五、党的十八大以来（2013 年至今）

（一）2013 年国务院机构改革和职能转变

现行行政体制仍存在许多不适应新形势、新任务要求的地方，国务院部门在职能定位、机构设置、职责分工、运行机制等方面还存在不少问题：职能越位、缺位问题依然突出，不该管的管得过多，一些该管的又没有管好；职责交叉、权责脱节、争权诿责现象依然较多，行政效能不够高；机构设置不够合理，一些领域机构重叠、人浮于事问题依然存在；对行政权力的制约监督机制不完善，不作为、乱作为、以权谋私、贪污腐败等现象尚未得到有效遏制。这些问题需要通过深化体制改革、完善制度机制，特别是职能转变加以解决。

1. 改革的思想与原则

按照建立中国特色社会主义行政体制目标的要求，以职能转变为核心，继续简政放权、推进机构改革、完善制度机制、提高行政效能,加快完善社会主义市场经济体制。

坚持人民主体地位,最广泛地动员和组织人民依法管理国家事务和社会事务、管理经济和文化事业;坚持解放和发展社会生产力,激发市场和社会活力;坚持精简统一效能,优化机构设置和职能配置;坚持创新制度机制和管理方式,提高政府管理服务能力;坚持强化对行政权力的制约监督,确保政府按照法定权限和程序履行职责;坚持从我国现阶段实际情况出发,与经济社会发展和改革开放进程相适应。

2. 国务院机构改革

此次国务院机构改革重点围绕转变职能和厘清职责关系,稳步推进大部门制改革,实行铁路政企分开,整合加强卫生和计划生育、食品药品、新闻出版和广播电影电视、海洋、能源管理机构。

(1) 实行铁路政企分开,组建国家铁路局,组建中国铁路总公司,不再保留铁道部。

(2) 组建国家卫生和计划生育委员会,不再保留卫生部、人口计生委。

(3) 组建国家食品药品监督管理总局。保留国务院食品安全委员会,具体工作由食品药品监管总局承担;食品药品监管总局加挂国务院食品安全委员会办公室牌子;不再保留食品药品监管局和单设的食品安全办。

(4) 组建国家新闻出版广播电影电视总局,加挂国家版权局牌子。不再保留广电总局、新闻出版总署。

(5) 重新组建国家海洋局,由国土资源部管理;国家海洋局以中国海警局名义开展海上维权执法,接受公安部业务指导;设立高层次议事协调机构——国家海洋委员会,具体工作由国家海洋局承担。

(6) 重新组建国家能源局。将现国家能源局、国家电力监管委员会的职责整合,重新组建国家能源局,不再保留国家电力监管委员会,国家能源局继续由发展改革委管理。

3. 国务院职能转变

国务院职能转变的方向、原则和重点主要包括以下六个方面。

(1) 充分发挥市场在资源配置中的基础性作用:减少投资项目审批;减少生产经营活动审批事项;减少资质资格许可;减少行政事业性收费;逐步改革工商登记制度。

(2) 更好地发挥社会力量在管理社会事务中的作用:逐步推进行业协会商会与行政机关脱钩,改变行业协会商会行政化倾向;重点培育、优先发展行业协会商会类、科技类、公益慈善类、城乡社区服务类社会组织;建立健全社会组织管理体制、制度。

(3) 充分发挥中央和地方两方面的积极性:下放投资审批事项;下放生产经营活动审批事项;减少专项转移支付。

(4) 优化职能配置:按照同一件事由一个部门负责的原则,整合业务相同或相近的检验、检测、认证机构;整合建立统一规范的公共资源交易平台、信用信息平台。

(5) 改善和加强宏观管理:强化发展规划制定、经济发展趋势研判、制度机制设计、全局性事项统筹管理、体制改革统筹协调等职能;加强社会管理能力建设,创新社会管理方式；国务院各部门必须加强自身改革，大力推进本系统改革。

（6）加强制度建设和依法行政：加强基础性制度建设，建立不动产统一登记制度，建立以公民身份证号码和组织机构代码为基础的统一社会信用代码等制度；加强依法行政，完善依法行政的制度，提高制度质量。

（二）2018年深化党和国家机构改革

2018年2月28日，中国共产党第十九届中央委员会第三次全体会议通过《中共中央关于深化党和国家机构改革的决定》（以下简称《决定》）。《决定》全面、具体地指出党、政、军、民等各个方面的问题，主要是：在一些领域中，党的机构设置和职能配置还不够健全有力，保障党的全面领导、推进全面从严治党的体制机制有待完善；在一些领域中，党政机构重叠、职责交叉、权责脱节问题比较突出；一些政府机构设置和职责划分不够科学，职责缺位和效能不高问题凸显，政府职能转变还不到位；在一些领域中，中央和地方机构职能上下一般粗，权责划分不尽合理；基层机构设置和权力配置有待完善，组织群众、服务群众能力需要进一步提高；军民融合发展水平有待提高；群团组织的政治性、先进性、群众性需要增强；事业单位定位不准、职能不清、效率不高等问题依然存在；在一些领域中，权力运行制约和监督机制不够完善，滥用职权、以权谋私等问题仍然存在；机构编制科学化、规范化、法定化相对滞后，机构编制管理方式有待改进。

1. 改革的原则

（1）坚持党的全面领导。党的全面领导是深化党和国家机构改革的根本保证。坚决维护以习近平同志为核心的党中央权威和集中统一领导，自觉在思想上、政治上、行动上同党中央保持高度一致，把加强党对一切工作的领导贯穿改革的各方面和全过程。

（2）坚持以人民为中心。全心全意为人民服务是党的根本宗旨，实现好、维护好、发展好最广大人民群众的根本利益是党的一切工作的出发点和落脚点。

（3）坚持优化、协同、高效。优化就是要科学合理、权责一致，协同就是要有统有分、有主有次，高效就是要履职到位、流程通畅。优化党和国家机构设置和职能配置，坚持一类事项原则上由一个部门统筹、一件事情原则上由一个部门负责，加强相关机构配合联动，避免政出多门、责任不明、推诿扯皮。

（4）坚持全面依法治国。依法治国是党领导人民治理国家的基本方式。必须坚持改革和法治相统一、相促进，依法、依规完善党和国家机构职能，依法履行职责，依法管理机构和编制，在法治下推进改革，做到重大改革于法有据。

2. 改革的主要内容

（1）坚持完善党的全面领导的制度：建立健全党对重大工作的领导体制机制；强化党的组织在同级组织中的领导地位；更好地发挥党的职能部门作用；统筹设置党政机构；推进党的纪律检查体制和国家监察体制改革。

（2）优化政府机构设置和职能配置：合理配置宏观管理部门职能；深入推进简政放权；完善市场监管和执法体制；改革自然资源和生态环境管理体制；完善公共服务管理体制；强化事中、事后监管；提高行政效率。

（3）统筹党政军群机构改革：完善党政机构布局；深化人大、政协和司法机构改革；深化群团组织改革；推进社会组织改革；加快推进事业单位改革；深化跨军地改革。

（4）合理设置地方机构：确保集中统一领导；赋予省级及以下机构更多的自主权；构建简约、高效的基层管理体制；规范垂直管理体制和地方分级管理体制。

（5）推进机构编制法定化：完善党和国家机构法规制度；强化机构编制管理刚性约束；加大机构编制违纪违法行为查处力度。

3. 改革的具体方案

（1）深化党中央机构改革：组建国家监察委员会；组建中央全面依法治国委员会；组建中央审计委员会、中央全面深化改革领导小组、中央网络安全和信息化领导小组、中央财经领导小组，中央外事工作领导小组改为委员会；组建中央教育工作领导小组；组建中央和国家机关工作委员会；组建新的中央党校（国家行政学院）；组建中央党史和文献研究院；中央组织部统一管理中央机构编制委员会办公室；中央组织部统一管理公务员工作；中央宣传部统一管理新闻出版工作；中央宣传部统一管理电影工作；中央统战部统一领导国家民族事务委员会；中央统战部统一管理宗教工作；中央统战部统一管理侨务工作；优化中央网络安全和信息化委员会办公室职责；不再设立中央维护海洋权益工作领导小组；不再设立中央社会治安综合治理委员会及其办公室；不再设立中央维护稳定工作领导小组及其办公室；将中央防范和处理邪教问题领导小组及其办公室职责划归中央政法委员会、公安部。

（2）深化全国人大机构改革：组建全国人大社会建设委员会；全国人大内务司法委员会更名为全国人大监察和司法委员会；全国人大法律委员会更名为全国人大宪法和法律委员会。

（3）深化国务院机构改革：组建自然资源部；组建生态环境部；组建农业农村部；组建文化和旅游部；组建国家卫生健康委员会；组建退役军人事务部；组建应急管理部；重新组建科学技术部；重新组建司法部；优化审计署职责；组建国家市场监督管理总局；组建国家广播电视总局；组建中央广播电视总台；组建中国银行保险监督管理委员会；组建国家国际发展合作署；组建国家医疗保障局；组建国家粮食和物资储备局；组建国家移民管理局；组建国家林业和草原局；重新组建国家知识产权局；国务院三峡工程建设委员会及其办公室、国务院南水北调工程建设委员会及其办公室并入水利部；调整全国社会保障基金理事会隶属关系；改革国税与地税征管体制。

（4）深化全国政协机构改革：组建全国政协农业和农村委员会；全国政协文史和学习委员会更名为全国政协文化文史和学习委员会；全国政协教科文卫体委员会更名为全国政协教科卫体委员会。

（5）深化行政执法体制改革：整合组建市场监管综合执法队伍；整合组建生态环境保护综合执法队伍；整合组建文化市场综合执法队伍；整合组建交通运输综合执法队伍；整合组建农业综合执法队伍。

（6）深化跨军地改革：公安边防部队改制；公安消防部队改制；公安警卫部队改制；海警队伍转隶武警部队；武警部队不再领导管理武警黄金、森林、水电部队；武警部队不再承担海关执勤任务。

（7）深化群团组织改革：认真落实党中央关于群团改革的决策部署，健全党委统一领导群团工作的制度，着力解决机关化、行政化、贵族化、娱乐化等问题；改革机关设置、优化管理模式、创新运行机制，适应基层和群众需要；促进党政机构同群团组织功能有机衔接，支持和鼓励群团组织承接适合由群团组织承担的公共服务职能。

（8）深化地方机构改革：着力完善维护党中央权威和集中统一领导的体制机制；赋予省级及以下机构更多自主权；统筹设置党政群机构；构建简约高效的基层管理体制；加强各级党政机构限额管理，地方各级党委机构限额与同级政府机构限额统一计算；强化机构编制管理刚性约束，坚持总量控制，严禁超编进人、超限额设置机构、超职数配备领导干部。

第三节 我国行政改革的展望

新中国成立七十多年以来，我国开展了多轮政府机构改革，不断优化政府职能和组织机构，精简政府机构和规模，提高行政效率和效能。我国政府机构改革的历程及其发展路径表明，经济社会发展需要与行政管理现代化要求是政府机构改革的动力与基础。我国行政改革的趋向就是适应市场经济体制的发展与开展行政管理现代化的建设。

一、我国行政改革的特征

（一）周期性、大规模集中推进改革

我国行政改革呈现周期性、规模性集中推进的特点。在新中国成立初期，我国行政改革便与国家五年发展规划保持较高的关联度。改革开放以后，八次政府机构改革的时间分别是1982年、1988年、1993年、1998年、2003年、2008年、2013年和2018年，行政改革的时间起始形成了稳定的规律性，从1988年开始，五年一次集中开展大规模机构改革。我国行政改革是依法推进的，即行政改革的决策与推进皆按照程序依法决策，依法进行。从程序上来说，我国行政改革是由中国共产党中央委员会提出五年期机构改革的建议，做出决定，然后由国务院提出改革方案，经全国人民代表大会审查批准。此种五年一次的改革周期与我国党政机构换届的制度安排直接相关。每隔五年，政府开展换届，机构

改革方案落实之后，全国人民代表大会可以选举政府组织人员。周期性、大规模集中推进机构改革可在政府管理制度上实现有效的衔接。

周期性、大规模集中推进改革所含有的时间的规律性在本质上体现出行政改革与国家发展协调推进。我国行政改革不是孤立封闭的，而是与国家各项事业的推进配套进行的，是有机的整体。行政改革作为国家全面深化改革的关键内容，与国家各项事业的推进关联密切。历次大规模集中推进改革皆是在中国共产党的新一次全国人民代表大会召开之后。党的全国人民代表大会和它所产生的中央委员会是党的最高领导机关，享有最高决策权和监督权，定党之大计、议国之大策，研究和解决党所面临的重大问题，推动党的建设和中国特色社会主义事业的进步。行政改革是党的新的伟大决策之下的执行和配合，也是党全面领导的各项工作中的重要组成部分。

（二）机构改革承载国家建设重任

我国机构改革通过国家权力的结构性配置及其优化，实际承载现代国家建设重任。行政改革中，制度、体制和机构三者是彼此承接的关系。颜昌武教授的相关研究指出，我国政治体制变革为行政体制改革，行政体制变革落实为机构改革。政治体制改革关涉公平与民主等价值诉求和国家权力调整等重大问题，效率导向的、具备较强技术性和操作性的机构改革承担了政治体制改革缓冲带和探路者的角色。从基本的政治逻辑来看，政府是国家治理的重要主体，政府改革推动国家治理，政府建设水平决定国家治理水平。政府机构改革是推进经济体制、政治体制和社会管理体制改革，全面优化国家宏观管理体系的重要抓手。在中国共产党治国理政的观念中，建设好人民政府，使其成为推动经济发展、服务和保障人民的政府，是治理好我国这样超大规模国家的战略基础和根本保证。

我国现代国家建设的进程依托于改革开放以来的八次机构改革。因为机构改革是行政体制改革的重要载体，行政体制改革是国家制度建设的主要内容。国家通过机构改革，从实践层面处理国家权力的边界问题和国家权力体系的内部分工问题，前者具体为国家、市场与社会三者的关系，后者包括横向的立法、行政、司法机关的关系，纵向的中央与地方政府的关系。机构改革的主要内容分为三个维度：优化政治权力的内部配置；厘清国家与市场的边界；调整中央与地方的关系来厘清国家与社会的关系。以上三个维度对应着我国现代国家建设的四个基本维度：党政关系、政府与市场的关系、政府与社会的关系以及中央与地方的关系。我国的机构改革以技术化方式承担我国现代国家建设的重任，它不是简单的机构精简、合并或重组，而是代表着国家权力的结构性配置，推动政党—政府—市场—社会之间的权力分配。

新时代以来，机构改革进一步承担着国家建设的重任。深化党和国家机构改革是推进国家治理体系和治理能力现代化的一次集中行动。以机构改革推进国家治理体系和治理能力现代化，通过构建系统完备、科学规范、运行高效的党和国家机构职能体系，全面提高国家治理能力和治理水平。机构改革系统、整体地推动国家建设：统筹推进党政军群机构改革，全面提升在中国共产党统一领导下的协同治理能力；统筹推动中央和地方之间的机构改革，构建从中央到地方运行顺畅、充满活力、令行禁止的工作体系，更好地发挥中央和地方两方面的积极性；以职能优化、协同高效为着力点，推行大系统、大行业、大部制管理；推动决策、执行、监督的有效分工与制约，强化中国共产党及其组织在国家治理体系中的领导力、组织力和决策力；提高政府、司法机关和各公共部门的执行力；整合各种监督职能与力量，对所有行使公权力的公职人员享有相对独立的监察和监督权，但不享有司法权和审判权。

二、我国行政改革的趋势

（一）适应市场经济体制的发展

我国确立的社会主义市场经济体制是政府机构改革的驱动力，政府机构改革始终与经济发展和经济体制改革密切关联。政府机构改革的根本目标在于服务于经济体制改革，适应市场经济体制的发展。社会主义市场经济理论的提出、形成和丰富化，社会主义市场经济实践的发展、扩展和社会化，社会主义市场经济体制的构建、确立和稳固化，构成了我国政府机构改革的基本历史动因和现实经济基础。

随着国家经济建设的发展，我国政府机构改革适应经济转型的需要，不断推进政府职能和机构转型，适应完善社会主义市场经济体制的需要，优化政府组织结构。新中国成立七十多年来，我国完成了政府管理模式由适应计划经济向适应市场经济的转变。经过七十多年来的多次行政体制改革，我国基本上建立了科学完备、与社会主义市场经济体制相适应的政府职能体系。在政府与市场关系上，市场在资源配置中的决定性作用明显增强，政企分开、政资分开基本实现，政府对微观经济的直接干预大幅减少，对宏观经济主要通过发展规划、财政、金融等间接手段调节，简政放权、放管结合、优化服务全面推进。基本实现政府职能向提供优质公共产品和公共服务、保持经济总量平衡、调节收入分配、保障市场经济运行、维护社会公平正义的转型，成功实现了政府职能的计划性向市场性的转变。

新中国成立初期，国家通过多次较大的机构改革，确定和建立我国政权组织形式和各级政权机关，展开经济社会各个方面的建设发展，贯彻落实国民经济规划方针。改革开放初期，适应经济转型的要求，精简机构编制，为深化经济体制改革创造条件；推进政府职能转变，适应社会主义市场经济体制的要求，发展社会主义市场经济。市场经济体制建立初期，在社会主义市场经济体制初步形成的基础上展开政府职能整合和机构优化，解决计划经济时期所遗留的政府职能转变不到位、部门职能交叉、效能不高等问题，探索职能有机统一的大部制，优化政府架构。党的十八大以来，中国特色社会主义进入新时代，深入推进政府职能转变，坚决破除制约市场在资源配置中起决定性作用、更好地发挥政府作用的体制机制弊端，围绕推动高质量发展，建设现代化经济体系，加强和完善政府的经济调节、市场监管、社会管理、公共服务、生态环境保护职能。

（二）推进行政改革深化与渐进

新中国成立七十多年以来，我国进行的多轮政府机构改革一脉相承、相互衔接，但是循序发展、不断演进，实现"跃迁"。政府机构改革本身也在改革，在各个时期聚焦不同内容，不断实现政府机构改革逻辑的"迭代升级"，深入推进行政管理现代化建设。改革开放之前的数次行政体制改革巩固了国家政权和计划经济体制，改革开放之后的数次行政体制改革适应并推动了市场经济体制的建立、完善。总体而言，经过多轮政府机构改革，完成了从局部调整到全面统筹推进的转变，为经济增长和社会发展提供了重要的动力支撑，也为实现治理能力和治理体系现代化积累了丰富经验。

新中国成立初期和改革开放初期，政府机构改革的主要内容是精兵简政。国家希望通过裁并机构、裁减人员提高政府机构的行政效率和克服官僚主义，保持党和国家的活力。改革开放初期的1982年国务院机构改革、1988年国务院机构改革的核心内容也是精简机构，改变"文化大革命"后党政机构臃肿、职责不清、工作效率低下的状况。政府机构改革紧紧围绕精简机构来展开，努力建立符合不同时代管理要求的精干高效的政府管理体制，却陷入"精简—膨胀—再精简—再膨胀"的怪圈，以精简机构为核心开展政府机构改革"治标不治本"。

1987年，党的十三大提出了政府机构改革的新任务："为了避免重走过去'精简—膨胀—再精简—再膨胀'的老路，机构改革必须抓住转变政府职能这个关键。"我国政府机构改革由单纯的精简机构实现向职能转变的跃迁，改革思路从"机构层面"向"职能层面"拓展，超越了以往把行政体制改革的重点放在政府机构上的套路，把重点转向转变政府职能和重构政企关系。随着1992年党的十四大确立社会主义市场经济体制为我国经济体制改革的目标，提出政府的职能"主要是统筹规划、掌握政策、信息引导、组织协调、提供服务和检查监督"，我国政府机构改革中政府职能转变不断深化发展。1993年的国务院机构改革围绕着建立社会主义市场经济体制的目标，切实转变政府职能，明确综合经济管理部门和专业经济管理部门各自的工作重点，将多数专业经济部门转为经济实体。1998年的国务院机构改革基于社会主义市场经济体制框架的初步建立以及市场机制在资源配置中的基础性作用明显增强的背景，实现政企分开的较大突破，进一步明确宏观调控部门和专业经济管理部门的职责分工；明晰政府职能的边界和权限划分，撤销了按条条设立的专业经济管理部门，国务院各部门转交给企业、社会组织和地方的职能达到200多项。

2002年，党的十六大明确提出行政管理体制改革的概念，提出要深化行政管理体制改革并将机构改革视为其重要组成部分，我国政府机构改革由单一的机构改革实现向体制改革的跃迁，改革更加全面、深入，由点及面，要求政府对职能结构、组织结构、运行规则等进行全面的变革。2007年，党的十七大报告进一步提出"加快行政管理体制改革，建设服务型政府。加大机构整合力度，探索实行职能有机统一的大部门体制，健全部门间协调配合机制"。2012年党的十八大提出"深化行政体制改革"，2013年《国务院机构改革和职能转变方案》提出加快"建设职能科学、结构优化、廉洁高效、人民满意的服务型政府",明确提出"注重完善制度机制,加快形成权界清晰、分工合理、权责一致、运转高效、法治保障的国务院机构职能体系"。

2018年,党的十九届三中全会通过的《中共中央关于深化党和国家机构改革的决定》赋予机构改革全新的内涵:"深化党和国家机构改革是推进国家治理体系和国家治理能力现代化的一场深刻变革。"我国行政改革由政府管理实现向国家治理的跃迁,对政府机构改革的认识更为全面和深刻,把优化政府机构设置和职能配置放在推进国家治理体系和治理能力现代化大局中系统谋划,将政府治理体系与党的领导体系、武装力量体系、群团工作体系四大体系整体重构健全。

本章小结

行政改革是指国家行政系统随着外部生态环境的变化以及行政系统内部构成要素的变化,有意识地对其自身的结构功能和行政人员的行为方式不断进行调整和改变,使其转变到新的形态,以期实现行政系统与环境之间的动态平衡,从而实现行政效能的行为或过程。行政改革的范畴包括转变行政职能、定位行政权力、调整行政组织和提高行政效率等,可以分为外延型改革和内涵型改革。新中国成立以来,国家不断优化政府职能和组织机构,精简政府机构和规模,提高行政效率和效能,尤其是改革开放以后进行了八次规模较大的政府机构改革。总结来看,我国行政改革呈现鲜明的周期性、大规模集中推进的特征,机构改革承载着国家建设重任。同时,我国行政改革的趋向就是适应市场经济体制的发展与开展行政管理现代化的建设。

课后练习题

一、名词解释与术语

行政改革 外延型行政改革 内涵型行政改革 行政权力 行政管理体制 政府机构 政府机构设置 政府职能 政府职能转变 市场经济体制 社会主义市场经济体制 大部制

二、思考题

1. 简述当下各国行政改革的内容和主要趋势。
2. 简述新中国成立初期的政府机构改革。
3. 简述改革开放初期的政府机构改革。
4. 简述市场经济体制确立建设时期的政府机构改革。
5. 简述市场经济体制完善初期的政府机构改革。

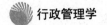

6. 简述党的十八大以来的政府机构改革。
7. 简述我国行政改革的主要趋势。
8. 简述开展行政管理现代化建设的历程。

 自测题

参 考 文 献

1. 张国庆．公共行政学[M]．4版．北京：北京大学出版社，2017．
2. 张国庆．公共行政学[M]．3版．北京：北京大学出版社，2007．
3. 彭和平．公共行政学[M]．5版．北京：中国人民大学出版社，2015．
4. 彭和平．公共行政管理（修订版）[M]．北京：中国人民大学出版社，2004．
5. 夏书章．行政管理学[M]．6版．广州：中山大学出版社，2018．
6. 娄成武，杜宝贵．行政管理学[M]．3版．北京：高等教育出版社，2015．
7. 郑志龙．行政管理学[M]．北京：高等教育出版社，2011．
8. 曹现强，王佃利．行政管理学[M]．北京：清华大学出版社，2011．
9. 张康之，张乾友．公共行政学[M]．北京：中国人民大学出版社，2015．
10. 王乐夫，倪星．公共行政学[M]．北京：高等教育出版社，2006．
11. 罗森布鲁姆，克拉夫丘克，克勒肯．公共行政学：管理、政治和法律的途径[M]．张成福，校译．7版．北京：中国人民大学出版社，2013．
12. 亨利．公共行政与公共事务[M]．张昕，译．8版．北京：中国人民大学出版社，2002．
13. 陈振明．公共管理学（修订版）[M]．北京：中国人民大学出版社，2003．
14. 娄成武．现代管理学原理[M]．3版．北京：中国人民大学出版社，2012．
15. 罗宾斯．管理学[M]．黄卫伟，孙健敏，译．4版．北京：中国人民大学出版社，1997．
16. 张成福，党秀云．公共管理学[M]．北京：中国人民大学出版社，2001．
17. 布坎南．自由、市场与国家——80年代的政治经济学[M]．平新乔，莫扶民，译．上海：上海三联书店，1989．
18. 奥肯．平等与效率：重大的抉择[M]．王奔洲，译．北京：华夏出版社，1999．
19. 斯蒂格利茨．政府经济学[M]．曾强，何志雄，译．上海：上海译文出版社，1991．
20. 丁煌．西方行政学说史[M]．3版．武汉：武汉大学出版社，2018．
21. 丁煌．西方行政学理论概要[M]．北京：中国人民大学出版社，2005．
22. 弗雷德里克森．公共行政的精神[M]．张成福，译．北京：中国人民大学出版社，2003．
23. 斯蒂尔曼二世．公共行政学：概念与案例[M]．竺乾威，译．7版．北京：中国人民大学出版社，2004．
24. 韦庆远．中国政治制度史[M]．北京：中国人民大学出版社，1992．

25. 王乐夫. 领导学：理论、实践与方法[M]. 3版. 北京：高等教育出版社, 中山大学出版社, 2006.

26. 朱立言, 李国梁. 行政领导学[M]. 北京：中国人民大学出版社, 2015.

27. 胡象明. 公共部门决策的理论与方法[M]. 北京：高等教育出版社, 2013.

28. 彭勃. 理解公共政策[M]. 北京：华夏出版社, 2005.

29. 陈庆云. 公共政策分析[M]. 2版. 北京：北京大学出版社, 2011.

30. 邓恩. 公共政策分析导论[M]. 北京：中国人民大学出版社, 2002.

31. 萨瓦斯. 民营化与公私部门的伙伴关系[M]. 周志忍, 译. 北京：中国人民大学出版社, 2002.

32. 萨巴蒂尔. 政策过程理论[M]. 北京：新华出版社, 2000.

33. 波伊斯特. 公共与非营利组织绩效考评：方法与应用[M]. 肖鸣政, 译. 北京：中国人民大学出版社, 2005.

34. 樊勇明. 公共经济学[M]. 2版. 上海：复旦大学出版社, 2007.

35. 高鸿业. 西方经济学[M]. 4版. 北京：中国人民大学出版社, 2007.

36. 姜明安. 行政法与行政诉讼法[M]. 5版. 北京：北京大学出版社, 2010.

37. 皮纯协, 张成福. 行政法学[M]. 北京：中国人民大学出版社, 2002.

38. 李建华. 行政伦理学[M]. 北京：北京大学出版社, 2010.

39. 库珀. 行政伦理学：实现行政责任的途径[M]. 张秀琴, 译. 北京：中国人民大学出版社, 2003.

40. 张康之. 寻找公共行政的伦理视角[M]. 北京：中国人民大学出版社, 2003.

41. 张康之. 公共管理伦理学[M]. 北京：中国人民大学出版社, 2003.

42. 王伟. 行政伦理概述[M]. 北京：人民出版社, 2001.

43. 何艳玲. 公共行政学史[M]. 北京：中国人民大学出版社, 2018.

44. 王春福, 陈震聃. 西方公共政策学史稿[M]. 北京：中国社会科学出版社, 2014.

45. 方振邦, 刘琪. 管理思想史[M]. 北京：中国人民大学出版社, 2019.

46. 张德. 组织行为学[M]. 北京：高等教育出版社, 2019.

47. 谢斌. 行政管理学[M]. 北京：中国政法大学出版社, 2020.

48. 林水波, 张世贤. 公共政策[M]. 台北：台湾五南图书出版公司, 1982.

49. 泰勒. 科学管理原理[M]. 胡隆昶, 译. 北京：中国社会科学出版社, 1984.

50. 马斯洛. 动机与人格[M]. 许金声, 译. 北京：华夏出版社, 1987.

51. 古德诺. 政治与行政[M]. 王元, 译. 北京：华夏出版社, 1987.

52. 罗尔斯. 正义论[M]. 何怀宏, 译. 北京：中国社会科学出版社, 1988.

53. 斯蒂尔曼. 公共行政学（上、下）[M]. 李方, 译. 北京：中国社会科学出版社, 1989.

54. 彭国甫. 现代行政管理新探[M]. 北京：北京燕山出版社, 1998.

55. 吴琼恩．行政学的范围与方法[M]．台北：五南图书出版有限公司，1993．

56. 周国雄．博弈：公共政策执行力与利益主体[M]．上海：华东师范大学出版社，2008．

57. 张永桃．行政学[M]．北京：高等教育出版社，2009．

58. 亨廷顿．变化社会中的政治秩序[M]．王冠华，刘为，译．上海：上海人民出版社，2015．

59. 登哈特．新公共服务：服务，而不是掌舵[M]．丁煌，译．3版．北京：中国人民大学出版社，2016．

60. 登哈特．公共组织理论[M]．扶松茂，丁力，译．3版．北京：中国人民大学出版社，2003．

61. 彼得斯．政府未来的治理模式[M]．吴爱明，译．北京：中国人民大学出版社，2001．

62. 亨利．公共行政与公共事务[M]．孙迎春，译．10版．北京：中国人民大学出版社，2017．

63. 王浦劬，臧振磊．治理理论与实践：经典议题研究新解[M]．北京：中央编译出版社，2017．

64. 奥斯本．改革政府：企业家精神如何改革着公共部门[M]．周敦仁，译．上海：上海译文出版社，2006．

65. 尼斯坎南．官僚制与公共经济学[M]．王浦劬，译．北京：中国青年出版社，2004．

66. 蓝志勇．行政官僚与现代社会[M]．广州：中山大学，2003．

67. 科恩．政府全面质量管理：实践指南[M]．孔宪遂，译．北京：中国人民大学出版社，2002．

68. 基利．公共部门标杆管理：突破政府绩效的瓶颈[M]．张定淮，译．北京：中国人民大学出版社，2002．

69. 奥斯本．摒弃官僚制：政府再造的五项战略[M]．谭功荣，译．北京：中国人民大学出版社，2002．

70. 魏娜．当代中国政府与行政[M]．北京：中国人民大学出版社，2002．

71. 罗西瑙．没有政府的治理：世界政治中的秩序与变革[M]．张胜军，刘小林，译．南昌：江西人民出版社，2001．

72. 休斯．公共管理导论[M]．彭和平，译．北京：中国人民大学出版社，2001．

73. 里普森．政治学的重大问题：政治学导论[M]．刘晓，译．北京：华夏出版社，2001．

74. 科恩，埃米克．新有效公共管理者：在变革的政府中追求成功[M]．王巧玲，译．2版．北京：中国人民大学出版社，2001．

75. 奥斯特罗姆．公共事务的治理之道：集体行动制度的演进[M]．余逊达，陈旭东，译．上海：上海三联书店，2000．

76. 周三多．管理学：原理与方法[M]．上海：复旦大学出版社，2014．

77. 萨拜因．政治学说史（上、下）[M]．邓正来，译．上海：上海人民出版社，2008—2010．

78. 克林格勒，纳尔班迪．公共部门人力资源管理：系统与战略[M]．孙柏瑛，译．北京：中国人民大学出版社，2001．

79. 纳特，巴可夫．公共和第三部门组织的战略管理：领导手册[M]．陈振明，译．北京：中国人民大学出版社，2001．

80. 英格兰姆，史密斯．新公共政策：民主制度下的公共政策[M]．钟振明，朱涛，译．上海：上海交通大学出版社，2005．

81. 库珀．二十一世纪的公共行政：挑战与改革[M]．王巧玲，李文钊，译．北京：中国人民大学出版社，2006．

82. 怀特，亚当斯．公共行政研究：对理论与实践的反思[M]．刘亚军，高洁，译．北京：清华大学出版社，2005．

83. 沃森．公共行政：管理中的角色模拟与案例分析[M]．竺乾威，译．上海：上海财经大学出版社，2003．

84. 俞可平．治理与善治[M]．北京：社会科学文献出版社，2000．

85. 霍尔库姆．公共经济学：政府在国家经济中起的作用[M]．顾建光，译．北京：中国人民大学出版社，2012．

86. 梯利．西方哲学史[M]．葛力，译．北京：商务印书馆，1995．

87. 海迪．比较公共行政[M]．刘俊生，译．6版．北京：中国人民大学出版社，2011．

88. 韦伯．新教伦理与资本主义精神[M]．于晓，陈维纲，译．上海：三联书店，1987．

89. 西蒙．管理行为：管理组织决策过程的研究[M]．杨砾，译．北京：北京经济学院出版社，1988．

90. 周雪光．组织社会学十讲[M]．北京：社会科学文献出版社，2003．

91. 马啸原．西方政治制度史[M]．北京：高等教育出版社，2000．

92. 胡建淼．行政与法治[M]．北京：国家行政学院出版社，2014．

93. 郑逸芳，卓越．公共行政学新论[M]．北京：中国社会科学出版社，2019．

94. 芮国强．行政学本土化：理论与方法[M]．北京：人民出版社，2013．

95. 杨冬艳．公共行政核心价值研究[M]．北京：中国社会科学出版社，2019．

96. 费斯勒，凯特尔．行政过程的政治——公共行政学新论[M]．陈振明，朱芳芳，译．北京：中国人民大学出版社，2002．

97. 邹东升．公共行政学[M]．北京：北京大学出版社，2014．

98. 颜昌武．公共行政学简明史：以西蒙-沃尔多争论为主线[M]．北京：社会科学文献出版社，2019．

99. 罗森布鲁姆，克拉夫丘克．公共行政学：管理、政治和法律的途径[M]．张成福，译．5版．北京：中国人民大学出版社，2002．

100. 沙夫里茨，莱恩，博里克．公共政策经典[M]．彭云望，译．北京：北京大学出版社，2006．

101. 芳汀．构建虚拟政府：信息技术与制度创新[M]．邵国松，译．北京：中国人民大学出版社，2004．

102. 许放．中国行政改革概论[M]．北京：冶金工业出版社，2012．